本成果受到中国人民大学2022年度“中央高校建设世界一流大学（学科）和特色发展引导专项资金”经费的支持

中国人民大学“统筹支持一流大学和一流学科建设”经费资助

北方民族考古

THE ARCHAEOLOGY OF NORTHERN ETHNICITY

第14辑

中国人民大学北方民族考古研究所
中国人民大学历史学院考古文博系

科学出版社
北京

内 容 简 介

《北方民族考古》是由中国人民大学北方民族考古研究所、中国人民大学历史学院考古文博系主办的集刊，迄今已出版 13 辑。本辑内容包括考古新发现、研究与探索、北域撷英、碑铭考释四个栏目，收录论文 25 篇，以中国北方地区的考古学探索为重心，也包括境外重要考古发现的个案研究，在一定程度上反映了学术界在北方民族考古研究方面的前沿动向和重要成果。

本书适合文物考古研究工作者及高等院校师生阅读、参考。

图书在版编目（CIP）数据

北方民族考古. 第 14 辑 / 中国人民大学北方民族考古研究所，中国人民大学历史学院考古文博系编. —北京：科学出版社，2022.12
ISBN 978-7-03-074106-6

Ⅰ. ①北… Ⅱ. ①中… ②中… Ⅲ. ①古代民族－民族考古学－中国－文集 Ⅳ. ① K874-53

中国版本图书馆 CIP 数据核字（2022）第 231170 号

责任编辑：王琳玮 / 责任校对：邹慧卿
责任印制：张 伟 / 封面设计：张 放

科学出版社 出版
北京东黄城根北街 16 号
邮政编码：100717
http://www.sciencep.com
北京厚诚则铭印刷科技有限公司 印刷
科学出版社发行 各地新华书店经销
*
2022 年 12 月第 一 版 开本：787×1092 1/16
2022 年 12 月第一次印刷 印张：22 1/4 插页：2
字数：530 000

定价：228.00 元
（如有印装质量问题，我社负责调换）

《北方民族考古》编辑委员会

目　　录

考古新发现

研究与探索

北域撷英

碑铭考释

长春葛家屯两处旧石器地点的石器研究

陈全家[1]　王义学[2]　魏天旭[1]

（1. 吉林大学边疆考古研究中心，长春，130012；2. 长春博物馆，长春，130022）

摘要： 葛家屯北山地点和亮子街地点位于吉林省长春市二道区四家乡葛家村东的石头口门水库西岸的二级阶地上。两个地点均发现于2018年4月，在地表共获得石器19件，包括石片、工具和断块。葛家屯北山地点发现石器11件，原料种类有流纹岩、黑曜岩、玄武岩和砂岩等；亮子街地点发现石器9件，原料种类有玄武岩、石英、石英岩和安山岩等。葛家屯地点石器类型较少，以石片和工具为主，三类工具均采用锤击法修理或截断修理。亮子街地点石器类型有石片和工具。两个地点工业类型均属石片工业，年代较晚，推测应为旧石器时代晚期。

关键词： 石器　葛家屯北山　亮子街　旧石器时代晚期

2018年4月12日、4月17～19日，吉林大学边疆考古研究中心和长春博物馆组成旧石器考古队，对长春境内进行了系统的旧石器考古专项调查工作。主要调查区域为饮马河西岸、石头口门水库沿岸和长春市北部松花江南岸。此次调查共发现旧石器地点13处（其中二道区石头口门水库西岸7处、饮马河双阳段4处、长春德惠松花江南岸2处），采集到石制品180余件。葛家屯北山地点发现石器11件、亮子街地点发现石器9件，均发现于该地Ⅱ级阶地的耕土层中。本文仅对发现的石器进行研究和讨论。

一、地理位置、地貌与地层

（一）地理位置

葛家屯北山地点和亮子街地点位于吉林省长春市二道区四家乡葛家村东的石头口门水库西岸的二级阶地上，海拔202米。地理坐标为北纬43°54′53.41″，东经125°45′58.34″，遗址面积约40000平方米。遗址东南距葛家屯634米，北距石头口门水库约80米，西南距莫家村约1000米（图一）。

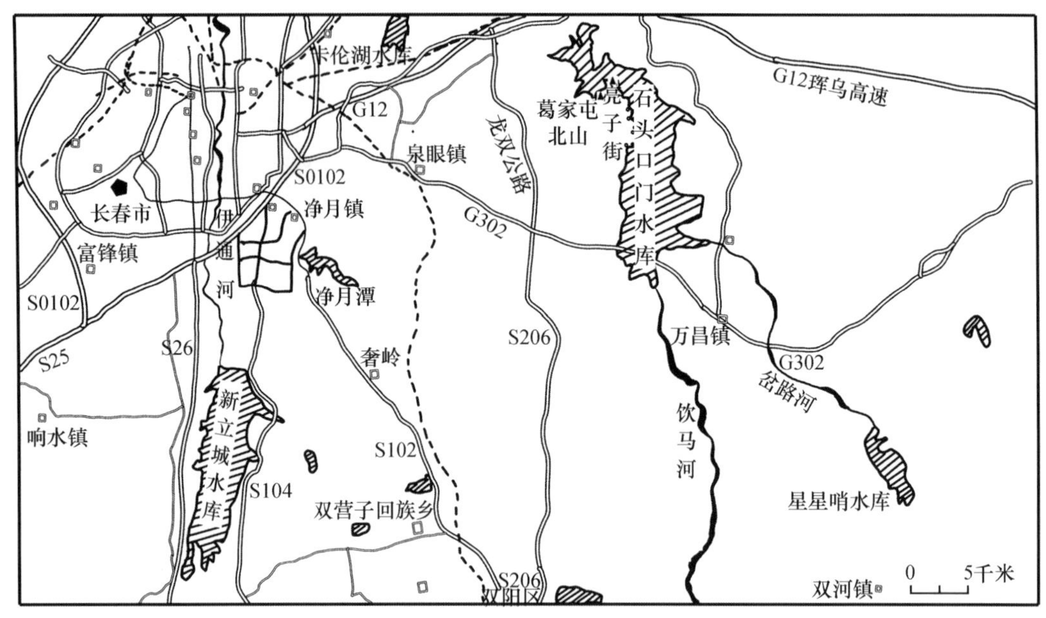

图一　葛家屯北山、亮子街地点地理位置示意图

亮子街地点地理坐标为北纬 43°55′20.58″，东经 125°46′47.55″，海拔 205 米，遗址面积约 20000 平方米。遗址西南距亮子街 100 米，北距石头口门水库约 150 米。

（二）地　　貌

葛家屯地点所属的长春市地处中国东北平原腹地松辽平原，西北与松原市毗邻，西南和四平市相连，东南与吉林市相依，东北同黑龙江省哈尔滨市接壤，是东北地区天然地理中心。

葛家屯北山地点和亮子街地点位于长春市二道区石头口门水库西岸的二级侵蚀阶地上，地势较高，地面开阔平坦。葛家屯北山地点和亮子街地点以半岛的形式向石头口门水库伸出。石头口门水库位于饮马河中游，沿岸为台地和平原，地表呈波状，冲沟发育，河口附近有沼泽及风成沙丘。

（三）地　　层

葛家屯北山地点和亮子街地点无文化层，石器分布在石头口门水库西岸的Ⅱ级侵蚀阶地上（图二，1；图二，2）。

二、石器的分类与描述

本次调查获得石器 19 件，其中葛家屯北山地点 11 件、亮子街地点 8 件。包括石

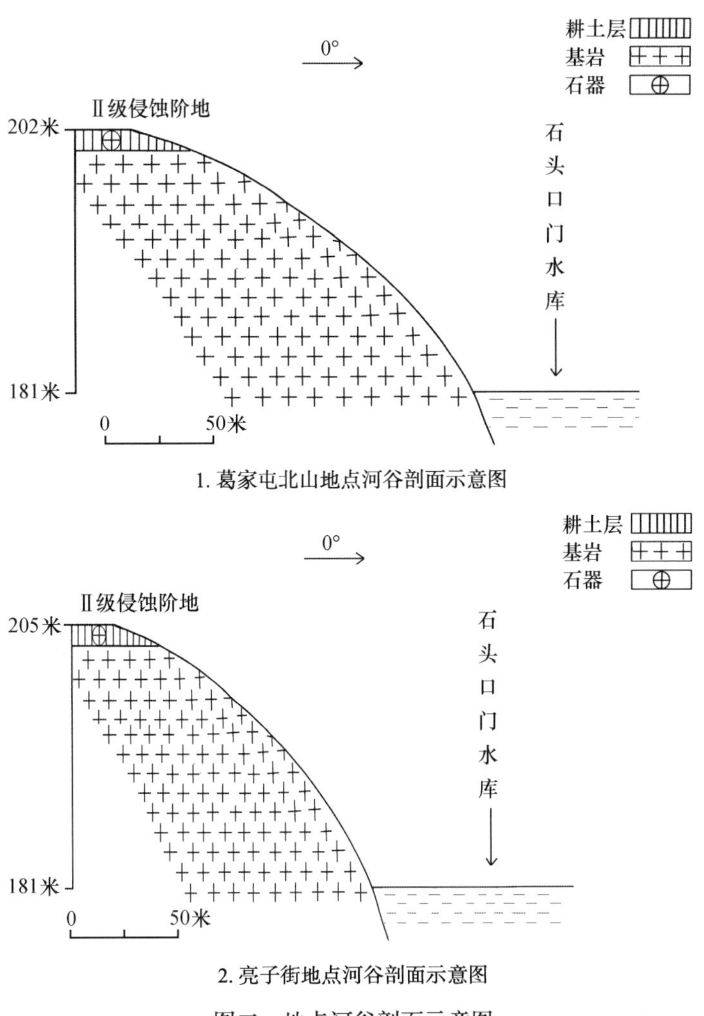

1. 葛家屯北山地点河谷剖面示意图

2. 亮子街地点河谷剖面示意图

图二 地点河谷剖面示意图

片、断块和工具。下面对石器进行具体的分类描述。

（一）葛家屯北山地点

1. 石片

4件。均为完整石片。长15.7～30.76毫米，平均24.61毫米；宽12.15～38.24毫米，平均26.55毫米；厚2.72～8.63毫米，平均5.78毫米；重0.44～4.96克，平均3.51克。

标本18CGB：8，长30.76、宽32.26、厚5.35毫米，重3.82克。原料为花岗细晶岩。台面为素台面，长12.19、宽3.89毫米，石片角为111°。打击点散漫，半锥体平，无锥疤，同心波明显，无放射线。背面均为石片疤，共4个疤（图三，3）。

2. 工具

本文沿袭陈全家先生的分类方案，将工具分为三类：一类，制作石器的工具（石锤和石砧）；二类，未经加工直接使用的工具；三类，将片状或块状毛坯经过加工修理（修刃、修形和修理把手）的工具。

葛家屯北山地点发现的工具共7件，包括二类工具2件、三类工具5件。工具类型主要为刮削器，另外还有两面器。

（1）二类工具

共2件。均为单直刃刮削器。长39.75～51.69毫米，平均45.72毫米；宽21.12～44.94毫米，平均33.03毫米；厚10.37～14.21毫米，平均12.29毫米；重7.96～38.82克，平均23.39克；刃角50°～65°，平均57.5°。

标本18CGB：3，长51.69、宽44.94、厚14.21毫米，重38.82克。原料为流纹岩，毛坯为石片。A侧为刃，刃缘薄锐，刃长30.12毫米，刃角为50°。刃上零星分布大小不一的使用疤（图三，2）。

（2）三类工具

共5件，包括4件刮削器和1件两面器。

1）刮削器　4件。均为单刃，根据刃缘形态可分为凸刃、直刃和凹刃刮削器。

单凸刃刮削器　2件。长34.84～83.68毫米，平均59.26毫米；宽37.37～43.49毫米，平均40.43毫米；厚13.37～13.79毫米，平均13.58毫米；重12.81～53.11克，平均32.96克；刃角40°～60°，平均50°。

标本18CGB：5，长83.68、宽43.49、厚13.79毫米，重53.11克。A侧为凸刃，长59.74毫米，刃角约40°。B处为修理把手（图三，1）。

单直刃刮削器　1件。标本18CGB：1，长21.32、宽28.67、厚9.2毫米，重5.28克。原料为黑曜岩，以石片为毛坯。A侧为直刃，刃长19.38毫米，刃角40°（图三，5）。

单凹刃刮削器　1件。标本18CGB：7，长39.81、宽31.59、厚7.26毫米，重10.32克。原料为砂岩，片状毛坯。A侧为凹刃。刃长27.46毫米，刃角50°。刃部使用硬锤锤击复向修理，修疤为多层，呈叠层状，疤间关系为叠压，加工距离为中。B处有连续的修疤，目的是修理把手（图三，6）。

2）两面器　1件。标本18CGB：2，长89.96、宽43.93、厚17.41毫米，重60.26克。原料为安山岩，以石片为毛坯，形状近半月形。采用硬锤通体加工，修疤为多层，呈阶状，疤间关系为叠压，加工距离远（图三，4）。

（二）亮子街地点

1. 石片

1件。为远端断片。标本18CL：6，长23.14、宽22.09、厚4.93毫米，重1.74克。

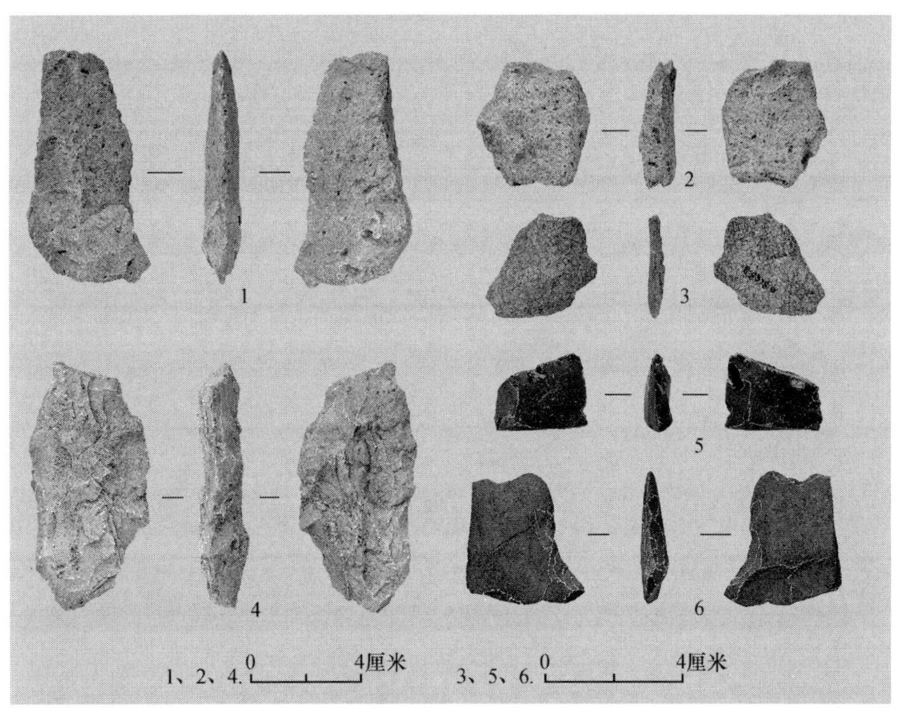

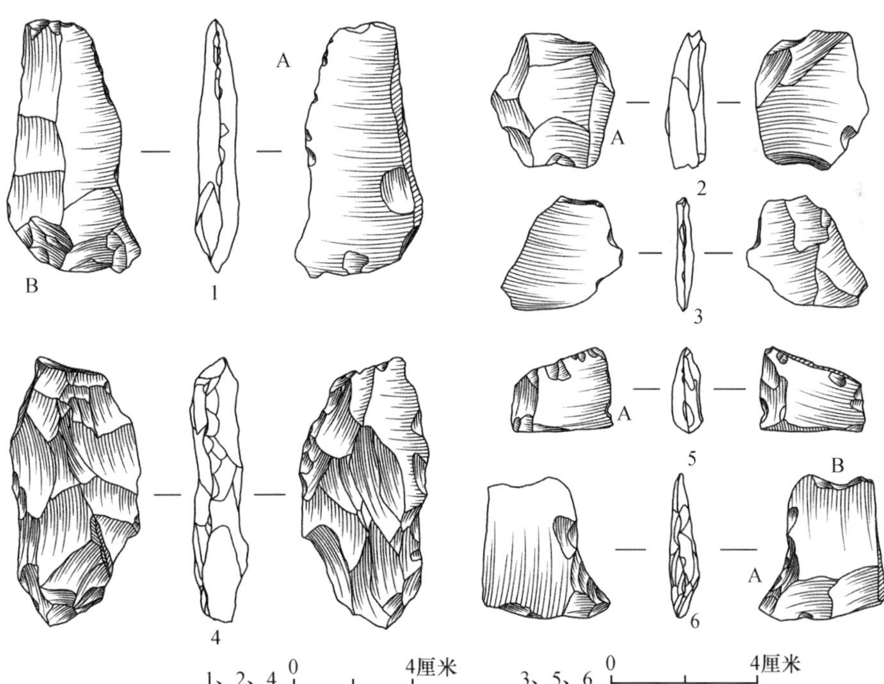

图三　葛家屯北山地点石器

1. 三类单凸刃刮削器（18CGB：5） 2. 二类单直刃刮削器（18CGB：3）
3. 完整石片（18CGB：8） 4. 两面器（18CGB：2）
5. 三类单直刃刮削器（18CGB：1） 6. 三类单凹刃刮削器（18CGB：7）

原料为流纹斑岩。背面全疤，共五个疤。侧缘轻微磨蚀，表面中等风化（图四，4）。

2. 断块

1件。长57.22、宽40.58、厚14.93毫米，重33.09克。原料为浮石。

3. 工具

亮子街地点发现的工具共6件，包括二类工具4件和三类工具2件，器形均为刮削器。

（1）二类工具

4件。均为刮削器。根据刃的数量可分为单刃和双刃。

单刃　2件。均为单直刃刮削器。长29.2～47.94毫米，平均38.57毫米；宽21.66～28.46毫米，平均25.06毫米；厚5.11～16.67毫米，平均10.89毫米；重3.28～22.18克，平均12.73克；刃角15°～40°，平均27.5°。

标本18CL：3，长29.2、宽21.66、厚5.11毫米，重3.28克。原料为安山岩。A侧为直刃，刃长20.29毫米，刃角约15°（图四，1）。

双刃　2件。根据刃的形态可分为双直刃和双凹刃刮削器。

双直刃刮削器　1件。标本18CL：1，长67.11、宽37.45、厚9.94毫米，重22.63克。原料为玄武岩，毛坯为石片。A侧刃长63.08毫米，刃角约20°；B侧刃长31.55毫

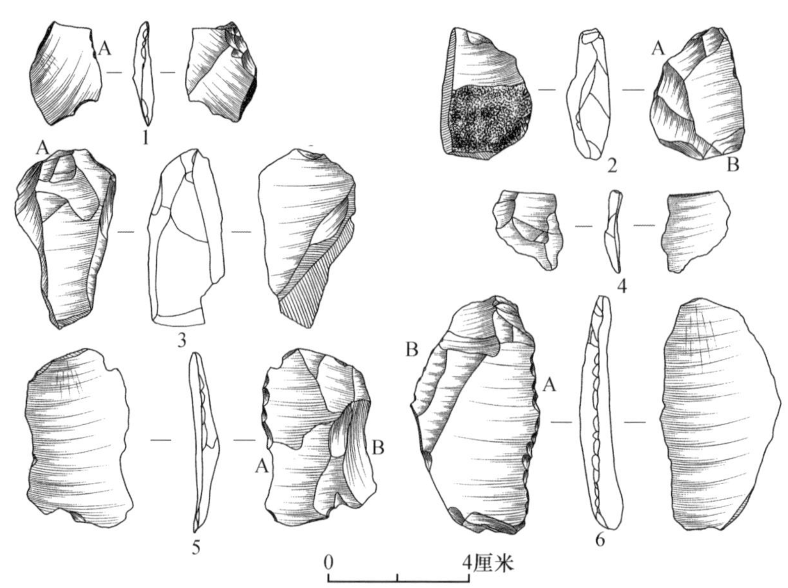

图四　亮子街地点石器

1. 二类单直刃刮削器（18CL：3） 2. 三类单凸刃刮削器（18CL：4）
3. 三类端刮器（18CL：7） 4. 石片远端（18CL：6）
5. 二类双凹刃刮削器（18CL：2） 6. 二类双直刃刮削器（18CL：1）

米，刃角约 30°（图四，6）。

双凹刃刮削器　1 件。标本 18CL：2，长 50.1、宽 33.1、厚 6.97 毫米，重 10.31 克。原料为玄武岩，毛坯为石片。A 侧刃长 38.93 毫米，刃角约 10°；B 侧刃长 25.72 毫米，刃角约 20°（图四，5）。

（2）三类工具

2 件。为单凸刃刮削器和端刮器。

单凸刃刮削器　1 件。标本 18CL：4，长 37.39、宽 29.91、厚 11.74 毫米，重 11.66 克。原料为玄武岩。A 侧为凸刃，刃长 43.3 毫米，刃角 65°。使用硬锤反向修理，单层修疤，形态为普通状，疤间关系为连续，加工距离远。B 处为修形（图四，2）。

端刮器　1 件。标本 18CL：7，长 45.91、宽 30.48、厚 24.67 毫米，重 27.79 克。原料为石英。A 侧为端凸刃，刃长 19.7 毫米，刃角 72°～90°。使用硬锤正向修理，单层修疤，形态为普通状，疤间关系为连续，加工距离为中（图四，3）。

三、结语与讨论

（一）葛家屯北山地点和亮子街地点石器工业特征

1）两个遗址发现石器数量少，种类也较单一，而制作石器的原料也较为分散，有流纹岩、石英、玄武岩、安山岩等。另外，还发现黑曜岩。但这些原料都属于较为优质的原料，因此虽然原料种类分散，但依旧说明该地区古人类对于石制品原料选择有着一定的考虑。

2）该遗址仅出现锤击石片与以锤击石片为毛坯的工具，未发现砸击石核和砸击石片，说明锤击法剥片为最主要的剥片方式，而且该石器工业从原料开发到石器生产存在连续性和一致性。其中绝大多数以石片为毛坯的工具厚度较大，半锥体凸而且其上修疤较深，因此，葛家屯北山地点和亮子街地点石器剥片和修理的主要方法为硬锤锤击。

3）工具修理。三类工具的修理方式有反向、正向、复向和通体加工。其中精修类工具较少，多为简单修理。修理的部位主要为刃部，也有对工具形状和把手部位的修理。

4）葛家屯北山地点和亮子街地点工具类型较为单一，均为各种刃缘的刮削器。二类工具有单直刃刮削器、双直刃刮削器和双凹刃刮削器。三类工具包括单直刃刮削器、单凸刃刮削器、单凹刃刮削器、两面器和端刮器。

（二）与周边遗址的对比

有学者将我国东北地区的旧石器划分为三种类型。第一种是分布在东部山区的大石器工业类型，以庙后山地点①、抚松仙人洞遗址为代表；第二种是分布在东北中部丘陵地带的小石器工业类型，以金牛山地点②、小孤山遗址为代表；第三种是分布在东北西部草原地带的细石器工业类型，以大布苏遗址、大坎子遗址③为代表。

以往吉林地区的旧石器主要集中在吉林东部的长白山地区，主要有三种工业类型。第一种是大石片工业类型，以下白龙遗址④和安图立新遗址⑤为代表；第二种是小石片工业类型，以西沟遗址⑥，辉南邵家店遗址⑦和歧新B、C⑧地点为代表；第三种是细石叶工业类型，在长白山地区分布广泛，代表遗址有沙金沟遗址⑨、北山遗址⑩、柳洞遗址⑪、大洞遗址⑫、石人沟遗址⑬、青头遗址⑭和枫林遗址⑮等。除吉林东部地区外，20世纪80年代在吉林中部也有一些旧石器遗址被发现，如吉林榆树周家

① 魏海波：《辽宁庙后山遗址研究的新进展》，《人类学学报》2009年2期，154～161页。

② 金牛山联合发掘队：《辽宁营口金牛山旧石器文化的研究》，《古脊椎动物与古人类》1978年2期，129～136页。

③ 陈全家：《吉林镇赉丹岱大坎子发现的旧石器》，《北方文物》2001年2期，1～7页。

④ 陈全家、霍东峰、赵海龙：《图们下白龙发现的旧石器》，《边疆考古研究（第2辑）》，科学出版社，2004年，1～14页。

⑤ 陈全家、张立新、方启等：《延边安图立新发现砾石工业的旧石器》，《人类学学报》2008年1期，45～50页。

⑥ 陈全家、赵海龙、方启等：《吉林省和龙西沟发现的旧石器》，《北方文物》2010年2期，3～9页。

⑦ 陈全家、李有骞、赵海龙等：《吉林辉南邵家店发现的旧石器》，《北方文物》2006年1期，3～9页。

⑧ 陈全家、崔祚文：《吉林图们歧新B、C地点发现的旧石器》，《北方文物》2015年4期，3～10页。

⑨ 陈全家、李有骞、方启等：《安图沙金沟旧石器遗址发现的石器研究》，《华夏考古》2008年4期，51～58页。

⑩ 陈全家、赵海龙、刘雪山等：《吉林镇赉北山遗址发现的石制品研究》，《北方文物》2008年1期，3～10页。

⑪ 陈全家、赵海龙、霍东峰：《和龙市柳洞旧石器地点发现的石制品研究》，《华夏考古》2005年3期，50～59页。

⑫ 万晨晨、陈全家、方启等：《吉林和龙大洞遗址的调查与研究》，《考古学报》2017年1期，1～24页。

⑬ 陈全家、王春雪、方启等：《延边地区和龙石人沟发现的旧石器》，《人类学学报》2006年2期，106～114页。

⑭ 陈全家、方启、李霞等：《吉林和龙青头旧石器遗址的新发现及初步研究》，《考古与文物》2008年2期，3～9页。

⑮ 李万博、陈全家、张福有：《吉林枫林旧石器遗址发现的石制品》，《人类学学报》2019年2期。

油坊遗址①、榆树大桥屯遗址②。

对比发现，葛家屯北山地点和亮子街地点应属小石片工业。它的突出特点是以石片直接使用，或以此为毛坯进行加工工具。整个石器面貌均是以小型为主，少见或不见大型或巨型石器，与周家油坊遗址和榆树大桥屯遗址非常相似。而与吉林东部地区以细石叶工业类型为主的遗址区别鲜明。与歧新B、C地点，和龙西沟和邵家店相比，虽同属于小石片工业类型，但整个石器面貌也存在较大差异。因此应不属于同一文化系统。

与吉林东部地区遗址相比，石制品原料方面，葛家屯北山地点和亮子街地点石器数量较少，但原料种类较多，有玄武岩、石英、石英岩、安山岩、花岗岩、硅质泥岩、黑曜岩、流纹岩、砂岩和角岩等10余种。但也显得更加分散，尤其与以黑曜岩为主要原料的典型细石叶工业类型遗址相比，差异明显。而与距离更近的周家油坊遗址和榆树大桥屯遗址相比，无论是原料类型还是主要原料都更为接近。

工具组合方面，葛家屯北山地点和亮子街地点典型器形为直接使用的石片或以此为毛坯加工的刮削器。较少或不见块状毛坯制成的工具。与周家油坊和榆树大桥屯遗址相比非常相似，而与吉林东部地区遗址相比差异明显。既没有石叶或细石叶发现，也没有大型的石片工具和块状毛坯的大型工具。

（三）相关讨论

1. 工具的大小

根据手指和手掌的一般尺寸，石器按最大的长或宽可分为5个等级。微型，定性双指捏，定量$S<20$毫米；小型，定性三指捏，定量20毫米$\leqslant S<50$毫米；中型，定性手掌握，定量50毫米$\leqslant S<100$毫米；大型，定性单手拎，定量100毫米$\leqslant S<200$毫米；巨型，定性双手拎，定量$S\geqslant200$毫米五种类型③。石器的分类统计表明，石器以小型为主（n=12），其次为中型（n=6），微型最少（n=1），不见大型和巨型标本（表一）。

表一　石器大小分类统计

石器大小→	$S<20$毫米	20毫米$\leqslant S<50$毫米	50毫米$\leqslant S<100$毫米	100毫米$\leqslant S<200$毫米	$S\geqslant200$毫米
石器类型↓	N	N	N	N	N
石核	/	/	/	/	/

① 孙建中、王雨灼、姜鹏：《吉林榆树周家油坊旧石器文化遗址》，《古脊椎动物与古人类》1981年3期，281～291页。

② 姜鹏：《吉林榆树大桥屯发现的旧石器》，《人类学学报》1990年1期，9～15页。

③ 卫奇：《石制品观察格式探讨》，《第八届中国古脊椎动物学学术年会论文集》，海洋出版社，2001年，209～218页。

续表

石器大小→	S＜20毫米	20毫米≤S＜50毫米	50毫米≤S＜100毫米	100毫米≤S＜200毫米	S≥200毫米
石片	/G1	L1/G3	/	/	/
断块	/	/	L1/	/	/
工具	/	L4/G4	L2/G3	/	/
总计	/G1	L5/G7	L3/G3	/	/

2. 指导遗址石器生产的基本理念

在石器工业生产过程中，剥坯和修形是起主导作用的两个主要基本概念。这两个基本概念反映了两种完全不同的石器生产指导体系。剥坯（也叫剥片），是指运用各种方法将石核剥裂成不同形态和大小的石片的过程。这些石片可以直接使用，也可以进一步加工成各种工具[①]（图五，1）。剥坯概念指导下的石器生产体系会产生石核（废弃部分或者有可能用于剥坯的部分）、成功剥片（石片）和废片（碎屑和断块），奥杜威（Olduvai）文化中就已存在这种生产概念。修形，是按照预设产品的技术特征，对一块合适的石坯从一开始就循序渐进的打制，直到将石器制作成具有一定结构、大小和形状的实体[②]（图五，2）。最常见的修形产品有手斧、石镞和石球等。

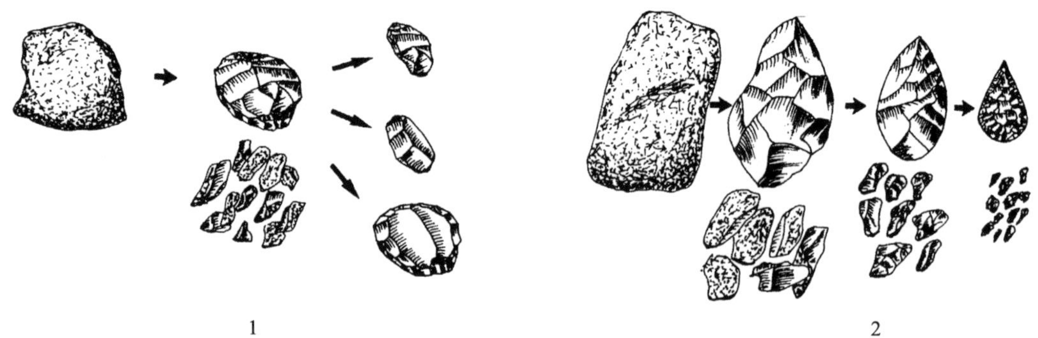

图五　石器工业生产体系的两个基本概念与结构

1. 剥坯　2. 修形

葛家屯北山地点和亮子街地点的石器包括5件石片和13件工具。12件工具均为片状毛坯。通过以上分析发现，指导葛家屯北山地点和亮子街地点石器生产的基本理念是剥坯而非修形。

① 李英华：《旧石器技术：理论与实践》，社会科学文献出版社，2017年，47页。

② 李英华：《旧石器技术：理论与实践》，社会科学文献出版社，2017年，48页。

3. 遗址性质

这两个遗址原料种类分散，但品质较好，反映出该地古人类已经从“拿来就用”的低级阶段发展到了“择优取材”的高级阶段；石器中工具比例很大，工具类型组合简单，无碎屑；从周围环境来看，葛家屯北山地点和亮子街地点位于石头口门水库西岸，地势较高，有一定的活动区域，取水方便，位于Ⅱ级侵蚀阶地，地表平坦，较适合人类居住。但未发现其他居住遗迹和文化层。综上所述，推断此地可能为工具的遗弃地或使用地。

4. 遗址年代

葛家屯北山地点和亮子街地点发现的石器均采自地表耕土层或风化壳，无确切断代依据。部分石器表面磨蚀和风化较为严重，多数石器边缘仍显得比较新鲜和锋利，在石器采集区未发现新石器时代以后的磨制石器和陶片。由此推测，遗址的年代跨度较大，从旧石器时代中期到晚期，最晚不会超过旧石器时代晚期。

5. 发现意义

此次对长春市境内的旧石器考古调查发现的黑曜岩、细石叶和细石叶石核等多种石器类型皆为长春市首例，不仅填补了该地区旧石器考古工作的空白，为长春市旧石器考古研究提供了新的材料，而且结合以往东北地区的旧石器考古发现，为系统研究中国东北地区旧石器文化面貌提供了可能，随着后续研究工作的深入，将逐步深化对该地区在东北亚石器技术发展和传播扩散过程中所起作用的认识。对古人类的分布、迁徙和适应方式及文化交流具有重要的研究意义和学术价值。

附记：调查期间得到吉林大学边疆考古研究中心和长春博物馆领导的大力支持，在此表示感谢。

Analysis of the Stone Artifacts from Paleolithic Locality at Gejiatunbeishan and Liangzijie

Chen Quanjia　WangYixue　Wei Tianxu

Abstract: The Gejiatunbeishan and Liangzijie Paleolithic Sites, which are located in Changchun, Jilin Province, were found in April, 2018. The localities are on the second erosion terrace. There were 11 stone artifacts collected in Gejiatunbeishan and 8 stone artifacts found in Liangzijie, including flakes, fragments and tools. The raw materials were mainly basalt. Besides, they also use andesite, obsidian and other siliceous rocks. Most of the stone artifacts were tools. retouching methods of the third tools were used hammer. The tools made by flakes were the dominance.According to the characteristics of these artifacts, we suggest that the two sites are the types from Flake Industry, probably in the period of the late Paleolithic Age.

Keywords: Stone Artifacts; Gejiatunbeishan; Liangzijie; Upper Paleolithic

金中都东开阳坊遗址出土的高丽青瓷

李永强[1]　王继红[1]　赵慧群[2]

（1. 北京市考古研究院，北京，100085；2. 上海城建职业学院，上海，201400）

摘要：本文主要对北京市考古研究院2020年度和2021年度在金中都东开阳坊遗址发掘出土的高丽青瓷进行介绍。该次发掘共出土22件高丽青瓷残片，分属金、元两个时期，划分为翡色青瓷、灰绿青瓷、镶嵌青瓷三类。总结这批青瓷特征并与典型高丽青瓷对比后，认为这批青瓷确属高丽青瓷，对其中的翡色青瓷、灰绿青瓷、镶嵌青瓷的年代分别进行讨论推定。东开阳坊出土的高丽青瓷是目前国内出土金代高丽青瓷数量最多的一批，是中韩两国古代文化交流的实物见证。

关键词：金中都　考古　高丽青瓷　中韩文化交流

2020年和2021连续两年，北京市考古研究院（原北京市文物研究所）对金中都东开阳坊遗址进行了考古发掘，发掘面积10000平方米，完成了C1、C2、C4、AB等四个工作区。东开阳坊位于金中都皇城东南（图一），大致在现北京市西城区白纸坊东街南侧、右安门内大街东侧（图二）。

本次发掘收获极为丰富，尤其以陶瓷器数量最多，其中包括22件高丽青瓷残片。这些高丽青瓷分属金、元两个时期，可分为翡色青瓷、灰绿青瓷、镶嵌青瓷三类，翡色青瓷5件，可辨器形有炉、瓷板（或床）、盘或洗；灰绿青瓷15件，可辨器形有碗、盘、器盖、筒形盏、器足、渣斗、炉、执壶；镶嵌青瓷2件，可辨器形有扁壶、碗。以下按翡色青瓷、灰绿青瓷、镶嵌青瓷分类进行介绍。

一、翡色青瓷

出土5件。炉1件、瓷板（或床）1件、盘或洗3件。

1. 炉

1件。标本ABH318：01，炉口沿残片。直口，筒形腹，外壁口沿下接侧出的折沿，

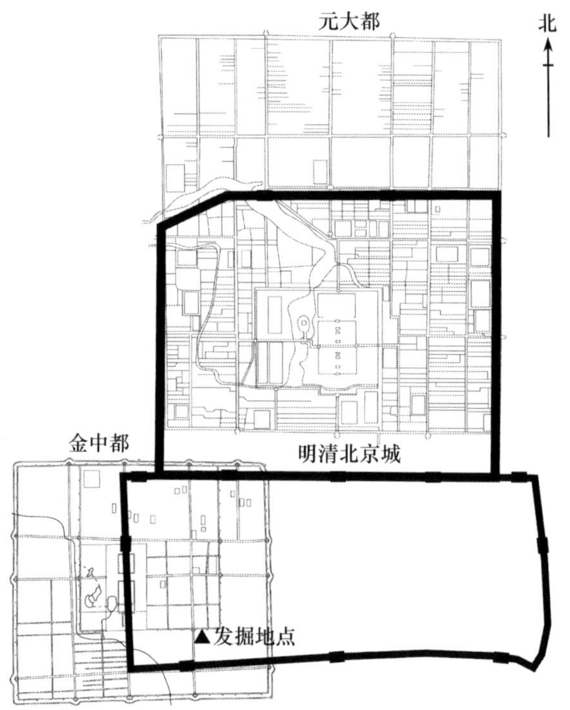

图一　发掘地点在金中都的位置

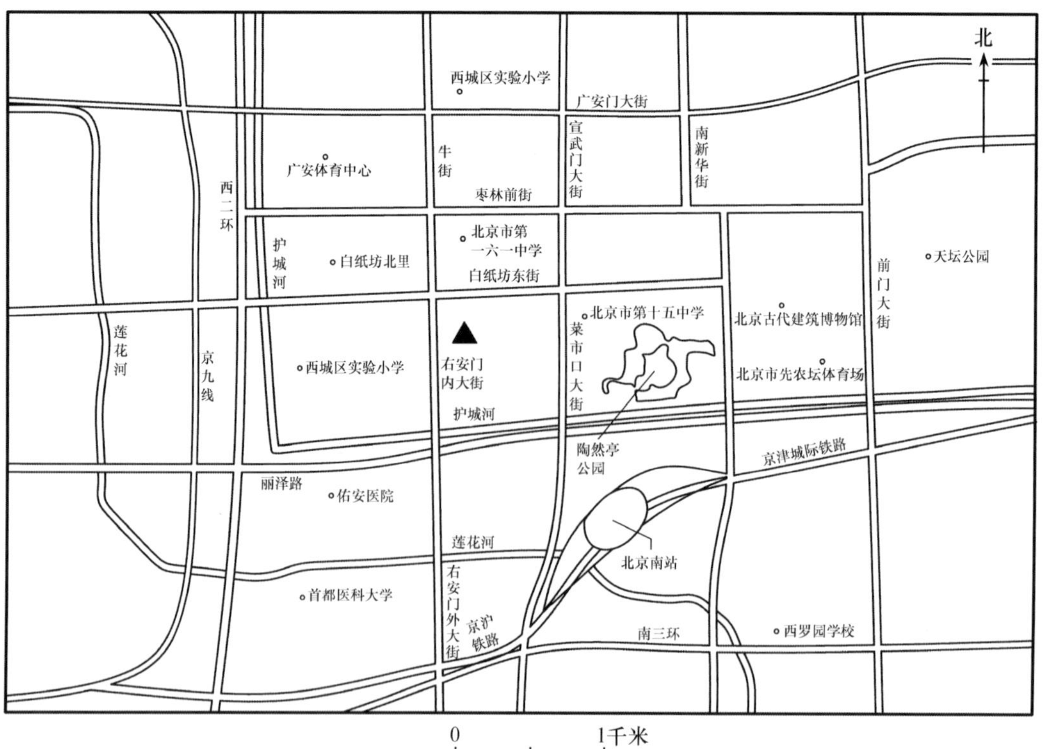

图二　发掘区位置示意图

灰白胎，断面可见层状孔隙，釉面呈翡色，折沿和外壁阴刻云纹，口沿处有一道细小窑裂，坯件似经过打磨，器表光滑，制作精美。口径11.3、残宽6.1厘米（图版一，1）。

2. 瓷板（或床）

1件。标本ABH351：01，残存方形的一角，平板状。顶面有二道方形边框，两道边框间距1.3厘米，内侧边框内阳刻缠枝花卉纹，外侧框饰阳刻卷草纹，两侧面阳刻连续“回”形纹，角端下接矮足，底面施满釉，灰白胎，釉面呈翡色。残长5.5、残宽4.7、高1.5厘米（图版一，2）。

3. 盘或洗

3件。残损较为严重，可知均属盘或洗类平底器的底部残片。灰白胎，釉面呈翡色，可见同心圆状凸棱和凹陷，外底均残存灰白色支钉痕。

二、灰绿青瓷

出土15件。碗6件、盘3件、器盖1件、筒形盏1件、器足1件、渣斗1件、炉1件、执壶1件。

1. 碗

6件。标本ABH374：01，可复原。敞口，弧腹下收，圈足。灰白胎，胎土致密坚硬，青灰色釉，釉层薄，釉面受土蚀而显灰白斑，局部有细小开片纹，满釉支烧，底部有3个灰白色支钉痕及三道窑裂，腹壁阳刻3层莲瓣纹，器里有因修坯而在内模上压印形成的圆形凹陷，足脊处有使用磨痕。口径16.3、足径6.6、高8.1厘米（图三；图版一，3～5）。

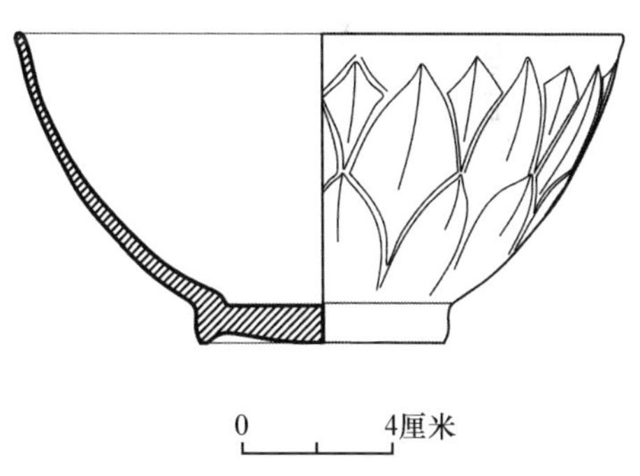

图三 H374出土碗（ABH374：01）

标本ABH374：02，碗腹壁残片。灰白胎。断面可见孔隙，胎质略粗。腹壁阳刻莲瓣纹。其特征与标本ABH374：01基本一致。残长8.7、宽6.1厘米。

标本ABH324：01，碗底残片。弧腹，圈足，器里有圆形凹陷，灰白胎，断面可见细层状结构和孔隙，釉层薄，釉色呈灰绿色，釉面有开片纹，玻璃感强，外壁阳刻莲瓣纹，足脊刮釉露胎，有4个粗糙泥点垫烧痕，未经打磨处理，足脊有使用磨痕，器里粘有窑灰。残高4.4、足径5.5厘米（图版一，6；图版二，1）。

标本C2T1007③：01，碗底残片。灰白胎。圈足。断面可见细层状结构，器里釉

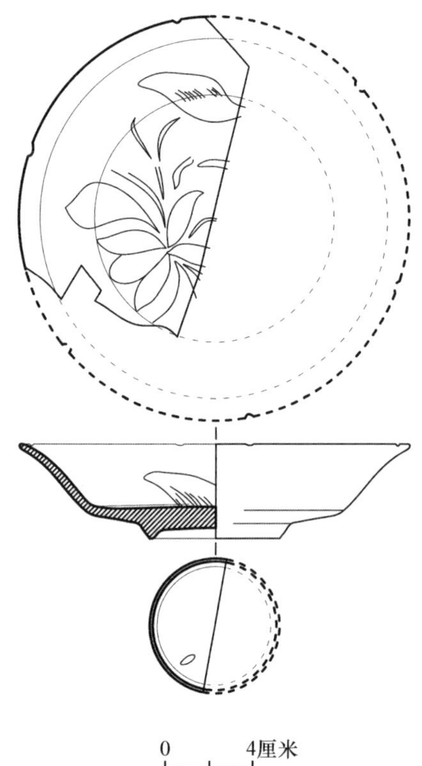

图四　H206出土瓷盘（ABH206：01）

面呈灰绿色，外壁饰莲瓣纹，残至根部，仅可见根部线刻，釉面显灰褐色，见细碎开片纹，玻璃感强，满釉支烧，底部有3个灰白色支钉痕及窑裂，可见细小漏釉痕，足脊有使用磨痕。残高2、足径6.7厘米。

标本C2G2：01，碗腹壁残片。灰白胎。断面可见孔隙，胎质略粗。外壁阳刻莲瓣纹。釉色呈灰绿色，釉面有玻璃感。残长8、宽4.6厘米。

2. 盘

3件。标本ABH206：01，可复原。口沿和圈足尚存约三分之一。敞口，弧腹外撇，口沿为六出花口，外壁近底处斜折，平底圈足。灰白胎，胎质坚硬致密。器里阳刻花卉纹，釉色蓝绿，釉面开片，可见3个细小缩釉点，外壁釉层薄，釉色灰绿，釉质清亮，玻璃感强，折腹处可见同心圆状修坯痕，满釉支烧，底部残剩1个灰白色支钉痕，足脊处有使用磨痕。口径17.5、足径6.2、高4.4厘米（图四；图版二，2～4）。

标本C2T1105③：01，盘底残片。平底圈足。灰白胎，胎质略粗。内底近腹处阴刻鹦鹉纹，残剩尾羽，阴刻线条纤细。釉面呈灰绿色，釉色清亮，开细碎纹片，玻璃感强，满釉支烧，底部残有4个灰白色支钉痕及二道窑裂，可见细小漏釉痕，足脊有使用磨痕。残高1.8、足径6.2、高4.4厘米（图版二，5、6）。

标本C2T1107③：01，盘口沿残片。灰白胎。敞口，弧腹。断面可见孔隙，釉面呈灰绿色，釉色清亮，有细碎开片纹，玻璃感强，内壁口沿下及腹、底交接处各有一道阴刻弦纹，腹部残留两处纤细阴刻纹。残高7、残宽4.4厘米。

3. 器盖

1件。标本C2T1005③：01，盖顶为圆形，下接中空的子口，顶部原有单独制作再黏接的把手，已残，残损处有窑裂，口沿残。灰白胎，釉面呈灰绿色，釉色清亮，有细碎开片纹，玻璃感强，子口底端刮釉显灰褐色，顶面阴刻莲瓣纹，较模糊。盖面直径5.5、子口高2.5、子口最大径2.4厘米（图五；图版三，1、2）。此盖当为壶、瓶之盖。

4. 筒形盏

1件。标本C1H81：01，碗腹壁残片。灰白胎。断面可见孔隙，胎质略粗。外壁口沿下阴刻一周弦纹，腹壁阳刻双层莲瓣纹，下层莲瓣较细长，中部阴刻竖向反“S”形曲线纹。釉色呈灰绿色，有玻璃感，釉面开片。残高7.5、宽6.5厘米（图版三，3）。

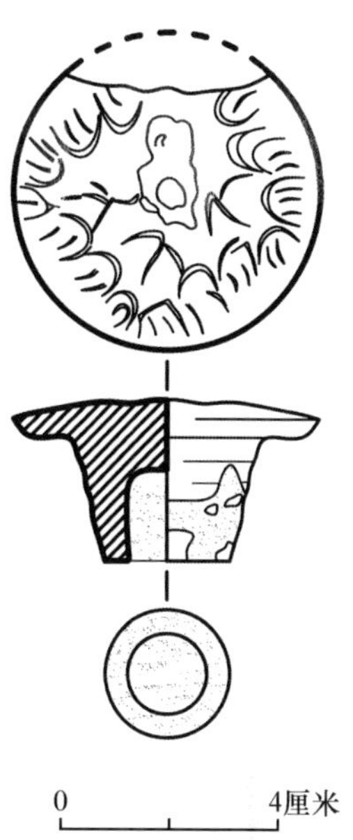

图五　T1005出土瓷器盖（C2T1005③：01）

5. 器足

1件。标本ABT2730③：01，已残。云头形。略外撇，灰白胎。釉色灰绿清亮，有细碎开片纹，玻璃感强。边缘阳刻出云头形，中部阳刻三道窄棱，足端有使用磨痕。残高3.5、宽6.5厘米（图版三，4）。

6. 渣斗

1件。标本C2T1005③：02，口沿残片。喇叭口形，底部与小罐连接处残损脱落，残损处近圆形，灰白胎，釉色灰绿清亮，有细长开片纹，玻璃感强，内壁口沿下阴刻一周弦纹，花口，相对应的腹壁处有压印痕，口沿处有漏釉痕。口径18.8、残高6.3厘米（图六）。

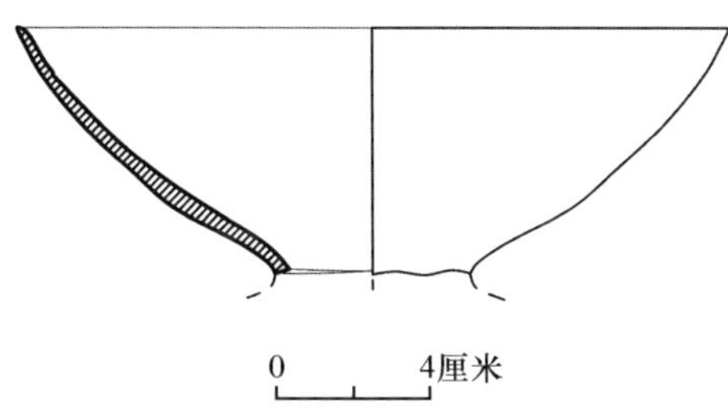

图六　T1005出土瓷渣斗（C2T1005③：02）

7. 炉

1件。标本C2T1005：12，炉口沿残片。直口，筒形腹，外壁口沿下接侧出的折沿，灰白胎，胎质较粗，断面多见孔隙，灰绿至浅蓝色釉，釉面密布开片纹，玻璃感强，外壁阴刻云纹，较模糊。口径8.1、残高5.2、折沿残宽1.1厘米。

8. 执壶

1件。标本ABH221：01，执壶颈部残片。圆筒状，上细下粗，一侧附有残把手，器表修胎略呈多棱状，灰白胎，釉色灰绿清亮，细长开片纹，玻璃感强，棱角处釉薄显灰色，釉面受土蚀而显灰白斑。残长5.7厘米，上端外径2.4、内径1.3厘米，下端外径2.6、内径1.7厘米。

三、镶嵌青瓷

出土2件，扁壶1件、碗1件。

1. 扁壶

标本ABH1：01，颈腹部残片。灰胎，胎体较厚，釉层薄，玻璃感强，有细碎开片纹，外壁见漏釉、缩釉痕，内壁可见同心圆状轮制痕迹。颈部在两道弦纹内绘一周覆莲瓣纹，腹部绘双线菱花形开光，内填绘黑白二色牡丹纹，开光外填绘白色云纹，纹饰均以刻胎填粉技法即镶嵌法绘就。填粉处有凹感，外壁残留3个锔钉孔。残高15.2、残宽9.4厘米（图版三，5）。

2. 碗

标本ABT2719③：01，碗底心残片。灰胎，胎质粗，釉层薄，外壁釉面有皱缩感，器心绘一周如意云形莲瓣纹，外围绘云纹，外壁绘菊纹，纹饰均采用镶嵌法绘就。残高4.3、残宽6.2厘米（图版三，6）。

四、结　　语

1. 东开阳坊出土高丽青瓷特征

出土器形以碗、盘为主，另有器盖、筒形盏、瓷板（或床）、炉、器足、渣斗、执壶、扁壶等，胎土以灰、灰白色为主，胎质不细腻，有沙质感，从断面看孔隙较多，釉面普遍较薄，釉色分翡色和灰绿色两类，翡色釉面不甚清亮透明，较少开片，灰绿色釉呈现灰绿—浅蓝色调，清亮透明如玻璃，釉面多有不规则细碎开片纹。普遍存在窑裂、漏釉、缩釉等瑕疵。多采用轮制成形。碗成形后以内模修坯整形，有支钉支烧和泥点垫烧两种烧造方法。装饰技法有阴刻、阳刻、镶嵌，阳刻纹饰题材以莲瓣纹最为多见，另有花卉、连续“回”纹，阴刻题材有鹦鹉、花卉、弦纹，镶嵌纹饰有花卉、云气、菊花等。

东开阳坊出土的这批青瓷具有强烈而鲜明的高丽民族特色。以标本ABH1：01最为典型，其造型以及镶嵌技法、风格、特点，与韩国国立中央博物馆所藏青瓷镶嵌云龙纹扁壶[①]基本一致。标本ABH318：01造型及外壁阴刻的花卉纹，与韩国国立中央博物馆所藏狮子纽盖香炉[②]（国宝第60号）相同，标本C2T1105③：01内底近腹处阴刻的鹦鹉纹，与韩国康津青瓷博物馆收藏的多件阴刻鹦鹉纹盘基本相同[③]。通过上述比对，能够确定东开阳坊出土的这批青瓷属于高丽青瓷。

① 〔韩〕郑良谟著，〔韩〕金英美译：《高丽青瓷》，文物出版社，2000年，112页。

② 〔韩〕郑良谟著，〔韩〕金英美译：《高丽青瓷》，文物出版社，2000年，129页。

③ 《康津青瓷博物馆馆藏100件文物展》，康津青瓷博物馆，2012年，96~99页。

2. 年代与性质

这批青瓷按胎釉特征明显可以划分三组。A 组：翡色青瓷，B 组：灰绿青瓷，C 组：镶嵌青瓷。以下对各组年代予以讨论。

综合各组标本胎釉特征、装饰风格、烧造特征来看，每组所属标本烧制时间较为接近，可视为同一时间生产，但各组之间烧制年代显然有别。A 组 5 件标本属于同一窑场，B 组 15 件标本，存在支钉支烧和泥点垫烧两种装烧工艺，以此来看，B 组瓷器至少来自两个不同窑场。据韩国保宁元山岛出水的青瓷，存在窑场为满足不同消费需求而兼烧翡色、灰绿青瓷的现象①，推知 A 组、B 组青瓷有可能来自相同窑场。

A 组翡色青瓷，其中的炉（标本 ABH318：01），与前引韩国国立中央博物馆所藏狮子纽盖香炉（国宝第 60 号）相同，中、韩学界多认为此器属高丽仁宗（1122 ~ 1146 年）时期，金中都东开阳坊出土的以炉（标本 ABH318：01）为代表的 A 组翡色青瓷，其烧制年代可以高丽仁宗时期做参考上限。另据韩国保宁元山岛出水的翡色青瓷年代划定在 13 世纪初叶②，再考虑到金中都作为都城时间在 1153 ~ 1214 年。综上所述，A 组翡色青瓷流入金中都的时间当晚于高丽仁宗朝，大体推定在 12 世纪中后期至 13 世纪初叶。

B 组灰绿青瓷，其胎釉特征与金大定二十四年（1184 年）乌古论窝论墓出土的青釉葫芦式执壶基本相同，该器“色泽青绿而泛灰，釉面光泽较弱，表面有不同程度的开片纹……从釉色和造型上看，这件青瓷执壶极有可能是高丽青瓷”③，据笔者所见，这件执壶把手处漏釉痕以及把手与壶身黏接处的窑裂，也常见于本次东开阳坊出土高丽青瓷，笔者赞同该器属高丽青瓷的论断。所以金大定二十四年可作为判定 B 组灰绿青瓷年代的一个参考。另 B 组灰绿青瓷中的筒形盏：标本 C1H81：01，其造型和纹饰特点与韩国泰安郡马岛海底马岛 2 号船出水的青瓷阳刻莲瓣纹筒形盏接近，该器年代被认为是 12 世纪末至 13 世纪初（1213 年以前）④，这个时间也可作为 B 组灰绿青瓷的一个年代参考。综合考虑，B 组灰绿青瓷的年代可推定在 12 世纪后期至 13 世纪初叶。

C 组镶嵌青瓷，其镶嵌装饰技法独特且鲜明，这类镶嵌青瓷在我国南、北地区均有发现，北方地区稍多，彭善国先生认为这类瓷器时代为蒙元时期，即 13 世纪中期前后至 14 世纪中期⑤，本文认为 C 组镶嵌青瓷的年代也大致在这一范围。

---

① 韩国国立海洋遗物展示馆：《保宁元山岛水中发掘调查报告书》，2007 年。

② 韩国国立海洋遗物展示馆：《保宁元山岛水中发掘调查报告书》，2007 年，160 页。

③ 龙霄飞：《北京地区金墓出土瓷器考辨》，《白山 · 黑水 · 海东青——纪念金中都建都 860 周年特展》，文物出版社，2013 年，92、93 页。

④ 大阪市立东洋陶瓷美术馆：《新发现的高丽青瓷——韩国水下考古学成果展》，内部资料，2015 年，133 页。

⑤ 彭善国：《中国出土高丽青瓷述论》，《边疆考古研究（第 14 辑）》，科学出版社，2013 年。

据出使过高丽的宋人徐兢云："自燕山道陆走，渡辽而东之其境，凡三千七百九十里。"[①] 高丽青瓷能出现在数千里之外的金中都，是两国政治往来、使节贸易的结果。金中都皇城南部有专门接待高丽使者的馆驿，楼钥云："高丽人、西夏人二馆在东（宣阳门内街之东）与会同馆相对。"[②] 据研究，"有金一代，高丽曾经向金朝派遣使者 174 次，金朝曾经向高丽派遣使团 118 次"[③]，高丽使节多以"进献方物"的名义远赴金朝都城，东开阳坊出土的高丽青瓷尤其是翡色青瓷，显然具有朝贡贸易性质。

出土高丽青瓷的东开阳坊位于金中都宫城东南约 1 千米，是金国宗室显宦聚居之地，金世宗长女鲁国大长公主府邸就坐落于东开阳坊[④]，值得注意的是，曾做过高丽生日使的张汝猷居住于距此不远的西开阳坊[⑤]，笔者认为东开阳坊出土的 A 组翡色青瓷使用者就是以上述人物为代表的宗室显宦。B 组灰绿青瓷的品质稍逊于 A 组翡色青瓷，其使用人群的政治、经济地位自然也不及翡色青瓷的使用者。

3. 价值和意义

东开阳坊出土的高丽青瓷是目前国内出土金代高丽青瓷数量最多的一批，器形也最为丰富，尤其是其中的翡色青瓷，是目前国内发现的年代较早、品质较高的高丽青瓷，瓷板（或床）和筒形盏这两种器形属国内首次发现。这批瓷器表明自金国迁都中都后，高丽青瓷就不断流入金中都，并一直持续至金晚期。这批高丽青瓷是金丽两国政治、贸易和文化交流的实物见证，具有重要的学术价值。

这批瓷器器形丰富，用途多样，涉及饮食器、酒器、茶器、出香等，反映了金丽两国上层在饮茶、熏香等方面的生活方式比较接近，瓷板、筒形盏这样具有鲜明高丽特色或特别用途的器物，体现了金国上层人物对高丽某些生活方式的接受。中国制瓷技术传入朝鲜半岛后，至高丽仁宗时期，其青瓷烧造水平达到窑业史上的第一个高峰，烧造的翡色青瓷品质高，可以与金国汝窑、耀州窑等青瓷产品相媲美，能够被金国上层人物认可接受。

自金朝崛起后的百余年间，金始终是东北亚大陆上最为强大的国家，其政治、经济、文化影响力的地区辐射始终未减。作为金政治、经济、文化中心的金中都，自然是金朝区域辐射力的核心。东开阳坊出土的高丽青瓷正是金朝、金中都当时区域影响力的实物证据。

---

① （宋）徐兢：《宣和奉使高丽图经》卷三《城邑》，中华书局，1985 年，7 页。

② （宋）楼钥：《北行日录》，《奉使辽金行程录》，商务印书馆，2017 年，378 页。

③ 王德朋：《金代商业经济研究》，社会科学文献出版社，2011 年，124 页。

④ 北京市文物工作队：《北京金墓发掘简报》，《北京文物与考古（第一辑）》，1983 年，74 页。

⑤ 侯堮遗作：《金〈张汝猷墓志〉考释》，《北京文物与考古（第二辑）》，北京燕山出版社，1991 年，151 页。

附记：就高丽青瓷，笔者请教过韩国民族文化遗产研究院韩盛旭先生，并承蒙韩先生惠赠韩文资料，特此感谢！

本文获得上海城建职业学院科研项目“意匠渊源——陶瓷行炉考”支持，为项目阶段性研究成果，项目编号：cjky202116。

绘图：张继发　刘晓贺

修复：张继发

照相：刘晓贺

Goryeo Celadon from the Dong Kaiyangfang Site in the Central Capital of the Jin Dynasty

Li Yongqiang　Wang Jihong　Zhao Huiqun

Abstract: This article focus on the Goryeo celadon excavated from the Dong Kaiyangfang Site by the Beijing Institute of Archaeological Research in 2020 and 2021 at the Central Capital of the Jin Dynasty. A total of 22 celadon fragments were found, dating to the Jin and Yuan periods and classified into three types:dark emerald green, grey-green and inlaid (sanggam). After comparing this group with the typical Goryeo celadon, it is concluded that the celadons are indeed made in Korea. Particularly, the dark emerald green type was produced during King Injong (1123-1146 CE) reign of the Goryeo dynasty, and arrived in Jin's Central Capital around the mid-12th century. The dating of the grey-green pieces is considered to be the late 12th to early 13th century, and the inlaid (sanggam) celadon dates to the mid-13th to the mid-14th century.The Goryeo celadon excavated at Dong Kaiyangfang is the largest quantity of Goryeo celadon from the Jin Dynasty ever unearthed in China. It is a testimony to the ancient cultural exchange between China and Korea.

Keywords: Central Capital of Jin Dynasty; Archaeology; Goryeo Celadon; Cultural exchange between China and Korea

新疆阿勒泰市东喀腊希力克别特墓地发掘简报

中国人民大学历史学院考古文博系

摘要：2014年7～8月，中国人民大学历史学院考古文博系师生对新疆阿勒泰市东喀腊希力克别特墓地进行了考古发掘，清理了4座墓葬和1处石堆遗迹，分属从早期铁器时代到蒙元时期，为了解阿勒泰地区不同时期的考古学文化面貌提供了新的资料。

关键词：阿勒泰　石堆　偏洞室墓　祭祀　突厥

东喀腊希力克别特墓地位于阿勒泰市西南20千米，在萨尔胡松乡库尔尕克托干（干沟）村北侧2千米，切木尔切克乡西南4千米，217国道南约1千米东西走向的山梁上，地理坐标为N47°46′53.34″，E87°55′26.19″（图一）。2014年7～8月，中国人民大学历史学院考古文博系师生对该墓地进行了考古发掘（发掘证照：考执字〔2014〕第375号），揭露面积1500平方米，发掘墓葬4座、石堆遗迹1处，出土铜器、铁器、鹿石等遗物十余件。现将此次发掘情况简报如下。

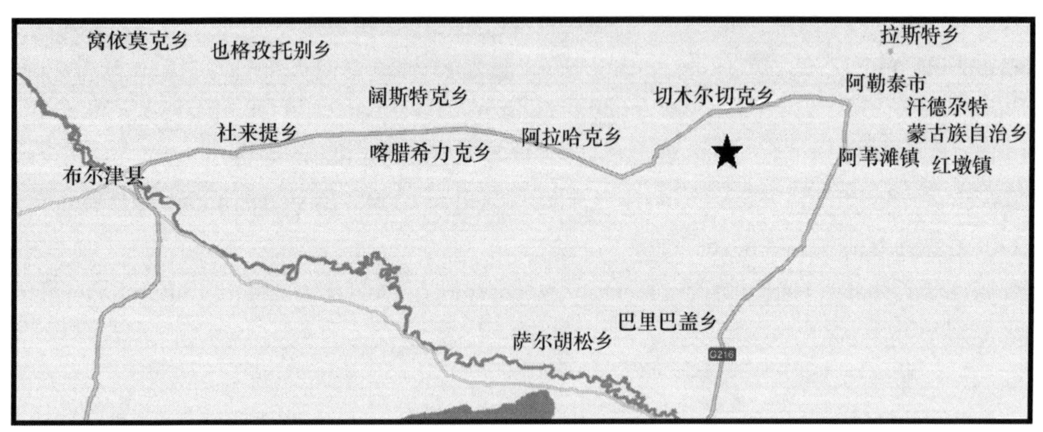

图一　东喀腊希力克别特墓地位置示意图

一、墓地概况

东喀腊希力克别特墓地位于阿尔泰山西南麓、准噶尔盆地以北的切木尔切克山间盆地，地形由东北向西南递降，地表为戈壁荒漠，植被稀疏。墓地西面远处为高山，北面公路北侧为林带、农田和村落，南面远处有狭小的自然湖，东北面为切木尔切克乡政府的所在地，山梁与乡政府间隔有农田，西面有一条通往萨尔胡松乡库尔尕克托干村的乡村便道。

“喀腊希力克别特”是哈萨克语，意为“山坡上的柳树林”。喀腊希力克别特墓地是新疆北部青铜时代切木尔切克文化的代表性遗存，以石雕人像、方形茔院、石棺墓等为突出特征。本次发掘的墓地，因位于喀腊希力克别特墓地东面，在2009年第三次全国文物普查中被命名为“东喀腊希力克别特墓地”。在发掘前，仅从其分布位置和地表特征，学术界一般认为该墓地的文化内涵与喀腊希力克别特墓地一致，属于切木尔切克文化。不过，发掘结果表明，这一认识有误。

东喀腊希力克别特墓地的遗迹分布在戈壁高地上，地表均有平面略呈圆形的封堆。根据遗迹集中状况，可将墓地分为东、西两个部分。阿勒泰文物局此前已经在两部分的主要遗迹外分别架设了围栏进行保护。因此，我们以围栏为界，将整个墓地分为东、西两个发掘区，两个围栏之间的最短距离是91.6米。围栏外侧也有部分遗迹分布，根据与围栏的距离分别归入两个发掘区之中。西区的遗迹类型、数量相对丰富，有3座墓葬、1个殉牲坑和1处疑似祭祀遗迹，分布上彼此独立，没有叠压打破关系。东区仅1座独立封堆大墓。

二、西区遗迹

西区围栏内中部可见一处极具特色的石堆遗迹SD1。SD1以东为两座圆形石堆墓M1、M2，M2封堆之下除主墓室外还有一个动物殉牲坑K2。两座墓之东、围栏外侧还有一座墓葬M3及1个动物殉牲坑K1。另外SD1之西还有一座近现代墓葬（图二）。现依次介绍如下。

1. 石堆遗迹SD1

这类遗迹此前学术界较少报道，本次发掘暂以石堆命名，编号为SD1。SD1以黑色大石块排列成规矩的两个正方形石围框，二者大小几乎相同，南北排列，侧边位于一条直线上，十分齐整，显然是经过精心堆设而成。北侧方石围框的北侧边之内，又用几块白色大石块排成一条短线。南侧方石围框则在中心部分用白色大石块排成一个小正方形，形成同心方套的“回”字形平面。两个石围框的内外又密集平铺大量小石块，整体形成一个葫芦形状的石块密集区。石块分布范围从南到北最大径为22.8米，东西向最短径是中部两个方石围框之间略微收窄的部分，宽11.3米。两个方石围框南北共长16.1米，二者各自边长均约6.5米，彼此之间距离约3米，方向为30°（图三~图六）。

图二　西区遗迹分布俯瞰图
（航拍照片中探方为正南北方向，下同）

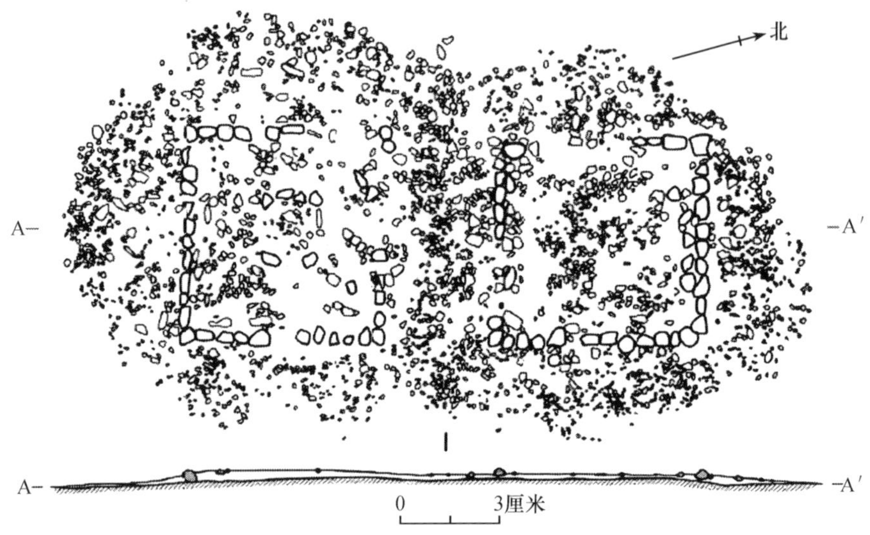

图三　石堆遗迹 SD1 平、剖面图

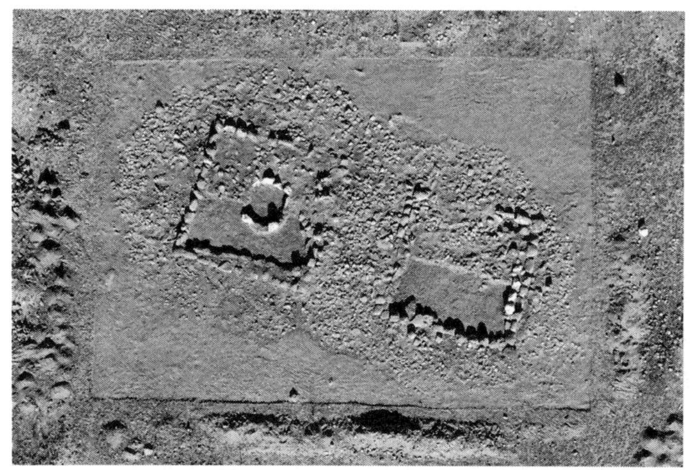

图四　石堆遗迹 SD1 上视图（1/2 解剖）

图五　石堆遗迹 SD1 上视图（清理后）

图六　SD1 南侧方石围框中心的小方石围框上视图

南侧方石围框的东南角石块之下，发现有焚烧的痕迹。北侧方石围框的东北角，出土一块三角形大石块 SD1∶1，高 0.51、底长 0.71 米，底部厚度为 19 厘米，在底部刻有两个大小不一的圆圈图案，类似鹿石的刻划手法。此外未见其他出土物。

2. 石堆墓 M1、M2 及殉坑 K2

M1、M2 两座墓的形制结构基本相同，地表均有低矮石封堆，由大块戈壁角砾石和土混合堆积而成。两座墓葬为南北毗邻分布，M1 在北，M2 在南（图七）。

图七　石堆墓 M1、M2 上视图

M1 地表石堆平面大致略呈圆形，直径 12.4、高约 0.4 米。去除堆石后露出墓室口。墓室口上方以石块封盖，范围略大于墓口，长 2.9、宽 2.2 米。墓室本身为圆角长方形竖穴土坑，口部长约 2.5、宽约 1.7 米，底部长约 2、宽 1.3 米，深约 1.4 米。墓向为 320°。墓室内主要填石块和黄褐色沙砾土，土质较硬，内含少量细小沙石，北侧部分为灰白色沙砾土。墓底东侧有一块石板，长 0.85、宽 0.55 米。墓室内未见完整的墓主人骨架，仅有一些疑似人骨的零散骨片，散落于墓底各处，因过于破碎难以准确判断。墓底西南侧见一具殉马骨架，呈俯卧状，四肢向内蜷曲，南部骨骼肢骨、椎骨、肋骨等保存较好，北部骨骼已酥朽，不见马头骨。马骨周围分布木板痕迹，呈紫灰色，朽蚀较严重，形状不明，原应为殉马身下的木垫板。墓底西南侧距马骨 0.4 米处有一件桦树皮箭箙，朽蚀严重。墓底东侧还出土铜扣饰、铜戒指各 1 件（图八～图一二）。

M2 位于 M1 南侧，封堆紧挨后者，但相互没有叠压。M2 封堆的顶部基本与地表持平或略低，平面呈圆形，直径约 9.2 米，中部、南部有部分缺失，中部约 1.3 米直径范围内石块较集中，其下方即为墓室口。墓室形制为圆角方形、斜壁、平底的竖穴土坑，墓口长约 2、宽约 1 米，底部长约 1.5、宽约 0.7 米，深约 0.9 米，墓向为 340°。墓室内填石块和黄褐色沙砾土，土质坚硬，内含少量细沙石，无夯打痕迹，靠近墓底处有部分灰白色沙砾土。墓室内未见人骨，底部东侧出土较多羊脊椎骨和肋骨，东北部发现少量炭块、一件青铜带扣和一件锈蚀较甚的铁制品，可能是铁环。墓底中部也出土一件桦树皮箭箙，腐朽亦很严重。

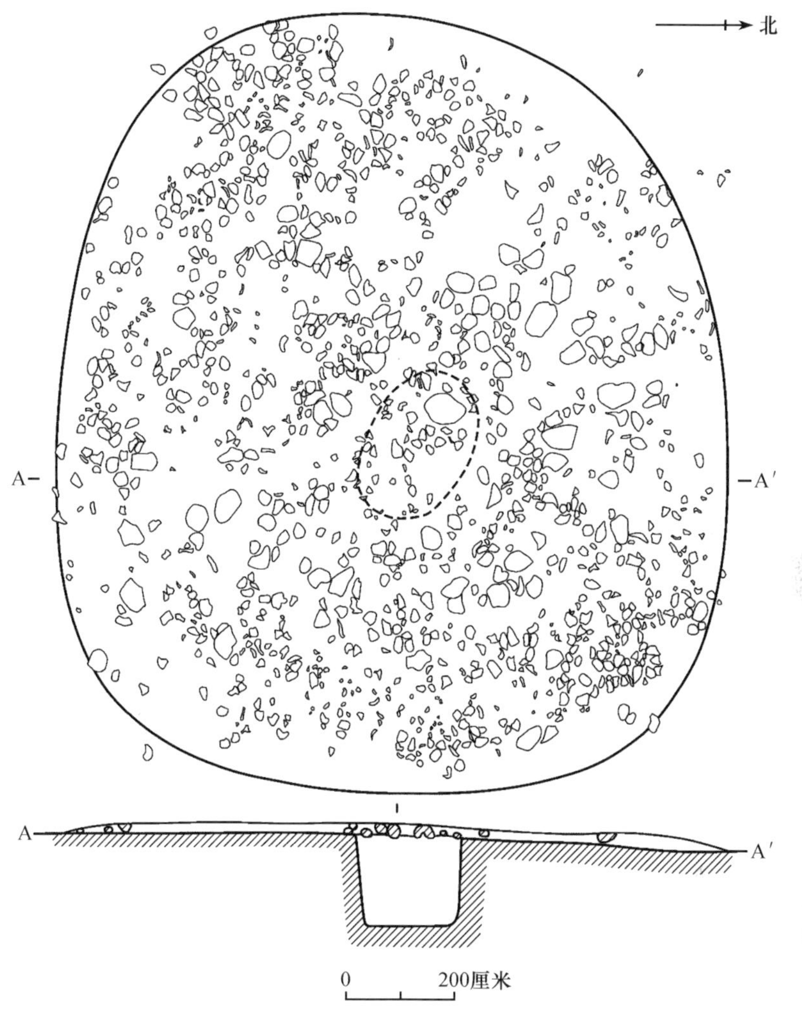

图八　M1封堆平、剖面图

图九　M1封堆解剖及墓室口上视图

图一〇　M1 墓室口上视图

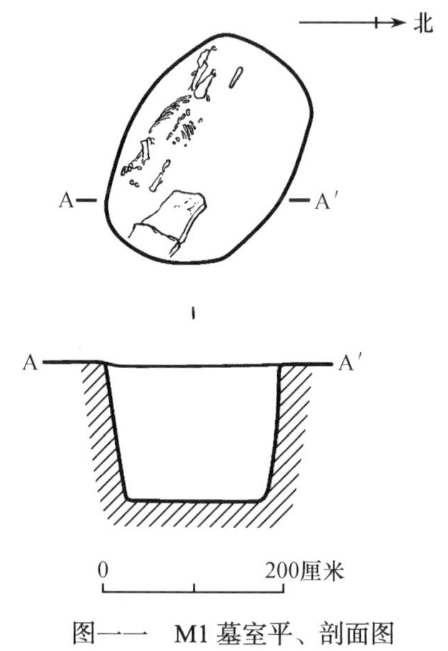

图一一　M1 墓室平、剖面图

图一二　M1 墓底上视图

M2 主墓室口堆石的南侧相邻一处小石堆，其下为一动物殉坑 K2。K2 平面为卵圆形，直径约 0.8、深约 0.14 米，极浅，平弧底，方向为 90°。坑内填黄沙土，土质疏松。坑内可见较多相互叠压摞在一起的羊肢骨，不见羊头（图一三 ~ 图一九）。

3. 墓葬 M3 及殉坑 K1

M3 与 K1 位于 M1、M2 两墓之东、围栏外侧。M3 地表亦有封堆，但规模较小，

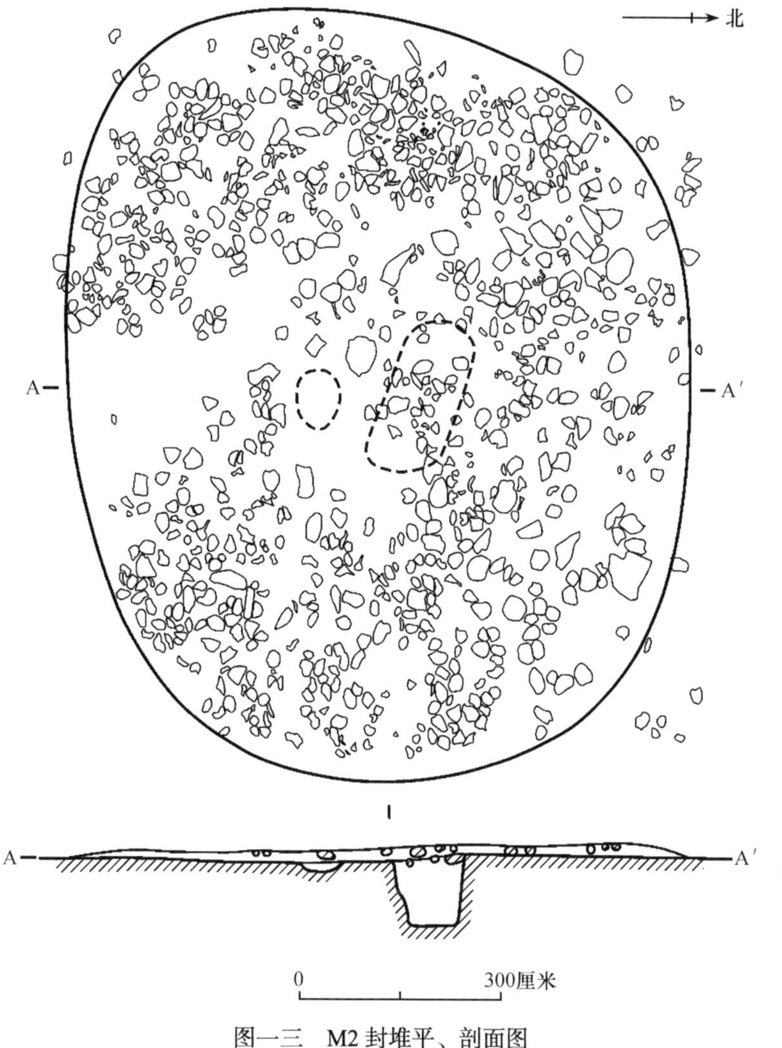

图一三　M2 封堆平、剖面图

图一四　M2 堆解剖及墓室口上视图

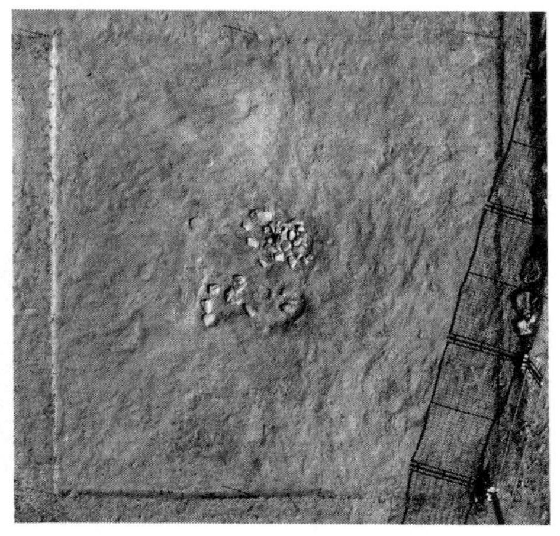

图一五　M2 主墓室口及 K2 上视图

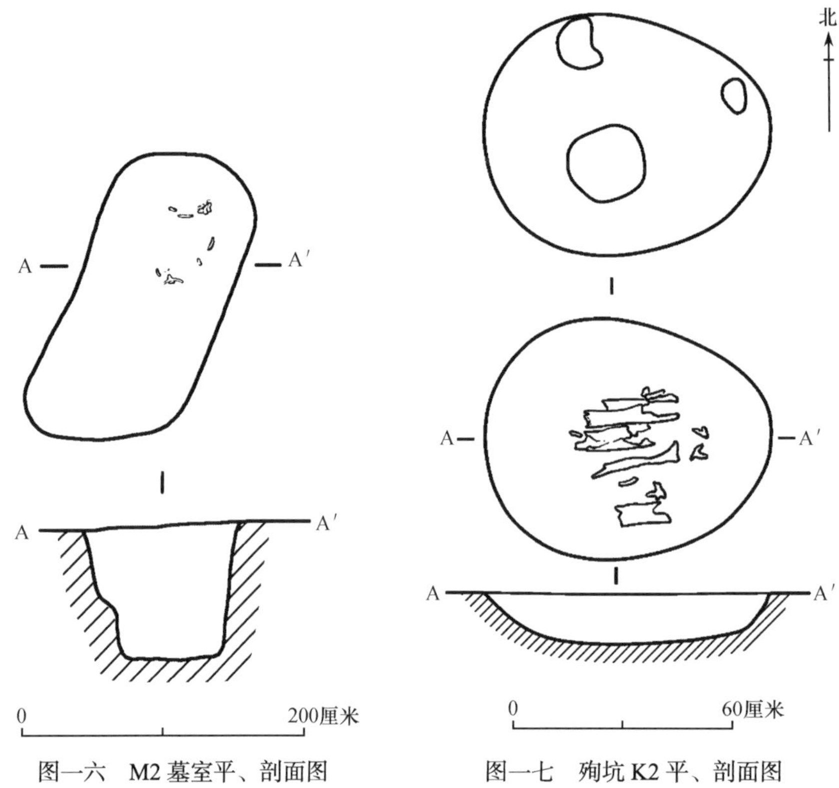

图一六　M2墓室平、剖面图

图一七　殉坑K2平、剖面图

图一八　M2墓底出土羊骨

图一九　殉坑 K2 出土羊肢骨堆积

封堆长径约 2.8、短径约 1.4、高约 0.15 米，仅在墓口上方及外围有大石块，并未再向更大范围平铺小石块。墓葬形制为圆角长方形竖穴土坑偏洞室墓。竖穴墓道，墓道口长约 2、宽约 1、深约 1 米，方向为 15°。墓道内填土为灰白色沙土，内含少量细沙石，土质较硬，无夯打痕迹。洞室位于西侧，洞室口有较大块的石板斜放封堵。洞室内葬 1 人，为一老年女性，年龄 50 ~ 55 岁，仰身直肢一次葬，头向北侧，面向西侧，双臂置于身体两侧，骨骼保存比较完整。墓主人颅骨右侧发现骨珠饰，应为耳坠；右胸第八根肋骨处出土木梳 1 把，朽蚀较严重；胸部右侧还发现铁块若干（图二〇 ~ 图二三）。

图二〇　墓葬 M3 及殉坑 K1 上视图

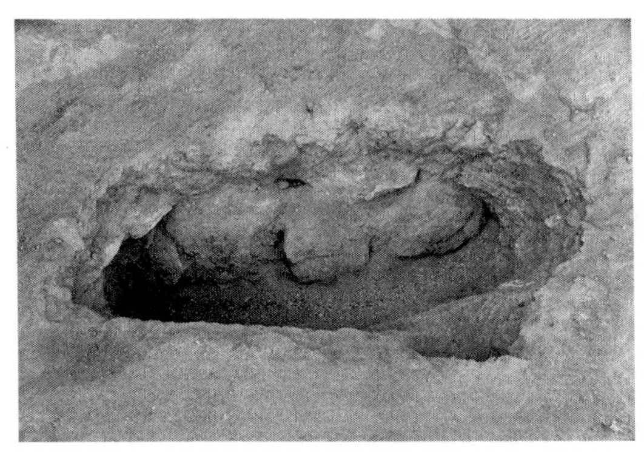
图二一　M3墓道及洞室封石板
（图片右侧为正北方）

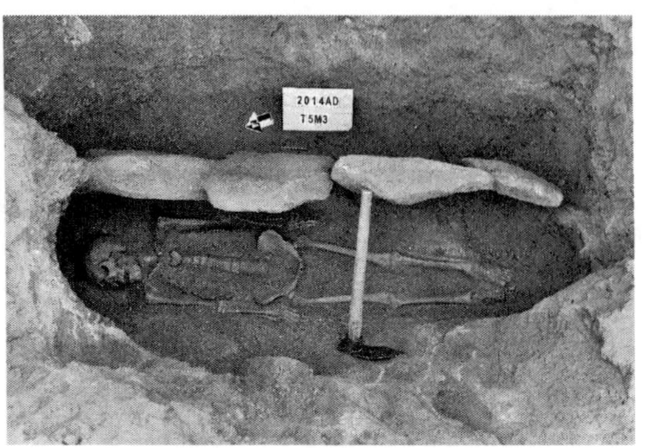

图二二　M3墓道及洞室上视图

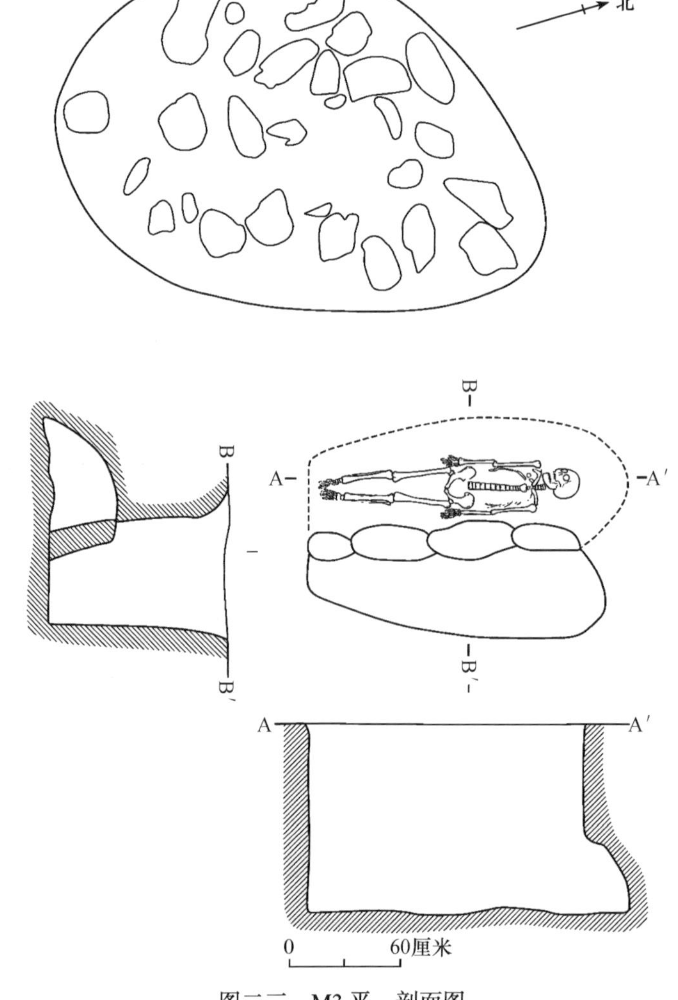

图二三　M3平、剖面图

K1　位于M3东北约2.5米处，应为后者的殉牲坑。坑口上方亦有石块覆盖。坑口平面为圆角长方形，直壁、平底，长约1.1、宽约0.54、深0.6米，方向为352°，坑内出土一具羊骨架，上肢向北，后肢向西南，未见羊头，其他骨骼保存完整（图二四、图二五）。

图二四　K1坑口覆石

图二五　K1坑内羊骨上视图

三、东区遗存

东区仅有一座大墓M4。地表有大型封土堆，平面略呈圆形，直径约24米。封堆外缘有宽1.2～1.7米的石条带，以起到垫厚加固的作用，主要由碎石块垒筑而成，底部也有部分较大石块。石条带之内，封堆主体为黄色沙土，最高处约1.4米。封堆中心部位直径约5米的范围内，土质尤其坚硬，似乎经过专门的夯打或踩踏。封堆中偶见朽木残迹、碎陶片、残骨片等，推测修筑封堆时可能曾以木料搭建辅助框架，但原貌已不可获知（图二六～图三一）。

图二六　M4 封堆上视图

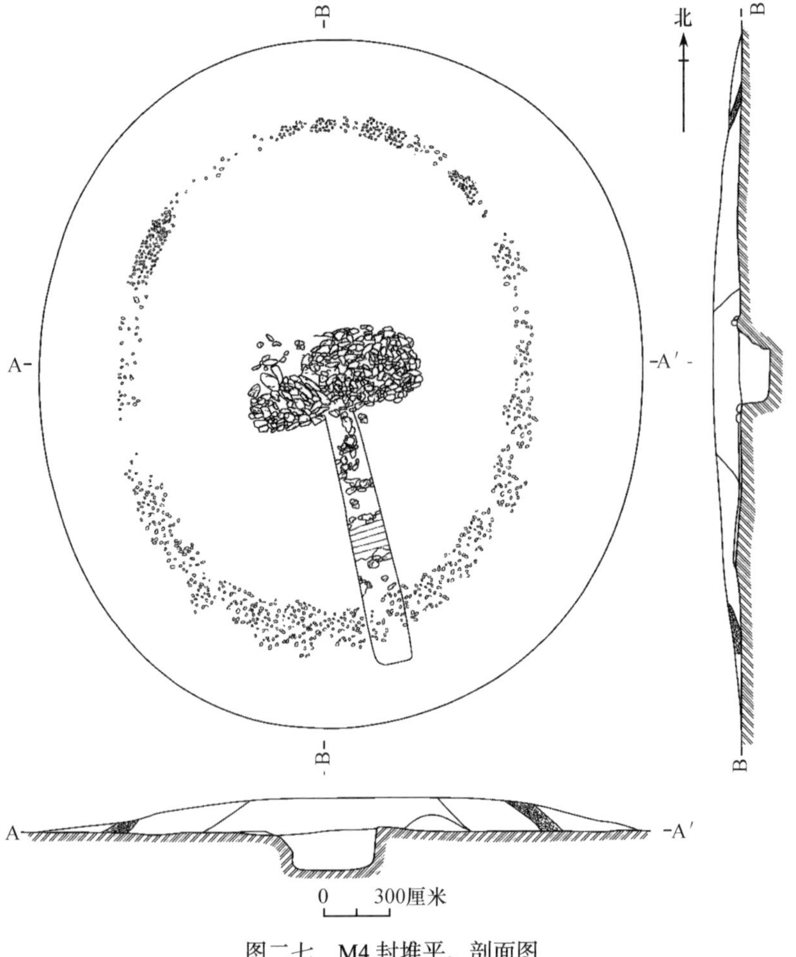

图二七　M4 封堆平、剖面图

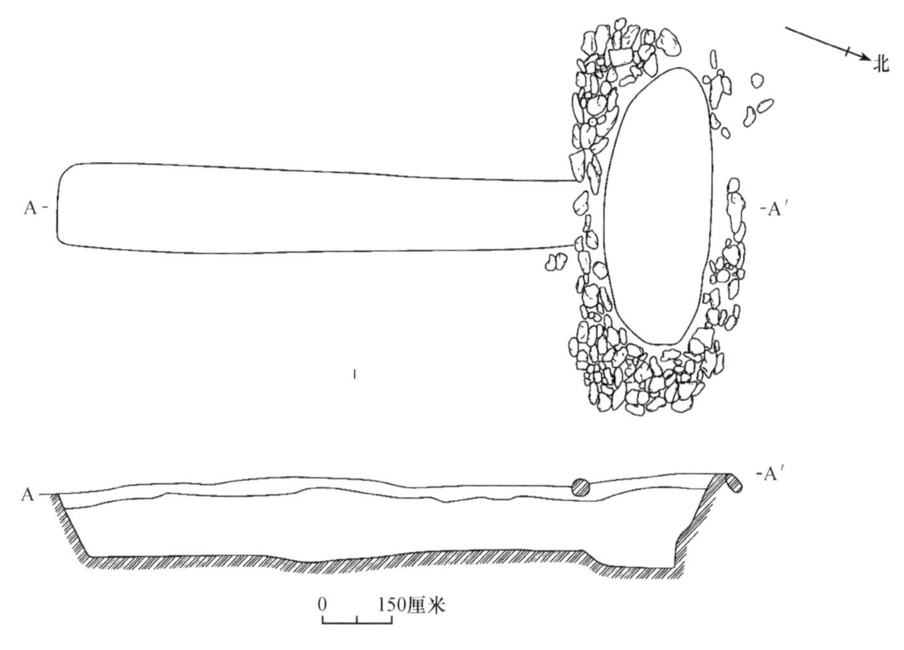

图二八　M4墓室平、剖面图

图二九　M4上视图

图三〇　M4墓室、墓道

（拍摄方向：自北向南）

图三一　M4墓室、墓道

（拍摄方向：自南向北）

封土之下的原始地表上，有一层5～10厘米的灰白色粉沙土层，应是当初修建墓圹时挖掘到了岩层，岩层被掏挖后呈灰白色粉沙状，随即被直接抛洒铺垫于墓室口周边的原始地面上。

墓室位于封堆之下的正中位置，本身形制为圆角长方形土坑，其南部又连接了一条西北—东南走向的墓道，因此墓葬平面呈现为“甲”字形。墓室斜壁、平底、北壁较曲折，东西长3.7、南北宽2.15、深1.52米。墓道亦为斜壁、平底，长10.5、宽1.6、深1.32米，方向为160°。

墓道南侧入口处以两排大石块封堵，东西宽约3、南北宽约1.2米，共分4层，石块多在直径50厘米左右，最大的一块石条长113、宽35、厚10厘米。大石块以北发现有木料横向架置于墓道两壁，木料宽约 1.8 米，共 8 根，彼此之间有 15 ~ 30 厘米的间距，8 根木料南北共长 1.9 米，南侧部分被滚落下的石块叠压。木料以下仍有两三层石块。木料以北的墓道内填充石块，直至主墓室，墓室与墓道底部基本在同一深度。

墓室四壁以大石块垒筑形成石墙，东壁较高，堆砌的石墙高达 90 厘米，其他三面稍低。发掘时许多石块已经坍塌下来，石墙的原始高度应更高。石块直径多在 40 ~ 50 厘米。墓室南壁的石墙与墓道连接之处还以一层灰绿色黏土封堵。墓室石墙之中并未垒筑石块，仅填充较为纯净的黄色沙土。墓室内未见人骨及其他出土物，仅填土发现鹿角、狼牙、动物骨骼等。

四、出土遗物

东喀腊希力克别特墓地出土的器物数量和种类都很少，且大多朽烂严重，难以提取。包括 3 件铜器、2 件铁器、3 件桦树皮箭箙、1 件木质梳子、1 件珠饰、1 件带图案石块，以及鹿角、狼牙各 1 枚，动物骨骼若干。

1. 铜器

铜扣饰　M1：7，出土于 M1 东北侧大石块附近，心形，底部铸有纽柱（图三二，1；图三三，3）。

铜戒指　M1：8，出土于 M1 墓底，由较薄的青铜片成环状，直径 2 厘米左右，戒圈宽约 1 厘米，连接处为活口，原可调节。由于锈蚀严重，戒面上下两侧向外凸出，整体呈十字状，中部花纹较为模糊，中心有一小圆圈（图三二，3；图三三，4）。

铜带扣　M2：6，出土于 M2 墓底东北角，长 4 厘米，横扁圆形扣环，背面有用于固定带头的铆钉和小钻孔，形制简单。扣舌布满铁锈痕迹，与扣环不在同一平面。从铁锈仅位于扣舌上、正反面均可见来看，推测该带扣为铜铁复合器，扣舌为铁制，且扣舌应为单独制作，后附加套绕于扣环上，以扣环为轴可前后转动（图三二，2；图三三，1、2）。

2. 铁器

铁环　M2：4，出土于 M2 墓室西北角，朽蚀严重，可能为铁环。

铁块　M3：1，出土于 M3 人骨上身右侧，因锈蚀严重，无法辨认其原状。

3. 桦树皮箭箙

共出土 3 件，但由于保存较差，均无法提取（图三五）。

M1：1，出土于墓葬西侧，位于殉葬马头部北侧位置。残长 35 厘米左右。

M2：1，出土于 M2 墓室东部。残长 42、宽 13 厘米。

M2：2，出土于 M2 墓室中部。残长 40、宽 30 厘米。

4. 木梳

M3∶2，出土于右侧第八根肋骨上部，长 4 厘米左右，朽坏严重（图三二，4；图三三，5）。

5. 珠饰

耳坠　M3∶3，出土于墓主人颅骨右侧，骨质，由大小两珠串联而成，大珠直径 1 厘米，小珠直径 0.2 厘米（图三二，5；图三三，6）。

6. 带图案石块

石块　SD1∶1，出土于 SD1 北部方石围框的东北部，略呈三角形，最大径 71 厘米，背面和侧立面十分平整。侧立面宽 19 厘米，其上刻有两个大小不等的圆环，大者直径 12 厘米，小者直径 8 厘米，圆环刻痕宽均为 1 厘米（图三四）。

五、结　　语

根据本次发掘情况，我们可以得出以下几点认识。

1）对于 SD1，本次发掘中没有揭露出可以准确判断其年代、性质的线索，为谨慎起见，我们暂以石堆为其命名。SD1 出土的特殊大石块，其图案的石刻手法与鹿石类似。一般来说，鹿石是早期铁器时代欧亚草原的代表性考古文化遗存，学术界对其已有丰富而深入的研究。虽然不同研究者对鹿石的类型命名有所差别，如有的按照地域命名为欧亚类型、蒙古 - 外贝加尔类型、萨彦 - 阿尔泰类型等，有的按照图案差别命名为风格化动物纹饰类型、写实性动物纹类型、无动物纹类型等，还有按文化特征命名为典型鹿石、非典型鹿石等，但总体来说，不同标准的分类结果仍是比较一致的[①]。SD1 大石块上仅有两个简单的圆圈，这种圆圈图案在各类型鹿石上都有见到。根据潘玲女士的研究，阿勒泰地区的鹿石多为没有动物纹饰的类型，年代相对较晚，可晚至春秋战国时期，即公元前 7 ~ 前 3 世纪[②]。不过，从这件大石块在 SD1 中的出土位置来看，它可能是对早期文化遗物的二次利用。SD1 遗迹本身应该晚于这件石块，但其准确年代仍无从推断。

值得一提的是，郭物曾提出公元前一千纪早期阿尔泰山地区存在一支以鹿石和石构封堆墓葬为核心特征的考古学文化，以青河三道海子遗址为代表，建议命名其为“三道

① B. B. 沃尔科夫著，王博、吴妍春译：《蒙古鹿石》，中国人民大学出版社，2007 年；王博：《新疆鹿石综述》，《考古学集刊（9）》，科学出版社，1995 年，239、260 页。

② 潘玲：《论鹿石的年代及相关问题》，《考古学报》2008 年 3 期。

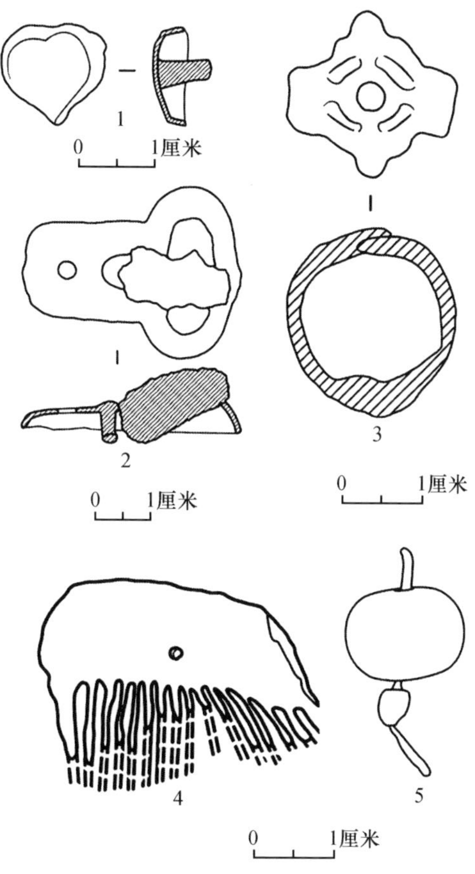

图三二　出土器物

1. 铜扣饰（M1：7） 2. 铜带扣（M2：6） 3. 铜戒指（M1：8） 4. 木梳（M3：2） 5. 耳坠（M3：3）

图三三　出土遗物照片

1、2. 铜带扣（M2：6） 3. 铜扣饰（M1：7） 4. 铜戒指（M1：8） 5. 木梳（M3：2） 6. 耳坠（M3：3）

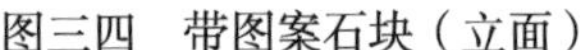

图三四　带图案石块（立面）

图三五　M2 桦树皮箭箙出土时状况

海子文化”并初步划分出三个类型①。从阿勒泰地区现有材料来看，鹿石与大型石堆墓确实存在密切关系。而本次东区发掘的墓葬 M4 规模较大，根据 ^{14}C 数据，其年代与阿勒泰地区鹿石的年代范围存在重叠。因此，SD1 出土这件带类似鹿石图案的石块，不排除从邻近的墓葬 M4 搬运而来的可能性。

在笔者目前可以收集到的资料中，考古工作者在以往的发掘中，曾经也发现过类似的遗迹，即只有地面石堆、石堆之下既未见墓室也没有人骨的情况。例如，富蕴哲勒巴尕什墓地 M4，中心有长方形石框，外面有三重同心圆石围，没有发现人骨或随葬器物②。从 SD1 使用黑白两种颜色的石块、石块排列形式严谨齐整又有焚烧痕迹来看，我们推测这一遗迹或许与精神活动有一定关系，可能是祭祀遗迹。从其与 M1、M2 的位置分布来看，似乎存在两两对应的关系，二者或有一定联系。

考古工作者在新疆北部草原地带，曾经发掘过不少此类石堆遗迹，目前大多被发掘者临时以墓葬命名和编号，但因没有出土物，石堆本身又缺乏特殊迹象，难以判断其性质或年代。SD1 是这类石堆遗迹中较少的表现出特殊迹象者，或许可为认识此类遗存提供一定线索。

2）该墓地已发掘的墓葬可分为三种：

M1、M2：石堆墓。

M3：偏洞室墓。

M4：墓室呈“甲”字形，地表有封堆。

M1、M2 墓葬形制、随葬品均较为相似，年代、性质应较为一致。二者均未见完整的墓主人骨架，仅在 M1 中散落一些疑似人骨的残片，可能是二次迁葬所致。M2 出土的带扣，虽然形制简单，但已是扣舌可转动的复合器物，使用了铜、铁两种材质，制作

① 郭物：《三道海子文化初论》，《欧亚学刊（第七辑）》，中华书局，2007 年，29 ~ 59 页。

② 新疆文物考古研究所：《富蕴县哲勒尕巴什墓群考古发掘简报》，《新疆文物》2013 年 2 期。

技术已经比较成熟。M1 出土的心形铜扣饰，在布尔津博拉提三号墓地[①]、阜康多处墓地[②]、察布查尔阿布散特尔墓地[③]等地已有多处出土，所在墓葬亦多见殉马习俗，随葬类似的带扣、桦树皮箭箙等，年代多在唐代前后，葬俗和器物被认为可能与突厥有关。这些墓葬所出土的铜制品装饰纹样和技艺，也多与 M1 出土铜戒指类似。我们在 M1 中采集了两件骨骼标本进行 ^{14}C 测年，所得数据经树轮校正后为 9 ~ 10 世纪，与上述墓葬一致。据此认为，东喀腊希力克别特墓地 M1、M2 两座墓葬的年代应在 9 ~ 10 世纪。不过，与上述墓葬多为竖穴偏室墓不同的是，本次发掘的两座墓葬是竖穴土坑墓，且存在迁葬习俗。两座墓葬的殉马、殉羊没有头骨，也是一个值得注意的现象。据了解，蒙古国阿尔泰也曾发现墓主人和殉牲不见头骨的墓例[④]。头骨缺失的情况，一方面可能是盗墓所致，同时不排除作为一种特殊葬俗的可能性。从年代和地域来看，笼统而言，这类墓葬无疑会受到突厥文化的深刻影响，但突厥作为一个民族，文化概念、内涵极其复杂，对具体墓葬的性质和族属认定还需要进一步分析和讨论。

M3 为偏洞室墓，随葬木梳、仰身直肢葬，人骨保存状况非常好，^{14}C 数据经树轮校正后为 13 世纪，这一年代与其文化特征基本相符。该墓葬为认识阿勒泰地区这一时期的考古文化提供了新的材料。

M4 是本次发掘该墓地规模最为宏大的墓葬，惜未发现可以判断年代的遗物。对墓道所出木料进行 ^{14}C 测年并经树轮校正后的结果是公元前 6 ~ 前 5 世纪。如果这一数据可信的话，M4 也是东喀腊希力克别特墓地年代最早的遗迹。该墓葬封堆宏伟，南侧墓道的设计为此前所未见。一般来说，墓道是为了多次搬运尸骨、随葬品方便而设，如新疆流行的竖穴土坑刀形墓，墓道是为了多次葬而设，又如营建洞室墓而专门挖的斜坡墓道。而 M4 墓室为竖穴土圹，墓道似无实用功能。墓室内未见人骨，若为二次迁出葬，墓道的高度既无法进出，封堆也不见二次扰动的痕迹。值得注意的是，墓室四壁以多层石块垒筑石墙，而墓室南壁与墓道之间、墓道南侧入口均用黏土或大石块封堵的方式，又十分类似历史时期墓葬对“墓门”的处理，这些做法无疑需要较大的人力、资源投入，可能在某种程度上意味着 M4 较高的等级。如是，该墓葬可为公元前一千纪阿尔泰

① 新疆文物考古研究所：《布尔津县也拉曼墓群考古发掘简报》，《新疆文物》2017 年 4 期。

② 新疆维吾尔自治区文物考古研究所：《新疆昌吉州阜康市西沟墓地、遗址发掘简报》，《考古与文物》2016 年 5 期；新疆文物考古研究所：《阜康市白杨河墓地考古发掘简报》，《新疆文物》2012 年 1 期；新疆博物馆考古部：《阜康市四工河墓地发掘简报》，《新疆考古（第 1 辑）》，科学出版社，2021 年，79 ~ 152 页。

③ 新疆文物考古研究所、南京大学历史学院：《新疆察布查尔阿布散特尔墓群发掘简报》，《新疆考古（第 1 辑）》，科学出版社，2021 年，269 ~ 292 页。

④ 尼古拉·斯热金著，权乾坤译：《蒙古中世纪早期突厥人的葬俗》，《北方民族考古（第 6 辑）》，科学出版社，2018 年，194 ~ 210 页。

地区大型石堆墓的研究提供一些新线索。

3）东喀腊希力克别特墓地包含了几种不同类型、不同年代的遗存。在此前的调查中，这些遗存由于位置上的邻近关系被划归为同一个墓地。本次发掘表明，这些遗存的年代、性质、内涵都存在差别，甚至大相径庭。这种情况在草原地区的遗存中尤为常见。在以往工作中，很多考古工作者注意到了这一点，对于数量较多、集中分布的墓葬，其文化特征可能存在差异，或者无法确定彼此是否存在相互关联，采用了以“墓群”命名而暂不称“墓地”的方式，这可能是更为准确、不易引起歧义的做法。

附表　新疆阿勒泰市东喀腊希力克别特遗址 ^{14}C 测年

Lab 编号	样品	样品原编号	^{14}C 年代（BP）	树轮校正后年代	
				1σ（68.2%）	2σ（95.4%）
BA141623	马骨	2014ADM1：4	1120±20	890AD（8.9%）905AD 910AD（59.3%）970AD	885AD（95.4%）980AD
BA141624	人骨（疑似）	2014ADM1：5	1150±20	870AD（28.0%）900AD 915AD（40.2%）965AD	780AD（2.5%）790AD 800AD（92.9%）970AD
BA141625	人骨	2014ADM3	805±20	1220AD（68.2%）1255AD	1205AD（95.4%）1270AD
BA141627	木块	2014ADM4	2435±20	720BC（9.1%）690BC 540BC（59.1%）410BC	750BC（19.4%）680BC 670BC（4.5%）640BC 560BC（71.5%）400BC

领队：魏　坚

发掘：张林虎　陈晓露　吴景军

李雪欣　巴音格·巴彦　魏　镇　李　童

执笔：陈晓露

Excavation Brief of the East Haraxilikbeyt Cemetery, Altai, Xinjiang

Department of Archaeology and Museology, School of History, Renmin University of China

Abstract: From July to August 2014, students and teachers from the Department of Archaeology and Museology, School of History, Renmin University of China conducted archaeological excavations at the East Haraxilikbeyt Cemetery in Altay, Xinjiang, and cleared four tombs and the remains of one stone mound, which belong to the period from the Early Iron Age to the Mongolian-Yuan period, providing new information for understanding the archaeological cultures of the Altay region in different periods.

Keywords: Altay; Stone mound; Partial cave tomb; Ritual; Turkic

更新世末期狩猎采集者的流动性策略

——以泥河湾盆地为例

仪明洁

（中国人民大学历史学院，北京，100872）

摘要：更新世末期狩猎采集者的生存策略随气候剧烈波动而发生转变，由迁居式流动策略向后勤式流动策略转变的趋势加强，相应产生了不同性质的遗址。本文以狩猎采集者的流动性策略选择分析目前发现的该阶段泥河湾盆地的典型遗址，从时间、空间上整体把握该区域古人类的生存策略，指出环境、资源条件对人类生计的影响巨大，同时，古人类的主动适应能力是不可或缺的，这项能力使得人类成功度过旧石器晚期末段的气候波动，掌握新的生计方式，进入全新世。

关键词：旧石器时代　泥河湾盆地　流动性　狩猎采集者

一、引　　言

末次盛冰期后，全球气温在波动中逐渐回暖，北亚、东亚地区的狩猎采集者掌握细石叶技术等新的技术策略，社会组织形式更为多样化，对环境、资源条件的变化具有更强的适应性。中国北方地区的狩猎采集者也不例外，在农业起源之前采取机动的流动策略谋求生存。本文尝试引入西方考古学中流行的流动性概念，探讨该阶段泥河湾盆地狩猎采集者应对环境变化的流动策略。

广义上的泥河湾盆地包括大同盆地、阳原盆地及蔚县盆地，而狭义的概念仅指河北省的阳原盆地。本文遵循学术界的惯例，沿用后一概念①。本文所指的旧石器时代晚期末段即末次盛冰期之后到早全新世之初的阶段。

流动性是狩猎采集者的定位策略，是对某个环境中特定阶段资源分布状况的一种应

① 谢飞：《泥河湾盆地旧石器文化研究新进展》，《人类学学报》1991 年 4 期。

对策略①。流动性具体表现为不同的方式：单独行动或群体流动、频率高低不同、流动距离或远或近；相比较而言，某些个人的流动性可能高于其他个人（例如，男人相对女人，年轻人相对于老人，好的觅食者相对于差的觅食者等，不一而足）；狩猎采集者流动行为的时间尺度也不尽相同，从每天、季节性，到年度的流动性，纷繁多样②。从 Lee 和 Devore 的“所有狩猎采集者大规模流动”③，到 Binford 提出的迁居式流动和后勤式流动模式④，以及 Kelly 指出环境中资源的结构与狩猎采集者流动策略密切相关⑤，“许多狩猎采集者流动并不频繁，甚至有一些定居性的园艺社会存在”⑥，到目前考古学研究中对流动性模式的大量利用和阐释⑦，随着学者们对民族学材料中狩猎采集者流动性的研究日渐科学和深入，流动性与环境、资源状况、觅食者的社会及技术组织等有密切关系得到考古学界的认可。在阐释史前考古学现象时，狩猎采集者的流动性成为一个关键因素。

二、该阶段环境特征

末次盛冰期以后，全球气温出现短暂的回升期，末次冰消期伊始的主要气候事件是博令（Bölling）/ 阿勒罗得（Allërod）事件。在黄土高原地区，Heinrich Event 1 之后形成了薄层的古土壤，指代了降雨量的增加和较好的土壤发育过程⑧。李家塬剖面、姬塬剖面黄土记录的砂粒百分含量在约 16kaBP 呈现逐步变小的趋势，这个现象意味着

---

① Binford L R. Willow smoke and dogs’ tails: Hunter-gatherer settlement systems and archaeological site formation. American Antiquity, 1980, 45.

② Kelly R. Mobility/Sedentism: Concepts, archaeological measures, and effects. Annual Review of Anthropology, 1992, 21.

③ Lee R B, Devore I. Problems in the study of hunters and gatherers// Lee R B, Devore I (eds.). Man the Hunter. Edison, NJ: Aldine Transaction, 2009: 3-12.

④ Binford L R. Willow smoke and dogs’ tails: Hunter-gatherer settlement systems and archaeological site formation. American Antiquity, 1980, 45.

⑤ Kelly R. Hunter-gatherer mobility strategies. Journal of Anthropological Research, 1983, 39 (3).

⑥ 谢飞：《泥河湾盆地旧石器文化研究新进展》,《人类学学报》1991 年 4 期。

⑦ Shott M J. Technological organization and settlement mobility: An Ethnographic Examination. Proceedings of the Journal of Anthropological Research, 1986, 42 (1); Morgan C. Climate change, uncertainty and prehistoric hunter-gatherer mobility. Journal of Anthropological Archaeology, 2009, 24.

⑧ Chen F H, Blomendal J, Wang J M, et al. High Resolution Multi-proxy Climate Records from Chinese Loess: Evidence for Rapid Climatic Changes over the Last 75 kyr. Palaeogeography Palaeoclimatology, Palaeoecology, 1997(1): 330.

气候的相对暖湿，因此在黄土风成过程中来自沙漠的砂粒减少①。黄土高原西部地区的孢粉变化呈现逐渐转变的过程：末次冰消期之初花粉浓度低的荒漠草原和草原阶段；博令/阿勒罗得时期的气候条件好转，呈现暖湿气候特征的森林和草原景观阶段②。南京葫芦洞的 $\delta^{18}O$ 结果显示，Bolling-Allerod 时期夏季风增强，降水量上升，其中 19.9 ~ 17.1kaBP 阶段夏季风增强，降水量上升，气候总体温暖湿润，但是有较多的波动；17.1 ~ 14.6kaBP 夏季风减弱，气候转为冷干；14.6 ~ 12.9kaBP 时，气温再次出现波动性的回升③。贵州七星洞石笋记录表明，15.5kaBP 以后，进入末次冰期尾声，气候转暖，石笋的 $\delta^{18}O$ 向偏轻方向迅速转变（变轻），在 13 ~ 14kaBP 前后达到了最轻值，说明这时的夏季风有一个强劲的峰值④。这样的气温回升期给经历了寒冷的末次盛冰期的史前狩猎采集者提供了新的活动舞台。

新仙女木（Younger Dryas，YD）事件是冰消期至早全新世的一次降温事件，其降温时间短，气候波动强，此事件之后气温迅速回暖。贵州七星洞的 $\delta^{18}O$ 在 13kaBP 之后出现了一个迅速变轻的现象，在 12.5kaBP 前后达到接近盛冰期低谷值的状态，说明此阶段夏季风减弱⑤；董哥洞的氧稳定同位素显示，YD 事件的开始时间为 12.8kaBP，结束于 11.58 kaBP，降温幅度较大⑥；衙门洞的高分辨率石笋 TIMS-U 系测年显示，YD 事件开始于 12580 ± 50aBP，结束于 11500 ± 40aBP⑦；葫芦洞石笋中 $\delta^{18}O$ 值显示，约

① 丁仲礼、孙继敏、刘东生：《联系沙漠－黄土演变过程中耦合关系的沉积学指标》，《中国科学 D 辑：地球科学》1999 年 1 期。

② 李春海、唐领余、冯兆东：《甘肃静宁地区晚更新世晚期高分辨率的孢粉记录及其反映的气候变化》，《中国科学 D 辑：地球科学》2006 年 5 期；唐领余、李春海、安成邦等：《黄土高原西部 4 万多年以来植被与环境变化的孢粉记录》，《古生物学报》2007 年 1 期；孙爱芝、马玉贞、冯兆东等：《宁夏南部 13.0 ~ 7.0 14C ka BP 期间的孢粉记录及古气候演化》，《科学通报》2007 年 3 期。

③ Wang Y J, Cheng H, Edwards R L, et al. A High-resolution absolute-dated Late Pleistocene monsoon record from Hulu Cave China. Science, 2001, 294; Wu J Y, Wang Y J, Cheng H, et al. An exceptionally strengthened East Asian summer monsoon event between 19.9 and 17.1 ka BP recorded in a Hulu Stalagmite. Science in China Series D: Earth Science, 2009, 52 (3).

④ 张美良、程海、袁道先等：《末次冰期贵州七星洞石笋高分辨率气候记录与 Heinrich 事件》，《地球学报》2004 年 3 期。

⑤ 张美良、程海、袁道先等：《末次冰期贵州七星洞石笋高分辨率气候记录与 Heinrich 事件》，《地球学报》2004 年 3 期。

⑥ 覃嘉铭、袁道先、程海等：《新仙女木及全新世早中期气候突变事件：贵州茂兰石笋氧同位素记录》，《中国科学 D 辑：地球科学》2004 年 1 期。

⑦ 杨琰、袁道先、程海等：《末次冰消期亚洲季风突变事件的精确定年：以贵州衙门洞石笋为例》，《中国科学 D 辑：地球科学》2010 年 2 期。

12.9～11.5kaBP阶段，气温有大幅度下降，气候以冷、干为主[①]。黄土高原西部的海原剖面和会宁剖面的孢粉分析，结果显示12.6～11.4 cal kyr BP孢粉总浓度下降，以蒿属、藜科和禾本科为主的灌木及草本花粉含量快速增加，此期间森林退化，荒漠草原发育，气候明显变干[②]。夏正楷等对泥河湾盆地于家沟遗址剖面的年代测定和环境分析显示，约13.7～11.9kaBP阶段，该地区以寒冷干燥的疏树草原气候为特征；从11.9kaBP开始，环境逐渐向持续的温暖干燥的草原和疏树草原气候转变[③]。

在新仙女木事件寒冷的气候环境中，狩猎采集者展现了较强的适应性，利用其所掌握的先进技术和更为合理的社会组织形式，成功度过了这个寒冷期，迎来温暖的新时期。

三、主要遗址

1. 二道梁遗址

二道梁遗址位于大田洼乡岑家湾西南约4千米处，发现0.7米×0.7米的近圆形火塘，周围散布大量细碎烧骨、石片、烧石等。出土石制品1918件，拼合率较高，石制品的典型技术是细石叶技术，以船形石核为主导，石器以边刮器和雕刻器为主。遗址的^{14}C年代数据为距今18085年±235年。梅惠杰认为这是古人类剥片、打制石器和肢解猎物进餐的场所[④]。

2. 油房遗址

油房遗址位于高出桑干河床170余米的大田洼台地北部边缘区。发掘面积28平方米，3372件石制品中含锤击石核72件、细石核13件、45件石器，少量哺乳动物化石。研究者认为该遗址年代处于旧石器时代晚期偏晚阶段，可能早于虎头梁文化[⑤]。根据光

---

① Wang Y J, Cheng H, Edwards R L, et al. A High-resolution absolute-dated Late Pleistocene Monsoon Record from Hulu Cave, China. Science, 2001, 294; Wu J Y, Wang Y J, Cheng H, et al. An exceptionally strengthened East Asian summer monsoon event between 19.9 and 17.1 ka BP recorded in a Hulu Stalagmite. Science in China Series D: Earth Science, 2009, 52 (3).

② 孙爱芝、马玉贞、冯兆东等：《宁夏南部13.0～7.0 14C ka BP期间的孢粉记录及古气候演化》，《科学通报》2007年3期。

③ 夏正楷、陈福友、陈戈等：《我国北方泥河湾盆地新—旧石器文化过渡的环境背景》，《中国科学D辑：地球科学》2001年5期。

④ 梅惠杰：《泥河湾盆地旧、新石器时代的过渡——阳原于家沟遗址的发现与研究》，北京大学博士学位论文，2007年。

⑤ 谢飞、成胜泉：《河北阳原油房细石器发掘报告》，《人类学学报》1989年1期。

释光测年结果，油房遗址细石器遗存的最早年代在2.6万～2.7万年。①

3. 瓜地梁遗址

瓜地梁遗址位于虎头梁村西南约500米处，地理坐标为114°29′08″E，40°09′48″N，发掘面积24平方米，出土遗物2354件，其中锤击石核2件、楔形石核43件。遗址中有用火遗迹，但火塘规模及发现的数量均不如马鞍山遗址丰富。遗址埋藏情况简单，是单纯的虎头梁类型细石器传统文化遗存。研究者对石制品及用火遗存综合分析后，推测此处是当时人类临时活动的场所，其功能与于家沟遗址较为接近②。

4. 马鞍山遗址

马鞍山遗址即虎头梁73104地点，地理坐标为114°27′39″E，40°09′35″N，发掘面积约45平方米。马鞍山遗址第3层共出土文化遗物46557件。石制品中仅有1件锤击石核，楔形石核328件，石器223件，属于典型的以楔形石核为代表的虎头梁文化类型。AMS ^{14}C绝对年代为距今13080±120 a BP③。新一轮发掘过程的测定显示，第3层数据为5060±30 a BP，第4层数据为13340±50、13590±40、11770±50 a BP，数值均未校正。研究者指出，最后一个样品采用了与其他样品不同的实验室前处理方法，可能导致结果偏年轻④。通过对出土石制品的微痕分析发现，该地点石制品的具体使用方式包括戳刺、切割和砍劈，古人在此进行过对猎物的分割和处理行为。灶坑、火塘、火堆等十余处不同类型的用火遗迹在多个水平层均有发现，说明晚更新世末期的人类在此地生活了相当长的时间。研究者推测马鞍山遗址应当是虎头梁遗址群中的居住址类⑤。

5. 于家沟遗址

于家沟遗址即虎头梁65039地点，地理坐标为114°28′47″E，40°09′49″N。发掘面积120平方米，可划分为7个文化层，对第3～4层出土早期原始陶片光释光测年结果为

---

① Nian X M, Gao X, Xie F, Zhou L P. Chronology of the Youfang Site and Its Implications for the Emergence of Microblade Technology in North China. Quaternary International, 2014, 347.

② 梅惠杰：《泥河湾盆地旧、新石器时代的过渡——阳原于家沟遗址的发现与研究》，北京大学博士学位论文，2007年。

③ 梅惠杰、王幼平：《阳原县马鞍山旧石器时代晚期遗址》，《中国考古学年鉴（1999）》，文物出版社，2001年。

④ 高磊：《河北阳原马鞍山遗址Ⅱ区第3、4层石制品分析》，西北大学硕士学位论文，2016年。

⑤ 梅惠杰：《泥河湾盆地旧、新石器时代的过渡——阳原于家沟遗址的发现与研究》，北京大学博士学位论文，2007年；张晓凌：《石器功能与人类适应行为：虎头梁遗址石制品微痕分析》，中国科学院研究生院博士学位论文，2009年。

11.7kaBP。遗址中出土遗物 31803 件，在对部分石制品进行微痕分析后，张晓凌指出人类在于家沟遗址狩猎活动后对猎物进行过肢解，选择可利用度较高的动物部位带回营地居址。此处邻近水源，是猎物经常出现的地方。古人在这个地区储备了一些狩猎和肢解动物的工具，可以经常性地使用和更换。梅惠杰认为，于家沟遗址有数量众多的文化遗物与多个文化层，其性质不可一概而论，可能是当时人类反复来泉水旁饮水或猎取前来饮水的动物、肢解动物而留下的丰富的文化遗物，有时也可能是石器制作场①。2018 年和 2019 年先后公布的一批新的 ^{14}C 和光释光显示，第 2 层和第 3A 层的年代校正后为 10373 ~ 8406 a BP，第 3B、4 和 5 层年代校正后约为今 16023 ~ 13855 a BP，从第 3B 层到第 3A 层中间存在一个年代约 11.5 ~ 12.9ka 的沉积间歇②。

6. 虎头梁 73101 地点

虎头梁 73101 地点，地理坐标 114°29′21″E，40°10′47″N。73101 地点有丰富的遗迹现象，分布有三个灶坑，结合遗址平面布局、石器的多样性和微痕分析后的石器功能推测，该地点是一处营地居址兼石器加工场所③。73101 地点距离桑干河稍远，不会受到涨水期河流泛滥的影响，其稳定性和与水源的距离，适宜作为人类的居址。古人类在此制作、维修工具，制造装饰品，享用食物，遗址内存在生活、加工及维修工具等功能分区，石器的初步加工和精致修理在不同的分区内完成。

7. 虎头梁 72117 地点

虎头梁 72117 地点地理坐标 114°29′23″E、40°09′54″N。出土大量石核、石器、半成品和碎屑，最初研究者指出这是一处石器加工场所④。微痕研究显示，该地点石制品表现出以切割和刮削为主体的使用方式，以动物资源为主要加工对象，说明此处有肢解猎

---

① 梅惠杰：《泥河湾盆地旧、新石器时代的过渡——阳原于家沟遗址的发现与研究》，北京大学博士学位论文，2007 年；张晓凌：《石器功能与人类适应行为：虎头梁遗址石制品微痕分析》，中国科学院研究生院博士学位论文，2009 年。

② Wang X M, Xie F, Mei H J, Gao X. Intensive exploitation of animal resources during deglacial times in North China: A case study from the Yujiagou Site. Archaeological and Anthropological Sciences, 2019, 11 (9); Rui X, Guo Y J, Zhang J F, et al. Luminescence chronology of the Palaeolithic-Neolithic transition in the Yujiagou Site at the Nihewan Basin, Northern China. Journal of Quaternary Sciences, 2019, 34 (2); 林杉、敖红、程鹏等：《泥河湾盆地于家沟遗址 AMS-^{14}C 年代学研究及其考古学意义》，《地球环境学报》2018 年 2 期。

③ 张晓凌：《石器功能与人类适应行为：虎头梁遗址石制品微痕分析》，中国科学院研究生院博士学位论文，2009 年。

④ 盖培、卫奇：《虎头梁旧石器时代晚期遗址的发现》，《古脊椎动物与古人类》1977 年 4 期。

物、分割食物的功能属性，同时也是一处石器制作场①。该地点紧邻河岸，便于进行各项生产活动，出现这样的文化现象也是合理的。

8. 籍箕滩遗址

籍箕滩遗址地理坐标114°26′E，40°06′N，处于高出桑干河水面150余米的台地上。出土石制品一万余件，在可分类的2304件标本中，含103件锤击石核、4件不规则形细石核、117件楔形石核。出土的部分碎骨被火烧过，伴生大量木炭。该遗址与虎头梁遗址隔河相望，二者的石制品打片、加工技术及器物组合均较为相似，研究者认为此二者为同一时期分布在桑干河两岸的姊妹文化②。新的测年显示其年代大体为16000～13000 a BP③。

四、讨论与结论

作为一个相对封闭的地理单元，遗址数量丰富的泥河湾盆地在讨论古人类的生存策略上有得天独厚的条件。旧石器时代晚期末段的考古遗址揭示出人类对资源的开发和组织逐渐复杂的发展趋势。

自末次盛冰期之前，泥河湾盆地即零星出现细石叶技术，但数量稀少，以油房遗址为代表，这种状态一直延续到以二道梁为代表的末次盛冰期末期。末次盛冰期后，细石叶技术日渐兴盛。

处于早期阶段的细石叶技术分布在盆地中的桑干河南岸小范围地区。调查发现，燧石等相对优质的石料在河流南岸，梅惠杰认为油房和二道梁遗址两处含细石叶技术的遗址皆分布在桑干河南岸是因为该技术对燧石等相对优质石料的需求高，在河流南岸可以较方便地取材，二道梁遗址是古人类剥片、打制石器和肢解猎物进餐的场所，油房遗址中石器所占比重极低、石器类型多样，碎块、废片占绝对比重，推测其为石器制造场④。

Binford认为流动性高、资源可获得性不稳定的人类采用精致、规范、便携带的石

---

① 张晓凌：《石器功能与人类适应行为：虎头梁遗址石制品微痕分析》，中国科学院研究生院博士学位论文，2009年。

② 谢飞：《泥河湾盆地旧石器文化研究新进展》，《人类学学报》1991年4期；河北省文物研究所：《籍箕滩旧石器时代晚期细石器遗址》，《文物春秋》1993年2期。

③ 关莹、周振宇、王晓敏等：《河北阳原泥河湾盆地籍箕滩遗址发现的新材料》，《人类学学报》2021年1期。

④ 梅惠杰：《泥河湾盆地旧、新石器时代的过渡——阳原于家沟遗址的发现与研究》，北京大学博士学位论文，2007年。

器，而简陋、形态多变的权宜石器则对应流动性低、资源可获得性稳定的群体[①]，陈淳指出细石叶技术在东亚、北亚、北美的广泛分布与史前人类以开拓动物资源为主和流动性很大的生存方式有关[②]。旧石器时代晚期末段在泥河湾盆地逐渐兴起的细石叶技术，轻便易携带、可维护性高、适合制作复合工具、节省优质原料，似乎暗示着人类迁居式流动的加强。结合当时的环境背景分析，这种流动性的加强，可能是气候的不断波动所致。波动的气候条件给人类生存带来困难，使得狩猎采集者无法相对稳定地在某个资源斑块内生存，代之以不断游走的方式，相对随机地获取石料、食物等资源，表现出较强的因地制宜的特征。同时，处于早期阶段的遗址中未见大规模、长期使用的堆积现象，更多地表现为一种为完成特殊目的而短期使用的形式，遗址堆积单一，缺乏长期使用的大型营地性遗址的发现。这种以临时性活动点为主的遗址特征，表现出人类适应方式上随资源斑块分布、季节变化的灵活性。

随着末次盛冰期的结束，盆地中狩猎采集者掌握的细石叶技术日臻成熟，楔形石核技术大发展，社会组织形式逐渐向后勤式流动转变，相应出现了功能和内涵各异的遗址。这一阶段的典型遗址包括瓜地梁、马鞍山、于家沟、籍箕滩遗址及 73101、72117 地点等。古人类根据饮食资源、生产资源的空间分布及地理位置，对不同地点有针对地利用，建立起以营地居址为大本营、针对不同资源和需求而使用的石器生产场、狩猎点、临时营地等。其中马鞍山遗址和 73101 地点与桑干河距离适中，即使在涨水期也不会受影响，适合作为营地居址，是一个后勤式流动人群的大本营，人们在此分配并食用食物，进行工具的制作、维修及装饰品的制作，大量的灶坑和不同功能、不同制作及维修阶段的石制品说明了人类活动的多样性；于家沟遗址、瓜地梁遗址邻近水源，吸引动物来此饮水，古人类间或在此地制作和加工工具、狩猎和肢解动物，将利用度较高的动物部位带回营地居址，具有狩猎点的性质，有时也作为石器制造场使用[③]。籍箕滩遗址也可能具有这个性质。72117 地点距离石料产地近，更可能作为石器制造点，同时也进行了一定数量的肢解和屠宰行为。虎头梁遗址群中的石料产地远近不等，或从当地河床中获取，或采自远达 20 千米处的石料产地，表现出人类对盆地资源的掌握程度高，生存能力得到提升。

人类的生存环境对其生计方式有一定限制。Binford 归纳了四个适应经常发生改变的阈值，其中纬度在 35° 以上或有效温度在 15.25℃以下的地区属于储备阈（storage

① Binford L R. Willow smoke and dogs' tails: Hunter-gatherer settlement systems and archaeological site formation. American Antiquity, 1980, 45.

② 陈淳：《东亚与北美细石叶遗存的古环境》，《第四纪研究》1994 年 4 期。

③ 梅惠杰：《泥河湾盆地旧、新石器时代的过渡——阳原于家沟遗址的发现与研究》，北京大学博士学位论文，2007 年；张晓凌：《石器功能与人类适应行为：虎头梁遗址石制品微痕分析》，中国科学院研究生院博士学位论文，2009 年。

threshold），食物储备是生存所必需的[①]。陈胜前根据 431 个中国气象站的资料获得的中国有效温度分布图[②]显示，泥河湾地区的有效温度是 12.75 ~ 15.25℃，需要食物储备以度过食物匮乏的季节；泥河湾盆地每年的生长季长 7 ~ 8 个月，为人类提供食物资源的净地表生产力及次级生产力的密度处于中等偏下的水平。这些自然条件都显示了该地区需要狩猎采集者采取集食者觅食策略。在漫长的旧石器时代，该地区的狩猎采集者却一直以觅食者的方式，采用迁居式的流动方式生生不息，直到更新世之末才出现了转变，出现多处大本营性质的遗址，同时期也发现了大量狩猎点、石器加工场等不同性质的遗址。泥河湾盆地旧石器时代晚期末段的转变引人思考：为什么这种转变没有在更早的气候波动中出现？中国旧石器时代漫长，从直立人到古老型智人到现代人，人类的智能和生存能力不断提升，因此，我们不能简单地用现代民族学的材料与中国早期遗址相对比，但是现代的数据仍然可以给我们启发。

回答这个问题，需要从人类自身和外在环境两方面进行分析。前者主要表现为人类智能水平的提升、旧石器时代晚期革命带来的工具制作水平大幅度进步[③]、社会组织能力的提高、人口增长带来的压力、人类觅食能力提高带来广谱革命的发生[④]等，后者主要表现为短期内气候的剧烈波动、资源分布斑块化、资源压力增大、缺乏优质石料资源等。这些因素在旧石器晚期末段的集中出现，为人类适应方式的转变提供了充足的条件。

该阶段气候条件恶化，以马鞍山遗址为代表的营地居址的出现，体现出当时人类生存方式趋向集约化，后勤式流动策略逐渐为人类青睐。以营地居址为核心，狩猎采集群体派出任务组获取食物、采集石料、制造工具，产生了相应的遗址类型。在此阶段，细石叶技术的优势彰显，该技术对优质石料的需求使得狩猎采集者开发远处的资源。新仙女木事件的气候回升期，人类的生产技术进步、智能水平提升、社会组织形式更为有力，人口数量增长造成对资源的需求量增加，这一切更促进了狩猎采集群体向集食者的方向前进。耐用的锛形器和搬运中易碎的原始陶器的出现，显示此时狩猎采集者的流动性在某些层面上已经降低[⑤]。

---

① Binford L R. Constructing Frames of Reference: An Analytical Method for Archaeological Theory Building Using Hunter-Gatherer and Environmental Data Sets. Berkley: University of California Press, 2001.

② 陈胜前：《中国狩猎采集者的模拟研究》，《人类学学报》2006 年 1 期。

③ Bar-Yosef O. The upper paleolithic Revolution. Annual Review of Anthropology, 2002, 31.

④ Flannery K V. Origins and ecological effects of early domestication in Iran and the Near East// Ucko P J, Dimbleby G W. The Domestication and Exploitation of Plants and Animals, Chicago: Aldine Publishing Company. 1969.

⑤ 陈胜前：《中国晚更新世—早全新世过渡期狩猎采集者的适应变迁》，《人类学学报》2006 年 3 期；Yi M J, Gao X, Chen F Y, et al. Combining sedentism and mobility in the Palaeolithic-Neolithic Transition of Northern China: The Site of Shuidonggou Locality 12. Antiquity, 2021, 95 (380).

然而，到目前为止，尚未有旧石器时代晚期窖藏类遗迹的发现，这也反映出尽管当时狩猎采集群体向集食者方向转变，但是并未实现一个最终的改变。处于北温带地区的人类怎样应对食物资源匮乏的冬季？保持较高的冬季流动性或许是一个较佳的选择①。在气候温和、资源丰富的季节采用偏向后勤式的流动策略，寒冷的冬季则更多地采用狩猎的方式、以高流动性应对资源匮乏，这种间或进行的策略亦满足了古人类的生存需求。

人类漫长的演化过程中，人口的不断增长导致资源的需求量增加，尽管随着智能水平的不断提高，人类在生存中的主动性逐渐增强，但是狩猎采集者的流动性是与环境条件息息相关的，随自然条件的改变而变化。受资源压力和自然环境波动的影响，人类在旧石器时代晚期最终发明新的技术增强食物供应的稳定性和可靠性②，聚落组织形态的进步进一步促进了人类深入合理地开发资源。在地理条件相对独立的泥河湾盆地，末次盛冰期后到全新世这不到一万年的时间中，遗址形态随着气候的起伏逐渐复杂化，从早期大量临时性营地到后期以营地居址核心、多种遗址类型并存的改变，陶器的出现暗示着人类向集食者、定居生存更近了一步，伴随着这种由觅食者向集食者生存方式的转变，是狩猎采集者的流动性由迁居式向后勤式的渐变。

在以往的研究中，石制品类型学、微痕分析等方法的运用对遗址功能做出假设和论证，然而，对单个遗址和囿于器物本身的研究并不能全面地揭示人类的生存策略，对人类历史的认识逐渐进入到对人类文化行为的解释。将一个地理单元中某特定阶段的遗址进行综合分析，从时间、空间上整体把握狩猎采集者的适应生存方式，细致收集与分析考古遗址中生态、环境、资源状况，在文化复原方面是十分必要的③。

附记：本文为北京市社会科学基金项目“京津冀地区旧石器晚期至新石器初期考古遗存综合研究”（批准号：20LSC020）的阶段性成果。

① Yi M J, Barton L, Morgan C, et al. Microblade technology and the rise of serial specialists in North-Central China. Journal of Anthropological Archaeology, 2013, 32 (2).

② Hayden B. Research and development in the Stone Ages: technological Transitions among Hunter-gatherers. Current Anthropology, 1981, 22 (5).

③ 仪明洁、高星、Robert Bettinger：《狩猎采集觅食模式及其在旧石器时代考古学中的应用》，《人类学学报》2013年2期。

The Mobility Strategy of the Hunter-Gatherers during the End of Pleistocene: An Example from the Nihewan Basin

Yi Mingjie

Abstract: This paper introduces the hunter-gatherer's mobility strategy, which is used to interpret human adaptive strategy in late Upper Paleolithic sites in Nihewan Basin from a spatial and temporal perspective. The global environment continued its tempestuous fluctuation, which ran through the late Pleistocene. In the Nihewan Basin, hunter-gatherers' living strategy was changing, which showed a tendency from residential mobility employed by foragers to logistical mobility employed by collectors, correspondingly generating sites of different functions. The abundant archaeological records in this area make us possible to investigate the tendency from the late Pleistocene to the early Holocene. Environmental and resource conditions have significantly impacted on human livelihoods, while the ability of ancient humans to adapt actively has been essential. This ability made hunter-gatherers successfully survive the climate fluctuation during the late Upper Paleolithic and obtain new tactics to continue their new life.

Keywords: Paleolithic; Nihewan Basin; Mobility; Hunter-gatherers

狩猎采集者的流动性与石器技术模式研究

洪鉴璇　陈胜前

（中国人民大学历史学院考古文博系，北京，100872）

摘要：流动性是狩猎采集者的基本策略之一，石器技术是狩猎采集者获取资源的主要工具，同时也是流动影响的首要方面，二者有着直接的关系。本文将民族志中关于狩猎采集者的描述与考古材料的石器技术材料相结合，从石器技术的分化程度、预备性程度、适应的宽度和耐用性四个维度，探索狩猎采集者的流动性与石器技术的普遍性模式，为石器考古提供更加完备的理论参考。并将该模式应用于细石器技术和石制品原料的采备与使用的研究中，对石器考古实践具有指导意义。

关键词：考古推理　石器考古　流动性　技术模式　狩猎采集者

考古学透物见人的推理综合采用归纳、演绎与类比的推理，考古材料本身不会讲话，需要通过推理获取有关古人的信息①。当前国内考古学研究更强调从考古材料出发的归纳推理，而对两者较为忽视。就石器考古而言，演绎与类比推理可以帮助我们建立起理论模式，通过匹配材料与模式，能够有效提高推理的效率，就像刑侦的推理一样②。石器考古理论模式的主要来源就是狩猎采集者研究。狩猎采集者以流动采集为基本获取资源，流动性是狩猎采集群体的基本策略之一，流动为狩猎采集群体提供了获取信息、社会交往、社会再生产甚至是防卫领地的途径和策略，流动影响其聚落形态、社会组织、意识形态③。石器以及石器的组合技术是狩猎采集者获取资源的主要工具，同时也是流动影响的首要方面。探讨流动性与石器技术的关系对于我们解读石器考古材料具有非常重要的意义，目前国内学者对此已有所关注，并结合材料展开分析，很多发掘简报会针对出土的打制石器进行简单的与流动性相关的分析，如不同遗址石器的同质性指示人群高频流动性；另一些文章综合广泛区域的石器技术材料，描述了石器空间分布

① 陈胜前：《考古学研究的“透物见人”问题》，《考古》2014年10期。

② 陈胜前：《考古推理的结构》，《考古》2007年10期。

③〔美〕路易斯·宾福德著，陈胜前译：《追寻人类的过去》，上海三联书店，2009年，95～136页。

的格局及由此推断的人群扩散与交流现象，即宏观区域人群的流动性；至于理论方法研究，仪明洁结合考古材料与理论，总结了气候与资源是影响流动性最重要的因素，并导致 LUP 阶段人类更强的流动性和产生了更为精湛的石器技术①，赵潮从技术组织理论的角度探讨了通过石制品的形制、组织等特征推断流动性组织模式的方法②。本文将从民族志的狩猎采集者研究与考古材料两个方面梳理二者之间关于形态以及与之相关的前提条件，从逻辑、数据材料和案例分别论证，注重流动性与石器技术二者间的理论模式及应用意义，进而为石器考古材料推理提供更加完备的理论参考。

一、狩猎采集者的流动模式

（一）狩猎采集者的分类及流动策略

狩猎采集者有着不同的流动方式，有些经常流动，有些几乎不流动。早期 Beardsley 等类学者根据流动频率和人口数量将狩猎采集者分为四类：自由流动的群体、有限制流动的群体、以中心为基础的流动群体和半永久定居的群体③。Murdock 运用有效温度（effective temperature，ET）作为衡量，在此基础上将四个分类修改为①完全流动的群体；②半流动群体，在至少半年时间内成员群体性移动，但会在一些季节占据一个固定的聚落点；③半定居群体，成员在不同季节在固定的聚落点间进行迁移，或多或少占据一个永久性的栖居点，而其中部分人员会季节性地离开至非固定营地；④完全定居或相对完全的永久性定居。环境是这种分类形成的主要因素，近赤道地区的 ET 值较高，对应食物相对丰富的环境，流动性也越高，而寒带地区反之④。

Binford 按照环境与资源的不同，运用采食者（forager）与集食者（collector）的概念来描述狩猎采集居住系统中的差异，运用驻地式流动（residential movement）和后勤式流动（logistical movement）来区分狩猎采集者的流动策略。采食者通常运用驻地式流动将食物的消费者转移到食物资源所在地，而集食者往往迁移至关键的居住地点，并派出特殊的工作小组运用后勤式流动将食物资源运送至居住营地，集食者不是遇到什么收集什么，而是在特定环境下寻找特定的资源，具有很强的目的性。采食者的居住流动性高，食物资源的运输花费较少；而集食者很少进行居住性流动，但频繁地进行着漫长

---

① 仪明洁：《旧石器时代晚期末段中国北方狩猎采集者的适应策略——以水洞沟第 12 地点为例》，中国科学院大学博士学位论文，2013 年，107 ~ 126 页。

② 赵潮：《从石制品技术特征视角探讨史前狩猎采集者的流动性》，《人类学学报》2022 年 2 期。

③ Richard K. Beardsley, Preston Holder, Alex D. Krieger, et al. Functional and evolutionary implications of community patterning. Memoirs of the Society for American Archaeology, 1955 (11): 130-158.

④ George P. Murdock. Ethnographic atlas: A summary. Ethnology, 1967, 6 (2): 109-236.

的后勤式流动，以便不断满足成员的生活物资。简单来说，采食者将食物消费者向食物资源靠拢，而集食者则反之①。

Kelly 从 Binford 的采食者与集食者策略框架和民族志资料中做出若干总结：采食者通常与年平均资源分布的情况有关，而使用后勤式流动策略的集食者更加关注季节性环境的累积资源；随纬度降低的气温导致资源越来越分散地分布，平均驻地式流动的距离会增大；每年的驻地式流动会随着食物密度的增加而提高②。采食者、集食者二者并非考古学或民族志中固定化的狩猎采集模式，而是位于一个连续统上，从一个简单到复杂的层级序列。集食者是采食者不断分化的产物，随着采食者的技术组织日益丰富，流动性提高到一定程度，采食者出现分化，逐渐转变为集食者③。

（二）流动的量化指标

流动模式受到自然环境和资源分布的影响，与自然环境和资源分布具有一定的相关关系。为了更好地具体化流动性，引入有效温度（ET）、初级生物量（primary biomass，PB）和初级生产量（primary production，PP）概念。前文提到的有效温度概念（ET）由 Bailey④ 于 1960 年提出，用于衡量某一区域内可用的太阳辐射量和年辐射量，其数值范围为 8（两极地区）～26（赤道地区）。人群驻地式流动与食物资源有关，总的来说，资源在空间上往往会沿着温度的下降而分散。民族志数据显示，陆地上的狩猎采集者（黑三角形表示）基本遵循有效温度越高，平均驻地式流动的距离和数量越少的规律，这也就意味着纬度越低的区域（食物资源分布越密集的区域），人群的居住流动性越小（图一）。

初级生产量指的是每年的地上植物净产量，是有效降水和太阳辐射的产物，直接反映了食草动物的可获得植物资源。初级生物量代表某一区域总的植物资源数量，包括人类不能食用的部分，比初级生产量范围更广，但可以通过初级生物量推测初级生产量，二者呈系统性相关（图二）。民族志数据显示，在热带地区（黑色正方形表示），营地的移动代表着狩猎采集的过程，初级生物量和每年驻地式流动的次数呈线性相关关系。在

---

① Lewis R. Binford. Willow Smoke and Dogs' Tails: Hunter-gatherer settlement systems and archaeological site formation. American Antiquity, 1980, 45 (1): 4-20.

② Robert L. Kelly. Hunter-gatherer mobility strategies. Journal of Anthropological Research, 1983, 39 (3): 277-306.

③ Robert L. Kelly. The Lifeways of Hunter-Gatherers: The Foraging Spectrum (Second edition). New York: Cambridge University Press, 2015: 79-84.

④ Harry P. Bailey. A Method of determining warmth and temperateness of climate. Geografiska Annaler, 1960, 42 (1): 1-16.

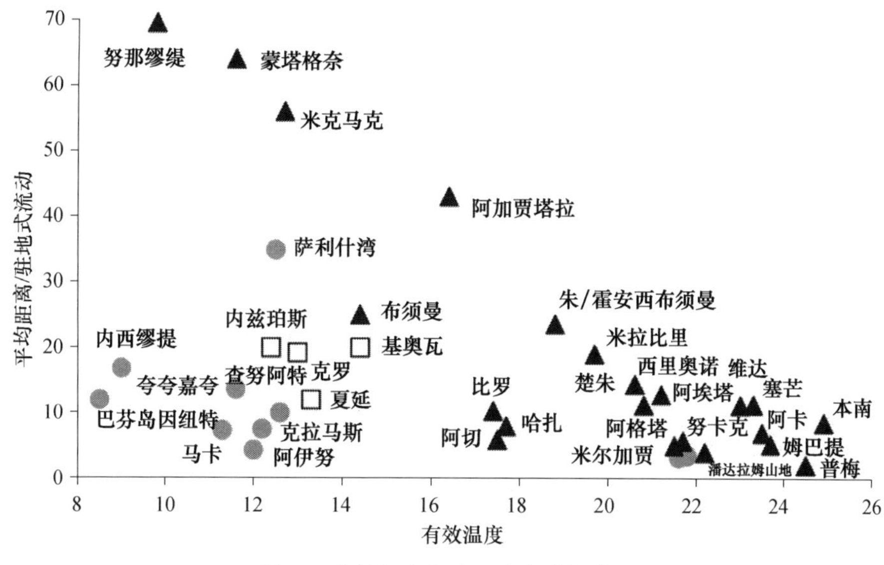

图一　有效温度和驻地式流动的关系

（图片来源：Robert L. Kelly 2015：Figure4-7 改绘）

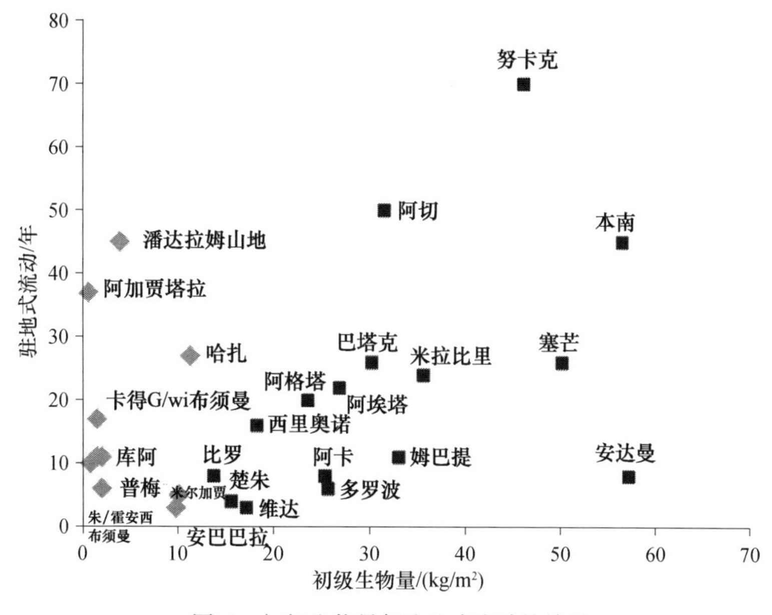

图二　初级生物量与驻地式流动的关系

（图片来源：Robert L. Kelly 2015：Figure4-4 改绘）

亚热带地区（灰色菱形表示）的高初级生物量环境中，每年的驻地式流动与初级生物量有相关关系，但是群体如果依赖水生资源，驻地式流动可能较小。而在初级生物量较大、初级生产力较小的北方森林地区，食物资源不丰富，因此该地区的人群可能驻地式流动较大。

（三）狩猎采集者的工具技术

工具技术能够反映流动策略。Binford将工具分为精细工具（curation）和权宜工具（expediency），区分于原材料、工具设计与制作、使用地点、废弃等因素。Bettinger将精细工具描述为预期使用而保存下来的工具，权宜工具则是面对需求及时制作的工具且一旦满足了需求就会丢弃的工具[①]。狩猎采集者的流动性影响石器技术，精细化的石器组合通常与集食者和后勤式流动相关联，而权宜技术工具与采食者和驻地式流动关联。Binford认为采食者的技术是广泛的，而集食者的技术是更加专业的，同时居住模式与流动模式相关，中心营地无论是驻地式流动还是后勤式流动都广泛存在，而具有特殊目的的遗址类型则多存在于集食者的后勤式流动中[②]。

狩猎采集者流动模式与其工具技术理论同时也正在经历不断地扩充与修整，在民族学和考古学中狩猎采集的社会重建中占有重要地位。如Kuhn运用装备人员（provisioning individuals）策略和装备地点（provisioning places）策略区分不同的技术装备策略（technological provisioning）[③]。Bettinger和Baumhoff，通过对努米克（Numic）人扩散的研究，运用“饮食宽度”（diet breadth）和“资源斑块模型”（patch model）创建了“旅行者处理器模型”（traveler-processor model），强调人口、资源、定居和生存模式之间的关系[④]。Cashdan关注资源调度对特定流动性策略的影响[⑤]。Bleed认为技术的反差应该关注工具系统的可维护性和可依赖性，即采食者广泛的可维护性工具和集食者专业化的可依赖性工具[⑥]。对精细工具标准的看法有所不同，Carr和Shott认为可维护性和

---

① Robert L. Bettinger. Hunter-Gatherers: Archaeological and Evolutionary Theory. New York: Plenum Press, 1991: 74-75.

② Lewis R. Binford. Willow Smoke and Dogs' Tails: Hunter-gatherer settlement systems and archaeological site formation. American Antiquity, 1980, 45 (1): 4-20.

③ Steven L. Kuhn. Mousterian Lithic Technology: An Ecological Perspective. Princeton: Princeton University Press, 1995: 18-37.

④ Robert L. Bettinger, Martin A. Baumhoff. The Numic spread: Great basin cultures in competition. American Antiquity, 1982, 47 (3): 485-503.

⑤ Elizabeth Cashdan. Spatial Organization and Habitat Use//Eric Alden Smith: Evolutionary Ecology and Human Behavior. Routledge, 2017: 237-266.

⑥ Peter Bleed. The Optimal design of hunting weapons: Maintainability or reliability. American Antiquity, 1986, 51 (4): 737-747.

可依赖性的概念都能够反映工具的精细化元素[①②]，Torrence 则将制作投入的时间作为精细程度的基本特点，Bamforth 质疑精细工具（curation）这一概念，他认为这一概念定义无法仅从生存与居住组织中预测，并运用了桑人（!Kung San）的民族学案例来说明原材料的可用性对工具的维护和回收的重要意义，精细工具是一个更为复杂的技术过程[③]。由此可见，以往的研究已经初步划分了狩猎采集者不同程度的流动性所支配的石器技术，特别是针对精细工具和权宜工具展开了激烈的讨论。

二、流动性与石器技术关联的四个维度

在梳理了民族志和考古材料后，下面归纳流动性与石器技术的关系，分别从石器技术分化的程度、预备性程度、适应的宽度和耐用性四个维度阐述，就其与流动性的关系做了理论和数据的分析，并举出民族志或考古材料的案例加以解释。

（一）石器技术分化的程度

遗址间技术工具的反差越小，代表着流动性越低，如采食者；而技术工具的反差越大，流动性的分化程度也越大，这种情况集食者的可能性较大。

采食者经历不断分化形成集食者。采食者的驻地式流动和映射式采食可能更适合用于环境同质性较高的地区，如热带雨林或赤道附近，他们的觅食采取“见好就收”的原则，不需要储存囤积。其所产生的遗迹包括中心营地（residential base）和攫取性行为发生的一般地点（location），由于高强度的觅食活动情况很少，因此石器的使用、耗尽和废弃率很低，所以基本没有什么石器能遗留在这些地方。另外，由于中心营地与攫取性行为发生的一般地点所具备的功能不同，所保留的工具组合也因功能而差异。攫取性行为发生的一般地点的工具往往都在附近制造，以备急用，在任务完成之后就被遗弃现场，而中心营地的工具具备综合性功能，经常保存较为耐用的石器工具。

随着人口的增多，寻找食物资源的范围扩大，食物消费者紧邻某一关键资源，但远离另外的同等重要的资源，需要更大规模的社会团体外出搜寻资源，即更高的流动性，

---

① Philip J. Carr. Technological Organization and Prehistoric Hunter-Gatherer Mobility: Examination of the Hayes Site//Philip J. Carr (eds). The Organization of North American Prehistoric Chipped Stone Tool Technologies. Ann Arbor, Mich: International Monographs in Prehistory, 1994, 35-44.

② Michael J. Shott. On Tool-class Use lives and the formation of Archaeological Assemblages. American Antiquity, 1989, 54 (1): 9-30.

③ Douglas B. Bamforth. Technological efficiency and tool curation. American Antiquity, 1986, 51 (1): 38-50.

同时获得的资源需要储存，因此狩猎采集者需要预先对周围的资源环境进行了解，并对资源的获取劳动进行分工，派出专门负责野外搜寻食物资源的人员。这就形成了集食者策略，派出任务小组是集食者后勤式流动的重要特征，相比于采食者，集食者在不同地点所产生的遗址具有更加明显的差异。因此除了中心营地（residential base）和一般地点（location），还有野外营地（field camp）、哨点（station）和储存点（cache）。根据 Janz 的调查，具有中心营地性质的遗址石器工具的数量类型丰富，还有不利于随身携带的专门化工具，显示出较低的流动性。野外营地是任务小组离开中心营地所驻扎的场所，哨点和储存点是任务小组用于信息收集和临时储存资源的地点，哨点能够观察猎物和人群的迁移，并伏击或者进行狩猎策划，而储存点为大宗物资带去消耗者处前的临时储存提供便利。在这些地点，石制品整体数量较少，缺乏重型工具，显示出较高程度的流动性①。相比于采食者，集食者遗址类型增多，如同一个生物有机体由简单到复杂的过程，在这个过程中，各个部分承担不同的功能。为了满足劳动与社会分工的需求，狩猎采集群体根据功能差异创造不同功能的地点。

在集食者到采食者分化的演化过程中，工具技术也产生了分化，工具的形态及组合更加多样化与多功能化，满足日益增长的功能需求。Clark 曾基于大范围的石器技术总结出石器技术的 6 种“技术模式”，从模式 1 的砍砸器和石片到模式 6 的磨制石斧和石锛，代表了理论上技术线性累进式的发展，下一模式对上一模式有一定的包容性②，同时也逐渐适应流动性提高的需求。比如模式 5 中细石叶工艺伴生的石器组合，就可能包含模式 1 ~ 4。

例如，Cowan 对纽约西部 45 个遗址进行石器技术及史前阶段的生存居住模式的分析，石器组合的差异能够显示出遗址作用的差异。林地（woodland）早期的石器组合以薄梅都伍德（Meadowood）两面器为主。而到了林地晚期，石器工具显示出多样化。遗址分为两类：一类是用于居住和进行农作物活动的季节性营地，其石器工具主要为石核生产的石片；另一类是用于采购和加工猎物的短期后勤式营地，石器组合以薄两面器为主。林地早期的技术策略显示其高度的流动性，而林地晚期在石器技术和流动性方面有所分化。其季节性营地的石片技术和农作物活动适应了较低的流动性，而短期后勤式营地更加依赖薄两面器技术，仍然代表较高的流动性③。在狩猎采集群体流动性分化的情

① Lisa Janz, D. Odsuren, D. Bukhchuluun. Transitions in palaeoecology and technology: Hunter-gatherers and early Herders in the Gobi Desert. Journal of World Prehistory, 2017, 30 (1): 1-80.

② Grahame Clark. World Prehistory in New Perspective: An Illustrated Third Edition. Cambridge: Cambridge University Press, 1977: 18-38；陈胜前：《史前的现代化——从狩猎采集到农业起源》，生活 · 读书 · 新知三联书店，2020 年，100、101 页。

③ Frank L. Cowan. Making sense of flake scatters: Lithic technological strategies and mobility. American Antiquity, 1999, 64 (4): 593-607.

况下，满足不同功能需求的遗址类型和工具技术也在增多和分化。

（二）石器技术的预备性程度

在一般情况下，人们对于技术工具在使用之前原料开采和预备体现狩猎采集者对于时间利用、风险应对和便携性的思考[①]，包括对石料的选择和开发，对坯材的进一步加工、打片修形，与石器制作的成本与所面对的风险有关。石器工具的预备程度越高，揭示人们生存环境的风险较高，资源分布不均，掌握周围资源信息有一定的难度，因此需要提高流动性并制作适应流动的石器类型来积极应对风险。而当人们十分清楚周围的资源分布，且生存环境较为安全的情况下，流动性降低时，石器预备的重要性便相形见绌。对工具技术预备性的考虑体现了石器技术组织（lithic technological organization）的原则，它不再只关注技术的功能与任务，而是以系统化的视角探讨从原料选择、使用预期、携带成本、维护修理到石器废弃所应用策略的选择和整合[②]。

狩猎采集者根据自身的流动需求制作相应的石器工具，石器的大小并不是判断流动性的标志，而是受制于原料。原料质地对于打制技术的影响比石料尺寸的影响更大，它会影响石片的破裂方式，甚至是精致剥片和修整技术[③]；原料的可获性和丰富程度也会对石料的利用产生影响。当流动性提高，石器原料的获取也会受到影响。Manninen 通过对欧洲北部多个狩猎采集遗址石器的分析发现，由于流动性的提高或者觅食范围发生变化，高质量原材料的可用性受限，因此不一定导致原料使用的强化，但可能会导致原料的多样化以适应狩猎采集策略的变化，是一种对原料认识加深和信息化的表现[④]。

那些提前准备好的、经过深入修理的工具被定义为“成形工具”，如两面加工的尖状器、刮削器等，而“非成形工具”指权宜性的、根据临时需要加工而成的工具，如修理加工的石片和石叶。二者所占所用工具的比值可以表示流动性的高低和居住时间长短的变化[⑤]。如果成形工具占比较高，就意味着石器工具的预备程度高，代表更短

---

① Robin Torrence. Time budgeting and hunter-gatherer Technology// Geoff Bailey (eds.) Hunter-Gatherer Economy in Prehistory: A European Perspective. Cambridge: Cambridge University Press, 1983: 11-12.

② Margaret C. Nelson. The study of technological organization. Archaeological Method and Theory, 1991, 3: 57-100.

③ 陈淳：《旧石器研究：原料、技术及其他》，《人类学学报》1996 年 3 期。

④ Mikael A. Manninen, Kjel Knutsson. Lithic raw material diversification as an adaptive strategy—technology, mobility, and site structure in Late Mesolithic Northernmost Europe. Journal of Anthropological Archaeology, 2014 (33): 84-98.

⑤ Chen Shen. The Lithic Production System of the Princess Point Complex During the Transition to Agriculture in Southwestern Ontario, Canada. Oxford: BAR International Series 991, 2001: 73-103.

的居住时间和更高的流动性；如果非成形工具占比较高，则代表石器临时加工的工具多和更长的居住时间及更低的流动性。如对比西伯利亚地区旧石器晚期早段和旧石器晚期晚段遗址的成形工具和非成形工具的占比，成形工具的比重上升，表明该地区的流动性提高[①]。

典型的阿舍利手斧需要花费制作者大量的精力进行设计与制造，他必须仔细挑选石料，包括考虑石料的形状和潜在的破坏力度。在制作之前，事先在脑海中形成器物的形状，即有一个精确定义的模板，并通过石锤仔细敲打，用骨器或木器最后修整，手斧功能丰富，可以用来屠宰或切割、加工木料、砍伐植物等，能够反复使用，但仍然十分锋利。中国的洛南盆地位于传统意义上中国南北方过渡的生态交错带，中更新世以后洛南地区气候波动，生态资源所受影响严重，狩猎采集者的生态适应压力增大，为了寻找食物适应生存而提高流动性。与西方典型的阿舍利手斧相比，这里发现的手斧原料为石英岩和石英砂岩，比西方同类器形更为钝厚，而且大多仅在尖部具有可用的刃口，更能满足对可食性植物根茎的切割砍伐[②]。考虑到手斧可能是古人为适应资源环境而投入大量时间的能动性发明，手斧的功能应相对完备，能够应对资源环境的突发状况。因此洛南盆地的手斧是狩猎采集者适应生存的发明，其标准化、轻便、多用途的技术特点满足了高流动性群体的需求，是一种有效的生存策略[③]。

考古学家可以通过石器技术的预备性和分布来推测当时人类的流动性。位于美国怀俄明州东南部小山谷的 Hell Gap，埋藏着古印第安人的年代文化序列，Sellet 将每一件工具都归属为单一单元或者多单元的复合工具，即单项结节（single item nodules，SIN）和多项结节（multiple item nodules，MIN），SIN 的特点在遗址之外制作使用修整，在本地丢弃，且没有相关的副产品，而 MIN 正好相反，它是根据即时和预期需求规划精心而设计生产的，满足多重功能，往往在本地制作使用和丢弃，能够体现本地时空框架下的石器活动。Hell Gap 的 6 个文化层中出土若干件端刃刮削器、边刃刮削器、雕刻器等。其中端刃刮器属于 SIN 较多，这就意味着携带方便，而雕刻器的 MIN 多，现场制造，很少被携带。在纵向时间的比较中，早期 SIN 工具较多，而晚期 MIN 工具增多，即有更多的本地制造使用与本地活动。从地层分布的若干石器来看，早期这里被认为是人们短时间的居所，到了晚期流动性降低，表明人们更久地停留在该地区，逐渐形成一个定居的活动地点[④]。

① Ted Goebel. The "Microblade Adaptation" and recolonization of Siberia during the Late Upper Pleistocene. Archaeological Papers of the American Anthropological Association, 2002, 12 (1): 117-131.

② 高星：《中国旧石器时代手斧的特点与意义》，《人类学学报》2012 年 2 期。

③ 董兵：《洛南盆地的手斧研究》，吉林大学硕士学位论文，2017 年，68 ~ 71 页。

④ Frédéric Sellet. Two step forward, one step back// Frédéric Sellet, Russell D. Greaves, Pei-Lin Yu (eds). Archaeology and Ethnoarchaeology of Mobility. Florida: University Press of Florida, 2008: 221-239.

（三）石器技术适应的宽度

从技术适应的宽度来看，石器组合能够从事的活动范围越宽，群体的流动性越低，而其适应的宽度越窄，群体的流动性越高。技术适应的宽度将技术本身分解为两个维度，一是一件石器工具本身，如上文所示，每一件工具都能归属为单一单元或者复合单元的工具，工作单元数目越多，则代表工具的功能越多，技术适应的宽度越广；二是多个石器工具形成的组合，组合丰度越大，石器的多功能程度越高，技术能够适应的宽度越广。

如果遗址是以往的中心营地，那么营地中的工具技术种类更加丰富、功能更加全面，如果只是一般地点或者野外营地，那么遗址内的石器只需满足专门需求，工具技术的功能具有针对性，因此种类较少。中心营地为狩猎采集群体提供了巢居的场所，营地内部的技术物资亦同时满足猎捕、采集、加工动植物等多重功能，以保证日常的性别、年龄等劳动分工，即一部分人在营地周围采集，另一部分人远距离外出狩猎，因此平均流动性较低。相反，一般地点或者野外营地的工具技术满足较高强度的流动化需求，可能也为流动群体提供简单的工具制作和修整的场所，便利了远距离狩猎活动，由于一般地点或者野外营地的活动专门性更强，所以这些场所的工具技术的功能较为单一。因此综合对比两类营地所对应的活动可知，前者流动性较低，而后者流动性较高。

民族志材料中也有工具技术适应宽度与流动性之间关系的描述。Oswalt 根据民族志材料将土著人的技术划分为多样性和复杂性两个维度，多样性指的是不同工具类型的数量，复杂性指的是组成一个工具的不同组件或者技术单元的数量，二者构成一个技术组合区别于另一个技术组合特征。同时根据评估（驻地式）流动性的流动频率和流动规模两个参数，探索工具技术与流动性的关系。图三和图四显示了工具技术的多样性分别与流动频率和流动规模呈现显著的负相关关系。图五和图六显示了工具技术的复杂性分别与流动频率和流动规模的关系，二者的关系因为有异常值的出现所以显得不确定，但依然能够从图中看出复杂性与流动性两个参数的大致关系，即负相关。也就意味着工具技术的多样性和复杂性越大，狩猎采集群体的流动性越小，即技术组合能够从事的范围越广，群体的流动性越低，而技术组合从事的范围越窄，群体的流动性越高。

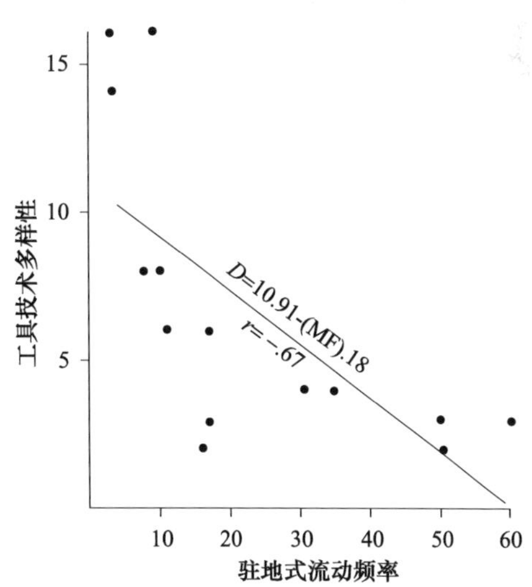

图三　驻地式流动频率与工具技术多样性的关系

注：MF＝Mobility frequency（流动频率）

（图片来源：Michael J. Shott 1986: Figure 1 改绘）

工具技术的多样性、复杂性与后勤式流动

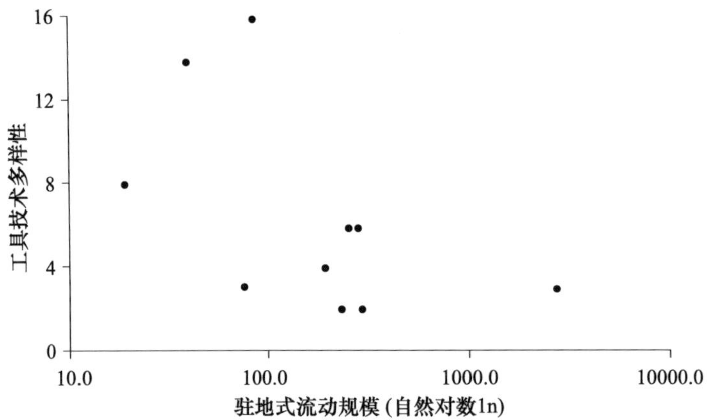

图四　驻地式流动规模与工具技术多样性的关系
（图片来源：Michael J. Shott 1986: Figure 4 改绘）

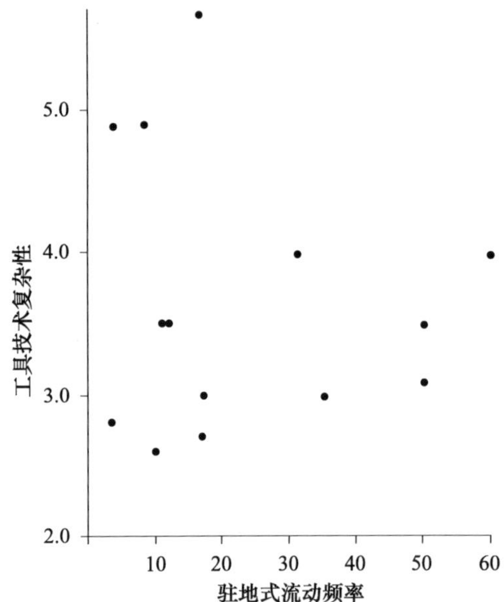

图五　驻地式流动频率与工具技术复杂性的关系
（图片来源：Michael J. Shott 1986: Figure 5 改绘）

的关系不如与驻地式流动的关系明显，唯一显示强正相关关系的是工具技术的多样性与后勤式流动中一年里冬季流动或雨季流动的天数（即 winter mobility，图七）。冬季流动的时间越长，也就意味着居住的时间越长，而后勤式流动的规模相对缩短，所以冬季流动或雨季流动越长，后勤式流动的规模减小，工具技术的多样性越大①②。

综合上述 Oswalt 民族志数据的分析，可以得出，在一般情况下，群体的流动性越高，工具技术的多样性和复杂性往往越低，而群体的流动性越低，工具技术的多样性与复杂性往往越高。在这一批数据中，工具技术的多样性和复杂性能够直接反映民族志群体所拥有的技术组合特征，同样也可以用于描述工具技术所适应的范围和从事活动的广度。

① Wendell H. Oswalt. An Anthropological Analysis of Food-getting Technology. New York: Wiley and Sons, 1976: 45-60.

② Michael Shott. Technological organization and settlement mobility: An Ethnographic Examination. Journal of Anthropological Research, 1986, 42 (1): 15-51.

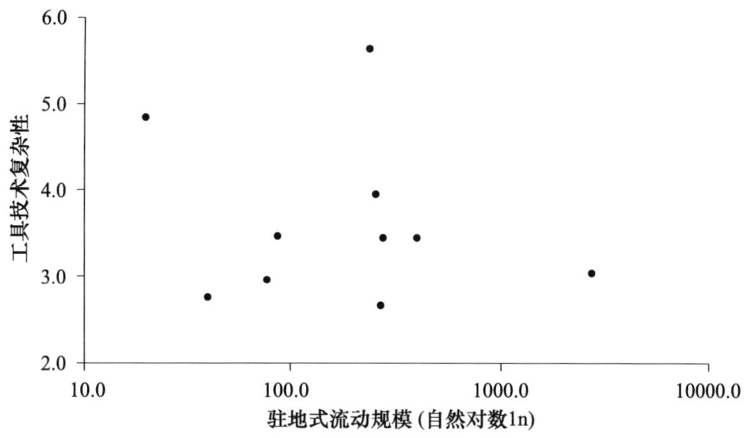

图六　驻地式流动规模与工具技术复杂性的关系
（图片来源：Michael J. Shott 1986: Figure 6 改绘）

Read 在 Oswalt 的基础上进一步分析了相关数据，使用生长季节这一概念粗略地衡量了风险标准，因为生长季节较短反映环境较冷，初级生产力较低且总体食物较少[①]。其分析结果显示生产季节较短环境下，总体食物较少，群体的流动性较高，他们持有较简单的工具技术；而生长季节较短环境下，总体食物较多，群体的流动性较低，他们持有较复杂、精细的工具技术（图八）。

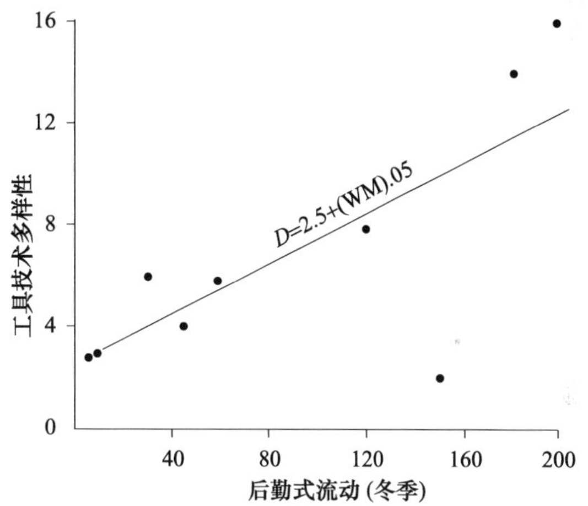

图七　后勤式流动与工具技术多样性的关系
注：WM=winter mobility（冬季流动）
（图片来源：Michael J. Shott 1986: Figure 7 改绘）

（四）石器技术的耐用性

人群的流动性与工具技术的耐用性也有关联，在一般情况下，流动性较高的群体往往使用耐用性低的工具技术，而流动性低的群体使用更耐用的工具技术。

流动性较高的人群会不断使用新的器物代替耗尽的工具技术，而流动性较低的人群会根据失败的风险来考虑工具技术的更替与修理[②]。流动性较低的群体需要寻找相对固

① Dwight Read. Tasmanian knowledge and skill: Maladaptive imitation or adequate technology?. American Antiquity, 2006, 71 (1): 164-184.

② Steven L. Kuhn. Hunter-gatherer foraging organization and strategies of artifact replacement and discard. Experiments in Lithic Technology, 1989, 528: 33-37.

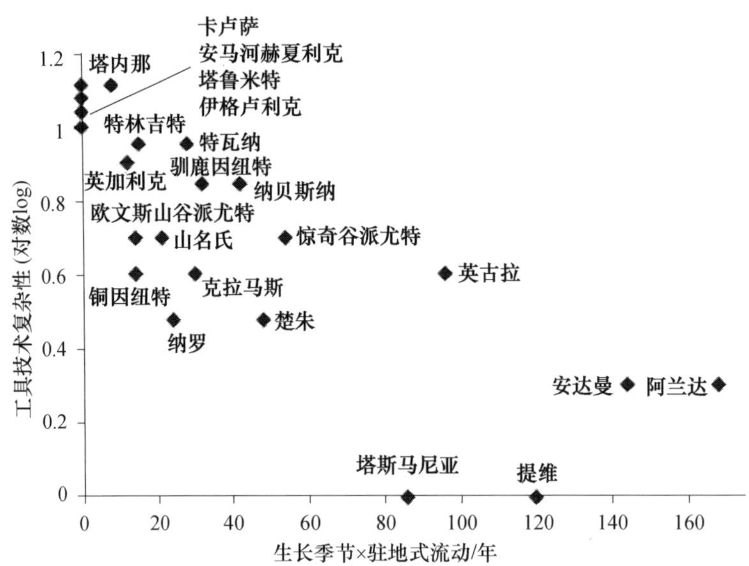

图八　食物资源、流动性与工具技术复杂性的关系

（图片来源：Robert L. Kelly 2015: Figure5-3 改绘）

定的原材料制作工具，由于制造石器工具需要周期性地消耗原材料，因此人群的流动性降低会导致原材料短缺，那么现有的石料也应当尽其所用，增强其耐用性。

两面器可以作为具有长时间寿命的石器技术的角色，在驻地式流动较少的区域尤为明显。在 Alta Toquima 遗址，石器组合包含了高百分比的两面器削减石片，很多两面器和投掷尖状器都被重新磨锐或者循环利用穷尽，同时坚固的石屋环、用于碾磨的工具表明了人群曾经久居此地，但仍需要后勤式的流动以便觅食。使用两面器是适应环境的选择，两面器不仅能够满足远距离寻找和遇见猎物时所需要的切、刮功能等，同时便于重新磨锐，提高其耐用性[①]。

权宜工具满足人们一时之需，能够快速制作使用，且很快就会被丢弃，而精细工具的耐用程度高，需要不断修整完善，能够随身携带，是一种循环的经济策略[②]。端刃刮削器被认为是耐用性较高的精细工具。为了不断使用，使用者会对端刃刮削器受到损耗的地方进行修整，以重新获得锋利尖锐的石器。对石器的修整可以反映石器原料的约束条件、不同遗址的功能、流动结构等[③]。对比伊比利亚半岛旧石器晚期的 La Cativera 岩厦和新石器时代早期 El Cavet 遗址出土的端刃刮削器的缩减情况，Morales 发现 La

① Robert L. Kelly. The three sides of a biface. American Antiquity, 1988, 53 (4): 717-734.

② Richard W. Jefferies. A Technological and functional analysis of middle archaic hafted endscrapers from the Black Earth Site, Saline County, Illinois. Midcontinental Journal of Archaeology, 1990, 15 (1): 3-36.

③ Brooke S. Blades. End Scraper Reduction and Hunter-gatherer Mobility. American Antiquity, 2003, 68 (1): 141-156.

Cativera 遗址的端刃刮削器形态各异，很多在使用不久后就被丢弃，耐用程度低，属于权宜工具的组织策略。而对于定居的农业群体所在的 El Cavet 遗址来说，端刃刮削器的耐用程度提高，其端刃刮削器形态相似，且缩减率更高，大部分都处于耗竭状态，因此端刃刮削器处于用尽状态然后废弃，此时的端刃刮削器属于精细工具。从旧石器时代晚期到新石器时代早期，人们的流动性降低，逐渐形成定居的生活方式，驯化及农业也逐渐取代旧有的经济类型，定居群体对于运输石料的成本较大，因此更需要耐用的石器，对工具利用得更加彻底①。

利凡特（Levant）地区的细石器从中石器时代晚期到后旧石器时代，出现了从简单向微雕刻技术和琢背修理、从修理部分以稍稍改变形状到修理侧边以方便装柄的转变，细石器的这一转变反映了流动性与聚落形态的变化。从旧石器晚期到后旧石器早期，人口逐渐增多，人口密度增大，人们的平均活动范围缩小。利凡特地区从广泛的流动性群体逐渐转变为多个游群季节性聚集，他们需要节省原料，并开发新的细石器利用方式以期获得工具技术更长的利用时间，利用更高质量的工具技术向外寻求食物资源。因此石料的利用率增大，对于石核的打片也进行得非常彻底，后旧石器时代的技术成品非常高的标准化程度反映了维护工具的便利和石器的耐用性能②，直到后旧石器晚期定居的纳吐夫（Natufian）文化，人们最终实现了节省劳动和原材料目的的工具毛坯。因此，当群体的流动性较高时，对于石器技术的考量往往更关注它的便携与锋利，以便有效地获取食物降低生存风险，而当群体的流动性降低时，人们便需要能持续使用的工具技术以节省运输和制作成本。

三、狩猎采集者流动性与石器技术模式的应用研究

（一）细石器技术

细石器技术代表着流动性达到的顶峰的人群充分适应旧石器晚期高度流动的觅食行为，具有便携且锋利的特点。旧石器时代晚期，气候进入末次盛冰期，高纬度地区人类的生活空间减少，中低纬度地区因海平面下降，热带气候区缩小，人类生存空间扩大，末次盛冰期的迅速结束以及之后的气候波动对于人类的适应挑战更大。随着人口的增加，资源生产力不能顺应人口增长的速度而提高，因此需要革新食物获取的技术。加之对石料、机械工具等认识的不断深化，细石器技术应运而生。细石器技术有利于狩猎采

① Radu Loviţă. Ontogenetic scaling and lithic systematics: Method and application. Journal of Archaeological Science, 2009, 36 (7): 1447-1457.

② Anna Belfer-Cohen, Nigel Goring-Morris. Why Microliths? Microlithization in the Levant. Archaeological Papers of the American Anthropological Association, 2002, 12 (1): 57-68.

集者提高流动性，降低适应风险。

细石器技术具有高度的预备性、资源优势和时间优势，细石器的制作过程需要细心选料、石核预制等步骤，一旦预制成功，连续剥片能够在短时间内生产大量的标准化细石叶产品，充分利用优质的原料，并为使用方式与功能的多样化提供足够的灵活性。细石器技术代表最宽的适应面，具有很强的生态适应性，波动的气候环境和人口增加使得人类的生存遇到了前所未有的障碍，资源的稳定需求与资源的稳定供给产生矛盾，细石器技术的出现能够调和这些矛盾，因为它能促进狩猎采集者提高流动性以扩大资源搜索范围和提供锋利有效的捕猎工具。细石器技术本身的适应面很宽，它作为石质镶嵌物，安装在工具端部，可以作为刮削器、石钻、小刀及投掷尖状器等使用[①]。如用作箭头镶嵌刃口的弓箭技术使得细石叶发挥出巨大的杀伤力，能够高效率地猎捕大型动物；嵌刃石刀是一种边刃不齐的狩猎工具，其杀伤力更大；甚至在非流动的环境中，细石器作为复合工具还能够制作皮革衣物防寒。其次，细石器只是工具组合的一部分，它常常与大石器共出，旧石器晚期人类掌握了各种打制石器的制作与使用，因此完整的石器组合的功能更加全面，多种石器配合使用能够覆盖更广泛的资源获取利用范围。

但细石器技术的耐用性极低，细石叶的刃口细小而锋利，刃部在使用中容易损坏，同时细石器技术本身也缺乏分化，是一种权宜技术。权宜技术分为真正权宜和偶然权宜两种[②]，即计划性地应对某种预期任务，以预制技术最小化、随地废弃为特点或非计划性地应对某种需求[③]，细石器技术大多属于真正权宜类的技术，因为它代表着高度流动性与标准化的生产，其生产和使用具有极强的目的性，即在同等时间狩猎覆盖更大的面积和更多的食物资源。与打制石器相比，细石器更容易携带和替换使用，往往使用毁坏后随地废弃[④]，并在细石器复合工具的刃部补给上新的细石叶，既经济地利用了优质资源，又保证了使用工具工作的连续性。

（二）原料的采备与使用

流动性与石器技术的关系模式还能够运用于原料采备与使用的研究。不同的原料

---

① Robert G. Elston, P. Jeffrey Brantingham. Microlithic technology in Northern Asia: A risk-minimizing strategy of the Late Paleolithic and Early Holocene. Archaeological Papers of the American Anthropological Association, 2002, 12 (1): 103-116.

② Douglas B. Bamforth. Technological efficiency and tool curation. American Antiquity, 1986, 51 (1): 38-50.

③ Lewis R. Binford. Interassemblage variability: The Mousterian and the functional argument. The Explanation of Culture Change, 1973, 227-254.

④ 陈虹：《华北细石叶工艺的文化适应研究》，复旦大学博士学位论文，2010年，179页。

采集策略与狩猎采集者的流动性和觅食模式相关。不同于上述细石器技术置于高流动性的条件下讨论，下文将原料的采备与使用放置于高流动性和低流动性的条件下分别讨论。Kuhn 根据获取原料和制作技术的不同，将装备策略分为两种：一种是装备人员（provisioning individuals）策略，狩猎采集者至少能够随身携带一件工具出行，能够对冲不可预见的紧急情况，最大限度地延长工具的使用寿命①，且工具具有能够持续运输的特征，符合"精细工具"的概念；另一种是装备地点（provisioning places）策略，指在固定的地点储存原料和工具，以备取用，适应人群流动性较高，但流动距离相对短且固定，能够事先预测需要什么工具的情况。与装备人员策略相反，在装备地点策略的影响下，工具被维修、翻新的可能性很小，因为运用储存的原料也很容易生产出新的工具，符合"权宜工具"的概念②③。Kuhn 的装备策略较为准确地区分了高流动性和低流动性之下原料采备与使用策略的不同，对流动性与石器技术的关系模式在石料问题上的应用具有指导意义。

狩猎采集者流动性的高低变化能够从共时性和历时性进行概括，即同一时间阶段不同地点所处人群流动性的高低区别、同一区域在不同时间阶段流动性降低或增高，这是流动性与原材料相关问题的时空前提。同时，我们在讨论原料的采备与使用时，需要考虑以下几个方面：首先是开发策略，即原料的搬运、原料的多样性、质量、与资源结构（波动）；其次是利用策略，即原料利用比例与利用程度④⑤。

当狩猎采集者的流动性产生分化时，部分进入集食者策略的人群需要面对的资源环境风险降低，石制品预备程度降低，然而他们需要的是更加耐用和功能覆盖较全面的技术工具。因此，在原料采备和使用方面，他们更倾向选择离自己距离较近、便于加工的长寿命石制品原料，同时提高石器的利用比例与利用程度，最大化石器的利用效率，这类遗址在考古遗存中较容易辨别。而派出的后勤流动小组，他们面临着较高的资源和环境风险、不可预测的石料资源，为了降低狩猎获取的风险，需要使用适合高流动性的石器原料，制作预备程度较高的石制品，能够满足专门的狩猎需求。因此，在原料的采备

① Robert L. Kelly, Lawrence C. Todd. Coming into the Country: Early Paleoindian hunting and mobility. American Antiquity, 1988, 53 (2): 231-244.

② Steven L. Kuhn. On planning and curated technologies in the Middle Paleolithic. Journal of Anthropological Research, 1992, 48 (3): 185-214.

③ William J. Parry, Robert L. Kelly. Expedient core technology and sedentism//Jay K. Johnson, Carol A. Morrow (eds). The Organization of Core Technology. Colorado: Westview Press, 1987: 285-304.

④ 牛东伟、裴树文、王惠民等：《水洞沟遗址第 7 地点石制品原料开发与利用策略研究》，《第四纪研究》2019 年 6 期。

⑤ 〔美〕乔治·奥德尔著，关莹、陈虹译：《破译史前人类的技术与行为——石制品分析》，生活·读书·新知三联书店，2015 年，263 页。

与使用方面，他们更需要持续性地收集环境资源信息，扩大原料利用的范围和多样性，但工具的利用率可能不高。在这种情况下，由于人群的流动性过高和离原料产地过远，通过遗址本身的石器遗存很难判断当时人群的流动性、石器技术和石料运用情况，需要借助地形、地表沉积物、土壤沉积物以及动物遗存的空间分布[①]。从时间上来看，旧石器时代中期到晚期，人群的流动性提高，更加权衡周边资源的分布，获取石制品原料的方式从偶遇式、嵌入式逐渐转向后勤移动式和通过贸易和交换获取[②]，因此整体的原料搬运距离是增加的[③]。同时，人群的交流逐渐频繁，逐步形成密切的社交网络，从原料采备与使用策略的变化趋势，也能够窥探社会层面的变化。

四、结　语

流动性是以狩猎与采集作为主要食物获取和社会交往方式的适应环境的重要策略，流动性与狩猎采集者的石器工具有着直接的关系。流动性根据获取食物的方式分为驻地式流动和后勤式流动，但驻地式流动和后勤式流动并非二元对立，而是相互补充。本文从一种普遍原理的角度来考察流动性与石器技术的关系，从流动性辐射出石器技术的四个维度，即技术分化的程度：流动性越高，技术分化的程度越高；技术的预备性程度：流动性越高，技术的预备性越高；技术适应的宽度，即石器技术组合能够从事活动的广度，流动性越高，技术组合适应的宽度越窄；技术的耐用性，流动性越高，技术的耐用性越低。并以旧石器时代晚期的细石器技术和原料的采备与使用作为案例，从流动性与石器技术的关系模式探究对技术与原料的影响。

当然，这些关于流动性与石器技术的普遍原理代表着一种趋势，它作为一种高度凝练的信息能够为考古遗存做出必要的解释，针对纷繁复杂的考古材料，能够提高考古推理的效率，但并非否定遗址的特殊性与多样性。另外，流动性和石器技术关系的探索，帮助进一步理解石器技术在社会活动中发挥的重要作用，但石器技术也并非窥探聚落形态、社会组织等的唯一途径，还需要将其与动植物遗存、狩猎居住遗址等综合起来。

附记：本文为中国人民大学科学研究基金（中央高校基本科研业务费专项资金）项目（19XNL010）阶段性成果。

---

① Jaroslaw Wilczyński, Petr Šída. Population mobility and lithic tool diversity in the Late Graventtian-The case study of Lubnà Ⅵ (Bohemian Massif). Quaternary International, 2021, 587-588: 103-126.

② Cherie Haury. Defining lithic procurement terminology. Lithic Resource Studies: A Sourcebook for Archeologists, 1994: 26-31.

③ Jéhanne Féblot-Augustins, Catherine Perlès. Perspectives ethnoarchéologiques sur Les échanges à longue distance. Ethnoarchéologie, 1992: 195-209.

Mobility of Hunter-Gatherers and Modes of Lithic Technologies

Hong Jianxuan Chen Shengqian

Abstract: Mobility is one of the basic strategies of hunter-gatherers, and there is a direct relationship between lithic technology, the primary tool used by hunter-gatherers to obtain resources, and the primary aspect of mobility influence. To provide a complete theoretical reference, the article combines the ethnographic descriptions of hunter-gatherers with related archaeological materials, exploring a universal mode of hunter-gatherers' mobility and lithic technology in four dimensions: degree of differentiation of lithic technology, preparedness, adaptation, as well as durability. The modes are applied to the research of microlithic technology and the preparation and use of lithic raw material, with guiding significance for lithic archaeology practice.

Keywords: Archaeological inference; Lithic archaeology; Mobility; Hunter-gatherers

北福地遗址出土玉器的相关问题研究

高云逸

（吉林大学考古学院，长春，130012）

摘要：从层位关系出发，对北福地遗址的北福地一期文化遗存进行了分期定年研究，明确了该遗址出土玉器年代相当于兴隆洼文化晚期。在已有研究基础之上，经过类型学对比，判定青池遗址一、二期遗存性质均属兴隆洼文化。通过对青池遗址分阶段的文化因素分析，梳理了兴隆洼文化与北福地一期文化关系的动态变化，进而探讨了北福地一期文化玉器传入的文化背景与地理路径。基于各类型遗物的共性特征，讨论了北福地一期文化与中国东北广大地区的文化联系。

关键词：北福地遗址　玉器　青池遗址　兴隆洼文化　文化交流

中国东北地区新石器时代的玉器出现时间甚早、分布地域广泛、文化特征鲜明，从而构成了东北文化区除平底筒形罐以外另一个标志性的文化符号。在漫长的发展过程中，东北系玉器也不断地向周边其他地区输出自己的文化影响，其中易水流域北福地遗址出土的玉玦与玉匕形器就具有显著的兴隆洼文化特点。

应当承认，不同考古学文化玉器在形态方面的共性特征及其所隐含的文化互动信息还是比较容易辨识的。但随着研究的深入我们逐渐认识到，玉器的造型毕竟相对简单，如果仅着眼于玉器本身，诸如玉器传播的确切时间、具体的传播路线及微观的文化背景等较为精细的问题实际上难以得到有效的解决。有鉴于此，我们就需要将玉器与时空变化更为敏感的陶器结合起来进行综合分析，如此方可从时间与空间两个维度获取更为丰富与精确的历史信息。

易水流域北福地遗址出土玉玦与玉匕形器系辽西地区兴隆洼文化输入或影响的产物，这一点已是无须深论的共识。那么，这种联系发生在哪个具体的时间阶段？彼此之间文化往来的背景与路径是怎样的？这些问题仅就玉器本身而言显然是无法全面回答的。因此，本文将从以陶器为重要指征物的考古学文化研究角度出发，对上述问题进行系统探讨，以期更为完整地还原出二者之间特定阶段的文化互动情况。

一、北福地遗址出土玉器的年代

2003～2004年，河北省文物考古研究所对北福地遗址开展了两个年度的发掘，并将以直腹盆和支脚为代表的第一期遗存命名为北福地一期文化[①]。2007年，北福地遗址2003～2004年的发掘资料以报告的形式正式出版[②]，为相关问题的研究提供了翔实的资料。

年代是考古学一切研究问题的基础，若要了解北福地遗址出土玉器与兴隆洼文化玉器的关系，对该遗址出土遗存年代有一个准确的把握无疑是最重要的前提。

仔细研读报告可知，该遗址地层堆积并不通联，因而对于诸遗迹间的层位关系需要具体分析，这是特别需要注意的。综合考察发掘报告所公布的平、剖面图和文字描述等信息，我们至少可遴选出以下几组发表有陶器的具有分段意义的层位关系：①祭祀场→T204④、T205④；②F3→T9③；③H72→F13；④F7→F6；⑤F7→F12[③]。在具体分析之前还应做如下说明：北福地遗址一期出土陶器中，盘、钵、筒形罐出土数量很少，不具备比较分析的普遍意义。支脚虽发现相对较多但大都破碎，因而难以从整体上了解其形态的变化与差异（图一，10、11、22）。直腹盆虽出土数量最多，但造型过于简单，变化难以把握。相比而言，陶盆上所饰纹饰较为丰富，可作为分段研究的首要着眼点。

在第一组层位关系中，T204④、T205④各发表一件直腹盆，分别饰铅笔状和竹节状构成的平行斜线纹（图一，13、12），祭祀场出土的十余件直腹盆则完全不见这样的纹饰，但后者纹样较为丰富，包括弧线纹、篦齿纹、圆点纹、人字纹和斜线纹等（图一，1～3）。在第二组层位关系中，F3和T9③各发表一件直腹盆，前者饰人字纹（图一，4），后者饰三角状平行斜线纹（图一，14）。类似的情况亦见于第三组层位关系中，这表明由平行斜线构成的三角状纹年代偏早，且它所代表的阶段直腹盆纹饰相对较为单一。第四、五组层位关系中，F7晚于F6和F12。F6：1与F12：6形纹相同（图一，16、17），F6和F12可归入于同一阶段。

从典型层位关系出发，结合出土直腹盆的纹饰变化，可将北福地遗址一期遗存分为两段。一段年代较早，以T204④、T205④、T9③、F13、F6和F12为代表，器表所饰纹饰较为单一，以三角状平行斜线纹为主，另有短斜线纹和人字纹等（图一，

① 河北省文物考古研究所、保定市文物管理处、易县文物保管所：《河北易县北福地新石器时代遗址发掘简报》，《文物》2006年9期。

② 河北省文物研究所：《北福地——易水流域史前遗址》，文物出版社，2007年。

③ F7开口于T20②层下，打破第3层。据报告图八知，T20、T22、T24、T26第3层通联，而F12开口于T24、T26③层下，可得F7晚于F12这样一组层位关系。

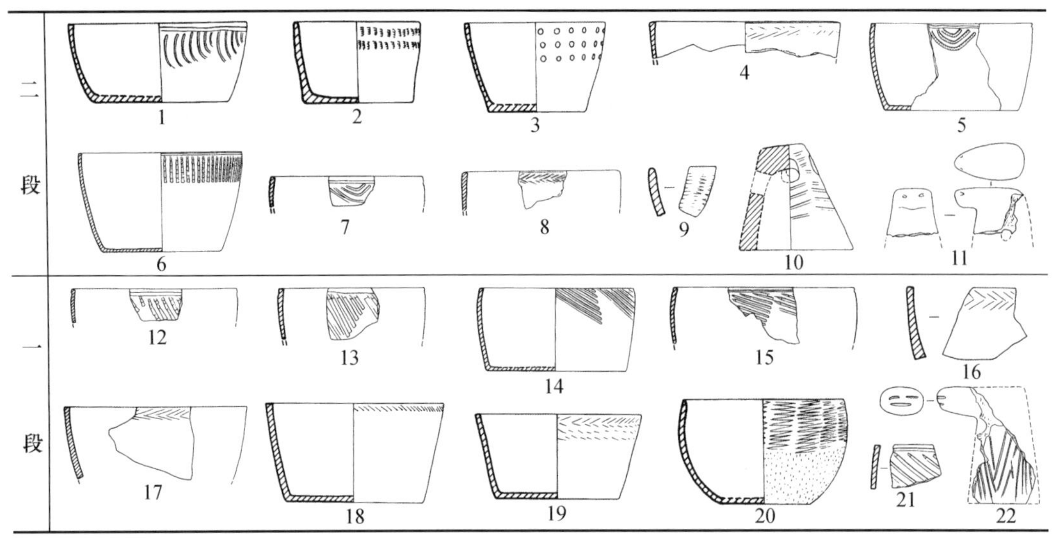

图一　北福地遗址一期陶器分段图

12～19、21）。二段年代较晚，以祭祀场、F3 和 F7 为代表，陶器纹饰构成中三角状平行斜线纹比重下降，纹饰题材趋于丰富，除原有的人字纹外，新出现弧线纹、篦齿纹及圆点纹等新的因素（图一，1～8）。

北福地遗址有四个 ^{14}C 测年数据（表一），H23 和 H79 两座灰坑出土木炭标本的 ^{14}C 测年数据处于公元前 6000～前 5800 年。需要说明的是，北福地遗址发掘报告并未公布上述两座灰坑出土陶器，使得我们无法从类型学的角度确定其在该遗址分期框架中的位置，它们所代表时期遗存的面貌也自然无从得知。这一数值或可代表北福地一期文化的起始年代，只是我们目前还无法从遗物角度了解这个阶段的时代特点。

表一　北福地遗址一期遗存 ^{14}C 测年数据表

实验室编号	单位	标本	^{14}C 测定年代（BP）	树轮校正年代（BC）	
				68.2%	95.4%
BK2004001	H23	木炭	7100 ± 55	6020～5890	6080～5840
BA04444	H79	木炭	6990 ± 30	5970～5800	5980～5750
BA03419	F1	木炭	6440 ± 60	5480～5360	5490～5300
BA04252	F12	木炭	6430 ± 40	5480～5360	5480～5320

前文分析表明，F1 和 F12 属该遗址早段单位，因而二者测得的公元前 5500～前 5300 年可基本代表早段的绝对年代。北福地遗址叠压在北福地一期文化之上的第二期遗存获得的两个 ^{14}C 数据集中在公元前 5000～前 4700 年，故而北福地一期文化的年代下限不晚于公元前 5000 年，据此判断其晚段的年代大致不出公元前 5300～前 5000 年

的范畴。由此可知，就北福地遗址所公布的北福地一期文化材料而言，其延续时间为500年左右，整体年代大体相当于兴隆洼文化晚期[①]。北福地遗址H23和H79的测年结果暗示着，该遗址可能还存在着年代更早的北福地一期文化遗存，只是由于缺乏必要的材料，我们还无法了解该遗址更早阶段遗存的基本情况。

基于比较坚实的年代学研究，我们接下来对北福地遗址出土玉器的相关问题进行讨论。

北福地遗址祭祀场共发现6件玉器，包括玉玦3件、玉匕形器1件及玉坠2件，另有两件绿松石坠（图二）。祭祀场出土的陶器以直腹盆为主，其中J：36（图一，2）装饰的弧形栉齿纹与兴隆洼文化晚期白音长汗遗址[②]AF37出土筒形罐所饰题材相同（图四，3、4），显示彼此年代相近，同样表明祭祀场的年代应大体相当于兴隆洼文化晚期阶段。此外，北福地遗址发现的之字纹均较为规整（图一，9、20），与兴隆洼文化中期那种处于原初阶段的潦草之字纹区别显著，表明它们的年代大体不出兴隆洼文化晚期的范畴。特别是出土之字纹陶器的F1和F12的^{14}C测年结果也与兴隆洼文化晚期相对应。因之，兴隆洼文化是在其晚期阶段将玉玦和玉匕形器传入冀中易水流域的，如此北福地遗址出土玉器的年代也就进一步明确了。

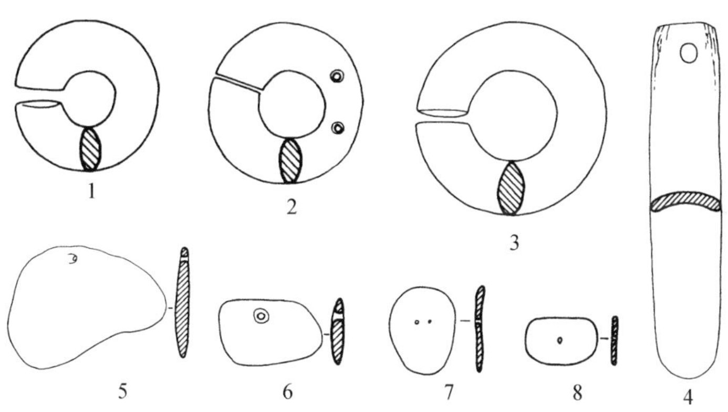

图二　北福地遗址出土玉器

二、北福地遗址玉器传入的文化背景与地理路径

近年发表的天津蓟州区青池遗址发掘材料为探讨兴隆洼文化与北福地一期文化的关系创造了极佳的条件，也为窥探二者所在地区的文化互动大势打开了一扇新的窗口。

青池遗址共揭露出三个时期的新石器时代遗存，其中一、二期遗存分布于遗址坡下

① 本文对兴隆洼文化年代与相关遗址期别的判定均据杜战伟、韩斐：《论兴隆洼文化的分期与年代》，《考古》2019年3期，下文不再一一注明。

② 内蒙古自治区文物考古研究所：《白音长汗——新石器时代遗址发掘报告》，科学出版社，2004年。

的一条自然沟内（G1），发掘者根据叠压关系和遗物特征将沟内第6～9层遗存定为第一期，第1～5层遗存定为第二期[①]。

青池遗址发掘简报和报告共发表第一期陶器37件（不包括铛和网坠），筒形罐（20件）和饰之字纹、人字纹的钵（3件）是典型的兴隆洼文化器物，这两类因素比重占总数的62%。饰虾节纹、叶脉纹等纹饰的陶盆是北福地一期文化的代表性器物，共计13件，占标本总数的35%，还有一件素面碗因特征不明显而难以判定其来源。青池遗址一期遗存虽然糅合了兴隆洼文化与北福地一期文化两种元素，但很明显在这个复合体中前者占据主导地位，因此从文化因素构成比重方面来看，将青池遗址一期遗存的文化性质界定为兴隆洼文化的意见是可信的[②]。

进一步研究则表明，青池遗址一期遗存还可以细分为更小的阶段，一段为G1第9层，二段为G1第6～8层[③]。青池遗址一段T5G1⑨：2筒形罐（图三，25）造型及纹饰与兴隆洼文化早期南台子遗址F29：1（图四，10）几乎相同，可知二者年代相当。二段出现之字纹，但器表所饰纹饰题材仍以人字纹和交叉纹为主，这是兴隆洼文化中期阶段的典型时代特征。因此，青池遗址第一期遗存一、二段分别处于兴隆洼文化早、中期。

青池遗址是目前发现的兴隆洼文化最靠西南的一个地点，处于兴隆洼文化与北福地一期文化各自的边缘地区，遗址所在的永定河与海河一线是这两支考古学文化的过渡地带，这里无疑最为及时、直观地反映出二者之间的关系及这种关系的动态变化。

青池遗址一期一段的文化构成表现为单一的兴隆洼文化因素（图三，25～27），表明该文化早期阶段可能还未建立起与北福地一期文化的互动关系。属兴隆洼文化中期的一期二段则开始涌现出了北福地一期文化的成分，展现出筒形罐和直腹盆这两种文化传统共存的局面（图三，16～24）。表明二者在各自的边缘地带开始发生了直接的文化接触，从而开启了新的局面。

学界对于青池遗址二期遗存的性质与年代存在很大的分歧，大致有四种观点。第一种观点强调青池遗址第一至三期遗存是同一支考古学文化连续发展的不同阶段，是由兴隆洼文化和北福地一期文化相碰撞所形成的一支“混合型文化”。二期的年代晚于兴隆洼文化而早于赵宝沟文化[④]。第二种观点认为青池二期遗存代表着一种新的考古学文化，绝对年代大致为公元前5500～前5000年[⑤]。第三种观点将青池二期遗存定性为上宅文

① 天津市文化遗产保护中心、蓟县文物保管所：《蓟县青池遗址试掘简报》，《天津考古（一）》，科学出版社，2013年；天津博物馆、天津市文化遗产保护中心：《天津蓟县青池遗址发掘报告》，《考古学报》2014年2期。

② 张谦：《海河平原北区新石器时代文化遗存研究》，吉林大学硕士学位论文，2015年。

③ 贾领：《燕山南麓东部地区新石器时代考古学文化研究》，吉林大学硕士学位论文，2019年。

④ 韩嘉谷、纪烈敏：《论蓟县青池新石器时代遗存的混合型文化》，《考古》2014年4期。

⑤ 贾领：《青池遗址出土新石器时代陶器浅析》，《文物春秋》2018年1期。

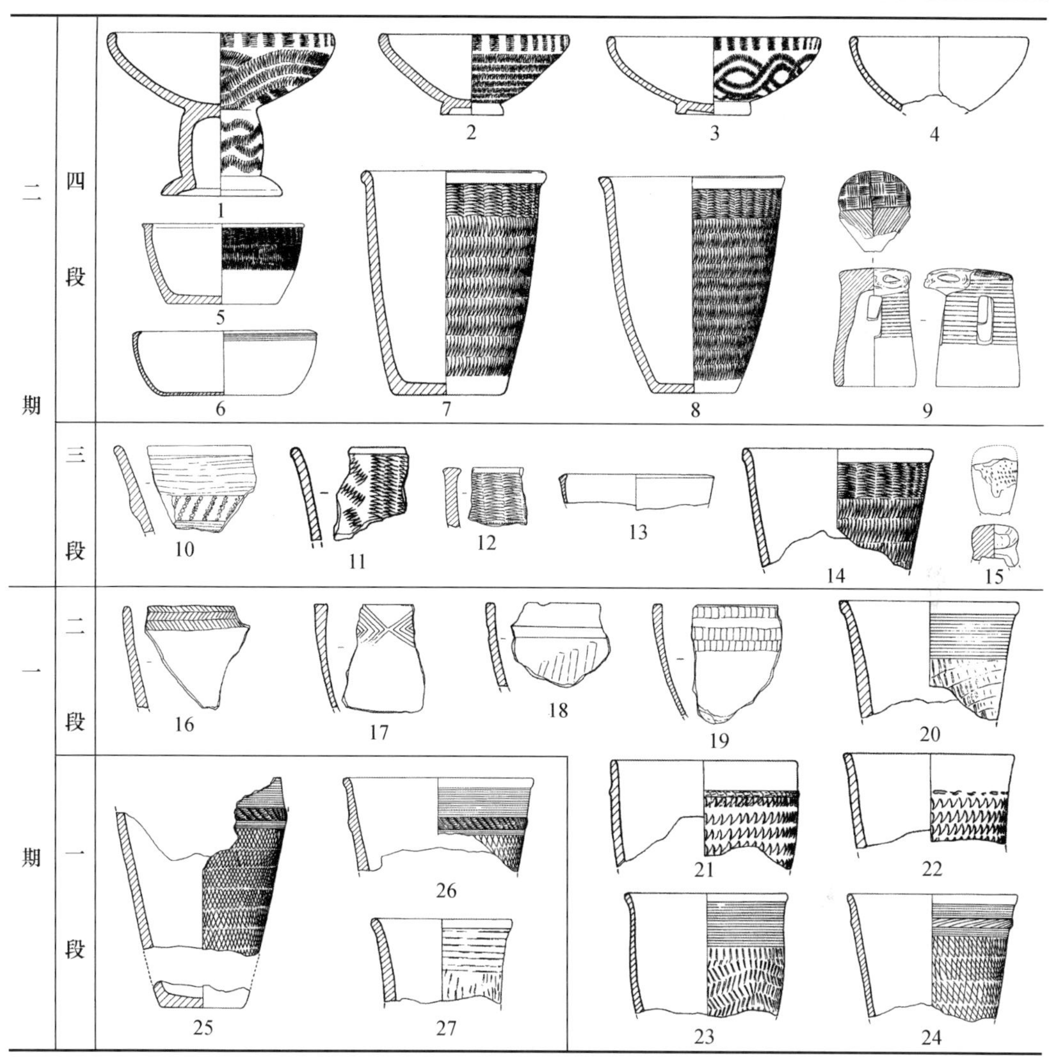

图三 青池遗址第一、二期遗存陶器

化，判断其年代为公元前 5000 ~ 前 4600 年①。第四种观点则将其划归赵宝沟文化②。

发掘者将青池遗址第二期遗存细化为早、晚两段，早段为 G1 第 5 层，晚段为 G1 第 1 ~ 4 层。两段之间层位关系明确，各类型陶器的嬗变逻辑清晰，我们也支持这样的阶段划分，在此分别称之为该遗址的三、四段。

二期遗存出土陶器有筒形罐、盆、支脚、豆、碗及钵，相较于第一期支脚和豆是新

① 张谦：《海河平原北区新石器时代文化遗存研究》，吉林大学硕士学位论文，2015 年。

② 陈国庆：《燕辽区新石器时代考古学文化研究——兼论与周邻地区考古学文化的互动关系》，科学出版社，2018 年。

增加的器类，筒形罐一改第一期斜直腹的作风而以斜弧腹为主。纹饰方面，竖压横排和横压竖排复合之字纹和扭索状之字纹是二期遗存突出的时代特征（图三，1～15）。

我们注意到，青池遗址二期遗存具有代表性的竖压横排和横压竖排复合之字纹（图三，7、8、14），与兴隆洼文化晚期白音长汗遗址[①]AF43③：9陶钵、AF12②：8高足杯（图四，1、2）器表纹饰如出一辙。青池遗址97G1④：1筒形罐（图三，8）大口，腹微弧，无论是形态特征还是装饰风格都与兴隆洼文化晚期查海遗址[②]F5：13（图四，5）相当。青池遗址T3G1⑤：1、T3G1⑤：2筒形罐（图三，10、11）形制和纹饰分别酷似兴隆洼文化晚期查海遗址F53：67、F53：72（图四，6、7）。这些情况表明，青池遗址二期遗存与燕山以北的兴隆洼文化晚期联系甚密，且年代相当。那么是否可以认为青池遗址二期遗存就是兴隆洼文化晚期在燕山南部的一个地方类型呢？对此不妨再做一些分析。

诚如韩嘉谷指出，西寨遗址出土的敛口深腹钵、复合之字纹筒形罐（图四，8、9）与青池遗址二期出土者相同[③]。西寨遗址[④]一期中具有青池二期遗存特征的陶器均出土于第4层，该层属兴隆洼文化晚期遗存，这也为青池遗址二期遗存的性质与年代判定提供

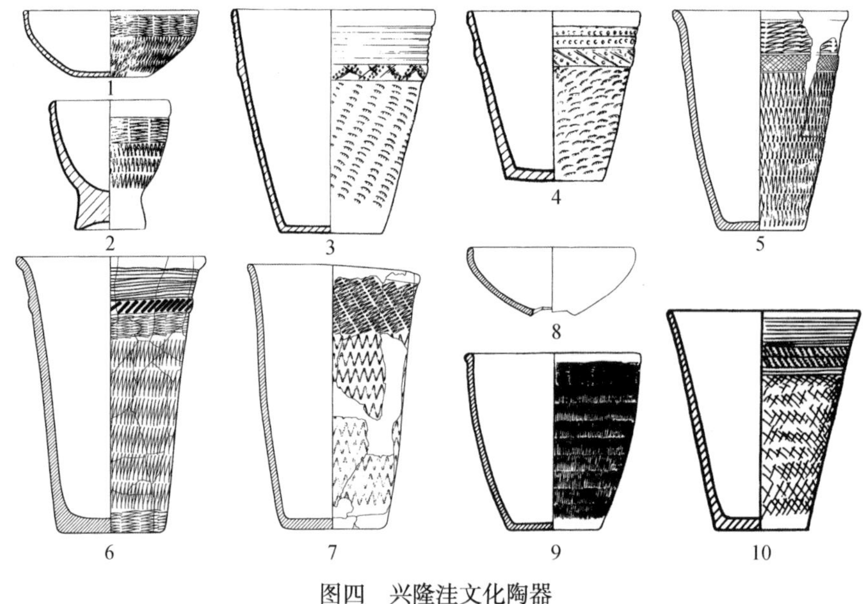

图四　兴隆洼文化陶器

① 内蒙古自治区文物考古研究所：《白音长汗——新石器时代遗址发掘报告》，科学出版社，2004年。

② 辽宁省文物考古研究所：《查海——新石器时代聚落遗址发掘报告》，文物出版社，2012年。

③ 韩嘉谷、纪烈敏：《论蓟县青池新石器时代遗存的混合型文化》，《考古》2014年4期。

④ 河北省文物研究所、唐山市文物管理处、迁西县文物管理所：《迁西西寨遗址1988年发掘报告》，《文物春秋》1992年增刊。

了直接证据。

就陶器所反映出的文化内涵而言，青池遗址一期二段与东寨遗址[①]G1 出土遗存最为接近，均处于兴隆洼文化中期阶段，早于青池二期和西寨一期。青池遗址二期遗存的筒形罐、盆、钵、碗无疑是承袭青池遗址一期遗存而来，新出现的两类器物中，支脚为北福地一期文化影响的产物，豆则是圈足钵的一种衍生体，这些已是学界的共识。无独有偶，青池二期具有代表性的复合之字纹在东寨遗址 G1 阶段即已出现。

总之，青池二期遗存陶器方面所表现出的阶段性特点，与第一期遗存相比并未超出同一考古学文化所能囊括的范围，它与西寨遗址一样是兴隆洼文化中期的延续和发展。不容忽视的是，青池二期与西寨一期也存在比较明显的差异，如前者的支脚、盆不见于后者，各自占主流的筒形罐形制也存在差别。这种现象表明兴隆洼文化中期之后该文化的面貌发生了较为显著的区域性变化，统一的兴隆洼文化发展至晚期时出现了一定程度的分化，这仅从燕山南部永定河流域青池遗址二期与滦河流域西寨遗址一期即可窥见一斑。这恰如严文明所指出的，“假如我们把文化作为第一层次，文化本身可以分期，下面还可以分为若干地方性文化类型，这已是第二个层次了”[②]。

基于以上所做的层位学和类型学研究，我们可将燕山南麓永定河流域年代处于兴隆洼文化晚期、具有浓郁地方特色的青池遗址二期遗存称之为兴隆洼文化晚期青池类型。

青池遗址第二期遗存的面貌变得更为复杂，一方面，筒形罐和直腹盆这两种第一期即已共存的元素继续组合沿用，并一改过去泾渭分明的状态而表现出相互融合的倾向，最为集中地表现为北福地一期文化的直腹盆装饰了兴隆洼文化典型的之字纹。另一方面，新出现了豆和支脚等不见于一期遗存的器物，整体展现出令人耳目一新的时代特点，尤其是支脚的传入表明兴隆洼文化和北福地一期文化的互动进一步加深。

青池遗址一、二期遗存的发现将兴隆洼文化和北福地一期文化从时间与地域两个维度紧密地连接起来了，这批材料几乎全景式地展现出了上述两支考古学文化互动的形式与内涵，生动地表述出二者由尝试性的接触到密切交融的历史过程。就现有材料而言，在相当于兴隆洼文化中期的历史阶段，兴隆洼文化与北福地一期文化的接触就已经正式开始了，此时彼此之间都顽强地保持着各自的文化特点，并未形成深刻的文化认同。至相当于兴隆洼文化晚期的历史阶段，二者之间的联系变得更为紧密，并呈现出文化融合的新现象。尤其是兴隆洼文化向西继续挺进，一直深入北福地一期文化的腹心区域，并最终形成了以辽西地区为主导的文化交流格局，这也就是北福地一期文化玉玦与玉匕形器传入的文化背景。

在燕山以南地区已发掘的兴隆洼文化遗址中尚未发现玉制品，不过天津市宝坻县牛

---

① 河北省文物研究所：《河北省迁西县东寨遗址发掘简报》，《文物春秋》1992 年增刊。

② 严文明：《关于考古学文化的理论》，《走向 21 世纪的考古学》，三秦出版社，1997 年。

道口遗址曾采集到6件玉玦和4件玉匕[①]。该遗址所处区域无疑将这批玉器的文化属性指向兴隆洼文化，它的发现使兴隆洼文化玉器向易水流域渗透的地理路径清晰地呈现出来了，也有力地说明这一时期的玉器是以稳定的组合形式向外流布的。

三、余　论

众所周知，辽西地区是我国东北地区之字纹的策源地和大本营，这种具有鲜明地域风格及强大生命力的文化因素滥觞于兴隆洼文化中期，在本地区的延续时间长达数千年，在漫长的发展过程中渐次向外扩散。北福地遗址发现的之字纹陶器质地均为夹砂陶，而作为北福地一期文化标志性器物群的直腹盆和支脚则全部为夹云母陶，这种陶质上泾渭分明的现象耐人寻味。现有材料表明兴隆洼文化陶器皆为夹砂陶，因此北福地一期文化的饰之字纹陶器可能并不是对兴隆洼文化纹饰的模仿，而极有可能是直接由兴隆洼文化输入的陶器成品，北福地一期文化与兴隆洼文化的密切联系由此可见一斑。从北福地遗址的分段结果来看，之字纹陶器传入的时间可能稍早于玉器。

一般而言，陶器主要是一种日常生活用具，玉器则往往被赋予高于实用性器物的特殊精神寓意。由此观之，北福地一期文化最初可能只是接受了兴隆洼文化器物层面的影响，最后才吸纳了以玉器为载体的精神内涵，这也从北福地遗址玉器集中出土于"祭祀场"这种特殊的情境中得到证实，这一过程背后所隐含的当是文化认同的进一步加深。因此，兴隆洼文化对北福地一期文化的渗透并非仅局限于器物的层面，在社会层面同样产生了较深的影响。此外，北福地遗址发现大量人面及兽面形象的陶质"面具"，这也构成了该文化一大突出的特点。值得注意的是，兴隆洼文化也发现较多石质、骨质及蚌质人面形象。它们的功用很可能是相同的，同时，这类文化因素也不失为我们探析两文化之间联系的一条重要线索。

兴隆洼文化玉器过去一直被认为是中国年代最早的磨制玉器，不过，近年来黑龙江饶河小南山遗址的发掘结果表明，该遗址出土的玉器可早到公元前7000年左右[②]，其年代远早于兴隆洼文化。因此，以往有关小南山遗址出土玉玦与玉匕形器系兴隆洼文化东向渗透结果的意见就需要重新认识了。现在看来，玉玦与玉匕形器组合使用的传统应滥觞于公元前7000年前后的三江平原地区，在公元前6000年以后传播到辽西地区的兴隆洼文化之中，公元前5500年左右这种传统又由兴隆洼文化传播至北福地一期文化之中。

---

① 天津市历史博物馆考古队、宝坻县文化馆：《天津宝坻县牛道口遗址调查发掘简报》，《考古》1991年7期。

② 黑龙江省文物考古研究所、饶河县文物管理所：《黑龙江饶河县小南山遗址2015年Ⅲ区发掘简报》，《考古》2019年8期。

在查海时代[①]，这种从东北向西南呈波状推进的玉器传播浪潮，不仅是时代风尚的次第扩散，更标示着某种信仰或价值观念的逐级传递。这条玉石之路的开辟，对于联结沿线相关诸考古学文化以及增进它们之间的交流发挥了十分重要的作用。

附记：本文受国家社会科学基金项目（20BKG029）资助。

Research on Related Problems of Jade Unearthed from Beifudi Site

Gao Yunyi

Abstract: From a stratigraphic perspective, a phased dating study of the Beifudi Phase Ⅰ culture remains at the Beifudi Site has been carried out. The jade excavated from the site corresponds to the late Xinglongwa Culture. Based on the existing research and after a typological comparison, the nature of the remains from the first and second phases of the Qingchi Site belongs to Xinglongwa Culture. By analyzing the cultural factors of the Qingchi Site in stages, this paper discusses the dynamics of the relationship between Xinglongwa Culture and Beifudi Phase Ⅰ Culture were sorted out, and the cultural context and geographical path of the introduction of jade from Beifudi Phase Ⅰ Culture were then explored. Based on the common characteristics of the various relics, the cultural links between Beifudi Phase Ⅰ Culture and the broader region of Northeast China are discussed.

Keywords: Beifudi Site; Jade; Qingchi Site; Xinglongwa Culture; Cultural exchange

① 赵宾福：《新中国考古学 70 年的成就与贡献》，《河北学刊》2019 年 5 期。

中国发现的骑马步葬式及其与公元前8～公元3世纪欧亚草原西部人群关系

马　艳

（内蒙古大学历史与旅游文化学院，呼和浩特，010070）

摘要： 萨卡至鲜卑时期，中国境内发现少量"骑马步"葬式。这种特殊的葬式广泛见于欧亚草原西部族群遗存中。对这种葬式特征、分布、时代等方面的讨论，是我们认识该时期相关草原族群历史、文化、交流等方面的重要线索。也是探讨萨卡与新疆早期铁器时代遗存关系、斯基泰起源、康居－乌孙与晚期斯基泰及萨尔马特人群关系，以及晚期斯基泰、萨尔马特、康居－乌孙与鲜卑人群关系等具体问题的视角。

关键词： 骑马步　萨卡　斯基泰　萨尔马特　鲜卑

"骑马步"即墓主仰身、双膝向两侧弯曲呈菱形的埋葬习俗。俄罗斯、中亚研究者称其为"骑手姿势"（поза «всадника»）、"跳舞步"（«танцующая» поза）[①]，也有罗圈状、菱形等描述[②]。欧亚草原西部该葬式多属斯基泰－萨尔马特（Скифо-Сарматы）相关遗存，涉及萨卡－玛萨革泰、萨夫罗马特（Савроматы）、早期南乌拉尔游牧者、斯基泰、萨尔马特、晚期斯基泰（Позднескифская кульрура/Крымская Скифия）、康居－乌孙、鲜卑等族群。我国发现少量该葬式墓葬。

一、中国发现的骑马步葬式

中国发现的骑马步葬式集中于新疆，少量见于内蒙古中南部及辽西地区，包括土坑墓、偏洞室墓和砖室墓，以及单人葬、双人葬、多人葬等葬式。新疆此类墓葬多有石

① Смирнов К. Ф. Сарматы и утверждение их политического господства в Скифии. Москва: Издательство «Наука», 1984, с. 74-75.

② 新疆文物考古研究所：《2005年度伊犁州巩留县山口水库墓地考古发掘报告》，《新疆文物》2006年1期，1～40页。

堆、石围，随葬陶器、献祭食物、铁刀等，多属萨卡至十六国时期遗存。内蒙古中南部及辽西地区此类墓葬出土陶器、武器、马具、装饰品等，属鲜卑遗存。

单人葬土坑墓如奇仁托海 M159，地表有封堆，男性墓主，随葬陶罐、羊骨等①（图一，1）。类似如山口水库 M66（图一，2）②、鄯善洋海三号墓地 M360③（图一，3）、商都东大井 SDM14④（图一，4）、辽宁北票喇嘛洞 M101⑤（图一，5）、察吾乎沟口三号墓地 M8⑥（图一，6）等，多属汉晋时期遗存。

双人葬土坑墓如萨恩萨伊 M115，墓底两具男性人骨，一具仰身直肢，一具呈骑马步⑦（图一，7）。类似如托背梁 M1⑧（图一，8）、交河故城 M16mj⑨（图一，9）等。其中少数属青铜时代晚期、春秋中晚期，多属战国晚期至两汉时期遗存。

多人葬土坑墓如吉尔赞喀勒 M25，地表有封堆及黑白石条带，封堆下有石围，墓室内有棚木葬具，墓底 3 具人骨，其中南部 C 人骨为女性，呈骑马步⑩（图一，10）。类似如吉尔赞喀勒 M14⑪。察吾乎沟口二号墓地 M10，墓穴分三层，第一层两具人骨中的

---

① 新疆文物考古研究所：《伊犁州尼勒克县奇仁托海墓地发掘简报》，《新疆文物》2004 年 3 期，60～87 页。

② 新疆文物考古研究所：《2005 年度伊犁州巩留县山口水库墓地考古发掘报告》，《新疆文物》2006 年 1 期，1～40 页。

③ 新疆文物考古研究所、吐鲁番地区文物局：《鄯善县洋海三号墓地发掘简报》，《新疆文物》2004 年 1 期，50～68 页。

④ 魏坚主编：《商都县东大井墓地》，《内蒙古地区鲜卑墓葬的发现与研究》，科学出版社，2004 年，88～90 页。

⑤ 辽宁省文物考古研究所、朝阳市博物馆、北票市文物管理所：《辽宁北票喇嘛洞墓地 1998 年发掘报告》，《考古学报》2004 年 2 期，209～242 页。

⑥ 中国社会科学院考古研究所新疆队、新疆巴音郭楞蒙古族自治州文管所：《新疆和静县察吾乎沟口三号墓地发掘简报》，《考古》1990 年 10 期，882～889 页。

⑦ 新疆文物考古研究所、乌鲁木齐市文物管理所：《乌鲁木齐市萨恩萨伊墓地发掘简报》，《新疆文物》2010 年 2 期，1～24 页。

⑧ 西北大学文化遗产保护与考古学研究中心、新疆文物考古研究所、哈密地区文物局：《2009 年新疆伊吾县托背梁墓地发掘简报》，《考古与文物》2014 年 4 期，24～36 页。

⑨ 中国国家文物局、中国新疆维吾尔自治区文物事业管理局、中国新疆维吾尔自治区文物考古研究所：《交河故城——1993、1994 年度考古发掘报告》，东方出版社，1998 年，70、71 页。

⑩ 中国社会科学院考古研究所新疆工作队、新疆喀什地区文物局、塔什库尔干县文物管理所：《新疆塔什库尔干吉尔赞喀勒墓地 2014 年发掘报告》，《考古学报》2017 年 4 期，545～573 页。

⑪ 中国社会科学院考古研究所新疆工作队：《新疆塔什库尔干吉尔赞喀勒墓地发掘报告》，《考古学报》2015 年 2 期，229～252 页。

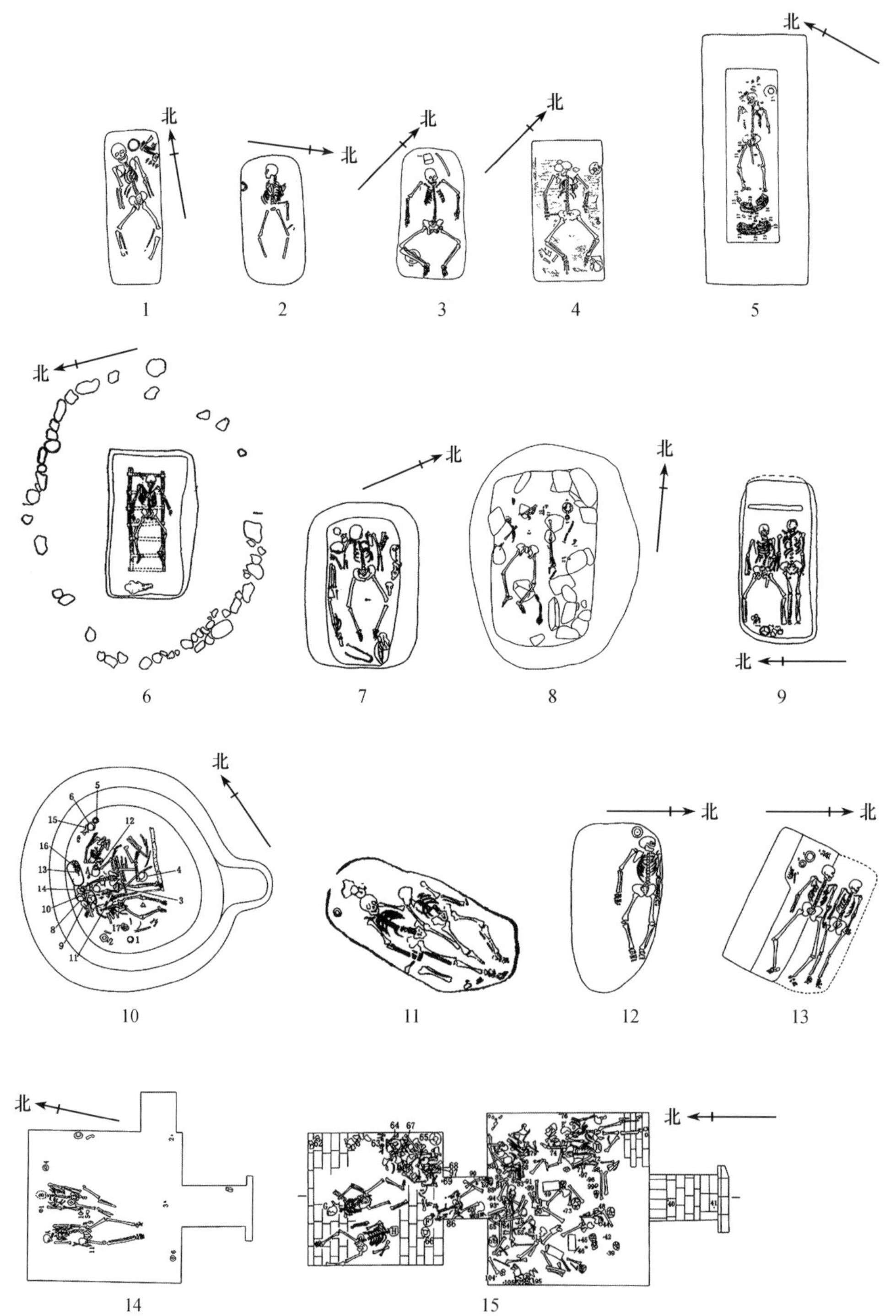

图一　新疆及内蒙古中南部骑马步葬式墓葬

1. 奇仁托海 M159　2. 山口水库 M66　3. 鄯善洋海三号墓地 M360　4. 商都东大井 SDM14　5. 喇嘛洞 M101　6. 察吾乎沟口三号墓地 M8　7. 萨恩萨伊 M115　8. 托背梁 M1　9. 交河故城 M16mj　10. 吉尔赞喀勒 M25　11. 察吾乎沟口二号墓地 M10　12. 穷科克一号墓地 M49　13. 山口水库 M28　14. 友谊路 M13　15. 友谊路 M14

一具呈骑马步（图一，11）[①]。时代大致为春秋中晚期至战国早期。

偏洞室墓如穷科克一号墓地 M49，单人葬，男性墓主[②]（图一，12）。山口水库 M28 为双人葬，男性呈骑马步，女性仰身直肢[③]（图一，13）。可能为萨卡、乌孙时期相关遗存。

砖室墓如友谊路 M13，单室墓，多人多次合葬，室内共 13 具个体，分三层。第一层共 3 具，A 人骨呈骑马步（图一，14）。友谊路 M14 为双室砖室墓，多人多次合葬，后室人骨呈骑马步，属魏晋十六国时期[④]（图一，15）。

二、斯基泰时期骑马步葬式

斯基泰时期一般指公元前 7 ~ 前 3 世纪。该时期人群以活动于乌克兰草原、北高加索库班河下游的斯基泰人为主，此外包括库班河下游的苗特人等。骑马步葬式主要见于公元前 5 ~ 前 3 世纪鼎盛时期的斯基泰墓葬中。包括土洞墓、偏洞室墓、土坑墓、土坯墓、石室墓等墓葬形制。墓葬等级较高，出土铜鍑、双耳瓶、铠甲、矛、镞、装饰品等，地表多有封土，封土下包括中央主墓及环形分布的多座辅墓或葬马坑等。

土洞墓如塔尔斯塔亚古冢（Талстая Могила），封土下有围壕、祭台及两座形制复杂的土洞墓。侧墓洞室内有 5 具人骨，其中 3 具呈骑马步。女性墓主两侧各有一具骑马步男性人骨；洞口封堵三个车轮，旁边有一女性骑马步人骨（图二，1）。时代为公元前 4 ~ 前 3 世纪，属斯基泰帝王墓[⑤]。斯基泰贵族墓如格拉德基夫希娜封堆（Гладківщина），设竖穴墓道，时代为公元前 5 ~ 前 4 世纪[⑥]（图二，2）。类似如杜德恰

---

① 中国社会科学院考古研究所新疆队、新疆巴音郭楞蒙古自治州文管所：《新疆和静县察吾乎沟口二号墓地发掘简报》，《考古》1990 年 6 期，511 ~ 518 页。

② 新疆文物考古研究所：《尼勒克县穷科克一号墓地考古发掘报告》，《新疆文物》2002 年 3 ~ 4 期，13 ~ 53 页。

③ 新疆文物考古研究所：《2005 年度伊犁州巩留县山口水库墓地考古发掘报告》，《新疆文物》2006 年 1 期，1 ~ 40 页。

④ 新疆文物考古研究所：《新疆库车友谊路魏晋十六国墓葬 2010 年发掘报告》，《考古学报》2015 年 4 期，537 ~ 563 页。

⑤ Мозолевский Б. Н. Курган Толстая могила близ г. Орджоникидзе на Ураине (предварительная публикация). Советская археология, 1972, №3, с. 269, 271, 295-298, 301, 304.

⑥ Мінжулін О. І. Реконструкція захисного озброєння скіфського воїна з поховання У ст. до н.е. біля с. Гладківщина // Толочко П. П., Мурзін В. Ю. Золото степу. Археологія України. Київ: Ін-т археології НАНУ, Археологічний музей (Шлезвіг), 1991, с. 135-142.

内 4 号封堆 1 号墓（Дудчаны）[①]（图二，3）等。

偏洞室墓多属男性贵族军士墓，如格拉德基夫希娜 2 号封堆，墓室洞口封石，时代为前 5 世纪[②]（图二,4）。类似如利沃沃 18 号封堆 2 号墓（Львово）[③]（图二,5）、尼古拉耶夫娜Ⅷ号墓地 22 号墓[④]（Николаевна）（图二,6）、奥古兹古冢西 2 号墓（Огуз）[⑤]（图二，7）、罗加奇克Ⅴ号封堆 1 号墓（Рогачик）（图二，8）[⑥]等。

土坑墓包括方室和矩形墓室两类。方室墓规模较大，多分布于德聂斯特河中游、顿河中游等森林草原地带。部分设墓道，如杰维察Ⅴ号墓地 9 号封堆（Девица），使用原木结构葬具。墓室内 4 具人骨，其中 2 号女性人骨呈骑马步[⑦]（图二，9）。多数方室墓无墓道。如佩索钦 8 号封堆 1 号墓（Песочин），使用原木木椁葬具，墓中有 2 具人骨呈骑马步葬式（图二，10）。类似如佩索钦 8 号封堆 2 号墓（图二，11）、佩索钦 9 号封堆（图二，12）、佩索钦 19 号封堆[⑧]（图二，13）、涅杰尔科沃 5 号封堆 2 号墓（Неделково）[⑨]（图二，14）、齐普利耶夫斯基－库特Ⅰ号墓地 7 号封堆 2 号

① Фридман М. И. Скифские курганы у с. Дудчаны на Херсонщине // Шапошникова О. Г. и др. Древнейшие скотоводы степей юга Украины. Киев: Наукова думка, 1987, с. 159-170.

② Григорьев В. П. Захоронение тяжеловооруженного скифского воина у с. Гладковщина // Черненко Е. В. (отв. ред.) Древности скифов. Киев: Института археологии АН Украины, 1994, с. 63-79.

③ Кубышев А. И., Иколова А. В., Полин С. В. Скифские курганы у с. Львово на Херсонщине // Тереножкин А. И. (отв. ред.) Древности Степной Скифии: Сборник научных трудов. Киев: Наукова Думка, 1982, с. 130-140.

④ Мелюкова А. И. Население нижнего поднестровья в Ⅳ-Ⅲ вв. до н.э // Либеров П. Д., Гуляев В. И. Проблемы скифской археологии. Материалы и исследования по археологии СССР, №177, Москва: Наука, 1971, с. 39-54.

⑤ Фиалко Е. Е. Погребальный комплекс кургана Огуз // Черненко Е. В. (ред.) Древности скифов. Киев: Институт археологии, 1994, с. 122-144.

⑥ Фиалко Е. Е. Могилы вооруженных женщин Рогачикского курганного поля // Археологія і давня історія України, 2014, вип. 1 (12), с. 25-39.

⑦ Гуляев В. И., Володин С. А., Шевченко А. А. Донская археологическая экспедиция // https: //www.archaeolog.ru/ru/expeditions/expeditions-2019/donskaya-arkheologicheskaya-ekspeditsiya.

⑧ Бабенко Л. И. Песочинский курганный могильник скифского времени: Монография. Харьков: Райдер, 2005, с. 19-27.

⑨ Редина Е. Ф. Скифский могильник у с. Неделково на севере Одесской области // Stratum plus. 1999, №3, с. 75-80.

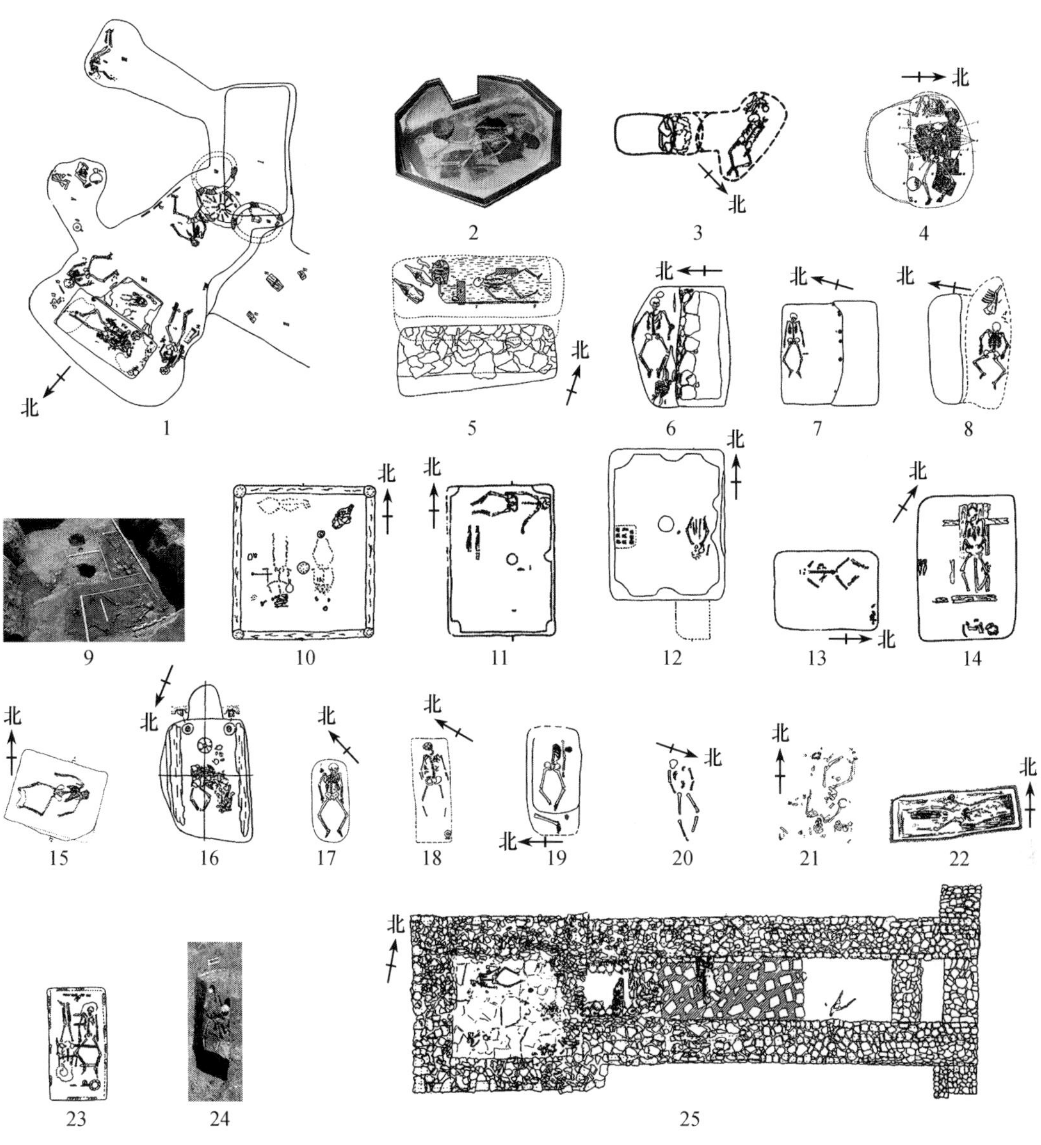

图二 斯基泰时期遗存骑马步葬式

1. 塔尔斯塔亚古冢 2. 格拉德基夫希娜封堆 3. 杜德恰内4号封堆1号墓 4. 格拉德基夫希娜2号封堆 5. 利沃沃18号封堆2号墓 6. 尼古拉耶夫娜Ⅷ号墓地22号墓 7. 奥古兹古冢西2号墓 8. 罗加奇克Ⅴ号封堆1号墓 9. 杰维察Ⅴ号墓地9号封堆 10. 佩索钦8号封堆1号墓 11. 佩索钦8号封堆2号墓 12. 佩索钦9号封堆 13. 佩索钦19号封堆 14. 涅杰尔科沃5号封堆2号墓 15. 齐普利耶夫斯基-库特Ⅰ号墓地7号封堆2号墓 16. 梅德温Ⅲ号组群2号封堆 17. 哈尔切维克1号封堆13号墓 18. 阿尔秋先科2号墓地11号墓 19. 乌达奇诺耶5号封堆3号墓 20. 格瓦尔杰伊斯卡耶1号封堆1号墓 21. 乌利亚普13号封堆1号墓 22. 法纳戈利亚106号墓（1939） 23. 科布里诺韦1号封堆2号墓 24. 沃尔纳-1号墓地348号墓 25. 五兄弟墓群8号古冢

墓（Циплиевский Кут）[①]（图二，15）、梅德温Ⅲ号组群 2 号封堆（Медвин）[②]（图二，16）、旧梅尔奇克 3 号封堆 1 号墓（Старый Мерчик）、小罗戈兹扬卡 2 号封堆（Малая Рогозянка）等[③]。

矩形土坑墓多分布于黑海北岸、克里米亚半岛、顿河下游、德聂斯特河下游及第聂伯河下游等地，随葬品较少，单人葬为主。如哈尔切维克 1 号封堆 13 号墓（Харчевик），封堆下有围壕及 15 座墓葬，13 号墓位于中心[④]（图二，17）。类似如阿尔秋先科 2 号墓地 11 号墓（Артющенко）（图二，18）、阿尔秋先科 2 号墓地 16 号墓[⑤]、乌达奇诺耶 5 号封堆 3 号墓（Удачное）[⑥]（图二,19）、格瓦尔杰伊斯卡耶 1 号封堆 1 号墓（Гвардейское）[⑦]（图二，20）、乌利亚普 13 号封堆 1 号墓（Уляп）（图二，21）、乌利亚普 15 号封堆 4 号墓[⑧]、法纳戈利亚 106 号墓（1939）（Фанагория）[⑨]（图二,22）等。双人葬土坑墓如科布里诺韦 1 号封堆 2 号墓（Кобринове），一具人骨仰身直肢，另一具呈骑马步[⑩]（图二，23）。

土坯墓和石室墓极少见。土坯墓如沃尔纳 -1 号墓地 348 号墓（Волна-1），位于黑

---

① Пьянков А. В. Комплекс кургана 7 могильника Циплиевский кут как новое свидетельство этнокультурных связей населения северо-западного Кавказа в раннескифскую эпоху // Международные отношения в бассейне Чёрного моря в древности и Средние века: СБорник статей материалам XI Международной научной конференции. Ростов-на-Дону, 2006, с. 27-33.

② Ковпаненко Г. Т. Курганы раннескифского времени в бассейне р. Рось. Киев: Наукова думка, 1981, с. 37-44.

③ Бандуровский А. В., Буйнов Ю. В. Курганы скифского времени (северскодонецкий вариант). Киев: ИА НАНУ, 2000, с. 35-39.

④ Либеров П. Д. Курганы у Хутора харчевик. Краткие сообщения Института археологии, вып. XLV, 1952, с. 74-75, 80.

⑤ Кашаев С. В. Некрополь Артющенко-2. Боспорские исследования, вып. XXII, 2009, с. 188-267.

⑥ Болтрик Ю. В., Фиалко Е. Е. Скифские курганы на р. Тащенак в Северо-западном Приазовье // Матеріали та дослідження з археології Східної України. 2009, №10, с. 220-256.

⑦ Копьева Т. А. Исследование курганной группы вблизи поселка Гвардейское в Симферопольском районе Крыма // История и археология Крыма. Вып. V, 2017, с. 34-45.

⑧ Лесков А. М., Беглова Е. А., Ксеиофонтова И. В., Эрлих В. Р. Меоты Закубанья в сер. Ⅵ - нач. Ⅲ вв. до н. э.: Некрополи у аула Уляп: погребальные комплексы. Москва: Наука, 2005, с. 46.

⑨ Завойкин А. А., и др. Позднеархаические погребения на «Южном городе» Фанагории // Кузнецов В. Д. (ред.). Фанагория. Результаты археологических исследований. Том 4. 2016, с. 110-207.

⑩ Ричков М. О. Нові поховання раннього етапу середньодніпровької культури // Археологія, 1995, № 3, с. 147-151.

海北岸塔曼半岛[①]（图二，24）。石室墓如五兄弟墓群8号古冢（«Пять братьев»），位于顿河下游，墓室北壁男性人骨呈骑马步，属斯基泰帝王墓[②]（图二，25）。

三、晚期斯基泰时期骑马步葬式

公元前4世纪晚期，斯基泰衰落，一般认为其人群主体向南迁徙至克里米亚半岛。公元前3～公元3世纪，为晚期斯基泰时期。晚期斯基泰王国定都斯基泰那不勒斯（Неаполь Скифский），其人群主要活动于克里米亚山麓。遗迹包括城址、聚落及墓地。其与希腊、罗马贸易、战争，与博斯普鲁斯王国（Боспорское царство）联姻。经济中农业占重要地位，文化内涵与斯基泰时期关系松散，受希腊－罗马文化、中晚期萨尔马特遗存、早期阿兰遗存，以及少量日耳曼、哥特人等影响。博斯普鲁斯王国主要据克里米亚东端刻赤半岛及亚速海东岸，受希腊、罗马及萨尔马特文化影响，该王国4世纪后半为匈人所灭。

晚期斯基泰时期发现少量骑马步葬式墓葬，多属晚期斯基泰遗存，少量属博斯普鲁斯王国遗存。地表一般无封堆，包括土洞墓、偏洞室墓、土坑墓等形制。有木棺、毡料包裹、树皮铺垫等葬俗，出土希腊－罗马风格陶器、祭祀食物、铁刀、装饰品等。

土洞墓多设竖穴墓道，墓室洞口多封石。如别利乌斯168号墓（Беляус），位于克里米亚半岛，墓室内有3具人骨，北侧Ⅰ号男性人骨呈足交叉葬式，中部Ⅱ号人骨仰身直肢，南侧Ⅲ号女性人骨呈骑马步（图三，1），时代为公元前2世纪末至公元前1世纪初[③]。类似如列瓦德基80号墓（Левадки）[④]（图三，2）。莫洛加2号墓（Мология）为多人葬，其中2具人骨呈骑马步[⑤]（图三，3）。

偏洞室墓如乌斯季－阿利马1054号墓（Усть-Альма），位于克里米亚半岛，洞口封石，室内有相互叠压的3具人骨，1号男性人骨呈骑马步，时代为2～3世纪[⑥]（图

---

① Мимоход Р. А., и др. Некрополь Волна-1 (2017 г.) (Краснодарский край, Таманский полуостров) // Материалы спасательных археологических исследований. том 25, 2018, с. 220-231.

② Шилов В. П. Раскопки Елизаветовского могильника в 1959 г. Советская археология. 1961, №1, с. 150-168.

③ Дашевская О. Д., Михлин Б. Ю. Четыре комплекса с фибулами из Беляусского могильника. Советская археология, 1983, № 3, с. 129, 140-141.

④ Мульд С. А. ИсЧетыре комплекса с фибулами из Белевадки в 2007-2008 гг. // Археологічні дослідження в Україні, 2008, с. 207-209.

⑤ Малюкевич А. В. Мологa — сакральный центр поздних скифов Буджака. Археологія і давня історія України, 2015, вип. 1 (14), с. 333-358.

⑥ Труфанов А. А. Наконечники копий из Усть-Альминского некрополя из Усть-Альминского некрополя. // История и археология Крыма. Вып. Ⅳ, 2016, с. 47-92.

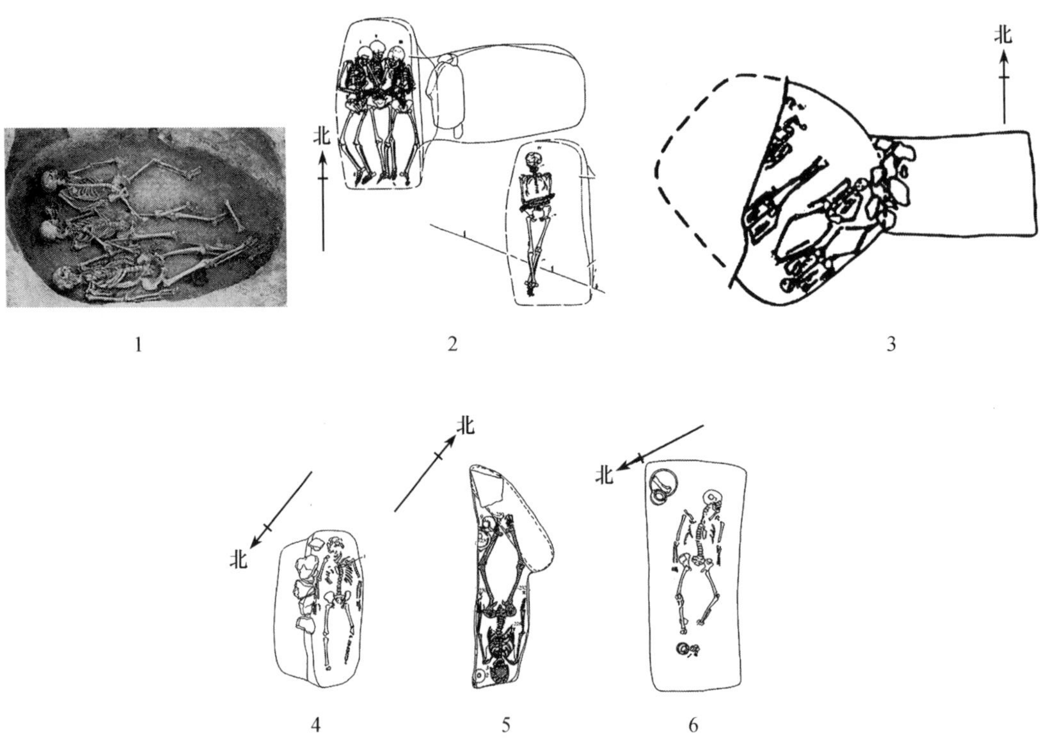

图三　晚期斯基泰时期骑马步葬式

1. 别利乌斯 168 号墓　2. 列瓦德基 80 号墓　3. 莫洛加 2 号墓　4. 乌斯季－阿利马 1054 号墓
5. 法纳戈利亚 60 号墓　6. 乌斯季－阿利马 978 号墓

三，4）。

土坑墓如法纳戈利亚 60 号墓（Фанагория），位于塔曼半岛，女性墓主，属公元前 2 世纪希腊化时期博斯普鲁斯王国遗存①（图三，5）。类似如乌斯季－阿利马 978 号墓（Усть-Альма），女性墓主，属 1 世纪后半晚期斯基泰遗存②（图三，6）。

四、萨夫罗马特－南乌拉尔早期游牧者时期骑马步葬式

该时期主要涉及萨夫罗马特、南乌拉尔早期游牧者文化遗存及普罗霍罗夫卡文化（Прохоровская культура），集中分布于顿河－伏尔加下游河间、南乌拉尔、哈萨克斯坦北部及西北部地区。三种遗存的识别目前存在争议。"萨夫罗马特"作为族群名称始见

① Медведев А. П. Эллинистические погребения Восточного некрополя Фанагории (раскопки 2005-2007 гг.). Российская археология, 2014, №3, с. 123-139.

② Пуздровский А. Е., Труфанов А. А. Полевые исследования Усть-Альминского некрополя в 2008-2014 гг. Симферополь: ИП Бровко А. А., 2016, с. 22-23.

于希腊文献，一般认为其与萨尔马特人群起源有关。公元前5～前4世纪顿河－伏尔加下游河间遗存常称为萨夫罗马特－萨尔马特遗存或早期萨尔马特遗存。后来，俄罗斯及哈萨克斯坦学者认为其应与乌拉尔山西麓地区南部的游牧者遗迹相区分。普罗霍罗夫卡文化核心位于乌拉尔山西麓地区南部，时代大致为公元前4～前2世纪，其与早期萨尔马特遗存常混淆，也有学者认为二者为同一文化。

南乌拉尔该时期墓葬地表多有封堆，封堆下有多座墓葬。骑马步葬式墓葬包括土坑墓、偏洞室墓、土洞墓等形制，墓底常见芦苇等有机物铺垫、白垩铺层以及木担架、木框葬具等，出土武器、献祭食物、铜镜、装饰品等。骑马步葬式以公元前6～前4世纪为主。

土坑墓皆呈矩形，多单人葬。南乌拉尔早期游牧者遗存如菲利普波夫卡2墓地2号封堆6号墓（Филипповка），女性墓主，时代为公元前4世纪末至前3世纪[①]（图四，1）。类似如克雷克－奥巴Ⅱ号墓地18号封堆4号墓（Кырык-Оба），时代为公元前6～前5世纪[②]（图四，2）。普罗霍罗夫卡文化遗存如绍克特巴伊Ⅲ号封堆3号墓（Шоктыбай），位于西哈萨克斯坦，时代为公元前6～前5世纪[③]（图四，3）。萨夫罗马特遗存如比什－乌巴Ⅰ号墓地1号封堆1号墓（Биш-Уба），位于外乌拉尔，时代为公元前6世纪末至公元前5世纪中期[④]（图四，4）。类似如乌瓦克6号封堆1、2号墓（Увак），1号墓为儿童墓，2号墓为成年男性，皆呈骑马步[⑤]（图四，5）。

双人葬土坑墓如奇什梅封堆（Чишмы），女性人骨仰身直肢，男性人骨呈骑马步，属萨夫罗马特遗存，时代为公元前5～前4世纪[⑥]（图四，6）。类似如奥比利金－卢克－1号墓地1号封堆2号墓（Обилькин Луг）[⑦]（图四，7）等。

---

① Рукавишникова И. В., Яблонский Л. Т. Исследование кургана 2 могильника Филипповка 2. Российская археология, 2014, №4, с. 118-133.

② Гуцалов С. Ю. Погребальные сооружения могильника Кырык-Оба Ⅱ в Западном Казахстане // Российская археология, 2010, № 2, с. 51-66.

③ Гуцалов С. Ю. Новые памятники древних кочевников на территории Уральского левобережья. Вопросы истории и археологии Западного Казахстана. Вып. 1, 2002, с. 106-124.

④ Агеев Б.Б., и др. Могильник Биш-Уба I в юго-восточном Зауралье // Уфимский археологический вестник. Вып. 1, 1998, с. 97-115.

⑤ Смирнов К. Ф. Сарматы на Илеке. Москва: издательства “Наука”, 1975, с. 55, 66.

⑥ Матвеева Г. И. Новые Савроматские памятники в Башкирии. Советская археология, 1972, №1, с. 259-261.

⑦ Исмагил Р., Сунгатов Ф. А. Памятники яицкой культуры последней четверти Ⅴ-Ⅳ вв. до н.э. на Южном Урале. Уфа: Белая река, 2013, с. 47.

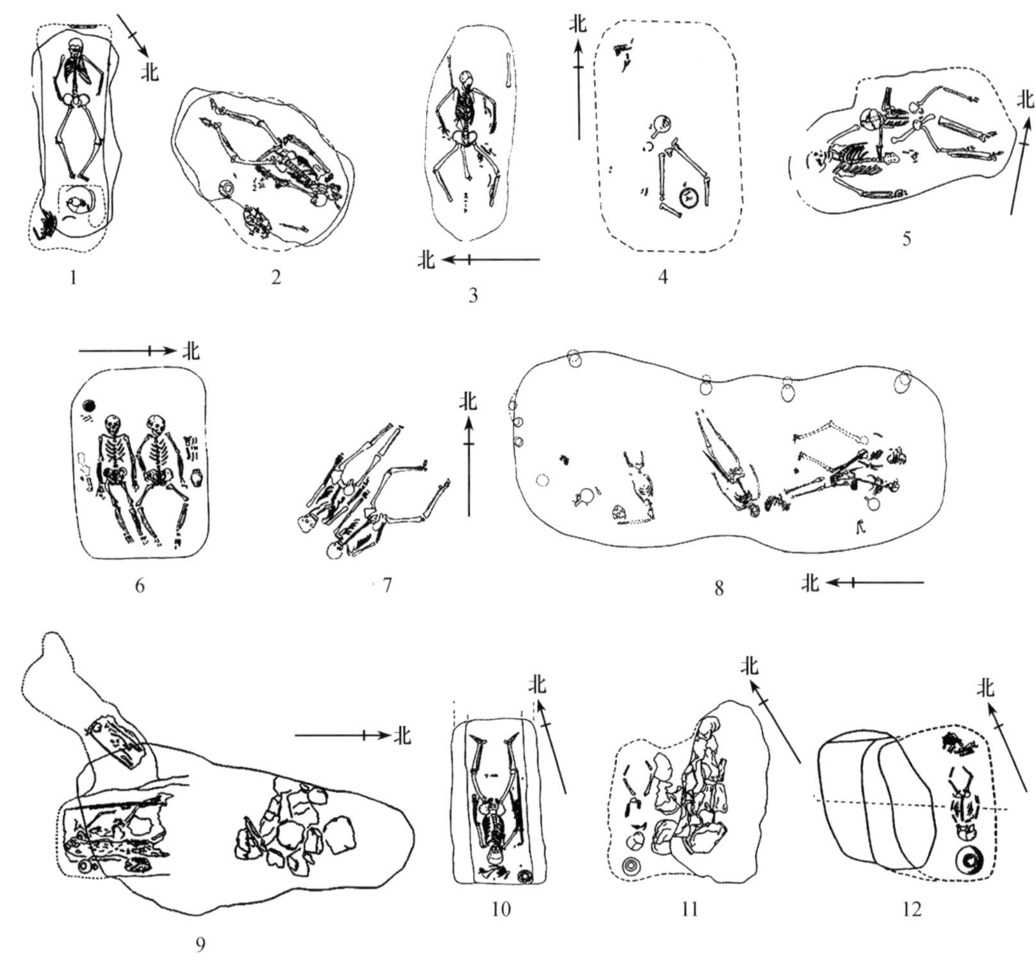

图四　萨夫罗马特－南乌拉尔早期游牧者时期骑马步葬式

1. 菲利普波夫卡 2 墓地 2 号封堆 6 号墓　2. 克雷克－奥巴Ⅱ号墓地 18 号封堆 4 号墓　3. 绍克特巴伊Ⅲ号封堆 3 号墓　4. 比什－乌巴Ⅰ号墓地 1 号封堆 1 号墓　5. 乌瓦克 6 号封堆 1、2 号墓　6. 奇什梅封堆　7. 奥比利金－卢克 -1 号墓地 1 号封堆 2 号墓　8. 萨拉 4 号封堆 1 号墓　9. 萨皮布拉克 4 号封堆 1 号墓　10. 伊列克沙尔Ⅰ号墓地 8 号封堆 3 号墓　11. 萨皮布拉克 4 号封堆 4 号墓　12. 梅切特赛 7 号封堆 13 号墓

多人葬土坑墓极少，如萨拉 4 号封堆 1 号墓（Сара），人骨分两层，其中 4 号人骨呈骑马步，时代为公元前 5～前 4 世纪，属萨夫罗马特、早期普罗霍罗夫卡文化相关遗存[①]（图四，8）。

土洞墓多单人葬竖穴墓道窄室墓。如萨皮布拉克 4 号封堆 1 号墓（Сапибулак），位

① Фёдоров В. К., Васильев В. Н. Уздечный набор с бляхами в виде рыб из кургана № 4 могильника Сара в Восточном Оренбуржье // Вестник ЮУрГУ, 2017, т. 17, №1, с. 54-62.

于西北哈萨克斯坦，时代为公元前6～前4世纪，属南乌拉尔早期游牧者遗存①（图四，9）。类似如伊列克沙尔Ⅰ号墓地8号封堆3号墓（Илекшар）（图四，10）②等。

偏洞室墓多单人葬。如萨皮布拉克4号封堆4号墓（Сапибулак），位于西北哈萨克斯坦，墓主为儿童，属萨夫罗马特、南乌拉尔早期游牧者相关遗存③（图四，11）。类似如梅切特赛7号封堆13号墓（Мечетсай），属普罗霍罗夫卡文化遗存④（图四，12）。

五、萨尔马特骑马步葬式

公元前4～前3世纪，伏尔加河－顿河河间地带的萨夫罗马特遗存及南乌拉尔早期游牧者遗存消失。公元前3世纪萨尔马特人出现于萨夫罗马特故地，并越过顿河向西扩张。公元前3～公元3世纪，萨尔马特联盟东侧与匈奴、康居、乌孙等人群交通，向西占据斯基泰故地并对克里米亚半岛的晚期斯基泰及亚速海东岸的博斯普鲁斯王国产生重要影响。

萨尔马特墓葬多有封堆，封堆下环形分布若干座墓葬。骑马步葬式墓葬包括土坑墓、偏洞室墓、土洞墓等，常见木棺、木板、木担架等葬具，出土铜鍑、陶器、铜镜、武器、箭袋、装饰品等。

土坑墓包括方室和矩形墓。方室墓多单人葬，人骨多对角线放置，也称“对角线墓葬”，多见于南乌拉尔、伏尔加河下游、萨马拉河（Самара，р.）流域、哈萨克斯坦北部⑤，有学者也称该类遗存为苏斯洛夫文化（Сусловская Культура）。如锡多雷25号封堆（Сидоры），男性墓主，时代为2～3世纪⑥（图五，1）。类似采林内Ⅰ号

① Мамедов А. М., Китов Е. П. Погребальный обряд ранних кочевников Верхнего Илека (по материалам могильника Сапибулак) // Известия Национальной академии наук Республики Казахстан. 2015, №6 (304), с. 19-60.

② Гуцалов С. Ю. Новые памятники древних кочевников на территории Уральского левобережья. Вопросы истории и археологии Западного Казахстана. Вып. 1, 2002, с. 106-124.

③ Мамедов А. М., Китов Е. П. Погребальный обряд ранних кочевников Верхнего Илека (по материалам могильника Сапибулак) // Известия Национальной академии наук Республики Казахстан. 2015, №6 (304), с. 19-60.

④ Смирнов К. Ф. Сарматы на Илеке. Москва: издательства “Наука”, 1975, с. 130.

⑤ Железчиков Б. Ф, Пятых Г. Г. Среднесарматские погребения I сорочинского могильника. Советская археология, 1981, №2, с. 275-76.

⑥ Скрипкин А. С., Мамонтов В. И. Об одном новом типе Позднесарматских кинжалов. Советская археология, 1977, №4, с. 285-287.

墓地 93 号封堆（Целинный）[①]（图五，2）、新尼科利斯科耶Ⅰ号墓地 9 号封堆 2 号墓（Новоникольское）[②]（图五,3）等。亚速 3 号封堆 2 号墓（Азов）[③]（图五,4）及新切尔卡斯克封堆（Новочеркасск）[④]（图五,5）墓主为女性，随葬铜鍑等豪华器物。少数方室土坑墓置墓道，如萨卡尔－恰加Ⅰ号墓 44 号墓（Сакар-чага），位于阿姆河左岸，人骨分三层，其中第二层一具男性人骨呈骑马步，时代约为公元前 1 世纪前半至公元 2 世纪[⑤]（图五，6）。

矩形土坑墓多单人葬。如卡利诺夫卡 6 号封堆 5 号墓（Калиновка），男性墓主，时代为公元前 1 ~ 公元 1 世纪[⑥]（图五，7）。类似如塔纳别尔根Ⅱ号墓地 11 号封堆 2 号墓（Танаберген）[⑦]（图五，8）、扎帕坚斯基 1 号封堆 13 号墓（Западенский）[⑧]（图五，9）、萨皮布拉克 9 号封堆（Сапибулак）[⑨]（图五，10）、卡努科沃 1 号封堆 5 号墓

---

① Гуцалов С. Ю. К проблеме стыка Прохоровской и Сусловской культур в степях Южного Урала // Клепиков В. М. (ред.). Раннесарматская и среднесарматская культуры: проблемы соотношения: Материалы семинара Центра изучения истории и культуры сарматов. Вып. I. Волгоград: Волгоградское научное издательство, 2006, с. 69-88.

② Шилов В. П. Очерки по истории древних племен нижнего Поволжья. Ленинград: Наука, 1975, с. 29.

③ Максименко В. Е. Савроматы и сарматы на Нижнем Дону. Ростов-на-Дону: Издательство Ростовского университета, 1983, рис. 26-1.

④ Смирнов К. Ф. Сарматы и утверждение их политического господства в Скифии. Москва: Издательство «Наука», 1984, с. 73-75.

⑤ Яблонский Л. Т. Многоактные захоронения в подземных склепах присарыкамышья эпохи железа // Уфимский археологический вестник, вып. 1, Уфа: Издатель Национальный Музей Республики Башкортостан, 1998, с. 8, 19.

⑥ Шилов В. П. Калиновский курганный могильник // Древности нижнего поволжья (Итоги работ Сталинградской археологической экспедиции). Материалы и исследования по археологии СССР, №60, 1959, с. 323-594.

⑦ Гуцалов С. Ю. К проблеме стыка Прохоровской и Сусловской культур в степях Южного Урала // Клепиков В. М. (ред.). Раннесарматская и среднесарматская культуры: проблемы соотношения: Материалы семинара Центра изучения истории и культуры сарматов. Вып. I. Волгоград: Волгоградское научное издательство, 2006, с. 70, 72-74.

⑧ Глебов В. П. Погребальная обрядность раннесарматской культуры Нижнего Подонья Ⅱ - Ⅰ вв. до н.э // Погребальный обряд ранних кочевников Евразии. Выпуск Ⅲ. Ростов-на-Дону, 2011, с. 63-87.

⑨ Мамедов А. М., Китов Е. П. Погребальный обряд ранних кочевников Верхнего Илека (по материалам могильника Сапибулак) // Известия Национальной академии наук Республики Казахстан. 2015, №6 (304), с. 19-60.

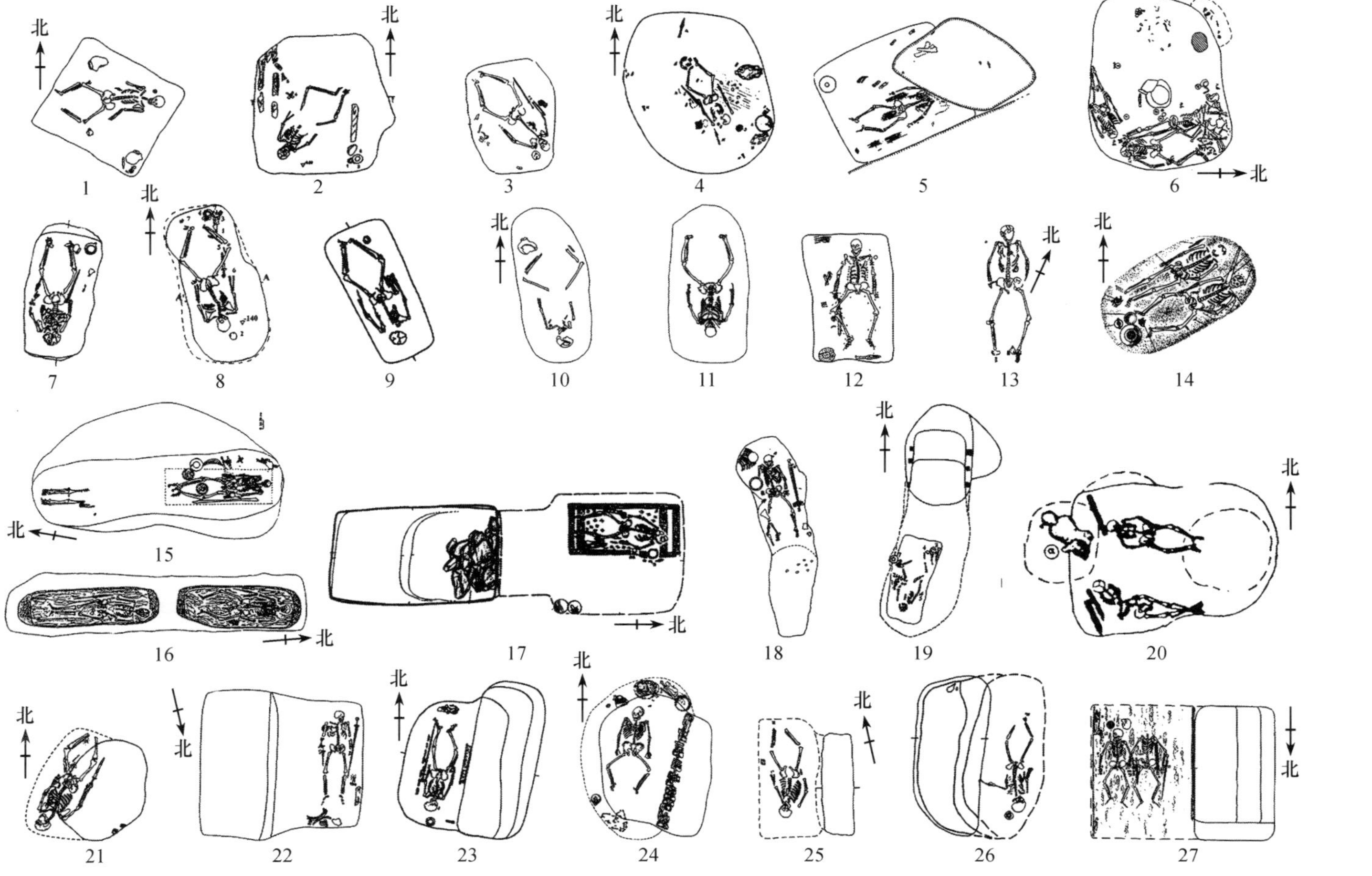

图五　萨尔马特骑马步葬式墓葬

1. 锡多雷25号封堆　2. 采林内Ⅰ号墓地93号封堆　3. 新尼科利斯科耶Ⅰ号墓地9号封堆2号墓　4. 亚速3号封堆2号墓　5. 新切尔卡斯克封堆　6. 萨卡尔－恰加Ⅰ号墓44号墓　7. 卡利诺夫卡6号封堆5号墓　8. 塔纳别尔根Ⅱ号墓地11号封堆2号墓　9. 扎帕坚斯基1号封堆13号墓　10. 萨皮布拉克9号封堆　11. 卡努科沃1号封堆5号墓　12. 卡拉－苏Ⅰ号墓地7号封堆3号墓　13. 波波瓦30/6号封堆2号墓　14. 汉卡拉城65号墓　15. 沃洛达尔卡Ⅰ号墓地4号封堆　16. 皮萨列夫卡Ⅱ号墓地6号封堆1-2墓　17. 波罗吉1号封堆1号墓　18. 新尼科利斯科耶Ⅰ号墓地3号封堆3号墓　19. 茹托沃27号封堆2号墓　20. 瑙尔祖姆Ⅳ号墓地1号封堆　21. 茹拉夫利哈Ⅰ号墓地1号封堆12号墓　22. 上波格罗姆诺耶7号封堆6号墓　23. 波利托特杰利斯科耶20号封堆10号墓　24. 奥洛涅什特封堆　25. 列别杰夫卡Ⅵ号墓地15号封堆　26. 下格尼洛夫斯科伊94号墓　27. 别洛卡缅卡－Ⅱ号墓地7号封堆3号墓

（Кануково）[①]（图五，11）、卡拉－苏Ⅰ号墓地 7 号封堆 3 号墓（Кара-Су）[②]（图五，12）、波波瓦 30/6 号封堆 2 号墓[③]（Попова）（图五，13）等。

双人葬矩形土坑墓葬俗较多样。如汉卡拉城 65 号墓（Ханкала），位于北高加索，一具人骨仰身直肢，另一具呈骑马步，时代约为公元前 2～公元 1 世纪[④]（图五，14）。沃洛达尔卡Ⅰ号墓地 4 号封堆（Володарка），位于西哈萨克斯坦，两具人骨水平横置，一具人骨仰身直肢，另一具呈骑马步，时代为公元前 2～前 1 世纪[⑤]（图五，15）。类似如皮萨列夫卡Ⅱ号墓地 6 号封堆 1-2 墓（Писаревка）（图五，16）[⑥]等。

土洞墓皆设竖穴墓道，多单人葬，随葬品丰富，等级较高，墓主多为军士。少数规模极大，如波罗吉 1 号封堆 1 号墓（Пороги），位于黑海西北部，墓室洞口封石，男性墓主，使用石葬具，随葬豪华器物，时代约为 1 世纪[⑦]（图五，17）。高等级军士墓如新尼科利斯科耶Ⅰ号墓地 3 号封堆 3 号墓（Новоникольское），位于伏尔加河下游左岸，男性墓主[⑧]（图五，18）。类似如茹托沃 27 号封堆 2 号墓（Жутово）（图五，19）[⑨]等。多人葬土洞墓较少，如瑙尔祖姆Ⅳ号墓地 1 号封堆（Наурзум），位于北哈萨克斯坦，时代为公元前 4～前 2 世纪[⑩]（图五，20）。

---

① Кольцов П. М., Градлев Д. А. Погребения раннего железного века курганной группы Кануково // Вестник Прикаспия: археология, история, этнология. №6, 2016, с. 58-68.

② Кушаев Г. А. Новые памятники железного века Западного Казахстана. Краткие сообщения Института археологии, вып. 154, с. 77-78, 82.

③ Столяр А. Д. Раскопки курганов хут. Попова в 1950-1951 гг // Артамонов М. И. (отв. ред.) Труды Волго-Донской археологической экспедиции. Том 1. Материалы и исследования по археологии СССР, №62, М.-Л.: Изд-во АН СССР, 1958, с. 348-416.

④ Петренко В. А. Об одной из разновидностей Сарматской культовой посуды на Среднем Тереке. Советская археология, 1980, №1, с. 275-283.

⑤ Гуцалов С. Ю. Некоторые материалы из раскопок Г. А. Кушаева на территории Уральского левобережья // Уфимский археологический вестник. Вып. 11, 2011, с. 16-27.

⑥ Скрипкин А. С. О Восточных связях Сарматов во Ⅱ-Ⅰ вв. до н. э // Уфимский археологический вестник. Вып. 14, с. 218-222.

⑦ Симоненко А. В, Лобай Б. И. Сарматы Северо-Западного Причерноморья в I в.н.э. Киев: Наукова думка, 1991, с. 6.

⑧ Шилов В. П. Очерки по истории древних племен нижнего Поволжья. Ленинград: Наука, 1975, с. 5-6, 10.

⑨ Скрипкин А. С., Шинкарь О. А. Жутовский курган № 27 Сарматского времени в Волго-Донском междуречье // Российская Археология, 2010, №1, с. 125-137.

⑩ Хабдулина М. К. Степное Приишимье в эпоху раннего железа. Алматы: Гылым, 1994, с. 25.

偏洞室墓多单人葬，等级较高，墓主多为军士。如茹拉夫利哈Ⅰ号墓地1号封堆12号墓（Журавлиха），位于南乌拉尔，墓道填土中有动物头骨，男性墓主，时代为公元前3～前2世纪[①]（图五，21）。类似如上波格罗姆诺耶7号封堆6号墓（Верхнее Погромное）[②]（图五，22）、波利托特杰利斯科耶20号封堆10号墓（Политотдельское）[③]（图，23）、奥洛涅什特封堆（Олонешты）[④]（图五，24）、列别杰夫卡Ⅵ号墓地15号封堆（Лебедевка）[⑤]（图五，25）等。下格尼洛夫斯科伊94号墓（Нижне-Гниловской）位于顿河下游，可能为受萨尔马特文化影响的苗特人遗存，时代为1～2世纪[⑥]（图五，26）。双人葬偏洞室墓较少，如别洛卡缅卡－Ⅱ号墓地7号封堆3号墓（Белокаменка），位于伏尔加河下游，墓底内侧为少女，外侧为老年男性，皆呈骑马步，时代为公元前2～前1世纪[⑦]（图五，27）。

六、萨卡相关遗存骑马步葬式

萨卡时期骑马步葬式集中于锡尔河－阿姆河流域。包括窄长墓道土坑墓和竖穴土坑墓。墓葬地表多有封堆，封堆下多单个墓葬，多使用原木立体框架葬具，常见芦苇铺垫、铺盖及火葬习俗，出土陶器、武器、马具、装饰品等。

窄长墓道土坑墓多单人葬。如塔吉斯肯61号墓（Тагискен），墓道长9米，墓室平

---

① Кузнецов П. Ф., Мышкин В. Н. Исследование могильника Журавлиха I // Нижневолжский археологический вестник. вып.6. Волгоград, 2003, с. 142, 145, 164.

② Мордвинцева В. И., Шинкарь О. А. Сарматские парадные мечи из фондов Волгоградского областного краеведческого музея // Нижневолжский археологический вестник. Вып. 2, 1999, с. 138-139.

③ Смирнов К. Ф. Курганы у сел Иловатка и Политотдельское Сталинградской области // Древности нижнего поволжья (Итоги работ Сталинградской археологической экспедиции). Материалы и исследования по археологии СССР, №60, 1959, с. 206-322.

④ Мелюкова А. И. Сарматское погребение из кургана у с. Олонешты (Молдавская ССР). Советская археология, 1962, №1, с. 195, 207-208; Сулимирский Т. Сарматы. Древний народ юга России. Москва: ЗАО Центрполиграф, 2008, с. 132-133.

⑤ Железчиков Б. Ф. и др. Древности Лебедевки (Ⅵ-Ⅱ вв. до н.э.). Москва: Восточная литература, 2006, с. 8, 23, 37.

⑥ Гугуев В. К. Структура ритуала некрополей Донских Меотов (о роли Сарматов в формировании населения городищ) // Вестник Танаиса, вып. 4, 2017, с. 128-148.

⑦ Мордвинцева В. И., Шинкарь О. А. Сарматские парадные мечи из фондов Волгоградского областного краеведческого музея // Нижневолжский археологический вестник. Вып. 2, 1999, с. 138-148.

面近方形，墓底四角有原木葬具柱洞及芦苇铺垫，属萨卡－玛萨革泰相关遗存，时代为公元前 7～前 6 世纪[①]（图六，1）。类似如南塔吉斯肯 53 号封堆（Южный Тагискен）（图六，2）[②]、塔吉斯肯 54 号封堆（Тагискен）[③]（图六，3）等。

竖穴土坑墓分方形和矩形墓室两类。方室墓如维加拉克 44 号封堆（Уйгарак），墓底部有柱洞，残存原木框架葬具，人骨铺盖芦苇，时代为公元前 7～前 6 世纪，属咸海萨卡人遗存（图六，4）。类似如维加拉克 33 号封堆（图六，5）、维加拉克 22 号封堆（图六，6）等。维加拉克 42 号封堆，墓底有两具人骨，皆呈骑马步[④]（图六，7）。

矩形土坑墓较少，如巴扎尔－卡拉城 7 号墓（Базар-кала），位于花拉子模附近，时代大致为公元前 5～前 3 世纪[⑤]（图六，8）。类似如巴扎尔－卡拉城 5 号、22 号墓和维加

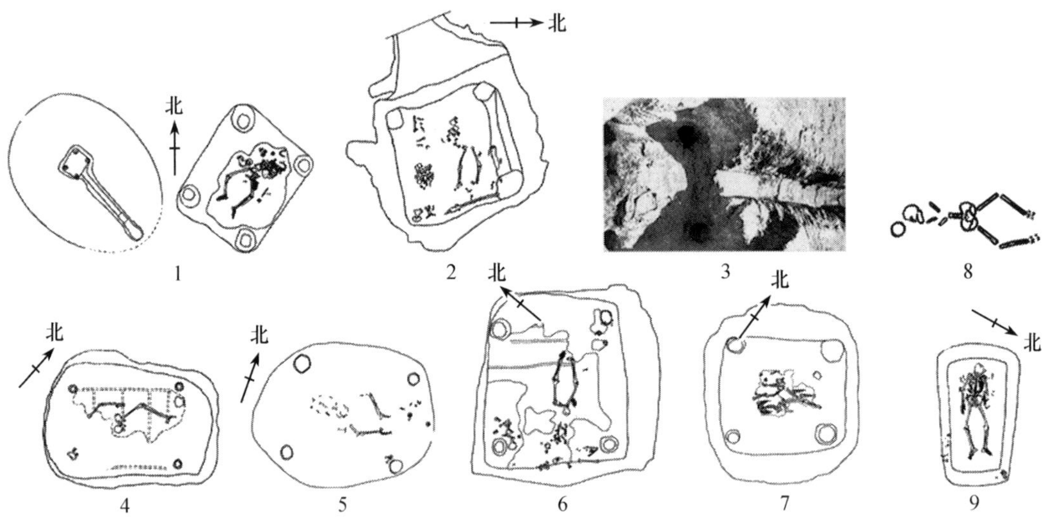

图六　萨卡相关遗存骑马步葬式墓葬

1. 塔吉斯肯 61 号墓　2. 南塔吉斯肯 53 号封堆　3. 塔吉斯肯 54 号封堆　4. 维加拉克 44 号封堆　5. 维加拉克 33 号封堆　6. 维加拉克 22 号封堆　7. 维加拉克 42 号封堆　8. 巴扎尔－卡拉城 7 号墓　9. 维加拉克 16 号封堆

---

① Толстов С. П. Итина М. А. Саки низовьев Сыр-Дарьи (по материалам Тагискена). Советская археология, 1966, №2, с. 152, 165-166, 175.

② Итина М. А., Яблонский Л. Т. Саки Нижней Сырдарьи (по материалам могильника Южный Тагискен). Москва: Российская политическая энциклопедия (РОССПЭН), 1997, с. 22-26.

③ Толстов С. П. Результаты историко-археологических исследований 1961 г. на Древних Руслах Сыр-Дарьи (в связи с проблемой их освоения). Советская археология, 1962, №4, с. 124-148.

④ Вишневская О. А. Культура сакских племен низовьев Сырдарьи в Ⅶ —Ⅴвв. до н. э. по материалам Уйгарака. Москва: Наука, 1973, с. 8, 28, 35-37, 64, 67.

⑤ Гудкова Л. В., Манылов Ю. П. Могилник у городища Базар-Кала // Итина М. А. и др. (ред.) Культура и искусство древнего Хорезма. Москва, «Наука», 1981, с. 154-169.

拉克 16 号封堆（Уйгарак）[①]（图六，9）等。

七、康居－乌孙时期骑马步葬式

康居－乌孙时期骑马步葬式主要见于南哈萨克斯坦、塔什干绿洲、费尔干纳盆地、阿富汗北部等地，涉及康居、乌孙、阿雷西文化（Арысская культура）、朱恩文化（Джунская культура）等人群，包括土洞墓、偏洞室墓、土坑墓等墓葬形制。洞室墓地表多有土封堆，偏洞室墓和土坑墓地表多有石封堆，封堆下多为单个墓葬，出土陶器、装饰品、献祭食物，少量武器等。

土洞墓包括方室、矩形墓室两类。方室土洞墓多见于南哈萨克斯坦塔什干绿洲，多属阿雷西文化，多设长斜坡墓道，洞口多封土坯，皆为多人葬，时代约为公元前 1 ~ 公元 4 世纪。如库利托别 24 号封堆（Культобе），墓室内有 6 具人骨，2 号女性及 3 号男性人骨呈骑马步[②]（图七，1）。类似如库利托别 25 号封堆[③]（图七，2）、博里扎尔 18 号封堆（Борижар）[④]（图七，3）等。汉吉兹封堆（Хангиз）位于费尔干纳盆地，设竖穴墓道，双人葬，一具仰身直肢，另一具呈骑马步，属乌孙时期遗存[⑤]（图七，4）。

矩形墓室土洞墓，如凯拉加奇 17 号封堆（Кайрагач），位于费尔干纳盆地，设长斜坡墓道，时代为 1 ~ 3 世纪，可能为康居相关遗存[⑥]（图七，5）。朱恩 12 号封堆（Джун），位于塔什干绿洲，设竖穴墓道，墓室内有 4 具人骨，其中 2 具呈骑马步葬式，

---

① Толстов С. П. Результаты историко-археологических исследований 1961 г. на Древних Руслах Сыр-Дарьи (в связи с проблемой их освоения). Советская археология, 1962, №4, с. 124-148.

② Подушкин А. Н. Катакомбы арысской культуры Южного Казахстана: коллективные погребения могильников Культобе и Кылышжар (Ⅱ в. до н. э.-Ⅲ в. н. э.) // Культуры степной Евразии и их взаимодействие с древними цивилизациями. Книга 2. Санкт-Петербург: ИИМК РАН, «Периферия», 2012, с. 489.

③ Подушкин А. Н. Коллективные погребения в катакомбах арысской культуры (по материалам могильника Культобе) // Тәуелсіздік кезеңіндегі Қазақстан археологиясы: қорытындылары мен келешегі, Том Ⅱ, 2011, с. 97-104. 阿雷西文化体质人类学材料，并没有综合研究和出版，А. Н. Подушкин 文中使用材料是初步成果，由 О. И. Исмагулова, А. О. Исмагуловой, Н. Н. Миклухо-Маклая РАН, Е. П. Китова 2011 年提供。

④ Ержигитова А. А. Вклад Б. Нурмуханбетова в исследование погребальных памятников Южного Казахстана // Вопросы археологии Казахстана. Вып. 3. Сборник научных статей, Алматы, 2011, с. 106-118.

⑤ Рыбаков Б. А. Степная полоса Азиатской части СССР в скифо-сарматское время // Археология СССР, Том 10, Москва: Наука, 1992, с. 92.

⑥ Брыкина Г. А. Могильник кайрагач в Южной Киргизии. Краткие сообщения Института археологии, вып. 170, 1981, с. 118-125.

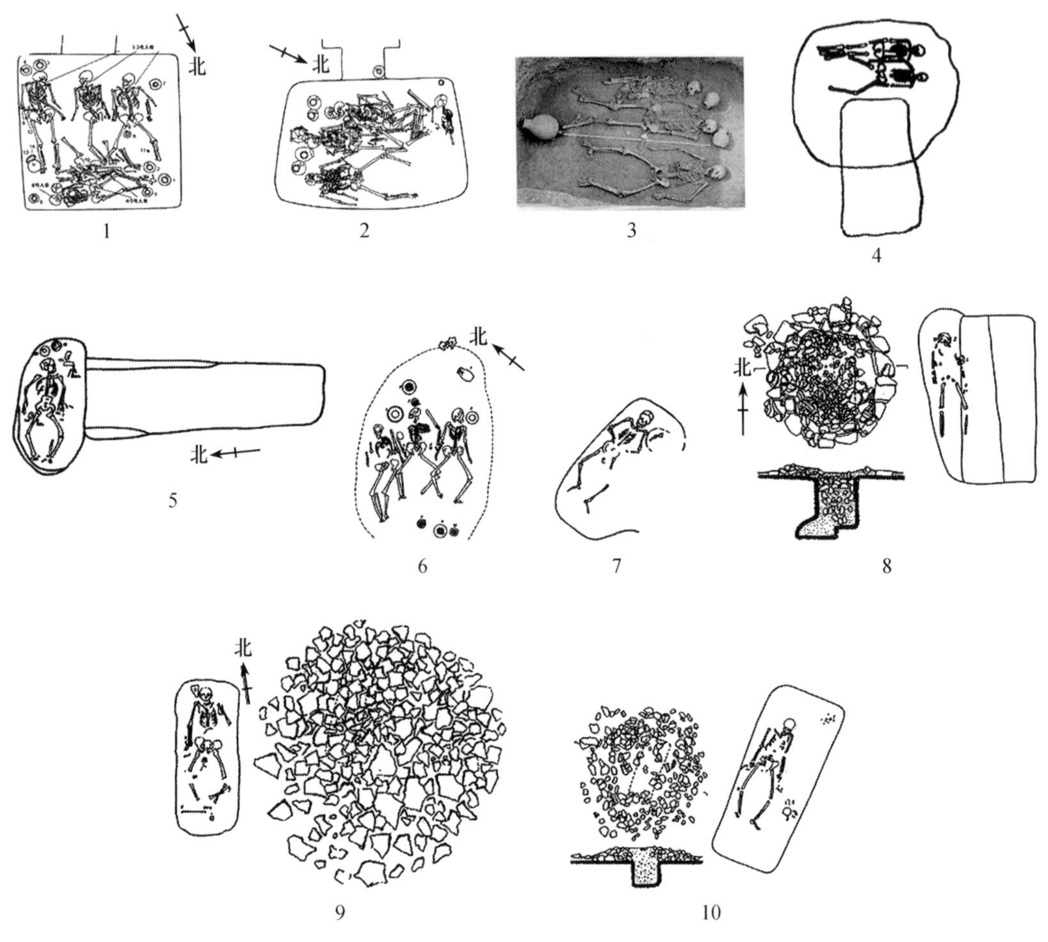

图七　康居－乌孙时期骑马步葬俗墓葬

1. 库利托别 24 号封堆　2. 库利托别 25 号封堆　3. 博里扎尔 18 号封堆　4. 汉吉兹封堆　5. 凯拉加奇 17 号封堆　6. 朱恩 12 号封堆　7. 锡尔利拜封堆 3 号墓　8. 巴巴绍夫XIV号墓园 26 号墓　9. 吉杰利布拉克 -1 号墓地 2 号封堆　10. 巴巴绍夫XIII号墓园 4 号墓

时代为 2～3 世纪，属朱恩文化遗存①（图七，6）。

偏洞室墓多单人葬，如锡尔利拜封堆 3 号墓（Сирлибай），位于乌兹别克斯坦，时代为公元前 1～公元 1 世纪②（图七，7）。类似如巴巴绍夫XIV号墓园 26 号墓（Бабашов），位于阿富汗北部，男性墓主，时代为公元前 1～公元 2 世纪③（图七,8）等。

土坑墓如吉杰利布拉克 -1 号墓地 2 号封堆（Джиделибулак），位于咸海西岸，单

① Оболдуева Т. Г. Курганы на арыке Джун. Советская археология, 1988, №4, с. 157-168.

② Иваницкий И. Д., Иневаткина О. Н. Раскопки кургана Сирлибайтепе // История материальной культуры Узбекистана. 1988, вып. 22, с. 44-59.

③ Мандельштам А. М. Памятники кочевников кушанского времени в Северной Бактрии. Ленинград: Наука, 1975: 64-130.

人葬，时代为 4 世纪，可能为萨尔马特 - 阿兰相关遗存[①]（图七，9）。类似如巴巴绍夫 XIII 号墓园 4 号墓（Бабашов）[②]（图七，10）等。

八、萨卡至鲜卑时期骑马步式及欧亚草原人群关系

经前述分析，萨卡至鲜卑时期骑马步葬式几乎皆分布于欧亚草原西部，大致上可分为 7 个组群进行讨论。A- 萨卡组群；B- 南乌拉尔组群；C- 斯基泰组群；D- 萨尔马特组群，包括少量苗特等人群遗存；E- 晚期斯基泰组群，包括博斯普鲁斯王国部分人群遗存；F- 康居 - 乌孙组群，包括大夏灭亡后的部分人群遗存。

表一　萨卡至鲜卑时期骑马步葬式各组群墓葬形制表（一）

组 时期	A- 萨卡组群	B- 南乌拉尔组群	C- 斯基泰组群	D- 萨尔马特组群	E- 晚期斯基泰组群	F- 康居 - 乌孙组群	中国 境内
前 7							
前 6							
前 5							
前 4							
前 3							
前 2							
前 1							
公元 1							
公元 2							
公元 3							
公元 4							
公元 5							

如表一所示，该葬式方形土坑墓可能于公元前 7 ~ 前 6 世纪最早出现于 A- 萨卡组

① Ягодин В. Н. Курганный могильник Джиделибулак-1 на Устюрте // История материальной культуры Узбекистана, вып. 30, 1999, с. 110-122. 报告认为其与伏尔加河下游和南乌拉尔萨尔马特遗存葬制葬俗类似，属萨尔马特 - 阿兰遗存。本文将其归入康居 - 乌孙时期遗存。

② Мандельштам А. М. Памятники кочевников кушанского времени в Северной Бактрии. Ленинград: Наука, 1975: 64-130.

群；公元前5～前4世纪发展至C-斯基泰组群；公元前4世纪出现于D-萨尔马特组群中的早期遗存，并于1～3世纪广泛存在于D组群。该葬式矩形土坑墓可能于公元前6世纪最早出现于B-南乌拉尔组群，并于公元前5～前4世纪发展出双人葬及多人葬类型，同时可能影响A-萨卡组群、C-斯基泰组群及D-萨尔马特组群中的早期遗存；公元前3～公元3世纪，广泛见于D-萨尔马特组群，少量见于E-晚期斯基泰组群；1～5世纪，见于F-康居－乌孙组群及中国境内。

方形土坑墓设墓道及使用原木葬具现象于公元前7～前6世纪始见于A-萨卡组群，公元前5～前4世纪见于C-斯基泰组群及新疆帕米尔高原。双人葬土坑墓中，一人呈仰身直肢，另一人呈骑马步的现象，于公元前5～前4世纪始见于B-南乌拉尔组群，后见于C-斯基泰组群、D-萨尔马特组群及新疆伊犁河流域及吐鲁番地区。D-萨尔马特特组群发展出横置木棺双人葬。F-康居－乌孙组群发展出石封堆墓葬。

表二　萨卡至鲜卑时期骑马步葬式各组群墓葬形制表（二）

组 时期	B- 南乌拉尔组群	C- 斯基泰组群	D- 萨尔马特组群	E- 晚期斯基泰组群	F- 康居－乌孙组群	中国境内
前6						
前5						
前4						
前3						
前2						
前1						
公元1						
公元2						
公元3						
公元4						
公元5						

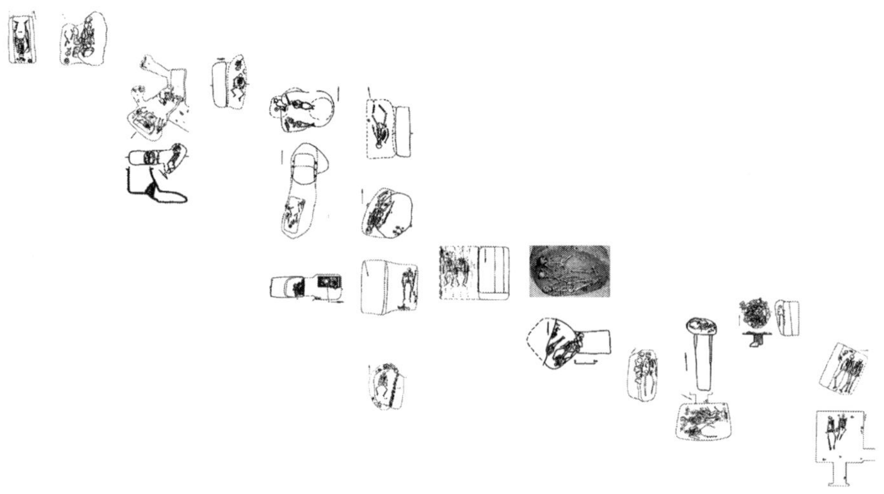

如表二所示，该葬式土洞墓、偏洞室墓最早于公元前6世纪出现于B-南乌拉尔组群；公元前5～前4世纪在C-斯基泰组群中广泛分布；公元前4～公元3世纪，常见于D-萨尔马特组群；公元前2～公元3世纪，少量见于E-晚期斯基泰组群；公元前1～公元5世纪，见于F-康居－乌孙组群和中国新疆地区。

该葬式洞室墓、偏洞室墓在C-斯基泰组群中类型最丰富、墓葬等级最高，多单人葬或多人葬。在D-萨尔马特组群中数量巨大，以单人葬、双人葬为主。E-晚期斯基泰组群中发展出方室土洞墓。F-康居－乌孙组群中可见方室土洞墓，并出现石封堆类型偏洞室墓。

依墓葬形制及时代，中国境内骑马步葬式墓葬大致可分为三部分。帕米尔高原公元前 5 世纪吉尔赞喀勒 M25 类带墓道方室土坑墓可归入咸海地区 A- 萨卡组群；新疆伊犁河流域及吐鲁番附近萨卡－乌孙时期、汉晋－十六国时期该葬式墓葬可归入塔什干绿洲－费尔干纳盆地 F- 康居－乌孙组群；内蒙古中南部及辽西该葬式墓葬独立为新组群——G- 鲜卑组群。

由此，如图八所示，A ~ G 组群骑马步墓葬可分为两个时期。

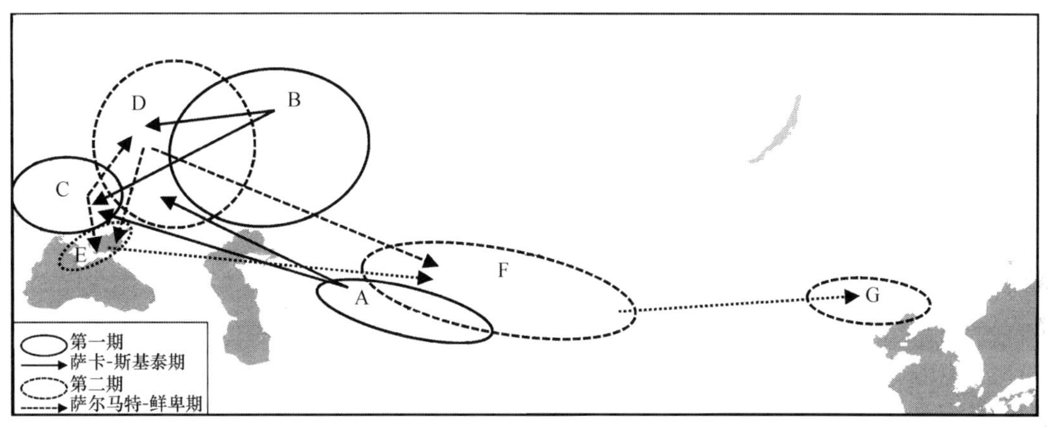

图八　萨卡至鲜卑时期骑马步葬式组群关系示意图

第一期：萨卡－斯基泰期。骑马步葬式主要自东向西，局部向南发展。①方室土坑墓由 A- 萨卡组群向西发展至 C- 斯基泰组群和 D- 萨尔马特组群中的早期遗存；②矩形土坑墓由 B- 南乌拉尔组群向西、向南发展至 C- 斯基泰组群、D- 萨尔马特组群中的早期遗存及 A- 萨卡组群；③土洞墓、偏洞室墓由 B- 南乌拉尔组群向西发展至 C- 斯基泰组群和 D- 萨尔马特组群。

第二期：萨尔马特－鲜卑期。骑马步葬式主要自西向东，局部向南发展。①土坑墓、土洞墓、偏洞室墓由 C- 斯基泰组群和 D- 萨尔马特组群向南发展至 E- 晚期斯基泰组群；②土坑墓、偏洞室由 D- 萨尔马特组群向东、向南发展至 F- 康居－乌孙组群；③方室土洞墓、土坑墓由 E- 晚期斯基泰组群向东发展至 F- 康居－乌孙组群；④土坑墓由 F- 康居－乌孙组群向东发展至 G- 鲜卑组群。

总体而言，A- 萨卡组群和 B- 南乌拉尔组群应该是骑马步葬式发源地。B- 南乌拉尔组群、C- 斯基泰组群、D- 萨尔马特组群该葬式数量多、墓葬形制丰富，且多见于高等级墓葬。E- 晚期斯基泰组群、F- 康居－乌孙组群及 G- 鲜卑组群是该葬式的晚期形式。

有学者认为墓主腿呈菱形是自然倒向两侧的原因[①]。如 A. H. 波杜什金（Подушкин, A. H.）认为：南哈萨克斯坦阿雷西文化库利托别墓地所谓的“骑马步”与游牧民族完

① Барынкин П. П., и др. Исследование курганов эпохи бронзы у пос. Подлесный на р.Самаре // Вопросы археологии Поволжья. Вып.4. Самара, 2006, с. 295.

全没有关系，其只证明死者局限于墓室空间，仰身膝部弯曲放置，最终向两侧“散开”，是自然腐烂的结果①。值得注意的是该葬式极少见于游牧程度极高的突厥、蒙元时期，青铜时代其见于伏尔加河流域、乌克兰草原等地定居人群遗存中。虽然不排除骑马步葬式可能为自然倒落或疾病等原因，但考虑到萨卡至鲜卑时期，上述欧亚草原人群考古学文化的紧密关系，“骑马步”应视为一种有特殊意义和标识的葬式，其与墓主生前长期骑马及游牧生计方式关系不大。这种葬式也是我们探讨萨卡与新疆早期铁器时代遗存关系，斯基泰起源，康居－乌孙与晚期斯基泰及萨尔马特人群关系，以及晚期斯基泰、萨尔马特、康居－乌孙与鲜卑人群关系的重要线索。

附记：本文是国家社科基金一般项目“欧亚草原铜鍑的流布及其族群背景研究”（21BKG044）成果。

The “Horse Riding” Burial Rite Found in China and Its Connections with Peoples Living in Western Eurasian Steppes from Saka to Xianbei Period

Ma Yan

Abstract: Several “Horse-Riding” Burials have been found in China between the Saka and Xianbei Periods. This particular burial style is widely found in the remains of western Eurasian steppe communities. Discussing this site's characteristics, distribution, dates, and other aspects is an essential clue to understanding the history, culture, and interaction of the steppe groups involved in this period. It is also a perspective for exploring specific issues such as the relationship between Saka, and Early Iron Age remains in Xinjiang, Scythian origins, Kanju-Wusun relations with Late Scythian and Sarmatian groups, and Late Scythian, Sarmatian, Kanju-Wusun relations with Xianbei groups.

Keywords: “Horse Riding” Burial Rite; Saka; Scythians; Sarmatians; Xianbei

---

① Подушкин А. Н. Коллективные погребения в катакомбах арысской культуры (по материалам могильника Культобе) // Тәуелсіздік кезеңіндегі Қазақстан археологиясы: қорытындылары мен келешегі, Том Ⅱ, 2011, с. 97-104. 阿雷西文化体质人类学材料，并没有综合研究和出版，А. Н. Подушкин 文中使用材料是初步成果，由 О. И. Исмагулова, А. О. Исмагуловой, Н. Н. Миклухо-Маклая РАН, Е. П. Китова 2011 年提供。

马庄遗址晚商时期卜骨及相关问题研究

赵安苒[1]　刘朝彦[2]　崔宗亮[3]　尤　悦[1]

（1. 首都师范大学历史学院，北京，100048；2. 濮阳市文物考古研究院，濮阳，457000；3. 安阳市文物考古研究院，安阳，455000）

摘要：马庄遗址位于古河济地区中心区域，是一处拥有较发达农业和较成熟家畜饲养业的普通小型聚落，该遗址出土晚商时期卜骨5件。本文从动物考古学视角对这批卜骨进行研究，并结合史料文献，针对卜骨加工方式以及卜骨等级问题等内容进行探讨。马庄遗址晚商时期出土卜骨加工方式简单原始，原料选材与制作工艺同殷王朝密切相关，为进一步研究晚商时期古河济地区普通聚落的卜骨加工方式及占卜习俗提供新资料。

关键词：古河济地区　马庄遗址　动物考古　卜骨

《左传·成公十三年》有载："国之大事，在祀与戎。"商代遇关乎国计民生之大事，必先占卜以求天命。龙山文化时期，中原地区盛行用骨占卜，不加整治，仅以灼烧观察裂纹走向。在二里头文化、夏家店下层文化、岳石文化层等出有卜用牛、鹿肩胛骨，经加工整治，边缘刮削过，有钻有灼[①]。《礼记·表记》言："殷人尊神，率民以事神，先鬼而后礼。"占卜是商代精神领域的重要活动，至殷墟文化时期达到鼎盛[②]。殷王朝的占卜礼俗因其成熟性和规范性闻名于世，而马庄遗址作为殷王朝周边的一处普通聚落，卜骨的出土为了解晚商时期古河济地区普通聚落的卜骨研究提供了新资料，同时也有助于全面认识晚商时期社会占卜习俗的发展情况。

一、马庄遗址概述

马庄遗址位于河南省濮阳市华龙区马庄村西，南距濮阳县城约3千米。遗址平面呈长方形，中间凸起，高出周围地面约3米，东西边缘为断崖。南北长240、东西宽185

---

① 慧超：《论甲骨占卜的发展历程及卜骨特点》，《华夏考古》2006年1期。

② 宋镇豪：《再论殷商王朝甲骨占卜制度》，《中国国家博物馆院刊》1999年1期。

米，面积约 4.4 万平方米。遗址发现于 20 世纪 60 年代，1983 年 5 月至 1984 年 8 月，为配合安濮公路南线建设，安阳地区文管会对遗址进行了大面积发掘，揭露面积 2000 平方米，发现了龙山、晚商、汉代等时期的文化遗存，其中以龙山文化遗存为主①。

河南濮阳马庄遗址出土的动物骨骼遗存已经过初步鉴定，该遗址出土有动物遗存共 17 种，其中既包括猪（未定种）（*Sus* sp.）、黄牛（*Bos taurus*）、绵羊（*Ovis aries*）、马（*Equus caballus Linnaeus*）、狗（*Canis Lupus familiaris*）等家养动物，也包括圆顶珠蚌（*Unio douglasiae*）、珍珠蚌（未定种）（*Margaritiana* sp.）、龟（*Emydidae*）、梅花鹿（*Cervus nippon*）、熊（未定种）（*Ursidae* sp.）、貉（*Nyctereutes procyonoides*）、兔（未定种）（*Lepus* sp.）、雉（未定种）（*Phasianus* sp.）、野猪（*Sus scrofa Linnaeus*）等野生动物②，还发现中型鹿科动物（以下简称中鹿）和小型鹿科动物（以下简称小鹿）③。目前，对马庄遗址生业方式已具备初步了解，遗址中出土骨匕、骨锥、骨铲、卜骨、蚌刀等丰富的骨、蚌制品，但相关领域研究较为薄弱。本文的研究材料为河南濮阳马庄遗址 1983 年发掘出土的晚商时期卜骨，对该遗址卜骨攻治技术、钻凿形态以及卜骨等级问题进行深入研究，并试图复原该遗址的占卜习俗和社会风貌。囿于马庄遗址晚商时期出土卜骨数量较少，一定程度上限制了对相关问题进行深入认识，仅依据现有材料进行分析，见微知著，有待日后开展更为丰富的研究。

二、卜骨形态及其加工流程分析

（一）卜骨形态及整治方式

马庄遗址晚商时期共出土卜骨 5 件，其中 4 件卜骨出土于地层堆积中、1 件出土于灰坑中。制作原料全部为黄牛肩胛骨，均有残损，保存情况较差，根据卜骨攻治方式可分为有灼无钻、有钻无灼、先钻后灼三种。

具体如下：

标本 1983HPMT24③c：4（图一，1），黄牛右侧肩胛骨。骨臼完好，保留部分肩胛骨板和肩胛冈，未经整治，也未见钻凿，在后缘骨扇上方有一圆形灼痕，呈黑色。直径 11.39、骨体残长 242.39 毫米。

标本 1983HPMT49H261：3（图一，2），黄牛肩胛骨板较薄处。表面经过锉磨，有

① 李彦英、王景莲、崔宗亮：《河南濮阳马庄遗址龙山文化遗存研究》，《中原文物》2018 年 6 期，98～108 页。

② 臧硕：《河南马庄遗址出土动物骨骼遗骸及其相关问题研究》，首都师范大学硕士学位论文，2020 年。

③ 尤悦、袁广阔、刘朝彦等：《河南濮阳马庄遗址所见古河济地区黄牛的出现和利用》，《第四纪研究》2022 年 4 期。

一较完整的灼烧痕迹，为先钻后灼，直径9.71毫米，灼痕呈灰黑色，钻凿技术粗糙，为两头平的弧形长凿，尖底，其上有一道砍痕，残长48.2毫米。另有两个残缺的灼痕，同样为先钻后灼，三个钻孔距离较近，孔1与孔2相距8.02毫米，孔2与孔3相距7.32毫米。

标本1983HPMT2③：51（图一，3），为黄牛肩胛骨的远端。攻治方式为削平骨脊，骨臼削半，残留部分较薄，整体打磨光滑。残长约83.02毫米。

标本1983HPMT24③c：1（图一，4），黄牛的右肩胛骨。卜骨骨料，攻治方式为保留骨臼，远端骨干数道施槽，从痕迹观察为一刀劈砍后未断，又砍斫数刀后掰断，推测为切割骨臼后的废料。残长87.29毫米。

标本1983HPMT13③c：2（图一，5），为黄牛的右肩胛骨远端。攻治方式为骨臼削半，且打磨光滑，切口较整齐，后缘肩胛颈中上部经过掏挖，有施凿痕迹；骨扇有切割和钻凿痕迹，切口较为粗糙，推测为切割后掰断，切口处颜色灰黑，疑似经过灼烧，推测为切割骨臼整治后的废料。最长处83.66毫米。

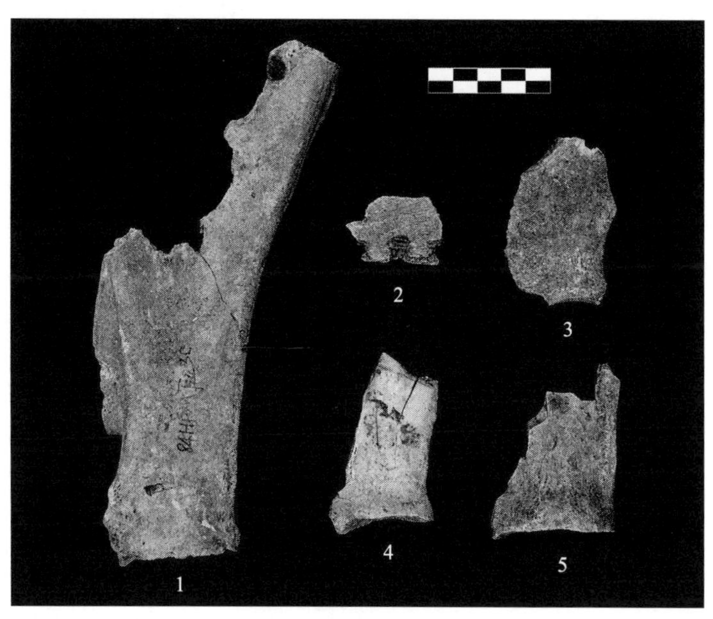

图一 马庄遗址晚商时期出土卜骨

1. 标本1983HPMT24③c：4 2. 标本1983HPMT49H261：3 3. 标本1983HPMT2③：51
4. 标本1983HPMT24③c：1 5. 标本1983HPMT13③c：2

（二）卜骨选材

殷墟时期，在甲骨文和考古发掘出土的材料中，我们均能找到大量以牛骨为原材料占卜祭祀的例证。卜辞记载：祭祀用牛少则一头、数头、十数头，多则数十、数百甚至上千头[①]，如丁巳卜，争贞：降，册千牛？不其降，册千牛，千人？（《合集》1027），体现出制卜骨原料选材的稳定性。马庄遗址晚商时期出土的5件卜骨均选用家养黄牛为原料（表一），与殷王朝选料倾向一致，且除标本2无法辨别左右外，其余均选取黄牛右侧肩胛骨。古文献中有所谓“殷人尚右”一说，证之以殷墟甲骨卜辞[②]，依据现有材料，推测马庄遗址先民在进行占卜时多选用右侧肩胛骨为晚商时期“尚右”以求吉兆习俗的反映。

表一　马庄遗址晚商时期卜骨选材一览表

编号	类型	种属	骨骼名称	部位	左/右
1	卜骨	黄牛	肩胛骨	骨臼+骨板+肩胛冈	右
2	卜骨	黄牛	肩胛骨	骨板	不明
3	卜骨	黄牛	肩胛骨	骨臼	右
4	卜骨骨料	黄牛	肩胛骨	骨臼	右
5	卜骨骨料	黄牛	肩胛骨	骨臼	右

（三）卜骨加工过程

甲骨占卜是中国人类社会发展进程中极富特色的文化现象，与汉字起源，即甲骨文的产生和发展有着密切的联系。用骨占卜，起源于新石器时代，中国境内考古发现确认最早的卜骨出现于仰韶时代。这一时期的卜骨只有少数经过整治，大多都未经整治，骨面仅存灼痕，只在少数卜骨上发现钻、凿现象[③]，与商周时期有成套整治工序、规范施灼手段的占卜方式有着极大差异。晚商甲骨占卜过程主要包括选取材料、锯切、凿除、打磨、凿坑、施灼、解读兆纹和刻辞等环节，其中凿坑和施灼是核心制作技术。在甲和骨的一面做出成排的钻和凿是为了使这一部分甲骨变薄，易于在加热的情况下产生裂纹而且使裂纹在另一面出现。此外，反复实验表明，用于占卜的兆纹存在较强的可控性，在经过炙烤或水浸泡的卜骨上刻辞比较容易。

李济先生总结殷墟前六次考古发掘时曾提到：“占卜以甲骨，遗留下来的，以无文字记载者为多，有文字者不过十分之一。”[④]马庄遗址目前共发现5件卜骨，均为无字卜骨。董作宾先生首倡商代甲骨学研究要“观其全体”。针对马庄遗址出土的无字卜骨，

① 胡洪琼：《殷墟时期牛的相关问题探讨》，《华夏考古》2012年3期。

② 朱彦民：《卜辞所见“殷人尚右”观念考》，《中国史研究》2005年3期。

③ 陈国梁、李志鹏：《二里头文化的占卜制度初探——以二里头遗址近年出土卜骨为例》，《三代考古（五）》，科学出版社，2013年，62～72页。

④ 李济：《安阳最近发掘报告及六次工作之总估计》，《安阳发掘报告》第四册，1993年（又收入《李济考古学论文选集》，文物出版社，1990年）。

则需要通过其形态研究整治方式，并与殷墟时期加工完备的卜骨进行对比。

殷墟出土的卜用牛肩胛骨，都经过加工，削去反面直立的骨脊并加以磨平，锯去骨臼的一部分并将臼角切去，然后将正、反两面刮磨光滑①。殷墟时期，绝大多数卜骨都对骨臼进行切割，骨臼部位形态主要分为两种：一种为直接将骨臼切至与骨扇面成一平面，另一种是将骨臼切掉一半后，在肩胛颈靠近骨臼处继续向下切②。标本 1983HPMT24 ③ c：1（图二，1）的卜骨形制与第一种骨臼攻治形态相同，标本 1983HPMT13 ③ c：2（图二，2）和标本 1983HPMT2 ③：51（图二，3）的卜骨形制与第二种骨臼攻治形态相同。山东济宁市张山洼遗址③与马庄遗址同为晚商时期殷墟周边的普通聚落遗址，该遗址在商代灰坑发现卜骨 2 件，均为牛肩胛骨，攻治方法为一面切割平整，另一面沿骨臼处削半，与殷墟骨臼攻治形态相同，这两处殷墟周边遗址卜骨骨臼的整治方式或可以说明晚商时期殷墟周边区域受殷墟影响，在对占卜用具的加工方式上，普通聚落与都城遗址无异。

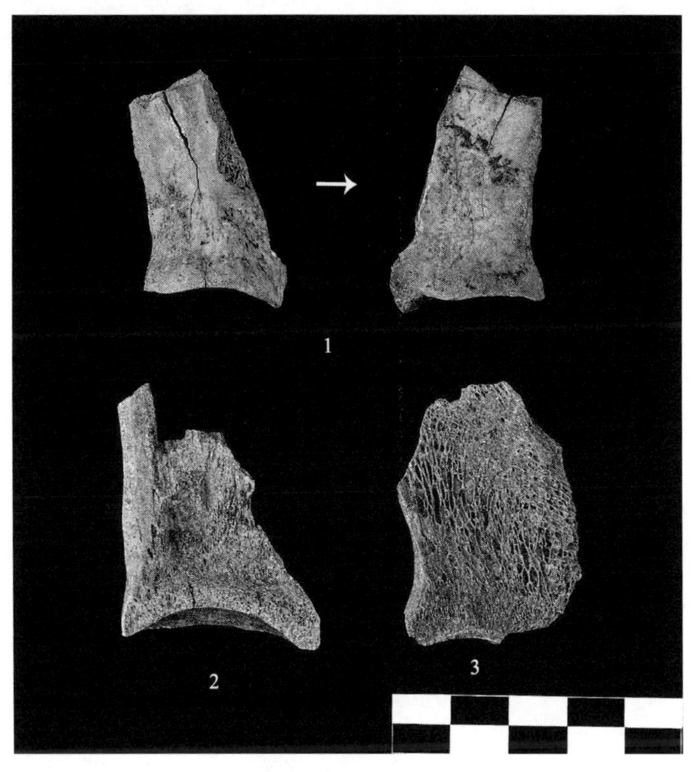

图二　马庄遗址晚商时期卜骨骨臼切割痕迹

1. 标本 1983HPMT24 ③ c：1　2. 标本 1983HPMT13 ③ c：2　3. 标本 1983HPMT2 ③：51

① 刘一曼：《安阳殷墟甲骨出土地及其相关问题》，《考古》1997 年 5 期。

② 高巧荣：《关中地区商周时期甲骨钻凿形态研究》，西北大学硕士学位论文，2018 年。

③ 张光直：《商文明》，生活 · 读书 · 新知三联书店，2013 年。

卜骨加工后，需要经过灼烧，观察形成的裂纹，即“兆”，但受到骨板粗糙等因素影响，在肩胛骨上直接灼烧难以形成裂纹。因此除挑选骨壁较薄的部位进行灼烧外，还需在卜骨上施以钻，以求兆纹清晰①。标本 1983HPMT24 ③ c：4（图三,1）有灼无钻和标本 1983HPMT49H261：3（图三，2）先钻后灼体现了这一过程，并且灼痕位于肩胛颈中上部，此处较为平整且骨壁较薄，中间骨松质较少，因此施灼时易产生兆痕。

图三 马庄遗址晚商时期卜骨钻灼痕迹

1. 标本 1983HPMT24 ③ c：4 2. 标本 1983HPMT49H261：3

三、卜骨等级问题探讨

商代晚期，殷王朝以其占卜的规范性和技术的严谨性，在中国古代祭祀历史中占据重要地位。卜骨为殷商王室占卜所用，几乎已成学界共识，且有字和无字的卜骨在殷墟出土数量巨大。晚商时期以殷墟为都城，作为政治、经济、文化的中心，殷墟多产牛，而一次祭祀所耗费牛牲多者可达数千头，故“胛骨当存之以备占卜之用”②。随着考古出土的卜骨数量增多，殷墟的制作卜骨所用的黄牛，除王室饲养外，另有狩猎和朝贡，来源具有多元性且十分可靠。殷墟甲骨文有云：“降哲千牛”（《合集》1027），又有云“禽见（献）百牛”（《合集 102》），前者指牛牲的贡入，此类牛的肩胛骨皆可用作占卜，是知卜骨既有之畜牧牲口，又有自他方贡纳来的③。

马庄遗址晚商时期出土的 5 件卜骨分布于灰坑与地层堆积中，均为黄牛肩胛骨，出土时均已破碎。用卜骨作为占卜预测的工具，主要的判断依据是卜骨上所呈现的兆纹，

① 段渝：《卜用甲骨的用后处理》，《文史知识》1993 年 1 期。

② 引用自胡洪琼：《殷墟时期牛的相关问题探讨》，《华夏考古》2012 年 3 期。

③ 宋镇豪：《再谈殷墟卜用甲骨的来源》，《殷都学刊》1999 年 2 期。

为了使兆纹易于显现，也为了便于控制和观察兆纹，往往要对卜骨进行相应的处理[①]。然而马庄遗址晚商时期出土的卜骨破碎较为严重，且多是攻治加工后的废料，因此难以判断其是否具有刻辞。出土的卜骨制作均较为粗劣，根据卜骨的形态观察，攻治方法均较为简单，仅依据黄牛肩胛骨的具体形态稍加打磨便用于祭祀仪式中。董作宾先生指出，殷人于卜用甲骨的最后处理，大体有“存储”“埋藏”“散佚”“废弃”四类情况[②]。殷墟小屯南地还发现许多卜甲卜骨，和大量陶器残片、牛骨、猪骨、杂物一起，被弃倒在垃圾坑内，如H2坑中卜用过的甲骨795片与这类垃圾混杂在一起，H38是多次把零星卜甲骨抛弃入内的垃圾坑[③]。马庄遗址晚商时期卜骨出土单位分散，分布于地层堆积和灰坑中，没有集中放置，推测卜骨在占卜后因其不再具有神圣性而被作为生活垃圾丢弃，无须集中处理批量销毁。

晚商时期，祭祀权力高度集中，诸侯方国的祭祀受到限制，其主要表现在所谓的“祭器”方面，不准诸侯方国具备“牛马之牢”去祭祀神灵[④]。殷商时期王室的占卜拥有一套清晰的流程和专职人员介入占卜的过程以及结构[⑤]，极具规模化和体系化。反观马庄遗址，是一个拥有较发达农业和较成熟家畜饲养业的小型普通聚落遗址，先民饲养家畜多作为肉食供给，部分骨骼加工用作骨器，在遗址内发现卜骨、动物随葬现象和宴饮活动的证据反映了古代经济社会的复杂化。马庄遗址作为晚商时期的小型普通聚落，发现卜骨等祭祀遗物，一定程度上也是对殷商祭祀权力集中于王室这一判断的重新认识。

四、环境因素对占卜风俗的影响

古河济及其附近地区主要指今豫鲁交界一带，包括今豫北及豫东的一部分地区、鲁西南及鲁西的一部分地区[⑥]，是黄河冲积所形成的华北平原的一部分，地形平坦低洼。河济地区作为黄河和济水相夹，今豫鲁相交之地，自先秦时期以来就有着相当优越的自然环境，尤其是丰富的水资源，河流湖泊众多，丘陵和河流湖泊相间分布，加之便利的水网交通，使其拥有了发展独特文化的优越条件[⑦]。马庄遗址位于古河济地区中心偏北区域，所在地区有河流流经，水源充足，温暖湿热，因此动物资源十分丰富，是一处拥有较发达农业和较成熟家畜饲养业的普通小型聚落遗址。

---

① 高巧荣：《关中地区商周时期甲骨钻凿形态研究》，西北大学硕士学位论文，2018年。

② 董作宾：《殷虚文字甲编》自序，商务印书馆，1948年。

③ 中国社会科学院考古研究所安阳工作队：《1973年小屯南地发掘简报》，《考古》1975年1期。

④ 慧超：《论甲骨占卜的发展历程及卜骨特点》，《华夏考古》2006年1期。

⑤ 张光直：《商文明》，生活·读书·新知三联书店，2013年。

⑥ 沈长云：《夏族兴起于古河济之间的考古学考察》，《历史研究》2007年6期。

⑦ 钟华：《河济地区先秦时期植物考古初探》，《科技考古（第六辑）》，科学出版社，2021年。

河南濮阳地区作为中原龙山文化、先商文化与海岱地区岳石文化的交汇点，在夏商时期地位极其重要[①]。商代晚期王畿范围方圆直径二三百里，宋镇豪先生认为王畿区的东界大体在今河南省柘城、商丘和濮阳迄东一线，而马庄遗址距离殷墟宫殿宗庙遗址直线距离约 100 千米。甲骨卜辞中的地名有关于丘商的记载，文献记载的商丘地望有二：一是在今河南省商丘市，一是在今河南省濮阳县南。根据卜辞，丘商应距王都不远，因此后者的可能性较大。综上所述，马庄遗址应为殷王朝王畿区内一处小型普通聚落遗址，占卜风俗与殷王朝密切相关（图四）。

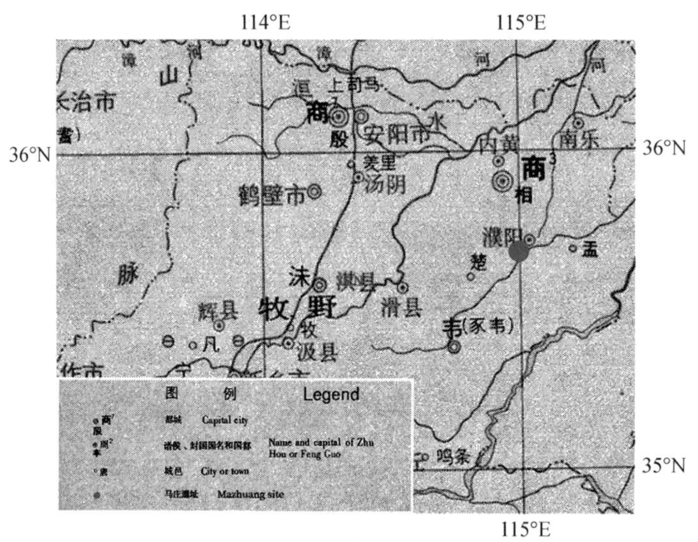

图四　马庄遗址地理位置图

马庄遗址晚商时期卜骨的发现为了解晚商时期古河济地区普通聚落的卜骨加工方式提供了新资料，同时也丰富了对晚商时期普通聚落占卜习俗的认识。遗址内发现卜骨生产加工活动存在，一定程度上反映了该地区经济社会模式的复杂化。

Study on the Oracle Bones of the Late Shang Dynasty at Mazhuang Site

Zhao Anran　Liu Zhaoyan　Cui Zongliang　You Yue

Abstract: Mazhuang Site is located in the central area of the ancient Heji region. It is a small

① 孙亚冰、林欢：《商代地理与方国》，中国社会科学出版社，2010 年，29 页。

common settlement with relatively developed agriculture and relatively mature livestock breeding industry. There are five oracle bones unearthed in the site in the late Shang Period. This paper studies these bones from the perspective of animal archaeology and historical documents, and discusses the processing methods and the grading of oracle bones. The processing method of oracle bones unearthed from Mazhuang Site in the late Shang Period is simple and primitive, and the selection of raw materials and the manufacturing technology are closely related to the Yin Dynasty, which provides new information for further study of the processing method and divination customs of oracle bones in the common settlements in the ancient Heji region in the late Shang period.

Keywords: Ancient Heji region; Mazhuang Site; Zooarchaeology; Oracle bone

新疆阜康白杨河战国时期高等级墓葬初步研究

闫雪梅

（新疆文物考古研究所，乌鲁木齐，830011）

摘要：新疆阜康白杨河墓群中发现一批战国时期高等级墓葬，根据墓葬所在地望、规格等级分析，应与历史文献记载的“山北六国”有关。这批墓葬与吐鲁番交河沟北、阿拉沟高等级墓葬分别有相似之处，年代相近，对研究战国秦汉时期西域历史、欧亚草原文化交流等具有重要价值。

关键词：阜康白杨河　竖穴木椁墓　战国　山北六国

2016～2018年，新疆文物考古研究所在阜康白杨河墓群①考古发掘中，在白杨河河口（当地俗称“沟口”）南部地区发掘了一批高等级墓葬。墓葬大致呈链状排列，有竖穴木椁墓、竖穴偏室墓、竖穴土坑墓等形制，部分墓葬有殉人及殉牲。这批墓葬均被盗掘，墓内仍残留精美的器物②，是博格达山北麓地区首次发现并确认的战国时期高等级墓群，对研究“山北六国”③以及战国秦汉时期西域历史等具有重要价值。

一、墓葬概况

阜康白杨河墓群位于新疆昌吉回族自治州阜康市上户沟乡白杨河村，地处博格达峰脚下的白杨河河谷中。白杨河全长约60千米，是阜康市最大的河流，以沟口为界，南部为狭长的河谷，北部流入上户沟乡、滋泥泉子镇农田。白杨河沟口地处博格达山北麓

---

① 新疆文物考古研究所阜康白杨河考古队：《新疆阜康白杨河流域发现大型墓群》，《中国文物报》2020年7月24日。

② 资料现存新疆文物考古研究所。

③（汉）班固：《汉书·西域传》，中华书局，1973年。

交通十字路口，为出入河谷的必经之地，其南部地势开阔平坦，分布古墓葬70余座①。

2017年、2018年，新疆文物考古研究所配合基本建设，在沟口南部区域（图一）发掘古墓葬21座，其中编号M4～M15的12座墓葬大致呈链状排列。这片墓地南北长约400、东西宽约100米，墓葬间距30～50米，中心地理坐标东经88°31′15.7″，北纬44°05′0.6″。墓地中部略偏北有三座大墓（编号M10～M12），封堆近似圆台状，由卵石层层堆垒而成，直径约20、高约1米，顶部有盗洞；两侧墓葬封堆低矮，直径8～15、高0.5米左右（图二）。墓地西面紧邻柏油路，南部为建筑设施，个别墓葬可能已在施工过程中被毁。

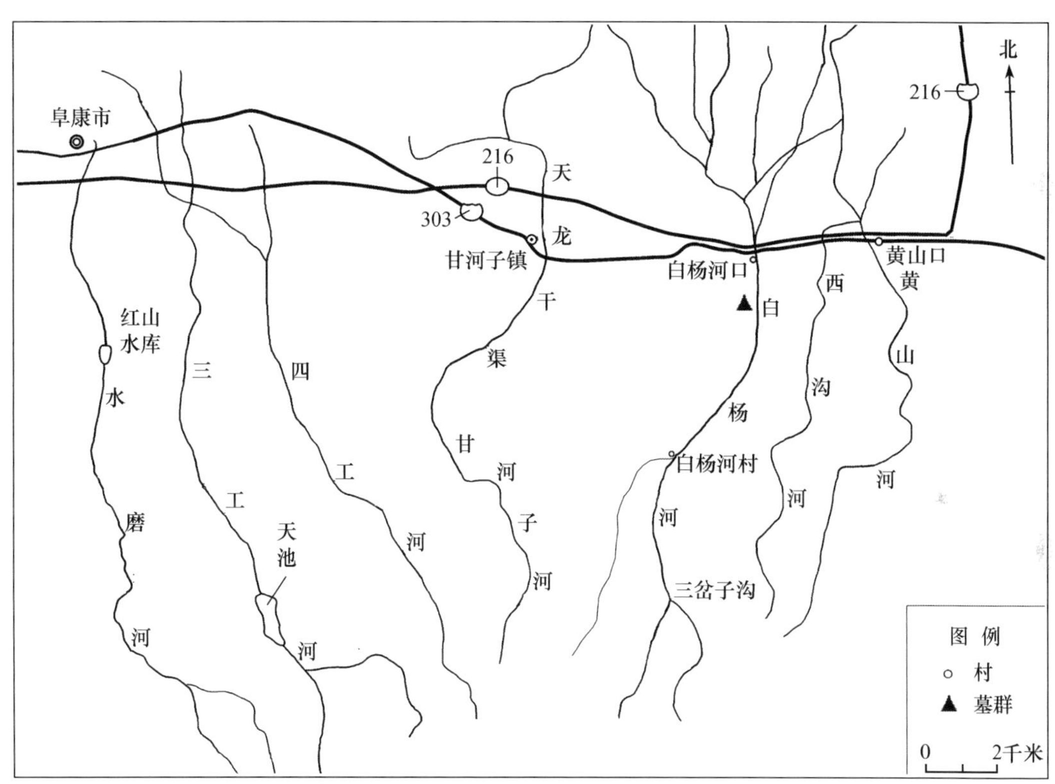

图一 白杨河沟口战国时期墓葬位置示意图

这批墓葬，有竖穴木椁墓4座、竖穴偏室墓1座，其余均为竖穴土坑墓。竖穴木椁墓包括3座大墓及北部的M14，墓室均呈东西向，长3～4、宽2.6～2.9、深4.7～5.7米，坑内填大石头。木椁位于墓底中部，残长2.3～3、宽1.5～1.7、存高约0.15米，残朽严重。其中M10墓室北侧为1个近圆形祔葬坑，直径约1.9、深0.15米，内葬两匹

① 新疆维吾尔自治区文物局：《昌吉市、阜康市不可移动文物》，新疆维吾尔自治区内部资料标准印证〔2011〕年203号，乌鲁木齐，2011年。

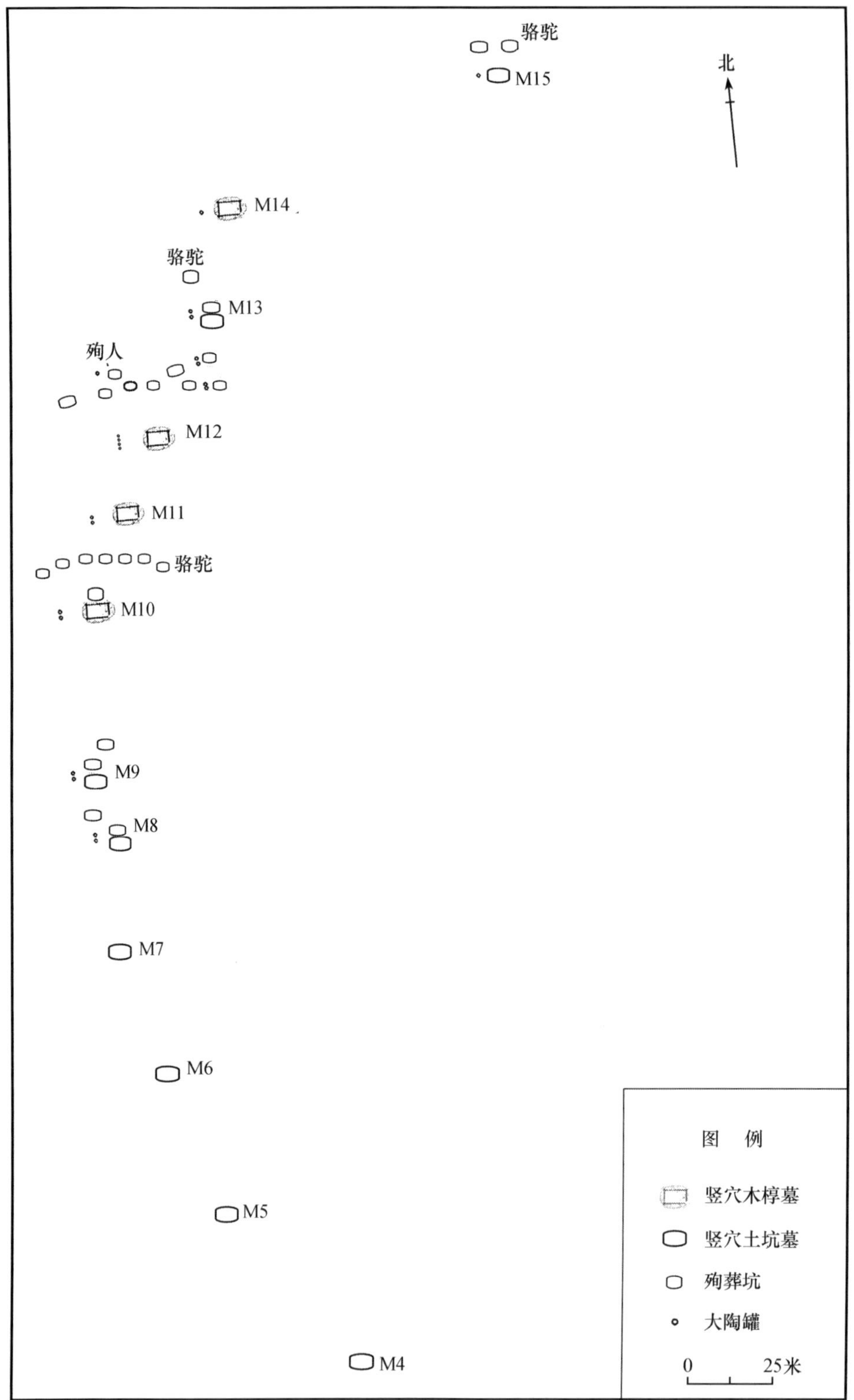

图二　白杨河沟口高等级墓葬分布图

马，南北并列，均无头骨，墓室北面15米外东西向近弧形分布7个殉葬坑，分别殉骆驼1只、马6匹。M12墓室北约15米外分布9个殉葬坑，大致东西向排列，其中有一坑内殉1人，足向东，俯身而葬，无头骨，其余坑内均殉马。这些殉葬坑均为竖穴土坑，长1.5～2.1、宽1.1～1.4、深0.5～1米，殉人及殉牲均无首。因土坑相对较浅，坑内骨骼保存较差，酥粉严重，部分仅存零星的骨骼。

墓地东北部的M15为竖穴偏室墓，封堆下有直径2.8、环宽0.6米的石圈，墓室位于石圈中部，偏室内未见人骨，墓道内葬马3匹，该墓北面有2个殉葬坑，分别葬完整的马和骆驼各1匹。M14南面的M13为双室墓，其南侧墓室内未见骨骼，北面紧挨的竖穴内葬马3匹，北约10米另有一个殉葬坑，坑内有少量骆驼骨。大墓南侧的M8、M9均为双室墓，墓室间隔0.5米左右，南侧墓坑较大，未见人骨，有零星马骨；北侧墓坑较小，有殉马1匹，北约8米外另有一个殉葬坑，内有零星的马骨。墓地南部的M4～M7均为竖穴土坑墓，土坑长2.7～3.6、宽1.8～2.7、深1.4～3.4米，均无殉葬坑。这批墓葬中，M13、M15的殉葬坑均有低矮的封堆，坑内均殉马3匹；其余墓葬的殉葬坑地表均无明显的封堆，每坑均殉牲1匹。墓地共殉马24匹、骆驼3只。

墓地中，除南部四座墓葬外，其余墓葬主墓室外、西侧地表浅坑内均放置双耳或三耳大陶罐，这些陶罐多位于封堆之下，距主墓室0.5～4.8米。共出土大陶罐21件，其中M14、M15各1件陶罐，M12有4件，其北侧殉人坑外有1件、东侧两个殉马坑外各有2件（其中有1件大陶釜），是随葬陶器最多的墓葬。其余墓葬西侧有2件陶罐。这些陶罐南北并排放于浅坑内，间距0.5米左右，坑底铺一层碎石，结合墓室方向判断，墓主人头均向西，陶罐应为祭祀之用。除墓室外的陶罐外，墓内残存陶器、铁器、骨器、金器、珠饰等，陶器有素面和彩陶，器形有罐、钵、壶等，彩陶纹饰有变形三角纹、变形几何纹、涡纹等。铁器有刀、环、马具等，部分贴金，有贴金铁刀、贴金铁环、贴金铁马镳等。珠饰有玛瑙珠和绿松石珠。以金器最为典型，其中M14出土金器有耳环、戒指、指套、金箔、金丝、金泡等，多为配饰和衣饰，金泡、金箔数量众多，两只金耳环形态不一、极为精美。其余竖穴木椁墓出土金羊饰件、金扣、金珠、金泡、金箔、金饰件等。除竖穴木椁墓外，南部的M7为竖穴土坑墓，墓室内出土陶罐、彩陶钵、铁刀、铁环、铁马镳、贴金铁环、绿松石珠等。此外，部分殉葬坑内也出土金箔片、铁器。

这批墓葬被盗严重，其中M8、M9、M13、M15的主墓室内均不见人骨，个别有零星的马骨。4座竖穴木椁墓中，墓主人骨骼均不全，部分骨骼被坑内大石头砸碎，从残存的人骨判断，M10墓主为一中年男性，M11墓主似为一女性，M12为一男一女合葬墓，M14墓主似为一成年男性。这4座墓葬墓室深5米左右，以木椁为葬具，墓葬虽被盗掘，墓室内仍残留精美的器物，显示出墓主极高的身份。从墓地布局及墓葬规格判断，这是一组有密切关系、存在等级差异的高等级墓葬。

这批墓葬的年代，根据北京大学加速器质谱碳十四（AMS）测年数据，M14绝对年代为2405年±25年，树轮校正后年代为542BC～402BC（95.4%，下同），约为春秋晚期至战国早期；M15 绝对年代为 2295 年 ±25 年，树轮校正后年代为 405BC ~ 356BC，为战国中期；M13 绝对年代为 2285 年 ±20 年，树轮校正后年代为 401BC ~ 356BC，为战国中期；M10 绝对年代为 2260 年 ±25 年，树轮校正后年代为 301BC ~ 210BC，为战国晚期。综合测年数据分析，墓地年代大体在公元前 6 ~ 前 3 世纪，主体年代在战国时期。

这批墓葬中，M14 位于墓地北部，封堆并不凸显，墓葬无殉葬坑，出土金器丰富精美，是 3 座大墓之外唯一的一座竖穴木椁墓，测年显示其年代约为春秋晚期战国早期，可能代表墓地的早期阶段；其东北面的 M15 和南面的 M13 年代均为战国中期，M13 为双室，M15 为竖穴偏室，两座墓葬主墓室均未见人骨，偏室和马坑中殉 3 匹马，北侧墓坑内葬完整的马和骆驼，推测这一时期殉牲较为流行；M13 南面为 3 座竖穴木椁墓，其中北部的 M12 墓室外放置 4 个陶罐，有 9 个殉葬坑，是墓地中唯一的双人合葬、有殉人的墓葬。居中的 M11 无殉葬坑。南部的 M10 北面有 1 个祔葬坑和 7 个殉葬坑，这几座墓葬相邻，封堆高大，每座墓葬封堆及墓室内用石量近 400 立方，其营筑耗费人力、物力巨大，彰显墓主极高的身份及相互间密切的关系。大墓南侧的两座双室墓，北侧墓坑内马骨相对完整，南侧墓坑内未见人骨，有的见零星马骨，可能是被盗空，也不排除葬马的可能；南部的四座墓葬离大墓较远，无殉葬坑亦未随葬大陶罐，墓主人身份可能略低。

这批墓葬排列有序，葬俗虽有差异但基本统一，其中墓主头西足东、墓室外放置大陶器、尚金习俗为共同特征，显示出整个墓地的沿袭及文化性质的一致。而同类墓葬间的差异，可能主要是由于时代早晚的不同而产生的一些变化，墓地中代表墓葬最高规格的竖穴木椁墓，在春秋晚期至战国早期即已使用，至战国晚期，这些高规格墓葬又修建了高大的封堆，并流行大量殉牲、殉人，反映出战国晚期严重的阶级分化。大墓两侧的双室墓及南部四座墓葬，从墓葬所处位置、葬俗、出土遗物来看，应与大墓主人关系密切，其身份应有一定的差异。

二、与“山北六国”的关系

战国秦汉时期，博格达山北麓为蒲类、卑陆、郁立师、单桓、劫、且弥[①]“山北六国”活动区域。《汉书・西域传》载：“至宣帝时，遣卫司马使护鄯善以西数国。及破姑师，未尽殄，分以为车师前后王及山北六国。”[②]这段记载有两种理解，一为“山北六国”为汉宣帝时分姑师而立；一为汉宣帝时破姑师，将部分姑师人分入“山北六国”。

① 薛宗正：《车师考——兼论前、后二部的分化及车师六国诸问题》，《兰州学刊》2009 年 8 期。认为“《汉书・西域传》总序中虽然提出了‘山北六国’之名，但传文所叙的国名却并非六国，而乃十国，如果将它们重新合并，出现蒲类、卑陆、郁立师、单桓、劫、且弥等六个清晰的国名或部落名”。

② （汉）班固：《汉书・西域传》，中华书局，1973 年。

按前一种理解，“山北六国”形成于汉宣帝时期；按后一种理解，“山北六国”形成早于汉宣帝时期，即早于公元前 1 世纪。白杨河这批墓葬年代为公元前 6 ~ 前 3 世纪，是认识、研究这一问题的重要考古材料。

按《汉书·西域传》载“山北六国”的位置（表一），劫国、卑陆国、卑陆后国、郁立师国位于今阜康及周近地区。关于这几国的位置，黄文弼先生认为：“卑陆国，《西域图考》云，今阜康县南山谷中，王治天山东乾当谷。疑在今博克达山一带。卑陆后国，王治番渠类谷，疑在今阜康西三台一带……郁立师国，疑在今奇台县南山谷中。”① 余太山先生认为：“卑陆后国‘南与车师接’当是东南与车师接，表明该国不在阜康一带，似应在卑陆国北或西北 30 里处，劫国在阜康一带。”② 日本学者松田寿男认为，卑陆国位于紫泥泉（白杨驿）一带，卑陆后国位于现阜康一带③。岑仲勉先生认为：“《汉西域图考》一以卑陆后当阜康之东北，丁谦以为在今罗克伦河滨，都无别证。《侍行记》六既辨汗和罗之非，又云：‘今省城当博克达山之西、雅拉克山之东，乌可克山之北、红山之南，疑即古番渠类谷。’余尝就番渠类一名求之，乃疑卑陆后国应即今之博克达鄂拉也。番渠类，师古云，‘番音盘’，但《释文》‘番音婆，又音蒲’，突厥文 bäg，首长也，旧译为匐……易言之即‘王谷’也。由是而衍变为近世蒙语之灵山。”④ 这些观点均是基于文献记载等所做的考证，其中《西域图考》认为卑陆“位于阜康市南部的山谷中，王治天山东乾当谷，疑在今博克达山一带”，《辛卯侍行记》认为，卑陆后国“应即今之博克达鄂拉”，均提出与博格达山有关。

表一　阜康及周近地区汉代前后诸国情况表

国名	王治	距长安 / 里	户	口	胜兵	职官	相对位置
劫国	丹渠谷	8570	99	500	115	辅国侯、都尉、译长各 1 人	西南至都护治所 1487 里
卑陆国	乾当国（谷）	8680	277	1387	422	辅国侯、左右将、左右都尉、左右译长各 1 人	西南至都护治所 1287 里
卑陆后国	番渠类谷	8710	462	1137	350	辅国侯、都尉、译长各 1 人，将 2 人	东与郁立师、北与匈奴、西与劫国、南与车师接
郁立师国	内咄谷	8830	190	1445	331	辅国侯、左右都尉、译长各 1 人	东与车师后城长、西与卑陆、北与匈奴接

笔者认为，从“丹渠谷”“乾当谷”“番渠类谷”地名分析，这些部落应主要活动在

① 黄文弼：《汉西域诸国之分布及种族问题》，《西北史地论丛》，上海人民出版社，1981 年。

② 余太山：《汉晋正史“西域传”所见西域诸国的地望》，《欧亚学刊》，商务印书馆，2000 年。

③〔日〕松田寿男著，陈俊谋译：《古代天山历史地理学研究》，中央民族学院出版社，1987 年。

④ 岑仲勉：《汉书西域传地里校释》，中华书局，1981 年，440 页。

博格达山北麓地区，其王治之所可能就在水草丰美、宜牧宜居的河谷之中。《中国历史地图集》[①]中（图三），郁立师、卑陆、卑陆后、劫国大体自东向西分布，按《汉书·西域传》载郁立师“东与车师后城长、西与卑陆、北与匈奴接”，卑陆后国“东与郁立师、北与匈奴、西与劫国、南与车师接”的相对位置来判断，这几国的分布应大体如此。

文物调查资料显示，昌吉州境内发现300余处青铜时代至早期铁器时代的遗存[②]，其中白杨河沟口以南的这批墓葬，是阜康市境内规模最大的链状分布的墓群[③]，墓群正对有“圣山”“灵山”之称的博格达峰，东邻白杨河，依山傍水，颇具气势，从地望及墓葬规格判断，应为博格达山北麓游牧部落贵族上层人物的墓葬。从发掘情况看，这批墓葬布局严整有序，等级差异鲜明，随葬器物考究，是博格达山北麓西部地区迄今发现的规格最高的墓葬，从地理位置及墓葬规格分析，应与“山北六国”有关。墓群中心坐标为东经88°31′15.7″，北纬44°05′0.6″，其位置在卑陆与郁立师之间，而更近于卑陆

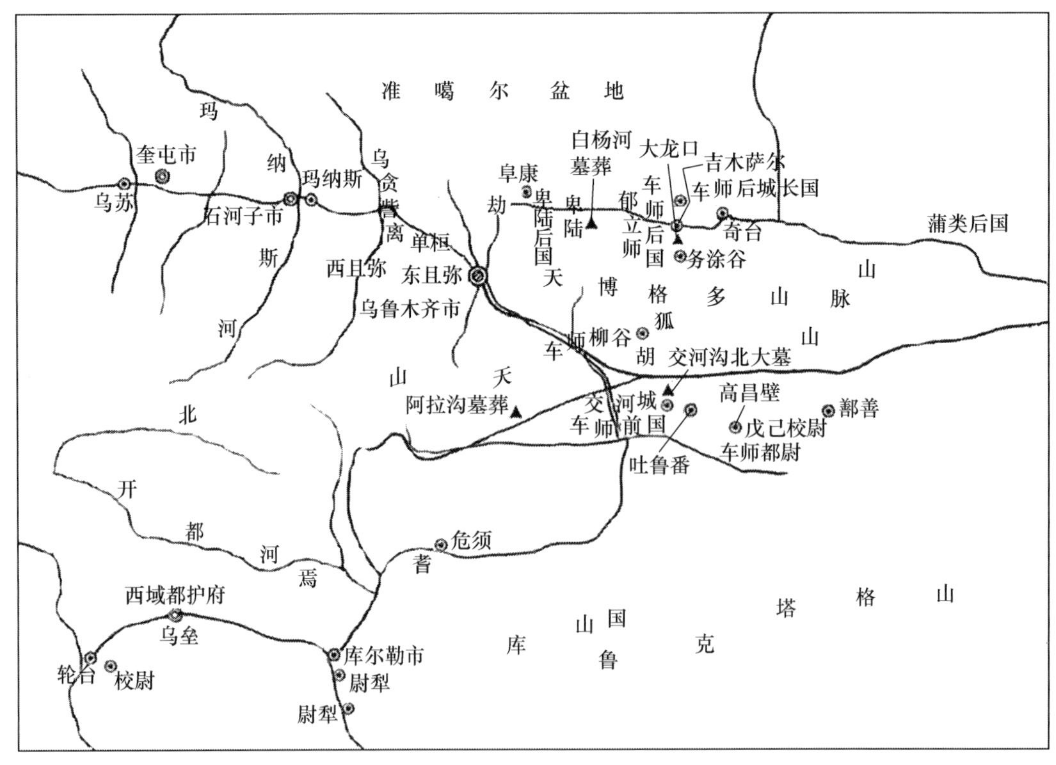

图三　汉代博格达山南北诸国分布图

① 谭其骧主编：《中国历史地图集》第二册，地图出版社，1982年。

② 杜淑琴、任萌：《新疆昌吉地区青铜时代至早期铁器时代考古学文化遗存初探》，《西域研究》2017年2期。

③ 新疆维吾尔自治区文物局：《昌吉市、阜康市不可移动文物》，新疆维吾尔自治区内部资料标准印证〔2011〕年203号，乌鲁木齐，2011年。

（图三），根据《汉书》记载（表一），卑陆、卑陆后国综合实力均强于郁立师国，劫国最为弱小，综合以上分析，这批高等级墓葬属卑陆的可能性更大。而卑陆、卑陆后国，从国名分析，二者可能原为一个部落，后分为二，“后国”形成可能较晚，但至晚在公元前 1 世纪时已经存在。这批墓葬年代约为公元前 6 ~ 前 3 世纪，推测卑陆可能仍为一个统一的部落，尚未分立。

表二　博格达山南北战国前后高等级墓葬对比表

墓葬	封堆		墓外陶罐 / 件	墓葬形制		葬式	祔葬墓 / 座	大墓殉葬坑 / 个	其他特征	年代
	形制	分布		竖穴木椁	竖穴偏室					
交河沟北大墓	圆形石堆，直径约 26 米	2 座大墓，略东西向			M01 单偏室 M16 双偏室	头向东多于向西，以仰身直肢葬为主	15（M01）9（M16）	22（M01）23（M16）	地表有土坯围墙	战国晚期至汉代
阿拉沟墓葬	石堆及卵石围墙	3 座，东北—西南链状		4		均头西足东，双人合葬 3 座			墓内填大石头	战国至西汉
大龙口墓葬	M9 直径 54 米，外有石圈、小石圈	南北向链状排列	1 ~ 2	2		头西足东，以单人仰身直肢葬为主			封堆底部有一具鹿石	战国至西汉，上限早于战国
白杨河沟口墓葬	圆形石堆，直径约 20 米	12 座，南北向链状排列	1 ~ 4	4	1	头西足东双人合葬 1 座	1（M10）	9（M12）7（M10）	竖穴木椁墓内填大石头	战国时期，上限为春秋晚期

薛宗正先生认为：“西汉所记录的山北六国作为存在于天山北麓东段部落联盟名称，其上限应更早于西汉初年，直至西域都护府建立之后的宣帝时期仍存，反映的应是上起战国，下至西汉末年的漫长的时代。”[①] 白杨河沟口的这批墓葬，主体年代在战国时期，至战国晚期，阶级分化加剧，出现殉人及大量殉牲，贫富等级悬殊。推测这一时期，“山北六国”已具雏形或已基本形成。这批墓葬前后沿袭，北部墓葬年代早至春秋晚期至战国早期，无疑为“山北六国”的发展演变及形成时间提供了重要的参考和依据。

三、与交河沟北、阿拉沟等高等级墓葬的关系

白杨河沟口的这批墓葬，与博格达山以南的吐鲁番交河沟北、阿拉沟高等级墓葬以

① 薛宗正：《车师考——兼论前、后二部的分化及车师六国诸问题》，《兰州学刊》2009 年 8 期。

及吉木萨尔大龙口墓葬分别有相似之处，对这几处墓地的对比分析，有助于博格达山南北战国秦汉时期历史、文化、族属等的研究。

1976 年，考古人员在托克逊县阿拉沟发掘了 4 座竖穴木椁墓，其中 3 座呈东北—西南向链状排列，墓葬间距 10 米左右。从墓内残存骨骼分析均为双人合葬。大墓 M30 位于这列墓葬西北约 200 米处，原有较大的石堆及卵石围墙，墓室长 6.56、宽 4.22、深 7.1 米，墓内填有大石头，墓主人头西足东，墓内出土铜器、陶器、漆器、木器、金银器及丝织物、珍珠、玛瑙等，铜器有方座承兽铜盘，金器有虎纹圆金牌、对虎纹金箔带、狮形金箔、金花饰、金泡饰等，年代为战国至西汉时期，发掘者认为是塞人墓葬①。

1993 年，考古人员在吉木萨尔大龙口村发掘 9 座墓葬，南北向链状排列 3 排，其中 7 座为竖穴土坑墓室，以单人仰身直肢葬为主，头西足东，个别为二次葬，随葬品很少，但 M2、M3、M5、M6 在墓室口外的西侧或西北侧放置 1 件或 2 件双耳陶罐。M8 为竖穴木椁墓，木椁为长方形，东西长 2.55、宽 2、深 1.12 米，用松树圆木搭成，椁内仅见一节羊骨、人的残下肢骨。椁底西端有一椭圆形腰坑，未见遗物。M9 封堆直径 54、残高约 1 米，因取石，封堆原貌已不明，封堆外环绕两重石圈，石圈外环列直径 3 ~ 4 米的小石圈，封堆底部发现一具“鹿石”。墓室有二层台，墓室内仅见“#”字形朽木棍，未见人骨和遗物。年代为战国至西汉，上限可能早于战国②。

1994 年，考古工作者在吐鲁番交河沟北一号台地发掘了两座战国晚期至汉代大墓，墓葬中心卵石封堆直径 26 米左右。大墓地表有一圈直径约 10 米的土坯围墙，大墓近旁有一批殉马（驼）坑，内殉马（驼）20 ~ 30 匹。有的墓室墓道内有殉人。大墓周围有十多个祔葬墓，墓室小，出土器物少，和大墓形成鲜明的对比。大墓出土遗物丰富，主要有陶、骨、木、金、铜、铁、石、银、漆器及毛、丝织物等。金器出土量大，器形丰富③④。

白杨河沟口高等级墓葬与这几处墓地分别有相似之处，其中链状排列、有高等级的竖穴木椁墓、墓内填大石头、头西足东的葬式与阿拉沟墓葬的特征一致；墓葬链状排列、墓室外放置大陶罐及有竖穴木椁墓、头西足东的葬式与大龙口墓地的特征一致；大墓带有祔葬墓及殉葬坑，有大量殉牲的葬俗与交河沟北大墓较为相似。这些墓葬相似的特征及葬俗，反映出战国秦汉时期博格达山南北密切的交流和联系。四处墓地中，仅白

---

① 新疆社会科学院考古研究所：《新疆阿拉沟竖穴木椁墓发掘简报》，《文物》1981 年 1 期。

② 新疆文物考古研究所：《新疆昌吉回族自治州考古调查与发掘》，文物出版社，2015 年。

③ 联合国教科文组织驻中国代表处、新疆文物事业管理局、新疆文物考古研究所：《交河故城——1993、1994 年度考古发掘报告》，东方出版社，1998 年。

④ 联合国教科文组织驻中国代表处、新疆文物事业管理局、新疆文物考古研究所：《交河故城——1993、1994 年度考古发掘报告》，东方出版社，1998 年。

杨河与大龙口的墓葬外西侧放置大陶罐，这一葬俗可能在博格达山北麓一带流行。而大龙口墓地出土的鹿石，是流行于南西伯利亚地区的典型遗物，在春秋战国时期流行于阿勒泰地区①。

从年代来看，白杨河与大龙口墓葬上限略早，阿拉沟和交河沟北墓葬下限均至汉代，除大龙口墓葬外，其余三处墓葬遗物较为丰富，均出土丰富、精美的金器，反映出博格达山南北战国时期严重的阶级分化。而从葬俗特征比较，交河沟北大墓与其他三处明显不同，以偏室墓为特征，其中M16为双偏室，葬式以头向东居多，应沿袭了吐鲁番盆地苏贝希文化偏室墓和竖穴墓的特征②，为车师贵族的墓葬③。

昌吉地区处于东天山、阿尔泰山、伊犁河谷和吐鲁番盆地等新疆重要的早期文化中心之间，早期铁器时代先后有塞人、月氏、乌孙、匈奴等不同民族在此生活④。岑仲勉先生认为："天山以北，当汉文帝之前，本塞种住地。其后受月氏压迫，犹保有帕米尔南部一带。"⑤他认为在汉文帝之前，即公元前179年之前，天山北麓地区系塞人住地。余太山先生认为，所谓"山北六国"或"车师六国"，均系塞种⑥。王炳华先生认为："汉代以前，塞人在新疆地区的主要活动地域应在伊犁河流域并及于天山和更南的阿赖岭、东帕米尔等地。"⑦白杨河沟口的这批墓葬，与阿拉沟大墓葬俗极为相似，推测很可能也与塞人有关。

四、结　　语

白杨河沟口的这批墓葬，是博格达山北麓地区首次发现并确认的战国时期高等级墓葬，墓葬所反映的经济形态及文化特征，代表了博格达山北麓地区春秋战国时期游牧部落的经济、文化发展水平，对研究战国秦汉时期西域历史、古代西域游牧文明等具有重要价值。

在西域历史进程中，战国时期是绿洲城邦之国、草原游牧行国形成和发展的关键时期。白杨河沟口的这批高等级墓葬，应为春秋战国时期活跃在博格达山北麓的卑陆部落贵族墓葬。这批考古材料有力地补充了文献记载，极大地丰富了对"山北六国"的认

① 潘玲：《论鹿石的年代及相关问题》，《考古学报》2008年3期。

② 吐鲁番市文物局、新疆文物考古研究所等：《新疆洋海墓地》，文物出版社，2019年。

③ 吐鲁番市文物局、新疆文物考古研究所等：《新疆洋海墓地》，文物出版社，2019年。

④ 杜淑琴、任萌：《新疆昌吉地区青铜时代至早期铁器时代考古学文化遗存初探》，《西域研究》2017年2期。

⑤ 岑仲勉：《汉书西域传地里校释》，中华书局，1981年。

⑥ 余太山：《〈汉书·西域传〉所见塞种——兼谈有关车师的若干问题》，《新疆社会科学》1989年1期。

⑦ 王炳华：《古代新疆塞人历史钩沉》，《西域考古历史论集》，中国人民大学出版社，2008年。

知，对天山以北草原行国的形成及发展等研究提供了重要的考古材料。

博格达山北麓地区为欧亚草原的组成部分，白杨河沟口地处丝绸之路北道与天山山谷通道交会的十字路口，这批墓葬出土的陶器具有吐鲁番盆地苏贝希文化的典型特征，而殉牲、尚金习俗以及动物纹金饰等，显示出与欧亚草原游牧文化的联系，显然，这一区域不仅与周邻地区有着经济、文化的交流，也深受欧亚草原游牧文化的影响。

Relevant Studies of High-Grade Cemeteries during the Warring States Period in Baiyanghe, Fukang, Xinjiang

Yan Xuemei

Abstract: Several high-grade tombs from the Warring States Period were found in the Baiyanghe necropolis in Fukang, Xinjiang, which, based on the location and scale of burials, should be related to the "Shanbei Liuguo" (Six States of Shanbei) as recorded in historical documents.

This group of tombs has similarities with the high-grade tombs in Turpan Jiaohegoubei and Aragou, which are of similar age and are of great value for the study of the history of the Western region during the Warring States, Qin and Han Dynasties, and the cultural exchanges between the Eurasian steppes.

Keywords: Fukang Baiyanghe; Vertical pit with wooden coffin tomb; Warring States Period; Shanbei Liuguo

夏鼐与秦汉考古

李　斌

（中国社会科学院考古研究所，北京，100101）

摘要：秦汉考古是中国历史时期考古的典型。近代考古学在中国诞生一百年来，我国的秦汉考古从无到有，由弱变强，夏鼐在其中起到了关键的引领作用。自1941年学成归国后，夏鼐不仅参与或主持了四川彭山崖墓、汉代长城和烽燧遗址、辉县汉墓、长沙汉墓等一系列重大秦汉考古项目的调查发掘，主持编写了《长沙发掘报告》等具有开创性意义的汉墓发掘报告，还直接规划了以汉长安城遗址为代表的城址考古工作，并在人才培养和具体的研究上不断推动着秦汉考古的发展，从而为秦汉考古学科体系的构建打下了坚实的基础。

关键词：夏鼐　秦汉考古　彭山崖墓　敦煌汉简　长沙汉墓

20世纪初，近代考古学自西方传入中国。在继承本土金石学研究成果的同时，中国学者学习并运用西方考古学方法，开始从事田野调查和发掘。之后，得益于一大批重要的考古发现及其成果，中国考古学不断发展壮大，并在历史研究中发挥着日益重要的作用和影响，而其所属各个分支学科的建立和完善，无疑是中国考古学走向成熟的重要标志。其中，秦汉考古不仅有广泛的课题，而且有充实的内容，是中国历史时期考古学的典型。秦汉考古的建立和发展，与夏鼐、苏秉琦和俞伟超有密切关系[①]。本文将以时间为线索，通过追寻夏鼐在秦汉考古领域的足迹，对我国秦汉考古学史上的一些重大发现做一回顾，以此分析夏鼐在我国秦汉考古学科体系构建中扮演的重要角色，进而总结他在秦汉考古领域的贡献。

一、崖墓发掘与区域考古的开展

夏鼐（1910～1985年），字作铭，浙江温州人。1930年考入燕京大学，后转学至

① 刘瑞：《考多民族统一国家之始 阐两千年制度文明之根——新中国秦汉考古七十年回顾》，《中国文物报》2019年9月27日第6版。

清华大学历史系。1934 年 7 月，夏鼐获得学士学位，同年十月录取公费留学考古学门。1935 年，夏鼐改赴英国伦敦大学，随叶慈（W. P. Yetts）学习“中国考古与艺术史”，其意本想专攻汉代考古[①]。然出于学术前途计，夏鼐不久后改从格兰维尔（S. Glanville）学习埃及学[②]。

夏鼐负笈留学期间，正值第二次世界大战硝烟弥漫，国难日殷之际。在延颈遥望故国数年之后，1941 年，夏鼐辗转回到国内。当时抗日战争正处于焦灼状态，重要的学术机构大都转移至后方。考古发掘方面，除少数几个地点外，全国大部分地区的考古活动已停摆，连一度颇引人注目的殷墟发掘也迫于华北地区的紧张局势，早在 1937 年 6 月匆匆中断。在傅斯年的安排下，夏鼐暂时进了从南京内迁到四川南溪李庄的中央博物馆筹备处工作。当时正是李济主持筹备处的工作。

夏鼐回国后，正好赶上了四川彭山豆芽房和寨子山汉代崖墓的发掘项目。崖墓自南宋起即有记载，但在明代以后的方志中却多将崖墓称为“蛮洞”或“獠洞”，再加上近世有人将崖墓改造为居室使用[③]，始料未及地掩盖了其墓葬属性，所以当地居民一直误认为这是土著人居住遗留下来的洞穴。有关崖墓的调查最早是外国人来做的。从 1908 年开始，英国传教士陶然士、法国人色伽兰、日本人鸟居龙藏等在四川、重庆各地调查或发掘了多座崖墓，后来国内学者郭沫若、郑德坤等也搞过一些调查[④]。但总体来说，前期对崖墓的认识主要是以调查得来的，且对于四川崖墓的分布、特点及渊源等问题，认识还较为疏阔。为了“求中国古代文化在川省内所显示之特点，以及川省文化与中原文化之关系，特别致力于文化之构成、流传与分布三种研究”[⑤]，由“中央博物院”筹备处和“中央历史语言研究所”联合组织的“川康古迹考察团”，率先发掘了彭山县江口一带的崖墓。

因这次发掘也是夏鼐回国后参加的第一次田野工作，故夏鼐为此做了不少准备。从

---

① 夏鼐赴英之前，曾向梁思永征询过专业方向的建议。在 1935 年 4 月 2 日的日记中，夏鼐记下了梁思永的建议，谓“如欲研究汉代考古，最好先对于中国方面材料，有一大概知识”。据此推测，夏鼐或向梁思永表明过拟从事汉代考古的心迹。又 1935 年 9 月 21 日，夏鼐初见叶慈教授时，即将李济的推荐信交给叶慈，叶慈看后告诉夏鼐：“你读汉代的东西，很好，我今年开中国铜器一班，明年预备开汉代遗物。”可知夏鼐曾有从事汉代考古的打算。参见《夏鼐日记》卷一，华东师范大学出版社，2011 年。

② 王仲殊：《夏鼐先生传略》，《考古》1985 年 8 期。

③ 《夏鼐日记》卷三，1941 年 7 月 10 日日记记载，白崖近崖洞处有新建房子，且部分崖墓改为储藏室和刑事看守所，崖墓保存状况堪忧实可见一斑。

④ 南京博物院：《四川彭山汉代崖墓》，文物出版社，1991 年。

⑤ 刘鼎铭选辑：《国立中央博物院筹备处 1933 年 4 月 ~ 1941 年 8 月筹备经过报告》，《民国档案》2008 年 2 期。

1941年4月23日得到可能将参与发掘的消息，到7月7日动身赴彭山之前，夏鼐曾多次前往史语所坂栗坳图书室借阅川地史地方面的书籍，如《华阳国志》《四川郡县志》《四川通志》《蜀中广记》等①。所阅图书以古代史地方面的古籍为主，间杂以日本学者的发掘报告。1941年7月15日，夏鼐携“前四史”上山，抵彭山崖墓发掘工作站，与吴金鼎夫妇、曾昭燏、陈明达等发掘人员会合。当时的工作站设在江口镇东南山中的寂照庵，山中环境优美，但生活却十分清苦，工作也异常艰难，“有时找不到工人，几个人便亲自动手。每日收工时，大家从崖墓中钻出来，弄得满身是泥”②。

此次调查队的团长是同为伦敦大学毕业的吴金鼎（1901～1948）。吴金鼎比夏鼐年长九岁，夏鼐与他在安阳发掘时即已相识，此后在英国留学时过从甚密。对于吴金鼎来说，彭山崖墓和牧马山汉墓等发掘，于公，是想“尽力代博物院收集标本”，从而“希于三年期内愿见“中央博物院”所有藏品在全国居首位”；于私，则是“增长个人学识，使自己在汉代考古学上得有一知半解”③。夏鼐作为崖墓发掘的重要成员，与吴金鼎等共同工作了4月有余，晴天发掘，雨天拼陶片、登记出土器物，闲时读史以作排遣。此次“川康古迹考察团”在寂照庵、石龙沟、丁家坡、豆芽房沟、李家沟、王家沱、寨子山、陈家碥等地共发掘崖墓77座、砖室墓2座。其中在寨子山发掘的39座崖墓中，发现有永元纪年的蓝田令杨舆墓。此次发掘除大量的陶器陶俑外，还获得大量的石刻和珍贵画像砖等，为了解汉代社会风俗提供了新材料。发掘工作于1942年12月结束。夏鼐发掘了其中的6座崖墓，并留下了珍贵的原始记录。

以往，地方史的构建与考古学的关系没有得到足够的重视。“囿于当时的资料，地方史写作中的考古工作既不成体系，又深受历史情境的影响，因此看起来更像是孤立的学人的只手努力。”④然而，时局的迫不得已，使得大量有着丰富学识且受过正统西方学术训练的考古学者流寓于西南一隅，随之而开展的大量考察工作，不经意间改变着中国考古学的进程。以四川崖墓为例，这一“我国文化史上重要之遗迹”⑤的发掘，不仅“阐明了汉代四川特有的一种墓葬制度”⑥，引起了诸多学界中人的关注⑦，改观了“中国

① 《夏鼐日记》卷二，华东师范大学出版社，367、369、371、373页。

② 夏鼐：《追悼考古学家吴禹铭先生》，《夏鼐文集》，社会科学文献出版社，2000年；原载《中央日报》（南京）1948年11月17日第6版。

③ 李光谟：《李济与友人通信选辑》，《中国文化》1997年15、16期。

④ 徐坚：《暗流——1949年之前安阳之外的中国考古学传统》，科学出版社，2012年，20页。

⑤ 刘敦桢：《西南建筑调查概况》，《刘敦桢全集·四》，中国建筑工业出版社，2007年，1页。

⑥ 夏鼐：《追悼考古学家吴禹铭先生》，《夏鼐文集》，社会科学文献出版社，2000年；原载《中央日报》（南京）1948年11月17日第6版。

⑦ 梁思成曾在其1946年撰成的《图像中国建筑史》中引证了彭山崖墓的部分发掘成果，参见《梁思成全集》第八卷，中国建筑工业出版社，2001年。

之考古家，竟无一言”[①]的尴尬局面；而且因之众多的出土遗物，在丰富了我们对四川地区汉代文化史认识的同时，使得考古学意义上的区域研究成为现实。特别值得注意的是，在此抗战维艰，考古工作大面积停摆的背景下，彭山崖墓的发掘，赓续了史语所重视田野的传统，并得以保留考古的火种，从而让知识界同人看到了考古工作者在困境中所做出的巨大努力。对夏鼐个人而言，与有着“田野考古第一”[②]之称的吴金鼎先生的亲密相处，则使他坚定地认为在中国考古刚发轫的时代，最需要吴先生的正统派，也只有多做田野工作，多发现新材料，才能进一步做切实可靠的综合研究[③]。

二、西北考察之行与敦煌汉简的获得

在吴金鼎主持四川岷江流域汉墓发掘的同时，劳榦、石璋如二人即受史语所派遣，对敦煌莫高窟、黑河流域等展开了实地测绘与田野调查等诸项工作[④]。由于受时间、经费、组织管理的影响，二人的考察未能尽如人意。但是，这次由中国学术机构自行组织进行的西北史地调查，在确认“将来考古工作之可能程度，以及工作站之选择诸项”[⑤]上，为夏鼐等的下一步西北考察之行奠定了相当的工作基础。所以俟1943年四川汉墓发掘结束，史语所便与“中央博物院”筹备处、中国地理研究所和北京大学文科研究所等组成西北科学考察团，对甘肃开展考古调查和发掘。关于此次西北考察之学术缘由，夏鼐在替史语所起草的文件中有简略说明：“甘肃高原，史前故迹，冠绝各省。河西走廊，尤为古代国际重要交通路线，所经亦为西北国防重地。汉唐时代，在此经营，不遗余力，其遗迹至今历历可见。今日开发西北之声，甚嚣尘上，然不具知古人之措施，何以能得一时之成效？敝所有鉴于此，故于去年与中国地理研究所合作组织西北史地考察团。”[⑥]这次调查由向达担任考古组组长，夏鼐任副组长，阎文儒为组员[⑦]。

---

① 〔法〕色伽兰著，冯承钧译：《中国西部考古记》，商务印书馆，1932年，36页。

② 石璋如：《田野考古第一——吴金鼎先生》，《新学术之路（下）》，“中研院”历史语言研究所，1999年，631～638页。

③ 夏鼐：《追悼考古学家吴禹铭先生》，《夏鼐文集》，社会科学文献出版社，2000年；原载《中央日报》（南京）1948年11月17日第6版。

④ 关于劳榦、石璋如的西北考察情况，参见《石璋如先生口述历史》，九州出版社，2013年。

⑤ 《文教资料简报》1980年11、12合期。

⑥ 罗丰：《西出阳关——向达与西北史地考察团》，《敦煌文献·考古·艺术综合研究——纪念向达先生诞辰110周年国际学术研讨会论文集》，中华书局，2011年。

⑦ 西北考察一行本为史语所之宏大计划，傅斯年原拟以李济任团长。无奈李济新遭丧女之痛，无意强起支持其事。参见李光谟：《从清华园到史语所——李济治学生涯琐记》，清华大学出版社，2004年，315页。

西北科学考察团[①]原拟于1943年9月底出发，后因夏鼐突然染病卧床，计划被迫往后延半年。1944年4月4日，夏鼐由重庆飞抵兰州，一路西行，开始考古组的工作。在文殊山和金塔汉代烽燧遗址短暂考察后，19日，一干人等抵达工作目的地——敦煌。此后至同年12月，夏鼐等人在敦煌发掘了佛爷庙、老爷庙、月牙泉等墓地。佛爷庙和月牙泉的遗迹以汉唐时期的墓葬为主，少数也掺杂唐以后的[②]。由于这些汉末至隋唐时期的墓葬，大多已惨遭盗掘，因此虽也获得了不少画像砖及陶俑、木偶、铜器、朱书陶瓶、玻璃珠等遗物，但终究不能让人满意。夏鼐在7月19日的日记中写道："本季工作，告一段落。明日拟停工一月，本季共工作50日，发掘20座墓，成绩平平，令人丧气。"[③]8月，三人即短暂移驻千佛洞（今一般作莫高窟）避暑。在向达的指导下，夏鼐每日巡览各洞窟，细查其特点并作札记。中华人民共和国成立后，夏鼐曾专门著文，回忆了这一段忙里偷闲的避暑时光[④]。

自向达因经费支绌与人事原因于1944年10月19日东归后，考察团历史考古组唯剩夏鼐与阎文儒两主力。10月31日，夏鼐、阎文儒由敦煌启程，往西北汉长城遗址考察。11月5日，夏鼐发掘了小方向盘城北的汉代遗址，获汉简若干，其中一简有"酒泉玉门都尉……如律令"共三行三十八字。其后，夏鼐对这批汉简进行了翔实的考证，澄清了近人将汉武帝"征和"年号释作"延和"的错误，并提出敦煌未建郡以前（即太初二年以前），玉门关已在敦煌西的小方向盘的看法[⑤]。就当时而言，简牍学俨然是一门新兴的显学。罗振玉、王国维等开创了简牍研究的先河，其首创之功，至今光彩夺目。夏鼐躬逢其盛，有幸在田野调查中获得汉简，继踵而发表汉简之报告[⑥]。因为有着考古学的背景，所以与王国维、劳榦等相比，夏鼐在报告的体例上自然更加注意简牍的考古学特征。《新获之敦煌汉简》主要分为简牍获得情况简介、简牍释文、残简介绍、附录四部分，在记述各简的出土地、尺寸规格、性质以及简牍的伴出遗物和简牍的材质方面，为同时期出版的多部简牍报告所不及[⑦]。无疑，在简牍报告的体例上，夏鼐做出了

---

① 1942年，石璋如、劳榦、向达等参加的考察团全称为"西北史地考察团"，因准备仓促，组织无序，考察团活动历时一年便告结束。1943年，考察团改称"西北科学考察团"，虽照例由中研院牵头领导，但人员组成已有不同。

② 夏鼐：《甘肃考古漫记》，《夏鼐文集·中》，社会科学文献出版社，2000年。

③ 《夏鼐日记》卷三，1944年7月19日日记，207页。

④ 夏鼐：《漫谈敦煌千佛洞和考古学》，《文物参考资料》1951年5期。

⑤ 夏鼐：《新获之敦煌汉简》，《夏鼐文集·中》，社会科学文献出版社，2000年；原载《"中研院"历史语言研究所集刊》第十九本。

⑥ 敦煌汉简的正式报告一直未发表，夏鼐发表的《新获之敦煌汉简》仍然具有简报之性质。

⑦ 刘瑞：《谈简牍报告的考古学特征缺失》，《金塔居延遗址与丝绸之路历史文化研究》，甘肃教育出版社，2014年。

一些有益的尝试和探讨，并给予后世学者诸多启迪。

继于小方向盘遗址掘得汉简两天后，夏鼐又于大方向盘城东南土台，掘得晋泰始十一年乐生题记石碣及汉简若干。西北的 11 月，凛冬严寒，荒漠行帐颇为冻冷，但连日的重要发现，早已驱散了此间的寒意。11 月 24 日，夏鼐致函傅斯年、李济，谓此次发掘“然实斯坦因氏以后第一次于敦煌获得汉简也”[①]，兴奋之情溢于言表。

夏鼐和向达的西北科学考察，是由傅斯年经手策划安排的。作为“近代历史学只是史料学”[②]的提倡者，傅斯年当然知道新材料对于推动学术研究的重要性。傅的目的，一是想延续第一次西北科考的辉煌，以期获得更多的发现；二是想借由科学的考古来验证当时流行的中国文化西来说。另外，以甘新为代表的西北地区，从 19 世纪晚期开始便成为西方探险者的乐土。西方探险家们在地理学、气象学、考古学上所取得的巨大成就使中国学者逐渐沦为旁观者。具有浓重民族主义情结，想争“科学的东方学之正统在中国”[③]的傅斯年当然想极力扭转这一局面，而辽阔的西北地区，无疑是能“一方面消纳许多新起人才，一方面因此为促进中国中古史、交通史，以及域外史之研究，奠定一合理的基础”[④]的试验场。和向达所设想的一样，傅斯年的最终目的，仍然是想“与欧洲学者在中亚之历史考古研究取得联系，以提高吾国历史学者在国际学术上之水平与地位”[⑤]。他之所以选择夏鼐，肯定与向达多次力荐有关[⑥]，但他更看重的可能是夏鼐的田野工作能力。与黄文弼和贝格曼等早期西北考古的先驱者“搜奇有心，济胜无具”不同，夏鼐受过严格的西方田野考古学的训练，有着丰富的发掘经验。所以他甫一加入，便一改以往重遗物收集而轻遗址发掘的学术风气，发掘了大量墓葬，留下了一大批发掘记录。在学术界普遍重视的写本、石窟壁画之外，开辟了敦煌学的新领域，以地下的材料充实了敦煌的历史。

当傅斯年接到夏鼐在敦煌小方向盘发掘得简的报告后，非常兴奋，他在复信中写道：“弟就兄之报告看，极为满意。将来之工作，可以以此为蓝图。”并且，在信中，傅

① 邢义田：《夏鼐发现敦煌汉简和晋泰始石刻的经过》，《古今论衡》2003 年 10 期。

② 傅斯年：《历史语言研究所工作之旨趣》，《“中研院”历史语言研究所集刊》第 1 本第 1 分，1928 年。

③ 傅斯年：《历史语言研究所工作之旨趣》，《“中研院”历史语言研究所集刊》第 1 本第 1 分，1928 年。

④ 荣新江：《惊沙撼大漠——向达的敦煌考察及其学术意义》，《向达先生敦煌遗墨》，中华书局，2010 年。

⑤ 1943 年 3 月 5 日向达致曾昭燏信，见《文教资料简报》1980 年十一、十二合期，34、35 页。

⑥ 向达作为当时敦煌学研究的权威，傅斯年不可能不考虑他的意见。有关向达力荐夏鼐主持西北考察一事，转引自荣新江：《惊沙撼大漠——向达的敦煌考察及其学术意义》，《向达先生敦煌遗墨》，中华书局，2010 年，394 页。

斯年不无坦诚地对夏鼐寄予厚望，“本所考古事业之前途所望于兄者多矣”①。西北考察一行，从1944年4月到1946年1月，前后持续近两年，夏鼐全程参与并在向达先生东归之后主持其事。考察团几乎走遍了整个河西走廊。其间，夏鼐因阳洼湾齐家墓葬的发掘而订正了安特生的分期学说，从而奠定了他在史前考古学界的地位。除主持田野发掘外，夏鼐还十分留意相关民俗学、金石学材料的搜集，并进行石窟调查、汉简考释等。在《〈陇右金石录〉补正》一篇中，夏鼐回忆道，“甲申年（1944）余随向觉明先生赴陇右考古，虽以发掘工作为主，而对于碑碣吉金，亦加留意焉”②。作为一个纯正的考古学家，夏鼐对金石学并没有表露出明显的排斥态度③，对传世文献材料，他也是努力汲取，并不偏废。从夏鼐后来的论著来看，他一贯追求的只是考古材料客观性。夏鼐十分善于择取其他学科的长处和成果，且从善如流，所以他能兼取中西古今之长，从而取得超越一般考古学者的建树。

夏鼐自1943年由“中博院”转到“中研院”后，主要的工作便围绕甘肃展开。西北考察结束后，夏鼐等获得的材料被陆续运往南京整理研究，后流落至台湾，正式报告之发表计划遂告寝④。1946年，胡适向夏鼐询及西北考察情形并在观摩此行所得照相、绘图和拓本材料后，对夏鼐等所取得的成果颇加赞赏。为此，胡适满怀信心地认为中国考古学前途希望很大⑤。从考古学史的角度来看，夏鼐可称得上是“继安特生在二十世纪开创甘肃地区考古工作后之后，科学地对这一地区自新石器时代至汉唐进行系列性研究的我国第一位学者”⑥。此外，需要指出的是，夏鼐等人的西北一行，最重要的成就无疑是对科学的田野调查方法及其重要价值的昭示，这远比材料本身的获得更有意义。没有科学的调查和发掘，就无法保证资料的准确和可靠性，所谓“不得其器，不成其事”⑦。从某种程度上讲，在秦汉考古学领域，夏鼐等的科学调查和发掘，使

---

① 王汎森、杜正胜：《傅斯年文物资料选集》，“中央历史语言研究所”，1995年。

② 夏鼐的《〈陇右金石录〉补正》成稿于1944年，当时并未发表，后收入阎文儒、陈玉龙编：《向达先生纪念论文集》，新疆人民出版社，1986年。

③ 姜波：《夏鼐先生的学术思想》，《华夏考古》2003年1期。

④ 据阎文儒回忆，在考察结束后，原本的计划是夏鼐与阎文儒二人在南京合力整理出河西考察的正式报告，后因阎文儒远在东北工作，因故未成。全部材料搬运至台湾后，正式报告发表之计划遂告泯灭。参见阎文儒：《河西考古杂记·下》，《社会科学战线》1987年1期。

⑤ 《夏鼐日记》卷四，1944年12月20日日记，89页。

⑥ 张忠培：《著作等身一代巨星陨落，考古半百学风永垂——悼念夏鼐先生》，《中国考古学研究论集——纪念夏鼐先生考古五十周年》，三秦出版社，1987年。

⑦ 傅斯年：《历史语言研究所工作之旨趣》，“中研院”历史语言研究所第一本第一分册，1928年。原文为：“凡一种学问能扩充他做研究的应用的工具的，则进步，不能的，退步。实验学家之相竟如新旧交替斗宝一般，不得其器，不成其事，语言学和历史学亦复如此。”

得田野考古与史学研究开始逐步建立起了强有力的联系和互动，这为我国史学走出随疑古而来的迷茫，提供了指引，打开了局面，同时，也为历史时期的考古学研究做了表率。

三、新中国成立初期秦汉考古学科体系的建立

1950 年 8 月，中国科学院考古研究所甫一成立，人才奇缺，鞍马不齐，研究人员加上技术员和技工也才 14 人。梁思永先生又因肺病，卧床已久，实难亲自下工地主持田野发掘事务。所以，在该年 10 月，夏鼐这个新任副所长，到所后不到一礼拜，便马不停蹄地带领所中业务人员参加河南辉县的发掘。实际上，这次发掘主要是为了缓解所中田野技术人才和研究人才短缺的困难而进行的，其目的主要是对安志敏、石兴邦、王伯洪和王仲殊等年轻人进行田野培训。为此，夏鼐把田野发掘、编写报告与培养青年干部联系起来，一方面亲自带领队员，教年轻的同志们认土、找边、剥人骨架，以及照相、绘图与测量等[①]，帮助他们切实提高业务水平；另一方面，则着眼于考古学科的长远发展和布局，并结合个人的优势特点对四人进行了各自的工作安排并分配了导师。其中，王仲殊确定由夏鼐指导。由于夏鼐听说王仲殊在浙江大学就学时，在历史文献和日本语文上有所专长，所以明确主张其“应专攻在研究上必须充分以历史文献与田野调查发掘相结合的中国汉唐时代考古学，又因汉唐时代日本与中国交往甚密，日本的制度、文化多受中国影响，故可兼攻日本考古学和日本古代史”[②]。这样的指引看似不经意，却暗含夏鼐的良苦用心。王仲殊后来一直遵循这一指引，并最终在上述方面卓有成就。夏鼐不仅关爱后学，对后学的请教也是有求必应，在不辞辛劳地给年轻研究者审稿校稿的同时，还不时为学生引介名师[③]。

辉县发掘，不仅第一次获得了早于殷墟的商文化遗存，而且第一次搞清了战国车马坑的形制，是新中国成立后极有示范性意义的考古实践。在《辉县发掘报告》中，还大量披露了汉代墓葬的资料。当时，新中国的考古工作刚刚恢复不久，这对于秦汉考古来说，无疑是一个很好的开端。另外，在辉县发掘中采取的以田野考古培训与教研相结合的办法，为后来北京大学及其他各高校办考古专业时所采纳和发扬，并由此成为我国考古专业人才培养的一种重要模式[④]。

---

① 王仲殊：《夏鼐先生和中国考古学》，《文物天地》1987 年 3 期。

② 王仲殊、姜波：《见微知著 博通中西——王仲殊先生访谈记》，《南方文物》2007 年 3 期。

③ 黄展岳：《难忘的往事——纪念夏鼐先生诞生一百周年》，《夏鼐先生纪念文集——纪念夏鼐先生诞辰一百周年》，科学出版社，2009 年。

④ 孙庆伟：《〈辉县发掘报告〉——新中国田野考古范式的确立》，《人民日报》2017 年 1 月 10 日第 24 版。

20世纪50年代初，正是百业待兴，全国各地基本建设如火如荼之时，同时也是夏鼐一生中参加田野发掘最为活跃的时期。为配合长沙近郊的建筑工程，1951年秋，夏鼐又率领考古所人员，在长沙近郊发掘战国两汉墓葬。长沙发掘持续3个月之久，发掘队在陈家大山、伍家岭、识字岭、五里牌和徐家湾一带发掘各类墓葬162座，其中战国至东汉时期的墓葬数量最多，达145座。长沙近郊战国秦汉墓葬的发掘以丰富的实物资料初步揭示了战国秦汉时期墓葬的演变序列，并由此为后来的楚文化研究打下了基础，开辟了道路。在其他地区还在探讨个别墓葬的年代和出土器物时，长沙地区汉墓年代序列的率先确立，为南方地区汉墓的研究提供了一把断代的标尺。此外，发掘结束后不久即面世的《长沙发掘报告》，作为新中国成立后第一部主要披露战国秦汉墓葬材料的发掘报告，在体例的编写上有着诸多值得借鉴的地方，如“报告”以年代为纲，将墓葬形制和墓内出土器物归于其下分别叙述，层次分明，在突出重点的同时，力求材料的面面俱到。这一体例为之后的《洛阳中州路（西工段）》等一大批报告所采用。然而，在分类分期的方法上，《长沙发掘报告》也显示出了某些不足。“报告”将墓葬按一般的和特殊的两种分别叙述，但由于标准太过笼统，使得所有规格的墓葬被放在一块叙述并统一分期，混淆了墓葬本身反映出来的诸多差别。实际上，每一类规格的墓葬都有它独特的演变轨迹，因此每座墓葬都应当看作一个独立的单位。在依墓葬规格分类的基础上进一步分期，无疑更能反映社会历史的真实。在这一点上，1959年出版的《洛阳烧沟汉墓》，很大程度上弥补了《长沙发掘报告》的不足。

通过辉县、长沙近郊、洛阳烧沟、陕县刘家渠等汉墓的发掘，秦汉考古的资料得到充实，研究成果遍地开花。然而，墓葬发掘取得巨大成果的同时，遗址的发掘却相对被忽视。面对这一现象，夏鼐不无批评地点到，史前（也就是秦汉以前）的材料，比较全面，居住遗迹和墓葬都有，成绩很大。汉朝以后到唐朝到宋元明，便没有注意居住遗迹和城市遗址，几乎都是挖墓了。墓里可能出土好东西，但是反映人民的生活不够，光靠这些不解决问题[①]。遗址的发掘历来是任务繁重，出成果的周期长，且又不那么引人注目，然而，就学术价值而言，古城遗址所反映的有关制度问题与古代社会生活情况，有时比墓葬具有更大的价值。夏鼐对此有充分的认识和准备。早在1954～1956年，洛阳工作站和西安研究室相继成立[②]。随后，便开展了河南县城、汉魏洛阳故城、汉长安城等一系列的勘查、发掘工作，成绩斐然。大规模的都城和地方城址的发掘，使秦汉考古进入了一个新的阶段。

① 夏鼐：《文物与考古》，《四川文物》1984年3期。

② 在各个重要的地点设立考古工作站的设想，早在傅斯年发掘殷墟时就已提出（详见傅斯年：《本所发掘安阳殷墟的经过》，《安阳发掘报告》第二期，“中研院”历史语言研究所，1929年），然而它的实现和完善，却是在夏鼐实际主持中国考古学事业的任内。

《长沙发掘报告》《洛阳烧沟汉墓》的出版，表明秦汉墓葬的考古发掘和整理走上了近代考古学的轨道。1956年开始的以汉长安城为代表的秦汉城址考古工作，不仅有着明确的学术目的和具体的技术路线，而且在工作过程中实际运用了近代考古学的理论和方法，取得了丰硕的学术成果。这两项重大成就的取得构成了秦汉考古学形成的重要标志①。

四、秦汉考古研究的开拓

1958年，郑振铎因飞机失事遇难后，考古所中繁重的行政事务几乎落到了夏鼐一人的肩上。因此夏鼐亲自带队组织发掘，活跃在田野一线的机会越来越少，但他还是多次亲临各个重要的发掘工地进行指导。秦汉时期遗址的发掘，如洛阳烧沟汉墓、长沙马王堆汉墓、北京大葆台汉墓、满城汉墓等，夏鼐都曾有过指导。有些是与发掘者通信，有些则是在现场做出的指导。事情大到发掘的规划，小到考古发掘报告的编写、出版、署名，夏鼐事事认真对待，以确保发掘的有序和文物的万全。

中华人民共和国成立前，全国考古工作的中心基本上围绕殷墟一点，并为此集中了大量的人才和财力。中华人民共和国成立后，随基本建设而开展的考古，如长沙等地和黄河水库库区的发掘，使得全国的考古面貌发生了一些可喜的变化。正如1979年夏鼐发文时所说的那样，“解放以后的三十年间，我们除了继续开展史前考古学之外，还做了大量的历史时期遗存的调查和发掘。这些工作提供了大量的考古资料，使我们有条件可以着手编写中国的历史考古学，而不再是‘古不考三代以下’了”②。

中国考古学研究在涉及的时间范围向后段扩展的同时，夏鼐又开始把目光投向广大的长江流域。他认识到，“到了汉代，汉族的形成过程更推进了一步，汉族的构成部分更包括长江以南的闽、粤等族人民”③。因此，当1983年南越王墓发现时，夏鼐从整个中国考古事业考虑，建议协调由中央下派专家组，与地方省市组成考古队共同进行发掘，足见其重视程度。后来，麦英豪回忆此事时说“（夏鼐）先生的决定是新中国成立后三十多年来考古所队伍第一次越过五岭，是岭南考古史上的一桩大事”④。

20世纪80年代前半叶，夏鼐多次与当时杜陵陵寝遗址的发掘负责人刘庆柱谈话，鼓励他要多想办法，把工作做得完整一些，要不留遗憾。显然，他是希望考古所在帝王

---

① 中国社会科学院考古研究所：《中国考古学·秦汉卷》，中国社会科学出版社，2010年，3、4页。

② 夏鼐：《三十年来的中国考古学》，《考古》1979年5期。

③ 夏鼐：《新中国的考古学》，《考古》1962年9期。

④ 麦英豪：《夏鼐先生与广州文物工作二三事》，《广州文博》1985年4期。

陵墓考古方面要做出好的样子，走出新的路子[①]。

在秦汉田野工作大步迈进的同时，夏鼐也在引领学术研究的方向。从20世纪60年代开始，夏鼐利用考古学的资料和方法，深入探讨了我国古代天文、纺织、冶金等方面的成就，其成果后来汇入《考古学和科技史》一书中。夏鼐对科学工具在考古学中的运用前景抱有热切且开放的态度。早在1947年写作《新获之敦煌汉简》时，夏鼐就曾以敦煌汉简中无字残片请前“中研院”植物研究所何天相代为鉴定树种[②]。这在今日看来，已属于植物考古学领域。这种重视考古学与科技手段结合的理念与思想贯穿了夏鼐的整个考古生涯。有学者曾注意到，这是对史语所考古组重视科技手段传统的延续[③]。

夏鼐不仅从理论上论述了自然科学与考古学的紧密联系，而且带头在科技史领域着力深耕，不断拓荒。在研究汉代玉器时，夏鼐就提出要致力于探讨中国古玉的原料产地，要对各地出土的玉器多做科学鉴定，从矿物学上辨明它们的显微结构和所含元素，以便和地质矿产资料做比较分析[④]。这正是当代玉器研究的一个重要方向，但碍于当时的条件，这种设想还很难实现。不过，这表明，夏鼐的研究理念是很先进的，他一直在紧跟世界考古学的潮流。在汉代丝绸史的研究上，夏鼐取得了比较突出的成就和广泛的影响。他根据新疆出土的材料，认为汉代的丝绸，主要包括绮、锦和刺绣[⑤]。通过对新疆出土织锦的中西比较研究，夏鼐揭示了“丝绸之路”的交流对中国织锦技术转变的深刻影响。此外，夏鼐依据江苏铜山洪楼发现的汉画像石上的纺织图，对汉代普通织机进行了详尽的复原[⑥]。他通过细致研究所得出的许多具体结论，由于考证翔实，至今仍然被广泛征引。他的潜心研究，为中国学者开创了可供学习的学术范式（paradigm），并在诸如丝绸史研究等领域使中国与国际得以接轨[⑦]。

---

① 刘庆柱：《我心中的夏鼐先生》，《考古》2010年2期。现在看来，夏鼐当时的鼓励其实有着深刻的现实背景，这些话可能是针对当时考古界急功近利现状有感而发的。20世纪80年代，很多地方部门为了经济利益而一再动议发掘帝王陵。对此，夏鼐一贯保持着谨慎和反对的意见。1979年4月7日，夏鼐又曾目睹秦俑坑糟糕的发掘状况，甚至严厉指责“这是一场全面破坏的挖宝工作”（《夏鼐日记》卷八，287页）。

② 何天相：《中国之古木（二）》，《考古学报》1951年第5册。

③ 杜正胜：《新史学与中国考古学的发展》，《文物季刊》1998年1期。

④ 夏鼐：《汉代的玉器——汉代玉器中传统的延续和变化》，《考古学报》1983年2期。

⑤ 夏鼐：《新疆发现的古代丝织品——绮、锦和刺绣》，《考古学和科技史》，科学出版社，1979年。

⑥ 夏鼐：《我国古代蚕、桑、丝、绸的历史》，《考古学和科技史》，科学出版社，1979年。

⑦ 梁加农：《夏鼐的丝绸史考古研究》，《考古》2000年4期。

五、结　语

夏鼐对中国考古学的影响是不言而喻的。就秦汉考古这一分段学科的建立和发展来说，夏鼐所做的贡献或所起到的作用应包括以下几点。其一，夏鼐不仅参与或主持了四川彭山崖墓、汉代长城和烽燧遗址、辉县汉墓、长沙汉墓等一系列重大秦汉考古项目的调查或发掘，主持编写了《长沙发掘报告》等具有开创性意义的汉墓发掘报告，而且延续了傅斯年的构想，在西安、洛阳等地设立了考古工作站，擘画了汉代城市考古的蓝图，为秦汉考古的形成奠定了坚实的基础。其二，在夏鼐的关怀指导和提携下，考古所的王仲殊、黄展岳、卢兆荫、刘庆柱等一批年轻人才，均在秦汉考古领域成了独当一面的考古学家，并留下了一批颇具影响力的报告或著述。秦汉考古学学科体系正是借由这一大批蓬勃的力量而不断生根发芽，并在之后日渐完善。其三，在具体问题的研究上，夏鼐有着绣花针般的严实考据功夫，与此同时，夏鼐又具备大刀阔斧、观瞻全局的能力和信念，这二者的结合使得他在秦汉考古研究领域得以不断开拓创新，至今保持着重要的影响力。其四，夏鼐还强调文献与考古材料的结合，指出文献与考古材料犹如车之两轮，鸟之双翼，不可偏废。而夏鼐一系列重要的历史考古学的论述，莫不是文献与考古材料结合的典范。

通过追寻夏鼐在秦汉考古领域的足迹，可以看到，夏鼐正是在秦汉考古领域的实践中，获取了他对历史时期考古学发展方向的思考。他对多学科方法兼收并蓄的态度，对田野考古和人才培养的重视，以及在具体研究中创立的相关研究范式，倡导并践行的"献身精神"，时至今日，仍是中国考古学值得珍视的瑰宝。从这个意义上讲，全面梳理并总结夏鼐在秦汉考古学领域的学术遗产，对于开创秦汉考古乃至历史时期考古的新局面就具有特别的现实意义。

Xia Nai and Archaeology of Qin and Han Dynasties

Li Bin

Abstract: The archaeology of Qin and Han Dynasties is typical of the archaeology of the Chinese historical period. In the 100 years since the birth of modern archaeology in China, the archaeology of Qin and Han Dynasties in China has grown from scratch, from weak to strong, in which Xia Nai has played a key leading role. Since returning from his studies in 1941, Xia Nai not only participated in or presided over the investigation and excavation of a series of major Qin and Han archaeological projects such as the Pengshan cliff tombs in Sichuan, the Great Wall and beacon sites of the Han Dynasty, the Han tombs in Huixian and Changsha, presided over the preparation of groundbreaking reports on the excavation of Han tombs such as *Changsha Excavation Report*, but also directly planned the archaeological work of the city site represented by the site of Chang'an City in the Han Dynasty. In addition, Xia Nai continued to promote the development of Qin and Han archaeology in terms of personnel training and specific research, thus laying a solid foundation for the construction of the disciplinary system of Archaeology in the Qin and Han Dynasties.

Keywords: Xia Nai; Qin and Han archaeology; Pengshan cliff tombs; Han bamboo and wooden slips in Dunhuang; Changsha Han tombs

路县故城遗址水井考古发掘过程的反思

——以J13为例

孙 勐 魏 然

［北京市考古研究院（北京市文化遗产研究院），北京，100085］

摘要：在路县故城城郊遗址区内，两汉时期水井数量众多，空间分布密集，类型全面丰富，是该遗址构成和考古的突出特点。其中，J13是路县故城遗址第一口发掘最完整、最彻底的水井。J13的发掘，对于此后路城水井的实际发掘具有指导意义，对于之前已发掘的水井的资料整理与研究也具有重要价值。回顾J13的发掘过程，意识到其中存在很多不足之处，对于这种不足的及时总结与反思可为今后路县故城遗址，特别是水井的考古发掘提供了重要的借鉴。

关键词：水井　考古发掘　路县故城

路县故城遗址位于北京市通州区原潞城镇的西北部、北京城市副中心行政办公区的北部，是一处以两汉时期为主体年代的大遗址（图一）。根据已发掘遗存的类型、性质、功能组合和空间分布等情况，我们认为路县故城遗址主要由城址本体（城墙基址、城壕及其围合区域内）、城郊遗址区和城外墓葬区等部分构成。其中，城郊遗址区主要是指城墙基址外、与城墙基址直线距离50～460米的区域。

2016～2021年底，北京市考古研究院（原北京市文物研究所）先后在路县故城城郊遗址区内的西南部、南部和东南部发掘了42300平方米，清理两汉时期的水井231口。按建筑材料的不同，这些水井可以分为土圹井、木构井、陶井圈井、砖井、砖木混构井、砖瓦混构井等。从平面形状来看，这些水井主要可以分为圆形和多边形两大类，多边形中又有方形、长方形、七边形等不同形制。城郊遗址区中两汉时期水井数量众多，空间分布密集，类型全面丰富，是路县故城遗址和考古的一个突出特点，对于了解和认识该遗址的构成、功能以及当时社会的生产、生活状况具有重要价值。

2020年9月，为配合路县故城遗址保护展示工程项目，北京市考古研究院在其用地范围内清理了一口木构水井，编号2020TLGBZJ13（以下简称J13）（图二）。J13整体保存状况较好，材质、形制、结构和建筑工艺等在路县故城遗址水井中具有典型性和

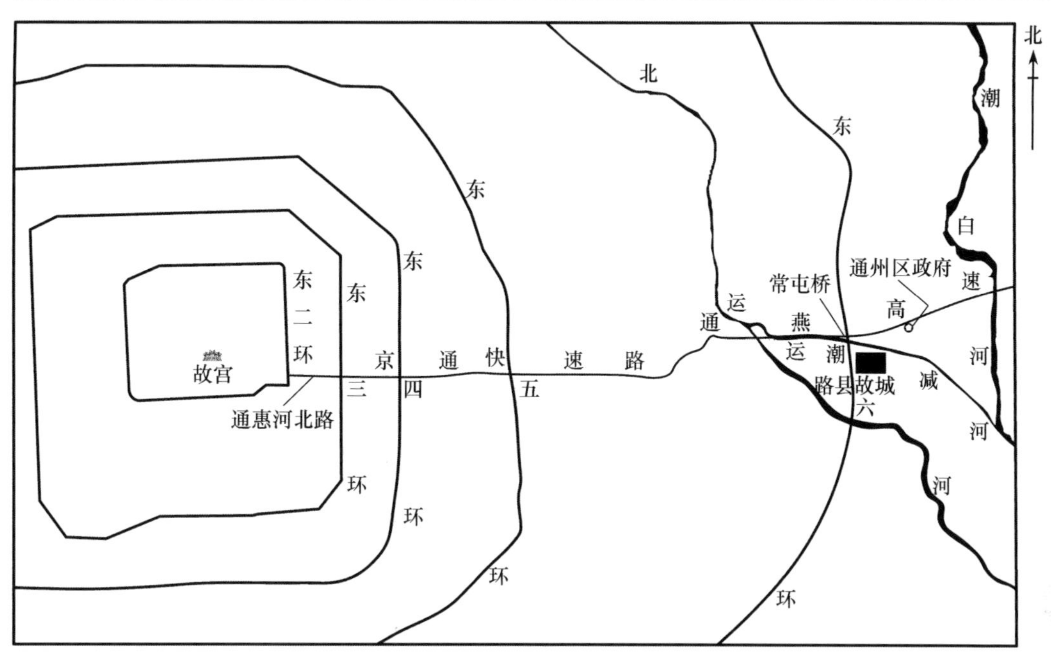

图一 遗址位置示意图

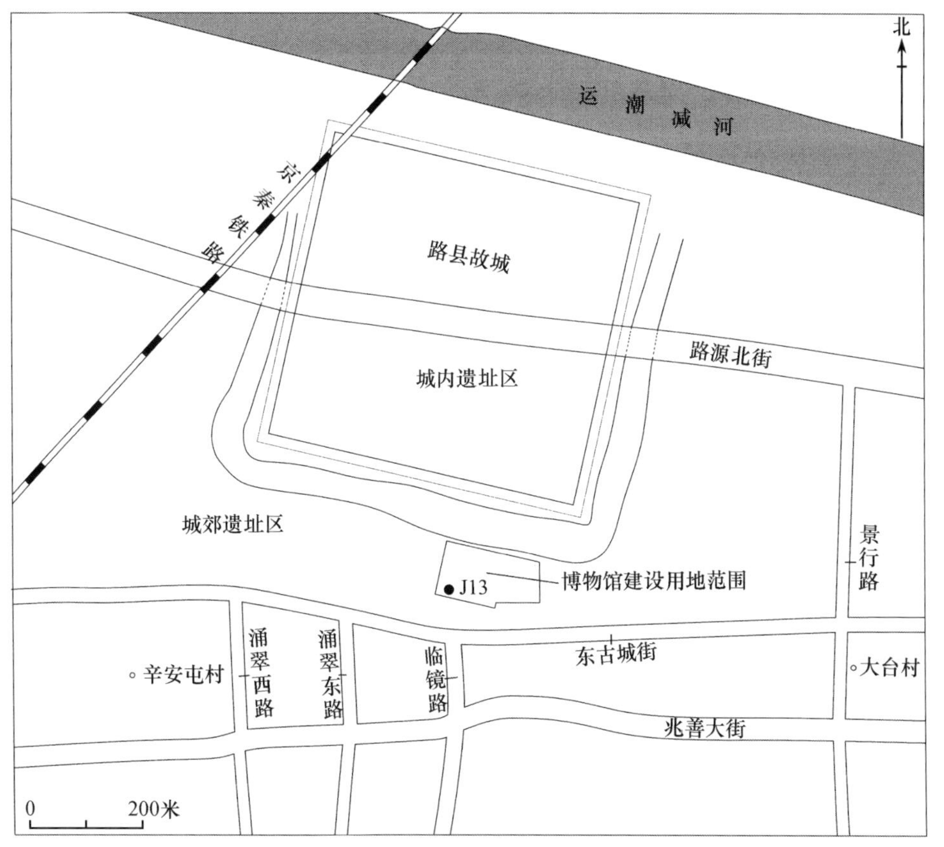

图二 J13位置示意图

代表性，并且还是该遗址第一口发掘最完整、彻底、充分的水井。此次发掘不仅对该水井的形制、结构、建筑技术有了全面了解，并且对之前路县故城水井的发掘和水井的结构有了更为全面、深入的认识，对之后水井的实际发掘具有重要的启示和指导意义。此外，在 J13 发掘资料整理中和此后水井发掘过程中，我们有了更多的发现、积累了更多的经验、形成了更多的认识，使我们深刻地意识到 J13 的发掘过程确实存在很多不足之处。尽管这种不足在实际操作上已无法弥补，但是对于这种不足的认识、总结和反思还可为今后路县故城遗址，特别是水井的考古发掘提供重要借鉴。

一、水井结构与遗物

J13 可分为外圹、内圹和木构井体等，基本呈上圆下方、外圆内方、上大下小（图三）。外圹开口于第 6B 层下，距地表深 4.6 ~ 4.9 米。外圹开口平面近似圆形，直径 4.89 ~ 5.3 米。外圹底径 4.8 ~ 5.13 米。内圹开口距外圹口深 0.87 米，平面近似方形。内圹开口边长 3.06 ~ 3.62 米，底面边长 2.73 ~ 3.3 米。内圹中部为近似方形的木构井体开口，边长 1.18 ~ 1.32 米。沿井口向下清理 0.59 ~ 0.63 米后露出保存较好的木构井体。井体上口内边长 1.22 ~ 1.27、外边长 1.37 ~ 1.48 米。井体残深 2.14、厚 0.07 ~ 0.2 米。井体向下变宽，底部内边长 1.44 ~ 1.47、外边长 1.74 ~ 1.76 米。井底距外圹口深 3.88 米。

木构井体残存木板，东壁 8 块、南壁 8 块、西壁 7 块及北壁 9 块，主要以榫卯方式搭建而成。在南壁内中部和西侧，紧贴南壁，分别有一件圆锥状木桩，插入井底内沙土。在南壁外和西壁外西南角，有一件圆锥状和四件长方形木构件。在井壁外侧中下部，清理时发现苇束遗存，糟朽严重，不能提取。在井底未发现出水孔或泉眼，圹壁上也未见渗水孔。

木构井体内的填土为青黑色，黏性较大，含有细沙。底部为青灰色沙层。填土内的中部和中上部出土木板残件、灰陶罐和大量灰陶残片等，底部出土半瓦当、木篦、铁锛等。

二、发掘过程与认识

按照考古发掘过程中的环节、步骤或操作，主要包括清理、提取（现场的文物保护可归入提取之中）和记录三大部分。对于发掘对象或遗迹而言，清理，是一个去除或者“减”的环节；提取，是一个保存或者“留”的环节；而记录，则是对于以上两个环节进行的文字和图像描述。在整个水井发掘过程中，这三个环节不是依次开展的，而是先后交替进行的。因此，为了行文简洁，本文以清理为主要考察对象，将提取和记录融入其中进行叙述。

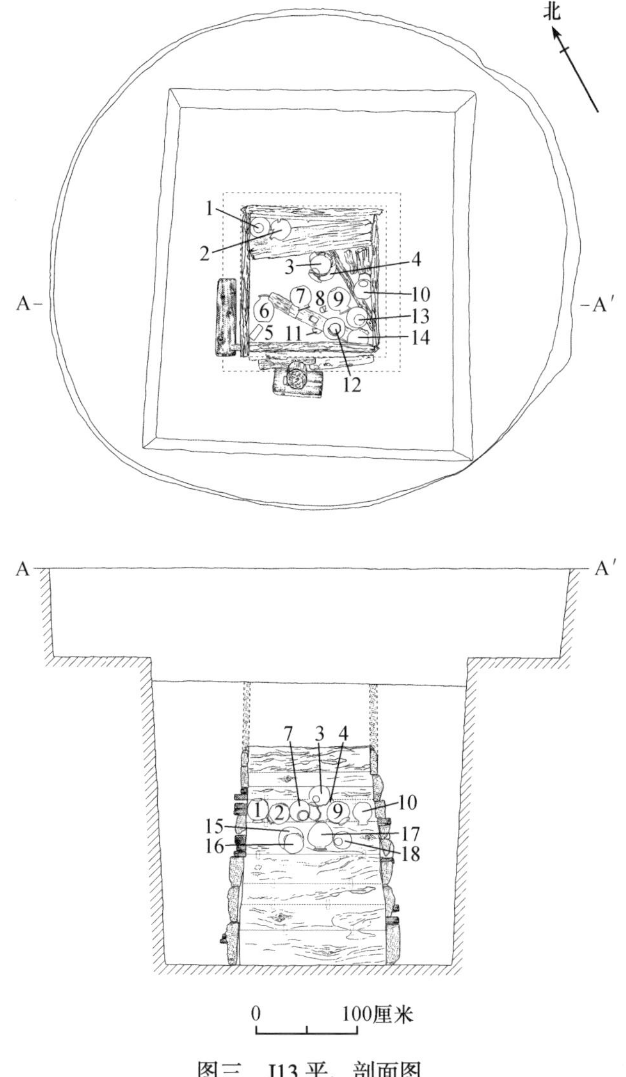

图三　J13平、剖面图

1～4、6、7、9、10、12～18. 陶罐（J13：1、J13：3、J13：4、J13：5、J13：10、J13：6、J13：7、J13：21、J13：8、J13：9、J13：15、J13：12、J13：22、J13：11、J13：17） 5. 铁锛（J13：2） 8. 木篦（J13：1） 11. 瓦当（J13：24）

水井考古发掘过程中的清理主要是指明确水井自身的遗存，挖掘其废弃后的各种堆积和修建时的不同堆积。

（一）开口部分

J13外圹开口于第6B层下，层位和形状非常明确。从其土质与形制看，这个开口并非该水井在修建和使用时期的原始开口或“原始面”，而是被破坏后保留下来作为遗迹的现存开口或“残存面”，后者与前者在空间上的垂直距离已无法了解。水井的开口非常重要，除了直接关系到与其他遗迹（包括文化层）的关系、形制特征等，还与以下几方面的内容密切相连，这和水井作为建筑或遗迹的特殊性有关。①水井开口的划定，代表水井掩埋完成最晚的年代，也就是水井最终失去其原本功能和附属功能的年代，这是我们判定该遗迹年代下限的重要参考。由于水井在使用时是一种地下、地表与地上空间相连通并结合的建筑类型，既有高出当时原地表的部分，也有低于原地表的部分，因此，路县故城水井的现存开口主要有三种形态：一是由外圹、内圹和井体开口三部分组成，这是一种最完备的开口形态；二是由外圹和井体开口两部分组成；三是只有外圹开口。J13 的开口属于最后一种，也就是说其内圹和井体开口与外圹开口不在同一平面上，应是遭到后期破坏的一种结果。②在保存状况较为理想的情况下，作为遗迹类型的水井开口很有可能就是当时原地面或者活动面的一个重要参照物。这既是一个空间的面，也是一个时间的“面”，对于切实把握水井的年代、复原水井的整体历史面貌和构成具有重要价值。③水井作为单体遗迹，其在使用中一定是与其他设施共同存在、组合使用的，比如房址、陶窑、道路等。若要判断水井与其他遗迹间的联系，最重要的一点是这些遗迹应有着共同的开口层位，在此基础上才能再结合遗迹的空间位置与分布、性质功能与用途等予以断定。也就是说，必须要在明确共时的前提下谈共存，才会有实际意义，这是时间“制约”空间。由于道路是实现人类行为或活动空间位置转移的重要设施，因此在考古发掘中，道路是确定水井与其他遗迹间联系最直接、最有力的证据。不过，在路县故城遗址中，一直未能清理出连接水井与其他遗迹的道路遗存，这仍是我们今后发掘中需要密切关注的重要对象。

（二）井底部分

按照 J13 底部的清理情况，主要可分为两部分：一是将木构井体外至内圹壁之间的填土挖掉后底部露出的原生土，这是一个“底面”（简称 A 面）；另一是将木构井体内的填土和淤积土挖掉后底部露出沙土，这是另一个“底面”（简称 B 面）。一个遗迹或者一个建筑遗存，因功能、部位和需求等不同形成不同的底面是很正常的现象，可以通过土质、土色、包含物和形制等的不同较好地进行区分。但是，对于水井而言，由于其所承载的特殊功能，准确地把握其“原始底面”较为困难。简要地讲，J13 的 A 面是稳定的，没有遭到外力的改变，和其他类型的遗迹一样是“静态”的面，可定为“原始底面”；而 B 面所属区域承载供水功能，由于水的作用，从建成到使用一直处于被改变的状况，则是“动态”的面，是“现状底面”。另外，还有一点需要考虑，在 A 面到 B 面之间或者说这两个面的衔接处，还有一个面——木构井体的底面（也就是其最底层木板的底面，简称 C 面）。C 面在自身所承受的压力（来自整个木构井体）和水流的双重作用下，也是一个“动态”的面。这三个面中，A 面、C 面到 B 面，其稳定状态依次减弱，或者说其变动状态逐渐增强，另外，这三个面的“原始面”是否在修建之初曾同在一个水平线上目前无法确定，因此，我们暂定 A 面为水井的底面较为妥当。

底面的确定关系到水井的挖掘深度。修建水井时其底部或者发掘的深度应该取决于实际水源的位置。这是制约水井底部或者“底面”位置的最为关键的因素。水井中的水，由于具有流动性以及长时期固定于一个较小的区域或空间内（这里的流动性是指在使用时水源在不断地补充，固定则是指局限在井体范围之内，二者对于水井而言并不矛盾）的特点，一定会对水井，特别是井体内的原始底面有所破坏，或者说改变。这不像房址的地面经过人工处理、窑床的床面由高温烧结而成、墓葬的室内地面有青砖等，在使用过程中基本不会发生自然或外力的改变。因此，水井底面的确定必须要兼顾其修建和使用时的情况。从 J13 的发掘情况看，圹壁均为泥土，只不过越接近底部含沙量越大，特别是内圹壁与木构井体之间的底面，是含沙量较大的原生土面。这很有可能是水井的原始底面。木构井体内是最重要的供水区域和存水空间，其底部均为沙土，应是水的流动性造成的。

水井底部的发掘，是认识水源位置最关键的部分，这也能为推断水井的选址提供重要依据。水井的选址受到两大基本因素的制约或影响。一是使用者的需要或需求，无论是饮用还是手工业、农业生产等。从人们的一般思维和行为方式而言，应采用就近原则，在最合适、最便捷的地方。另一个因素则是水源，区域是否有充足供水。从考古上讲，第一个因素与开口有关。而第二个因素是决定性因素，必须通过底部的发掘才有可能得知。尽管现在水井的底部已经没有水了，但是最起码我们可以知道这一深度一定是当时这一区域内有水源并且能够长时期提供稳定水源的位置。在发掘中注意水井底部所在具体土壤环境与其周边邻近区域的相同深度的地质环境的差别，可以证明上面所说。

（三）废弃堆积

J13 的废弃堆积是指底面到开口范围内不属于水井本身构成部分的全部遗存，大体可以分为两部分。内圹和木构井体开口到外圹开口的堆积（简称 A 堆积），土色黄灰，没有包含物，其形成原因或者具体用途目前并不明确。木构井体内的遗存为另一部分废弃堆积（简称 B 堆积），土色青黑，黏性较大，含有细沙，灰陶罐等均出于其内，是水井废弃后第一次形成的堆积。水井内废弃堆积的界定，对断定水井的废弃过程、填埋方式、废弃时间等具有重要作用。A、B 堆积的土质、土色和包含物明显不同，代表了两次大的填埋过程，且后者打破并叠压于前者之上，是现存的水井废弃后填埋的最后一次形成的堆积。

水井内废弃堆积的清理，应强调的是注意堆积的分层与形态。考古学上，堆积分层的考察，除了可以明确相对的时间次序、方位关系，还可以表明堆积形成的次数，也就是这种填埋为一次性形成还是多次形成。这在一定程度上代表着其形成速度。从小的方面讲，堆积形成的次数和速度主要与特定的人的具体行为有着相当密切的联系。从更大的视角考虑，还应与该水井所在区域人群或社会整体活动的兴衰有着较强的联系。从土质、土色和包含物来看，J13 的 A、B 堆积区别明显，但都不能对其本身再进行分层，因此二者都是一次性形成的。这种较快速度的填埋，在一定程度上可以说明 J13 废弃后，其所属的区域仍承担着人类活动的其他功能。也可以说，J13 的废弃并不能表示其所属区域的废弃。

对于废弃堆积分层及形态的把握，在实际的田野考古工作中比较好的一种操作方式是进行解剖性发掘。这种方法可以使发掘者在清理过程中将平、剖面更好地结合起来，有利于堆积形态、分层及相互关系把握的准确性。这种方法对于清理水井内废弃堆积还有一个好处，就是由于水井形制和结构具有太深、太窄的特点，越向下清理光线越暗，对土色甚至是土质的实际掌握就越不利。因此，保留下一个整体性的剖面进行观察、比较和检验是非常必要的。这一方法在路城遗址的水井发掘中已多次采用，并且取得了较好效果。不过，也是由于水井自身太深、太窄，导致井内操作在空间上受到很大限制，并且在实际清理过程中还会面临坍塌的风险，这是解剖性发掘开展的不利因素①。J13 的废弃堆积，特别是其中 B 堆积的发掘，考虑到考古人员的安全和内部的操作空间，没能采用解剖性发掘，也就没能对 B 堆积的一次性形成进行检验，算是此次考古发掘的一个遗憾。

结合路县故城其他水井的发掘，还有几点需要强调：其一，水井的废弃堆积不是其在修建和使用时本身的一个构成部分，而是其在失去原本功能之后形成的（这与灰坑中属于垃圾坑内的填埋堆积的性质是不一样的，尽管二者填埋的内容与形式可能会有相似之处）。其二，根据堆积及分层具体形态的不同，包括高低、方向、薄厚等，可推断每次填埋的体量、人的行为方向等。其三，由于井体很深，其不同的废弃堆积及分层在形成原因上应是有差别的，简单地讲，除人为形成外，也会存在自然形成的可能，相当于一种“自然层”或者说是文化层之间的“间歇层”。

堆积及分层主要是从迹象形态与位置关系的角度来讲的，除此之外，其中还包含不同数量、种类的遗物，也是所清理堆积的重要组成部分。J13 的出土器物集中在 B 堆积内。B 堆积没能再分层，器物也就无法进一步纳入更小的遗迹单位，因此，只能根据器物的不同类型和位置关系进行器物的分布描述。从纵向（剖面）上说，大体可以分为三层：上层主要是木板残件、灰陶鼓腹罐和大量灰陶残片等；中层仅有灰陶鼓腹罐；下层则是小灰陶折肩罐、半瓦当、铁锛和木篦。从平面上说，上层是整层分布，中层和下层则基本集中于中部。出土器物中数量最多的是灰陶鼓腹罐，可复原者共计 19 件，均位于上层和中层，出土时器物的口部或朝下，或朝一侧，没有朝上的。这些鼓腹罐的出土

① 对于单体遗迹的解剖性发掘，效果最好的是填土与遗物混杂程度较低的堆积，这有利于从开口到底面清理出一个完整、连贯的剖面。在田野考古中，也可以根据实际情况，分段进行解剖性发掘，局部保留剖面，但要注意连续性，只是效果不如前者清楚。

位置集中，数量众多，是目前路县故城遗址水井中出土同类型器物最多的一次。另外，经室内整理，这些鼓腹罐的形制虽有差别，但均属于西汉初期，具体功能可能为汲水器具。更为重要的一个发现是，其中14件鼓腹罐的肩部都有戳印文字或刻划文字。这类陶文是“物勒工名”制度的产物与见证，也是陶器生产乃至流通过程中的一种检验结果和凭信。这类带有戳印文字或刻划文字的鼓腹罐，在目前路县故城遗址中是首次发现，也是数量最多、最集中的发现。考虑到这些鼓腹罐的特殊性和重要性，再回顾其埋藏情况，我们不得不产生几个疑问：第一，这些鼓腹罐是因何、如何被埋入废弃的水井中？第二，这些鼓腹罐是否均被当作废弃物而埋入水井中？第三，如果不是的话，那么我们对J13B堆积的性质就要重新限定。也就是说，如果这些鼓腹罐是一种有意识的保存性埋藏，那么B堆积相对于水井而言仍可称作废弃堆积，但相对于鼓腹罐而言则不能称作废弃堆积。这也就牵涉到B堆积的形成是否可算作对水井再利用的问题。第四，一般来讲，水井中出土这类鼓腹罐，常被当作汲水罐，多认为是在汲水过程中因损坏等原因而掉落井中，而这么多鼓腹罐出土于青黑色淤积土的中上部和中部，是否都曾用于汲水？第五，J13的邻近区域是否有制作、烧造、储藏陶器的作坊遗址？如果有，J13是否就是作坊遗址的构成部分之一？这些疑问在发掘过程中并不清晰，也没有特别关注，因此很可能失去了一些相关迹象，算是此次考古发掘的另一个遗憾。

J13废弃堆积清理的主要目的和完成后的主要结果之一就是全面揭露出木构井体的内壁，这也是直接认识该水井基本结构的重要环节之一。木构井体的内壁光滑、平直，用木板一层层地搭建而成，木板间的接缝十分紧密。其中以最底层的木板最宽、最厚、保存状况最好。最重要的一个发现是，在南壁内侧的中部和西侧，紧贴南壁，分别有一件圆锥状木桩，插入井底内沙土。木桩保存状况较好，残长分别为0.64米和0.51米，直径分别为0.06米和0.05米。在这两件木桩之间清理出零星的竹席遗迹，保存状况很差，已无法提取。木桩不粗，不能很好地起到加固木构井体的作用，应是与竹席配套使用，起到过滤水质的作用，也是水井的设施之一。不过，已经无法确定的是，J13木构井体内是四壁都有还是仅在南壁安放了这种设施；如果仅在南壁有这种设施，是出于何种原因。

J13废弃堆积清理和木构井体内壁揭示后，可以对该水井的废弃原因有一个初步认识。水井废弃的主要原因，可以概括为几种：一是水源枯竭，水井彻底失去了原本功能；二是井体破损，甚至坍塌，并且已经无法修补继续使用或者从经济、人力成本计算，不值得修补；三是水井所在区域遭遇战争等突发事件，人类活动骤然减少；四是水质遭到有毒物质等的损害。从J13井壁的保存状况看，基本完整且没有倾斜，四壁底部C面基本在一个水平面，因此推测J13废弃原因很可能是水源枯竭。

（四）本体堆积

J13的本体堆积是指木构井壁外至内圹土壁之间的部分，是在水井建设过程中形成、承担着水井的使用功能、属于水井本身构成的部分。本体堆积与上述废弃堆积的性质是不同的。此外，二者在形成时间上也可明显区分。前者是在水井修建过程中形成的，与水井的始建年代直接有关，也就是说二者的共时性关系最强。本体堆积是否分层、是否分段（分层侧重于横向的形态，分段则更强调纵向的形态）；是否有夯窝，是否有接缝等，都与水井的建筑技法有着较密切关系。J13 本体堆积的土质较硬，但在清理中未发现明显的夯打遗迹，也没有发现明显的分段痕迹。在明确本体堆积是一次性形成的前提下，其内包含物的年代是断定水井始建年代的重要参考之一。J13 本体堆积内包含物仅有 3 件夹砂陶片。这几件陶片出现在 J13 本体堆积内，有两种可能：一是当时已形成的地层中或地表的遗物，因取土等原因被埋入本体堆积内；二是在修建过程中产生的遗物。也就是说这几件陶片的时代或略早于建井的时代，或与建井同时。不过，遗憾的是，对于这三件陶片，无法辨别其所属器形，从陶色、陶质也无法确切判断其相对年代。

本体堆积的发掘对了解该水井的建筑结构与修建方式至关重要。

首先，只有清理了本体堆积，才能了解内圹土壁的具体形态，包括圹壁与底面形成的角度（垂直或斜直等）、是否为台阶式等。J13 内圹土壁从上至下为斜直内收，呈口大底小的状况，这有利于水井在修建和使用中的稳固与安全，并可在一定程度上节省人力、减少工作量。在路县故城遗址其他水井的发掘中还发现两种相关遗迹，需要注意，一是圹壁是否有工具加工痕迹的遗留；二是圹壁是否有修建水井时用于支撑或供人上下的设施的遗迹。

其次，只有清理了本体堆积，才能了解井体外壁的具体形态。J13 木构井体的外壁粗糙，多数木板仍保留树皮，木板间的接缝非常明显。相比较于内壁的光滑、平直与接缝紧密，这种不同的处理方式，应与井体内、外壁在实际使用中功能及功能强弱的不同有关。井体的木板共同承担蓄水、隔绝水与其四面其他物质接触的功能（建筑的支撑功能这里暂不进行讨论）。其内壁是与水直接接触的面，既要防止水的外流，从而保证水量的充足以及水对外部的作用；又要阻拦主要由于水的流动性所造成的本体堆积中土的内渗，从而保证水质的清洁以及水井的整体稳固。此外，内壁的光滑与平直，在水井的实际使用过程中，既方便汲水，也可减少在汲水操作中器物与井壁之间的摩擦、碰撞以及由此带来的损坏。木板的外壁被置埋在土中，是与土直接接触的面，不用考虑美观的因素，同时填土的密实度保证了在没有外力作用下的稳定，因此不需要特别加工。此外，树皮部分对木板可以起到更好的保护作用，还可以最大限度地保持木板的厚度。因此，外壁的原状保持可在节省人工的情况下充分发挥作用。

再次，只有清理了本体堆积，才能了解到木板两端为榫卯结构搭建。除此之外，还有两个重要发现。在南壁外和西壁外西南角，有一件圆锥状和四件长方形木构件（编号①～⑤），均经过人为加工、修整。①长方形，有“L”形穿孔。长 49、宽 25、厚 16 厘米。②长方形，长 63、宽 20、厚 13 厘米。③圆锥状，残长 175、直径 18 厘米。④长方形，长 55、宽 18～20、厚 14 厘米。⑤长方形，长 75、宽 16～20、厚 13～15 厘米。

这五件木构件应均用以加固井体。不过，清理过程中，在北壁外和东壁外则没有发现用以加固的木构件。在井壁外侧的中下部，还发现苇束遗存。根据其痕迹，推测很可能分段、成捆堆放。苇束的用途，推测一是在水井修建时可较为迅速地填充在井壁与内圹之间，减少井底水流对修井过程的不利影响；二是在水井使用时尽可能地阻止填土或其他杂质渗入木构井壁，从而保证井水的卫生和质量。J13用以加固的木构件和苇束遗存，是路县故城遗址水井发掘中的首次发现，这给了我们一个非常“严重的警告”，本体堆积必须要进行清理，否则无法全面了解水井的具体修建过程和结构。

（五）本体构件

本体构件主要是指遗留下来的组成木构水井的木板。木板属于遗物范畴，本文将其放在清理过程中，是由于木板的保存难度大、条件高，因此对其没有进行正式编号，也没有保留，只是进行了拆卸。由于井体为木材，属于有机质文物，易腐朽，又置于黏性强的淤积土内，特别是榫，清理时已存在断裂、错位等现象，仅凭借肉眼观察很难准确把握榫、卯与木板的对应关系。因此，对于J13而言，只有进行拆卸，并且只有在拆卸过程中，才能进一步明确其井体的搭建方式。拆卸的步骤简单，从上到下，逐层拆分。这是由井体自身的榫卯结构所决定的，在保证木板完整的前提下从立面进行拆除是无法实现的。木板拆除后，可以清楚地看出，东壁、西壁的木板左右两端多为方形或长方形卯眼；而南壁、北壁的木板左右两端多为长方形凸榫。这也为后期依据榫、卯的不同形制对这些构件进行分析①提供了准确的资料。

在J13井体木板的拆卸中，还发现了另外一种木板搭建的重要结构，即每一面井体的木板，除最上面的二至三层木板外，其余木板的上下两侧均各有两个长方形的相对应的卯眼，用单独的长条形榫插入卯眼以便固定，二者结合紧密。如果不对井体木板进行拆卸，这种无论从井体内壁还是外壁都无法直接观察到的纵向的榫卯结构，是很难发现的。这种垂直方向的榫卯结构与木板两端水平方向的榫卯结构相组合，更加有利于井体的稳定。

由于榫、卯与木板的对应关系不易把握，井体木板的拆卸，还有利于现场遗迹图的绘制（手绘），从而准确记录井体的建筑结构与搭建方式。在本体堆积清理后、木板未拆卸之前，先对井体绘制平面图以及井体四壁立面图。绘图比例可与水井整体的遗迹平、剖面图有所区别。限于绘图水平（无法手绘透视图），考虑到榫卯结构的复杂性，对应井体四壁和每壁的内、外面，分别绘制立面图（图四、图五）。井体平面、立面图绘制完成后，再对木板进行逐层拆卸，并相应地绘制平面图。对于拆卸下来的木板，分别绘制单体图（图六～图九）。其实，对于木板榫卯及井体建筑结构，绘图表述比文字

① 孙国平：《关于木构建筑遗迹考古发掘的几个问题》，《东南文化》2004年6期。

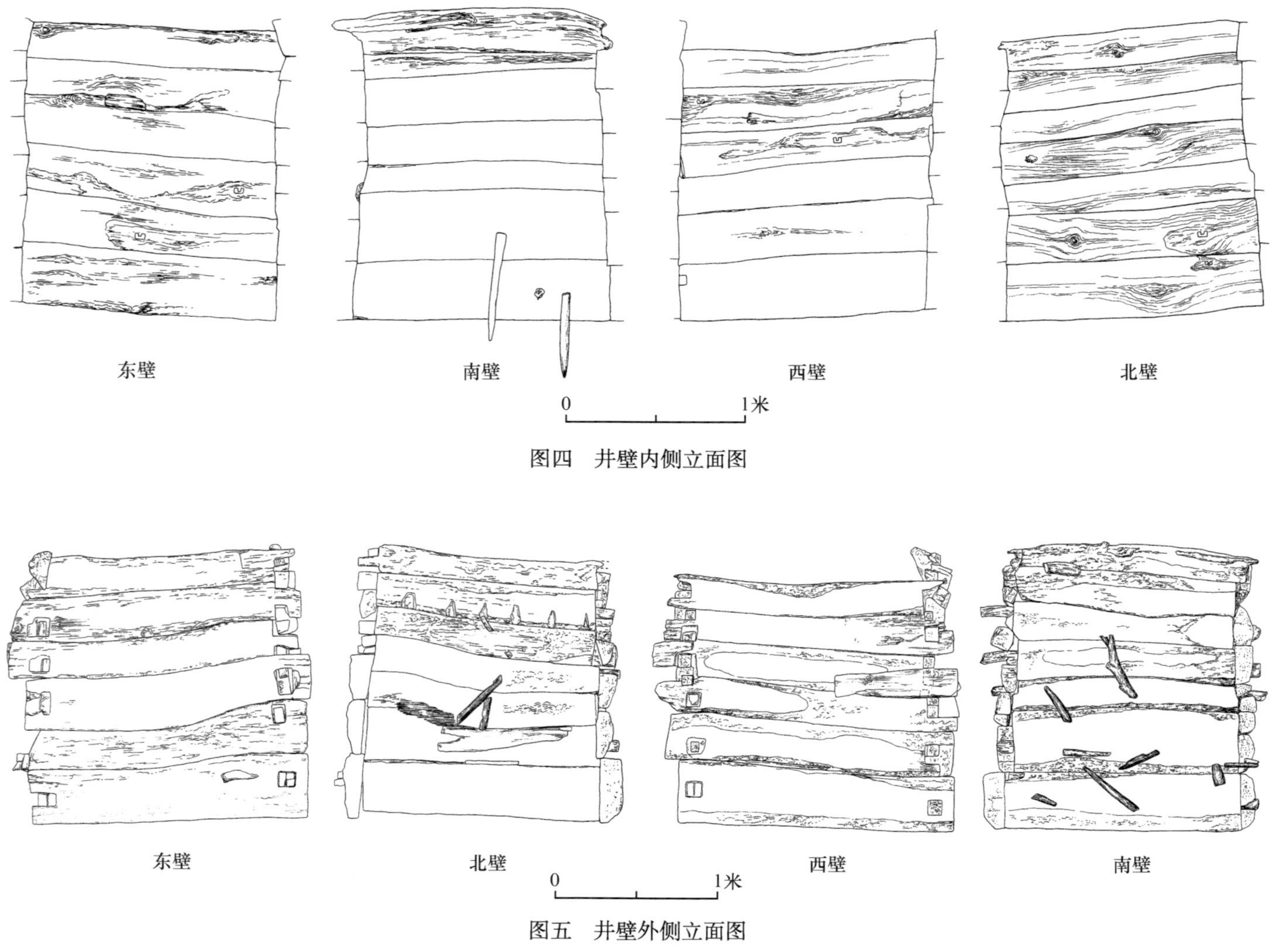

图四　井壁内侧立面图

图五　井壁外侧立面图

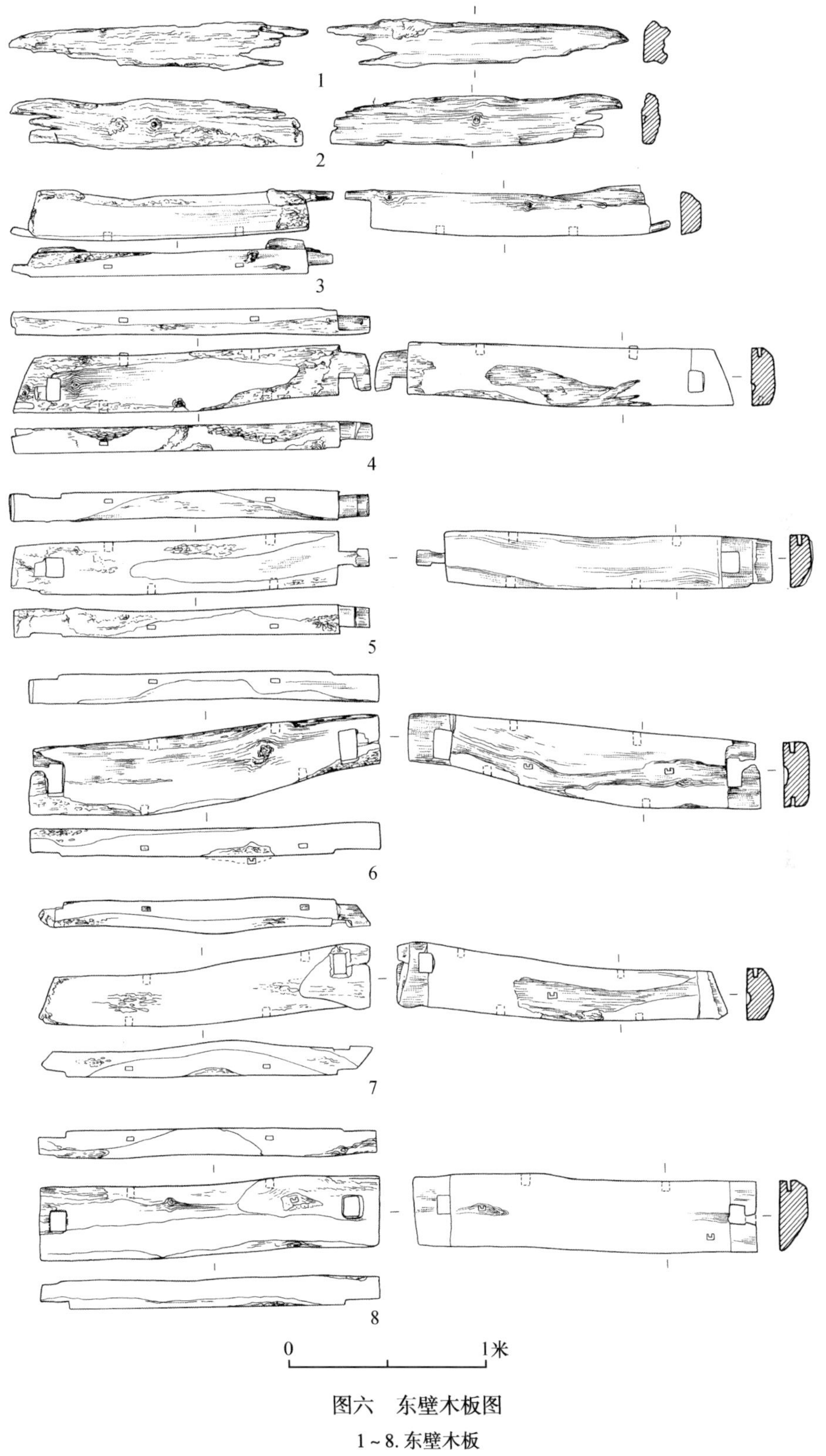

图六　东壁木板图

1～8. 东壁木板

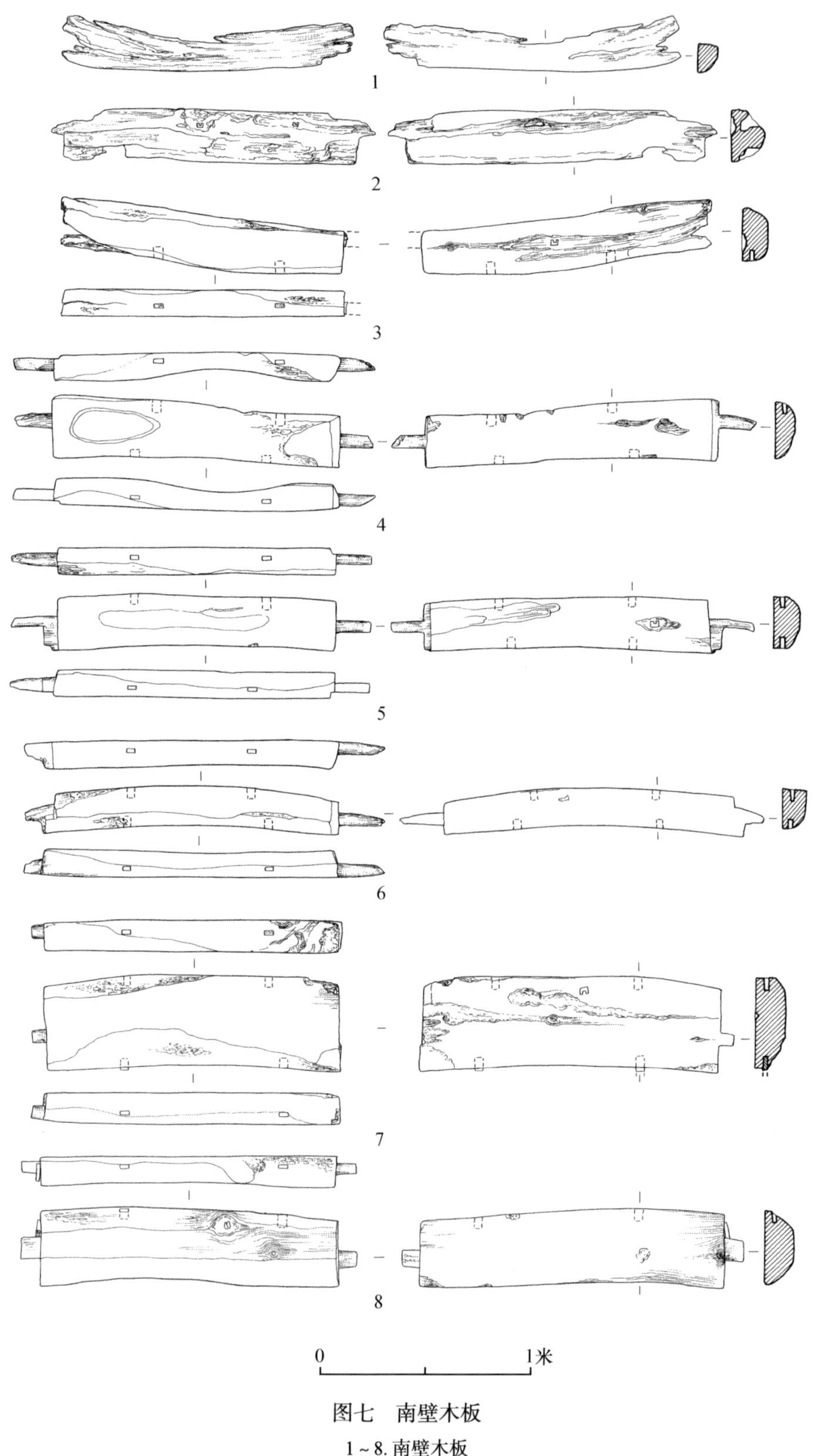

图七　南壁木板

1～8. 南壁木板

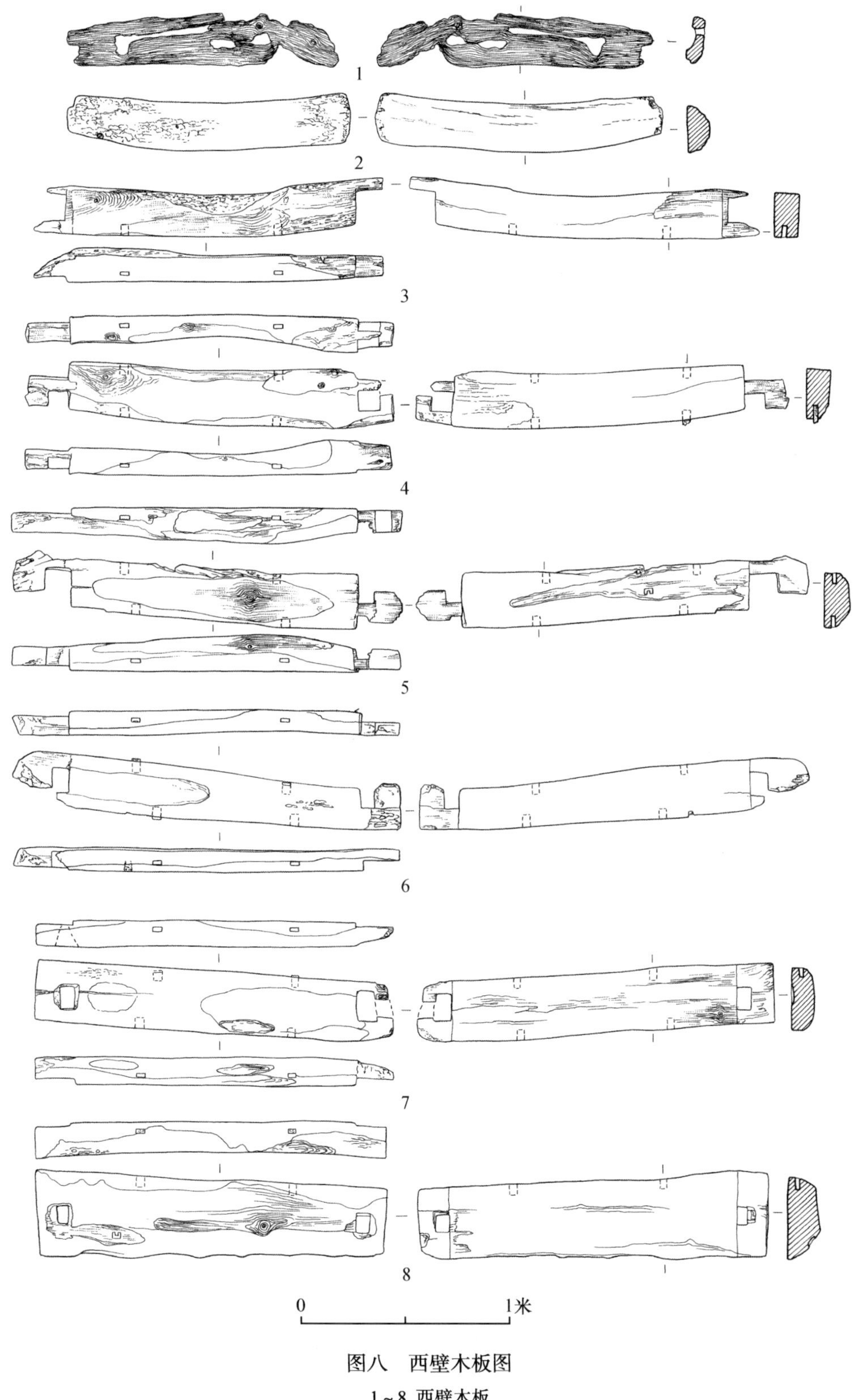

图八 西壁木板图
1～8. 西壁木板

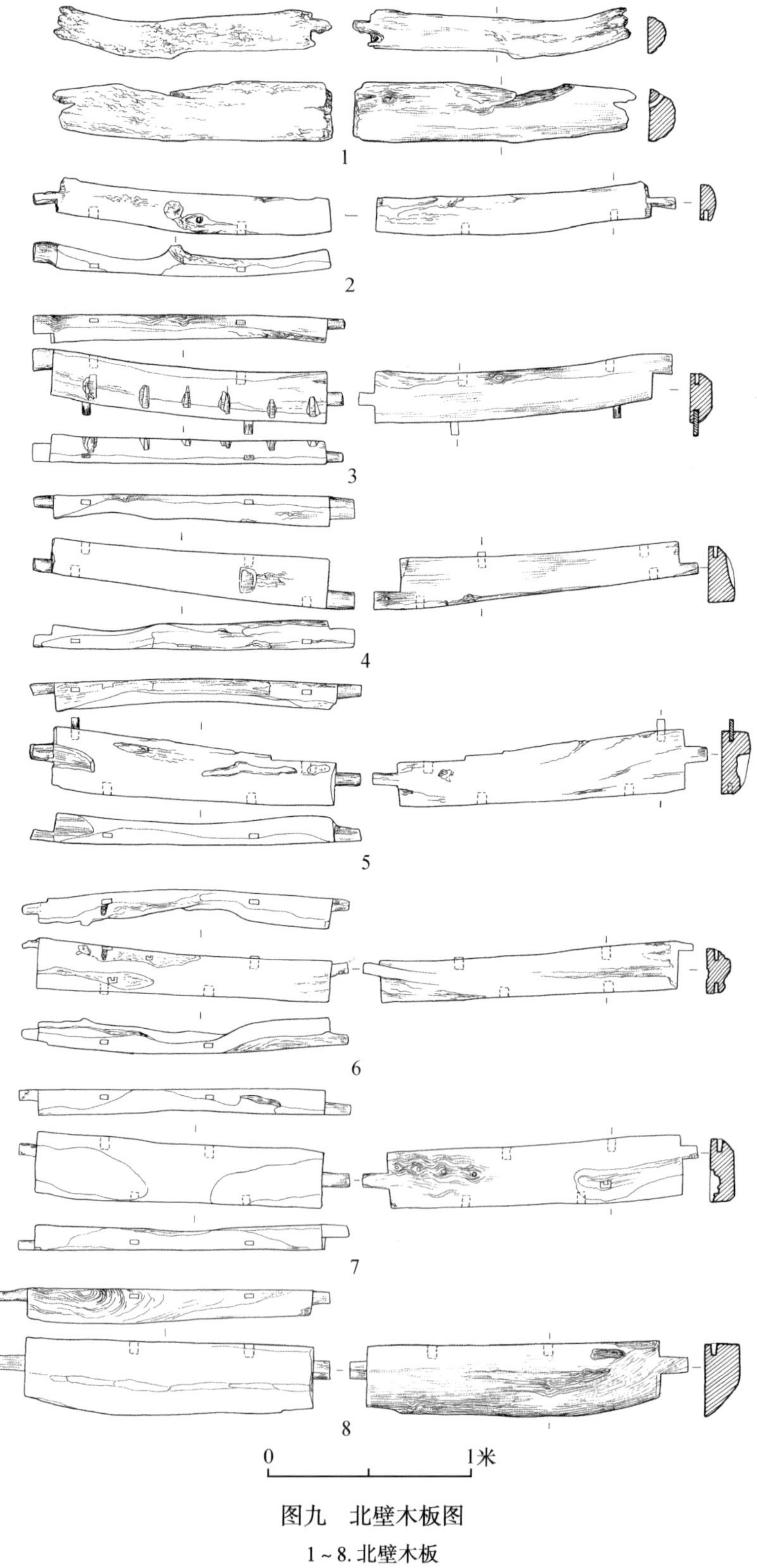

图九　北壁木板图

1～8. 北壁木板

描述更为简洁。特别是立面图，可以更为清晰地看清榫卯的搭接。在绘制图纸过程中，对应木板的位置关系要为每件木板进行相应的编号，以避免混淆。

三、初步总结与反思

1）对于考古和考古学而言，考古发掘是最为基础也是最为重要的环节。考古发掘越充分、准确度越高、信息提取越多，后期开展分析、研究的资料和内容就越丰富，结论的可靠性也就越强。因此，不仅要对整个遗址的发掘予以重视，同时也要考虑并根据其中不同类型遗迹的特点采用不同的具有针对性的发掘方法和手段。水井作为一种遗迹类型，其功能、形制、结构以及埋藏环境等都有其自身的特点。以J13为代表，与路县故城遗址发掘的其他类型的遗迹，比如灰坑、道路、房址、窑址等相比较，水井最突出的特点是纵向深而横向窄，此外还有建筑结构复杂、木质构件易损等，因此发掘过程中清理、提取和记录等的具体方式都与其他遗迹有所差别。

2）通常来讲，考古发掘遵循从上到下、从晚到早的次序与原则①，这对于所有遗存的形成过程和原本状态而言，是一个由空间“制约”时间造成的逆向过程。而发掘者对于遗存的认识也主要是在这种逆向过程中形成的。J13的发掘，相对于水井从选址、建筑、使用、废弃到填埋的次序而言，是一个反向的操作。并且，只有当这一操作全部完成后，才能对水井的整个历程有一个相对完整、清晰的了解。不过，对于发掘中出现遗迹的认识与断定，还应该从水井的顺向历程中加以思考和检验。只有在这种双向思考和认识中对遗迹现象进行判断，才能增强考古发掘中操作的准确性。

3）考古和考古学的对象，无论发掘还是研究，都是遗存，即过去的真实存在。我们所提出、面对和需要解决或者回答的问题似乎都是“历史”和“过去”的问题。其实，如果换一个角度来讲，这些遗存以及由此产生、引出的种种问题，都是实际发生过的，对于“历史的当时”而言没有问题、都不是问题，或者说这些问题本来都是不存在的。从这一点来讲，我们在考古发掘和研究中不得不面对的问题、必须要解决的问题其实都是我们给现在或者未来的自己提出来并需要回答的“问题”。如果上述有合理的一面的话，那么就要求我们在给我们自己“制造问题”的过程中——考古发掘，尽可能地运用各种方式发现遗迹、记录遗迹，从而为我们自己在问题的解答中提供更为充足的条件和路径。当然，对于一些固定、常见的遗迹，我们也会在发掘之前预想出相关问题，从而增加在发掘过程中予以解决的可能性。

4）总体上说，相对于遗存的空间形态，考古发掘主要是一个“去除、减少”的过程。对于发掘者的目的或目标而言，考古发掘是解决未知或者将未知变为已知的方式，

① 张忠培：《地层学与类型学的若干问题》，《文物》1983年5期。

也属于一种“去除、减少”的过程。也就是说我们的行为与目的是一致的。但是，在一定程度上讲，考古发掘过程中及考古发掘完成后，我们的“未知”似乎有着越来越多的趋势。对于J13，通过考古发掘我们确定了该遗迹的时代、类型与功能，为西汉时期水井；明确了其形制、结构与埋藏，外圆内方木构而成；即解决了该遗迹开口确定后我们的疑问。可是，随着J13发掘的不断进行，随着各种遗迹和遗物的发现，我们又产生了很多疑问，从大的方面讲，有材料的来源、使用的状况、配套的设施、水位的升降、废弃的经过、填埋后的内部环境等以及与此相关或由此产生的一系列问题。这些未知很多都是在对遗存的“去除”中不断产生的，也在很大程度上远远超出了发掘前的预想。对于这种状况，还是要尽可能地在发掘过程中“减少”、解决不断出现的问题，有一个可行的方法，就是边发掘、边整理、边总结。这种方法最有利的两点就是：发掘对象还没有被完全清理掉；发掘者对于已完成的清理还有相对清晰、完整的记忆。J13木构件的提取和记录就采用了这种方式，使我们对井体的具体结构、建筑技法等有了全面、细致、准确的认识。

5）具体而言，考古发掘过程中，我们主要面对的是遗迹和遗物。绝大多数遗迹都会随着发掘过程的进行而被清理掉，因此遗迹是一种短暂性存在。而遗物则是要被提取并保留下来的对象，相对而言是一种长期性存在。对于遗物，有两点需要强调。其一，遗物出土的位置以及与其他遗存的关系，也就是被埋藏的空间状况，应是遗物的附属信息，也具有“短暂性”，随着遗物被提取、发生位移而消失，不会因遗物的保留而留存。因此，发掘过程中不仅要将遗物纳入遗迹单位之中，并且对遗物的具体位置也必须及时、准确地记录。其二，根据考古发掘过程中的实际情况，遗物能分为人工制品和非人工制品。前者最为常见，肉眼多可辨识，比如陶器、铜器、铁器等。而后者，难以用肉眼直接辨识出来，比如炭化植物遗骸、植硅体、孢粉和淀粉粒、小型哺乳动物骨骼、小型水生脊椎动物骨骼等。J13发掘过程中，由于缺乏对肉眼不可辨识的非人工制品的重视，并没有进行相应的工作。而在此后其他水井的发掘中，经采样、浮选后，鉴别出相当数量的炭化植物种子，其中农作物包括粟、黍、小麦、水稻、大豆等，非农作物包括狗尾草、苍耳、菟丝子、铁苋菜等。如此丰富的发现为了解和研究当时路县故城遗址区域内的植物种类、资源分布和消费状况等提供了重要实物资料。因此，加强多学科参与，是今后路县故城遗址水井考古发掘需要积极开展、充分重视的一项重要内容。

Reflection on the Archaeological Excavation Process of Water Wells in the Old City Site of Luxian County — Taking J13 as an Example

Sun Meng　Wei Ran

Abstract: In the suburban site area of the old city of Luxian County, the large number of wells in the Han and Han Dynasties, the spatial distribution of dense, comprehensive and rich in type, are the outstanding feature of the composition and archaeology of the site. The excavation of J13 was the first complete and most thorough excavation of a water well at the ancient city site of Luxian County, and the excavation of J13 has been of great value in guiding the actual excavation of water wells at Lu County since then, as well as in collating information and research on previously excavated water wells. Looking back at the excavation of J13, we realise that there were many shortcomings, and a timely summary and reflection on these shortcomings could provide important lessons for future archaeological excavations at the former Lu County Site, especially for the wells.

Keywords: Well; Archaeological Excavation; Lu County Old City

对蒙古国石特尔墓地的初步认识

游富祥

（中国国家博物馆，北京，100006）

摘要：通过综合分析石特尔墓地的墓葬形制、葬俗、殉人、殉牲及随葬品组合，我们对石特尔墓地有了初步的认识。石特尔墓地在墓葬形制和葬俗方面较多地继承了早期石板墓文化，显示石特尔墓地所属族群可能非匈奴的主体族群，而是属于匈奴扩张过程中的被征服族群，该族群在文化认同上与匈奴保持一致，显示了匈奴帝国统治下族群的多源性。墓地中较高等级的墓葬大量随葬来自中原汉地的器物，表明当时汉文化对匈奴帝国的影响已经深入到帝国的基层部落中，能否拥有并使用来自中原的汉式物品已经成为帝国臣民身份等级的重要标志，他们在使用汉式物品外甚至还模仿汉朝贵族的生活模式和饮食习俗。大量的汉地物品普遍进入匈奴帝国的基层，说明汉匈之间的商贸往来远不是官方的贡纳能够提供的，贡纳之外双方必然还存在更为直接频繁的贸易往来。

关键词：石特尔墓地　匈奴　文化交流

石特尔墓地位于蒙古国中央省车勒县（Tseel）东北10千米处，西北57千米处是鄂尔浑河（Orkhon），向南约65千米是图拉河（Tula），向北38千米是注入鄂尔浑河的一条支流，遗址就位于河流包围的区域中心，其西北和东南各有一道山脉将墓地所在围成一个小盆地。鄂尔浑河和图拉河流域是匈奴帝国的腹心区域，分布着大量匈奴文化的遗址和墓葬，石特尔墓地就是其中之一（图一）。

根据调查和发掘可知，石特尔墓地分东、西两个墓葬区，合计总面积约13.5万平方米，墓葬约418座，分布较为密集。墓地所有的墓葬地表基本都有圆形的石圈，石圈的直径有大有小，错落分布。根据石圈的直径大小，我们可以将石特尔墓地的墓葬分为三个等级：第一等级墓葬石圈直径约12米，是为大型墓；第二等级墓葬石圈直径约10米，是为中型墓；第三等级墓葬石圈直径约6米及以下的墓葬，是为小型墓。为明确墓地墓葬的分布是否有年代规律，我们在东区墓地的不同位置各选择了一座墓葬进行发掘验证。发掘显示石圈下面是长方形的竖穴土圹墓，没有墓道。根据随葬品的种类和形制

图一　石特尔墓地位置示意图

判断，三座墓葬的年代基本一致，随葬品的多寡差别很大。所以判断石特尔墓地的墓葬年代相对集中，石圈的直径准确地反映了墓葬的等级和随葬品丰富程度[①]。下面就根据石特尔墓地2018年调查和发掘材料谈一点我们对石特尔墓地的初步认识，浅陋之处，请大家批评指正。

一、石特尔墓地的性质

目前发现的匈奴文化的墓葬根据墓圹形制可分为两个大的类型：一是带墓道的甲字形大墓，二是不带墓道的竖穴土圹墓。根据墓葬地表石堆的直径，不带墓道的竖穴土圹墓又可划分为两个大的类型：一是石堆直径约20米的墓葬，二是石堆直径约12米和12米以下的墓葬。甲字形大墓和石堆直径约20米的墓葬一般认为是匈奴高等级贵族的墓葬，石堆直径约12米和12米以下的墓葬为普通墓葬，蒙古国学者一般认为这种墓葬是匈奴的平民墓葬。这里的平民包含低等贵族、小部落高层和一般农牧民，属于有产阶层，并非贫民。石特尔墓地就是一处典型的蒙古国学者所谓的匈奴的“平民墓地”。

考古发现表明，该类型墓地广泛分布于北至俄罗斯外贝加尔地区，南抵中国阴山

---

① 中国国家博物馆、蒙古国国家博物馆：《蒙古国车勒县石特尔墓地2018年考古调查和发掘主要收获》，《中国国家博物馆馆刊》2022年5期。

以北，东至兴安岭，西达阿尔泰的广大区域[①]。它们中除了有一部分是作为甲字形大墓的陪葬墓或殉人墓之外[②]，多数是以独立墓地集中分布的。该类墓葬通常都选择在山谷缓坡、河流两岸台地作为葬地，墓地的规模一般都不是很大，几座、几十座到几百座不等。石特尔墓地分东、西两区，东区即建在一个北高南低的矮山的缓坡上，三面隆起，环抱墓区，整个墓地418座墓葬的规模应该已经算是目前发现的较大的匈奴“平民墓地”之一了。所以我们判断匈奴帝国的基层社会组织存在类似同时期汉朝的亭里一样的、规模不大的小型游牧部落，它们往往以家族血缘为纽带组成一个个群体，平民墓地的墓主人应该就是这些小型部落的游牧民。调查显示石特尔墓地的墓葬分布没有明显的规律性，各墓葬也没有人工的兆域相互分隔。但是可以看到有的墓葬相距很近，两座并列埋葬或多座聚集；有的墓葬则相隔较远，形成多个相对集中的群组。表明墓地所属部落的规模虽然小，但是部落内部仍旧分成不同的群体，群体的等级和贫富差距也很明显。一般多座墓聚集在一起的，墓葬的规模会比较大，墓葬规模较小的墓往往是独自埋在一个位置。根据伊沃尔加城址与墓地的关系，我们可以知道墓地一般距离居址不远，发掘结束后我们在附近做了调查，除发现零星分布的赫列克苏尔、石板墓外，没有发现任何居址遗迹。普通游牧部落的居址并不是积年累月使用，随水草迁徙，难以形成可供辨识的居址遗迹。

二、墓葬形制

封石堆　石特尔墓地墓葬在地表基本都有圆形石堆，看起来是一个环状的石圈，这是由于盗墓或者墓穴内棺椁腐朽塌陷，导致石堆中心的石块塌陷进墓内，使得石堆形状看上去是个圆环形石圈。当然也有的墓葬地表就是垒砌的石圈，这类墓葬的规模一般比较小。上文我们将石特尔墓地的墓葬根据石圈大小划分为大、中、小型三个等级。大、中型墓葬的石圈清理完石头上的表土，会发现石圈的中心也垒砌着石块，只不过是塌陷成一个凹坑，如M1、M2；小型墓的石圈清理完石头上的表土，会发现中心没有垒砌石块，如M3。大、中型墓的石堆中多数有一长条形石块斜躺在石堆的中心，形制与其

① 潘玲：《伊沃尔加城址和墓地及相关匈奴考古问题研究》，科学出版社，2007年；单月英：《匈奴墓葬研究》，《考古学报》2009年1期；马健：《匈奴葬仪的考古学探索——兼论欧亚草原东部文化交流》，兰州大学出版社，2011年。

② 河南省文物考古研究院、洛阳市文物考古研究院、乌兰巴托大学考古学系：《蒙古国后杭爱省高勒毛都2号墓地2017～2019年考古发掘简报》，《华夏考古》2021年6期；河南省文物考古研究院、洛阳市文物考古研究院、乌兰巴托大学考古学系：《蒙古国后杭爱省高勒毛都2号墓地M189陪葬墓发掘简报》，《华夏考古》2018年2期；C. H. 鲁金科著，孙危译，马健校注：《匈奴文化与诺彦乌拉巨冢》，中华书局，2012年。

他石块差异明显，推测可能是墓前的立石，这个传统可能是继承自早期的石板墓文化①。石板墓文化的墓葬常常在墓葬旁边立鹿石。发掘中还注意到，在石堆下面的中心位置有一层黑灰色土层，厚约15厘米，土质非常软和细密，里面包含动物的骨头、牙齿，炭屑和碎陶片，推测墓主人在下葬的过程中有可能在墓上举行了某种祭奠仪式。在发掘的过程中我们还对墓地周围的自然山体做了调查，发现石堆的石块就是来自墓地附近的山上，就地取材（图二）。

图二　M2封石堆

墓圹　石堆或石圈下面是墓葬的墓圹，墓圹的开口线相对比较清楚，由于后期石堆向墓圹内塌陷，或造成墓圹开口塌陷，所以我们发掘的墓葬开口都比墓圹的四壁要大，呈方形的喇叭口。墓口长方形或圆角长方形，方向为东西向略偏南，头向东南，竖穴土坑。墓葬的四壁并不平直光滑，略微凹凸不平。当地土质混合砂石较多，附着性差，所以应该不容易将墓壁修得很平直。墓圹内填埋砂土，应该就是将挖掘墓圹的土直接回填，砂土中分层填埋石块，少的三层，多的十一二层，墓葬的石圈直径越大、墓圹的规模越大，填埋石块的层数就越多，反之就越少（图三）。

葬具　石特尔墓地2018年发掘5座墓葬，分别编号M1～M3，其中M1东南方向附属两座殉人墓，编号为XM1和XM2。墓葬所用葬具分三个等级：第一等级使用一棺一椁，有M1主墓和M2两座墓葬；第二等级使用一重木棺，有M3一座墓葬；第三等级没有葬具，有M1的两座殉人墓。第一等级棺椁为木质长方体，木椁两侧壁用树的原木做成，头端和脚端用半剖的原木做成，原木的树皮仍附着在木头的表面，木椁头端和脚端的木头通过榫头插进两侧壁的卯槽内固定。木椁盖板和底板也用半剖原木做成，但排列方向各墓稍有不同。M1主墓木椁的盖板和底板用短半剖原木南北横向铺就，共计10块；M2木椁的盖板和底板用长原木东西纵向铺就而成，共计7块。木椁内放置木棺，木椁木棺用薄木板做成，厚4～6厘米，保存较好。木棺的盖板、底板和侧板的长度相同，头、脚端板插进侧板靠近末端的位置，连接处用亚腰形楔子固定，侧板长出一小截。第二等级M3的木棺大部腐朽，可以看到木灰的痕迹，厚4厘米，木棺也是长方

① A.д.策比克塔洛夫著，孙危译：《蒙古与外贝加尔地区的石板墓文化》，商务印书馆，2019年。

图三　M2 墓圹及墓内填石

形。根据残留的痕迹看，木棺的盖板应该是用半剖的桦树做成。无论是第一等级还是第二等级的木棺上均没有发现装饰性物品和图案（图四）。

图四　M2 棺椁

三、埋葬习俗

葬式　目前发掘的石特尔墓地的墓葬都是单人葬，没有发现同穴合葬墓，但是根据墓地一些墓葬的位置关系判断应该存在异穴并列合葬。墓葬葬式都是仰身直肢，头向东南。除 XM1 外，其余发掘墓葬的墓主人在后背肩胛处和脚腕的下面都垫有片状石块。东西向葬式并非匈奴的主要流行葬式，匈奴大部分墓葬包括甲字形大墓和不带墓道的竖穴土圹墓都是南北向，头向北。葬式是代表一个族群文化信仰的重要标志，石特尔墓地墓葬的葬式与匈奴主流葬式不同，表明石特尔墓地的所属族群应该并非匈奴的主体族群，可能是属于被匈奴征服的异族人群。这类东南西北向、墓主人头朝向东南的墓葬发现并不多，主要在呼德金陶勒盖、苏勒比乌拉、那伊玛陶勒盖、布尔汗陶勒盖、努赫金阿姆和伊沃尔加等墓地的部分墓葬中有发现①。而在墓主人身下后背和脚腕处垫石板的葬俗同样也并非匈奴的流行葬俗，只在高勒毛都Ⅰ号墓地 M21 的殉人墓 M21-1 和 M21-2、都勒嘎乌拉墓地 M66 和努赫金阿姆墓地 M22 中有发现②。其中仅努赫金阿姆墓地 M22 与石特尔墓地墓葬葬式和葬俗均相似，二者可能存在较近的亲缘关系。

殉人　石特尔 M1 的东南方向陪葬两座殉人墓，XM1 和 XM2。为什么判断是 M1 的殉人墓呢？有以下几点特征：①这两座墓葬的规格很小，与 M1 共用一个大的封石堆；②墓主人的人骨不完整，并有被利器伤害的痕迹；③墓主人没有葬具，随葬品贫乏，社会地位低；④两座墓的墓主人年龄都偏小，十一二岁（图五、图六）。通过以上分析，XM1 和 XM2 应当就是 M1 的殉葬墓。在已发现的匈奴墓葬中，带墓道的甲字形大墓多数都有殉人和殉牲，但是不带墓道的竖穴土圹墓却很少发现有殉人的现象。在德列斯图伊墓地、布尔汗陶勒盖墓地、呼日浑墓地、努赫金阿姆墓地、那伊玛陶勒盖墓地等发现少数墓葬有殉人③，人数通常在 1～3 名，以小孩儿和青年女性为主，他们中有相当一部分人骨不完整或被利器伤害。石特尔 M1 的殉人习俗应当与上述墓地的人群是一致的。通过对比发现，少数不带墓道的竖穴土圹墓达到一定的等级就会有殉人，这类墓葬的墓主人一般使用一棺一椁双重葬具，且墓向为东西向的居多。殉人独立于主墓墓室之外，有自己独立的墓坑，以各年龄段的小孩和青年女性为主。有简单的葬具或没有葬具，随葬品简单，XM1 和 XM2 各随葬一件铁制短剑（刀）。

殉牲　石特尔墓地墓葬发现少量的殉牲，其中 M1 主墓和 M2 相对较多，M3 和 M1 的两座殉人墓相对较少。M1 的殉牲主要发现于封石堆和墓穴内，封石堆内发现马的椎骨、牙齿和一些难以辨别物种的骨片，总计 5 块；墓穴内发现 2 块动物的掌骨。M2 的殉牲同样是发现于封石堆和墓穴内，封石堆内发现 10 块动物骨骼，以椎骨和肢骨为主；墓穴内发现较多的羊和牛、马的骨骼，以肋骨和肢骨为主，总计 34 块。M3 仅在表土中发现一块动物的椎骨。XM1 在墓穴中发现一块牛的椎骨，XM2 在墓穴中发现一块牛的肋骨。通过上述材料分析，殉牲以马、牛、羊等常见牲畜为主，规格等级越高的

① 单月英：《匈奴墓葬研究》，《考古学报》2009 年 1 期。

② 单月英：《匈奴墓葬研究》，《考古学报》2009 年 1 期。

③ 单月英：《匈奴墓葬研究》，《考古学报》2009 年 1 期。

图五　XM1

图六　XM2

墓葬，殉牲的数量越多；低等级的墓葬殉牲数量较少，但是即使是殉人也有自己的殉牲，可见在匈奴帝国时期，墓葬殉牲是从上到下非常普遍的习俗。

人骨　M1主墓墓主人头骨向南倾斜，与下颌骨分离，下颌位于胸部附近。头骨以下颈椎散乱，不在原位；左肩胛骨位移至左肋骨处叠压肋骨，肩胛骨上层压着下颌骨，左侧肋骨零散，部分不在原位；左肱骨位移，斜插在脊椎骨上方；桡骨断裂，斜插在股骨表面；脊椎骨基本在原位，上段腐朽，下段较完整；右肩胛骨腐朽，原位；右肱骨原位，上段腐朽；右尺骨，桡骨原位，下段腐朽；左手腐朽，右手腐朽；骨盆腐朽，原位；右髋骨原位，左髋骨扰动到椁盖板上部。下肢骨，脚骨除左侧胫骨、腓骨、腕骨位移，其他基本都在原位（图七）。M2墓主人头骨向北位移至木棺北侧板，下颌骨与头骨分离。头骨以下颈椎、胸椎、肋骨等基本在原位；身体两侧上肢骨也保存较为完整；骨盆略微腐朽，原位；股骨发生位移，靠近木棺北侧板，膝关节处与下肢胫骨、腓骨错位；脚部骨骼基本都在原位，仅有少数骨骼被移动位置（图八）。M3人骨仅存下颌骨，躯干和四肢的骨骼多数也不在原位，数量也不完整（图九）。XM1和XM2的人骨不完整，但基本都在原始位置。XM1头骨不完整，只有上颌骨和下颌骨，上颌骨被利刃从中劈开，下颌骨只长出了一颗臼齿；胸部骨骼散乱；右侧手臂、手掌骨骼略为完整，左侧手骨不见；脚骨、腿骨完整。没有被扰乱。XM2人骨残留一侧下颌骨以及两颗臼齿；下颌骨向东是锁骨和残缺的肩胛骨、肋骨，肩胛骨很小；肋骨旁是半个髋骨，髋骨向东，尺骨相交，似两臂相交于胸前；胸以下残，髋骨以下股骨不见，胫骨与腓骨可见，两端均残；脚部腕骨与脚部骨骼均不见；右腿向东有五个碎骨，难以辨识。脚、腿上部至腰疑似被切割掉。M1人骨有些许位移是因为木椁靠近人骨胸部的位置被大石块砸开一个大洞，对人骨有些微扰乱。M2

图七　M1人骨

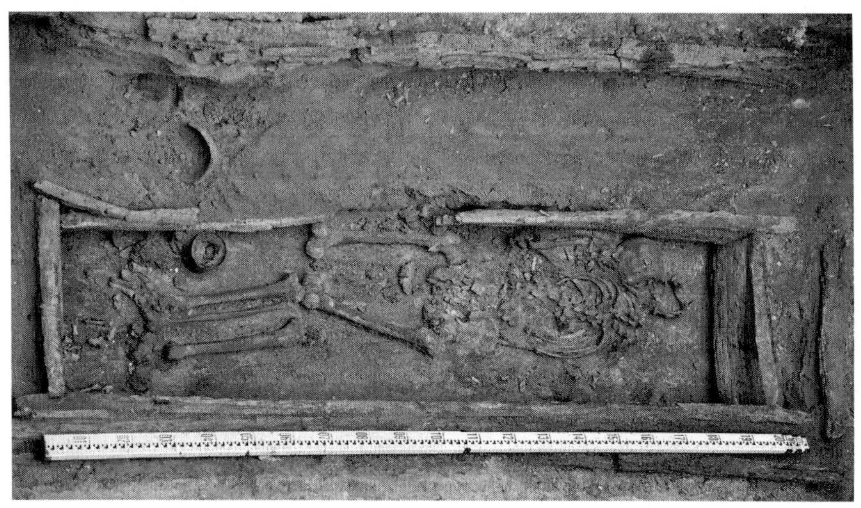

图八　M2 人骨

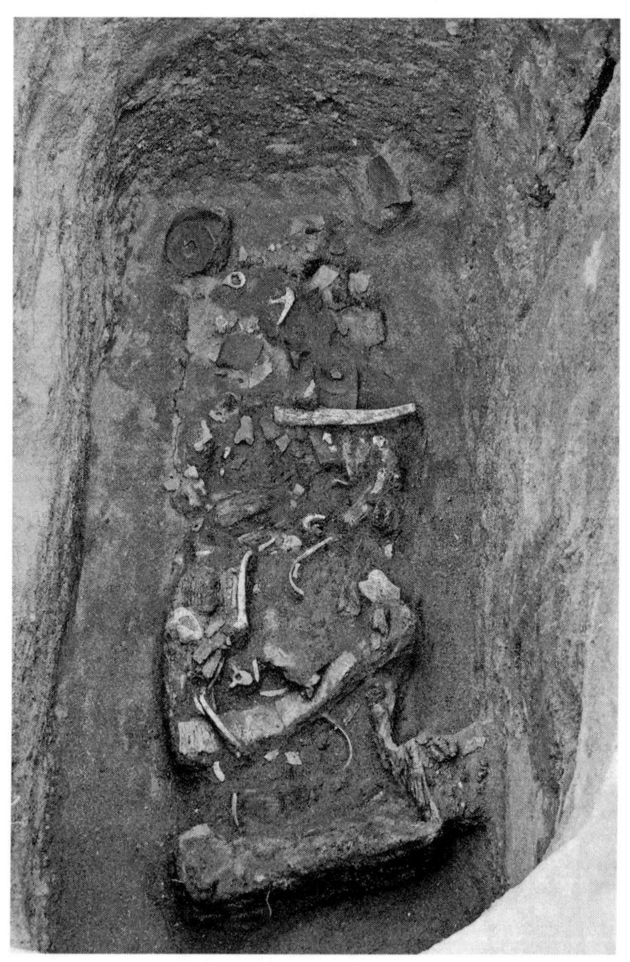

图九　M3 人骨

木椁靠近人骨胸部和西北侧同样各被破开一个大洞，对人骨造成些许扰乱。M3 木棺盖板大部分不存，墓穴中部有一个不规则形盗洞，对人骨造成了很大破坏。XM1 缺少左手和右脚的骨头，头部上、下颌以外的部位均不见，上颌骨正中还有利刃切割的痕迹。XM2 头骨、双手、双脚的骨头均不见，特别是双腿明显被利刃斩断。表明石特尔墓地主墓的人骨原本应该是完好的，由于后期被盗才被扰乱的；殉人在下葬前应当是由于某种仪式的需要被杀害肢解。

墓主人头向东南，在人骨后背、脚腕下面垫片状石块和殉人的习俗应当不是匈奴主体人群的习俗，这一习俗可能来自当地更早的青铜时代至早期铁器时代的石板墓文化。石板墓文化也常常在封石堆中或石堆下面的表土中发现祭祀用家畜的骨骼，墓穴中常常也放置羊的椎骨或者马和羊的肩胛骨，石特尔的殉牲情况或许也是继承自石板墓，或者更大一些，匈奴帝国时期墓葬的殉牲习俗主要继承自石板墓文化。

四、随　葬　品

石特尔墓地墓葬出土随葬品包含日用陶器、青铜器、漆器、马具、带具、带饰、兵器、骨角器、珠饰、金饰品、丝织品、毛织物以及皮制品等。

陶器　主要是匈奴墓葬中常见的小口细颈鼓腹罐和大口短颈罐。小口细颈鼓腹罐以灰陶居多，少数为红褐色，陶质以泥质为主，平底，肩部常常装饰两周弦纹或者波浪纹，器表通常带有磨光暗条纹，底部中心有方形戳印。大口短颈罐以夹砂陶为主，制作较小口鼓腹罐粗糙，烧制火候低，在肩部装饰波浪纹，器表有的装饰绳纹，也有素面。M1 出土 2 件小口鼓腹罐和 2 件大口短颈罐，其中 1 件小口鼓腹罐和 1 件大口短颈罐出土于封石堆的表土中，未知是盗掘所致还是下葬时举办了某种仪式（图版四，1）；另外 2 件小口鼓腹罐和大口短颈罐出土在椁盖板上，被一块大石砸碎。M2 出土陶器 3 件（1 件残）、1 件浅腹碟、1 件大口短颈罐（图版四，2）；3 件陶器均出土于棺椁之间北侧靠西的侧箱内，陶碟放置于大口短颈罐内，未见食物遗存。M3 出土陶器 2 件，1 件残的重碟形陶灯出土于表土中，另有 1 件小口细颈鼓腹罐出土于墓葬人骨头端，被砸碎。小口鼓腹罐在有的墓地发现盛有谷物，但是在石特尔墓地并未发现类似的迹象。大口短颈罐器表有火烧的痕迹，应该是炊器。有学者认为这种炊器源自石板墓的筒形罐，筒形罐在石板墓文化中也是作为炊器使用[①]。小口细颈鼓腹罐与大口短颈罐普遍出土于各地匈奴平民墓葬中，其形制在匈奴帝国统治区域内和帝国存续时间跨度内都能保持较高的一致性，不会随着地域和时间的不同而有所发展变化，具有鲜明的特点，明显区别于其他欧亚草原文化的

① 潘玲：《伊沃尔加城址和墓地及相关匈奴考古问题研究》，科学出版社，2007 年；单月英：《匈奴墓葬研究》，《考古学报》2009 年 1 期；马健：《匈奴葬仪的考古学探索——兼论欧亚草原东部文化交流》，兰州大学出版社，2011 年。

陶器，所以这两种陶罐成为判定匈奴文化墓葬的标型器。M3 陶灯分内外两层，浅圆盘形，内层略高于外层，残。这种形制的陶灯是匈奴普通墓葬中发现数量最多的类型。

青铜器　M2 人骨右腿胫骨右侧出土一件青铜壶，壶侧放置一青铜器盖，壶与器盖表面包裹丝绸。青铜壶盘形口，短细颈，鼓腹，矮圈足，器盖呈覆钵形，盖顶有铁质捉手。该壶应该是来自汉地，与中原汉墓中出土的青铜壶形制相似（图版四，3）。

漆器　石特尔墓地 M2 棺椁盖板之间中部偏东位置、墓主人两股骨之间、膝关节外侧、棺椁北壁之间出土漆盘 1 件和数件不能辨别器形的漆器。漆盘髹黑漆为底，上面饰红漆纹样，整体打包；其余漆器残片均为红底黑彩。在匈奴较高等级的平民墓葬中漆器是比较常见的随葬品，但多数都腐朽了，难以辨别器形，能辨出器形的有漆盘和耳杯两种，与中原墓葬出土漆盘、耳杯完全一样，应该是直接来自汉地物品。蒙古国诺彦乌拉五号墓曾出土一件漆耳杯，上书“建平五年蜀郡西工造”等 69 个汉字[①]。建平五年是汉哀帝的年号，即公元前 2 年；蜀郡是汉代重要的漆器制作中心之一。表明诺音乌拉五号墓的漆器来自西汉的蜀郡工官。石特尔墓地的漆器表面没有文字，但其形制与蜀郡工官生产的漆器颇为相似，可能蜀郡工官是匈奴漆器的主要供货方。

带具和带饰　除殉葬墓外，其余三座墓均出土较多铁质带具和带饰，尤其以 M2 出土最多。带具和带饰包含马的辔头、肚带上的扣环、带扣等以及人腰部腰带上的带扣和带饰等，是匈奴平民墓葬中最常见的随葬品种类，也是最具匈奴特色的一类随葬品，质地以铁质的数量最多。石特尔墓地出土的全部是铁带扣，形制有圆形、方形、长方形、一端圆一端方形等多种，通常带有长的可以活动的扣舌。扣环有圆形、方形两种，一般没有装饰纹样，用途非常广泛，有的作为腰部的装饰物使用，有的作为马具使用，高等级墓葬（M2）出土铁质带具表面包金，异常精美（图版四，5）。

斜口骨管　形制奇特，一端削成斜口，另一端较平，出土于 M2 棺内中部偏东，靠近棺的南壁，附近同出许多铁质小件，推测是带具的一部分（图版四，4）。这种骨管在外贝加尔伊沃尔加墓地[②]和国内宁夏同心倒墩子墓地[③]均有出土。伊沃尔加的墓葬年代潘玲认为不晚于东汉前期，即 1 世纪早中期以前。倒墩子墓地的年代在西汉中晚期，相当于公元前 1 世纪。

兵器　石特尔墓地出土兵器主要包含铁质短剑、弓和箭镞，其中弓的主体腐朽，仅残留弓弭和弓弣。兵器也是匈奴平民墓葬中常见的随葬物品，其中横截面呈星形的三翼

---

① C. H. 鲁金科著，孙危译，马健校注：《匈奴文化与诺彦乌拉巨冢》，中华书局，2012 年。

② 潘玲：《伊沃尔加城址和墓地及相关匈奴考古问题研究》，科学出版社，2007 年；单月英：《匈奴墓葬研究》，《考古学报》2009 年 1 期；马健：《匈奴葬仪的考古学探索——兼论欧亚草原东部文化交流》，兰州大学出版社，2011 年。

③ 宁夏文物考古研究所、中国社会科学院考古所宁夏考古组、同心县文物管理所：《宁夏同心倒墩子匈奴墓地》，《考古学报》1988 年 3 期。

形箭镞和鸣镝是最典型、最能代表匈奴特征文化的兵器，几乎在所有匈奴墓地的男性墓中均有出土。匈奴人常常把箭镞盛放在用桦树皮制成的箭箙内，M3 人骨腿部出土 1 件桦树皮制作的箭箙。

铁质短剑和刀　石特尔墓地已发掘的墓葬包含殉人墓在内均是每座至少出土一件短剑或短刀，一般都是放置在腰部位置。短剑安装木柄，铁刀直背弧刃。

骨筷　M2 盗洞和棺内各出土一支骨筷，恰好凑成一双。使用筷子显然并非匈奴人的饮食传统，而是受到中原饮食文化的影响。陕西神木大保当汉代画像砖墓①中随葬与石特尔墓地相同形状的骨筷，大保当汉墓的年代为东汉初期至东汉中晚期。

嘎拉哈　嘎拉哈是草原游牧文化中一种比较有特色的随葬品，通常作为游戏的博具或者祭祀品出现，有的保留羊距骨的原貌，有的在骨头上穿孔。石特尔墓地 M1 和 M2 各出土 1 件嘎拉哈，M3 比较特殊，除表土中出土一件外，墓穴中出土 10 件，每件均有穿孔。推测 M3 的墓主人可能身负特殊的社会职能（图版四，6）。

此外，石特尔墓地 M2 中还出土少量的黄金饰品、珠饰和来自中原的丝绸等奢侈品，虽然这些并非匈奴平民墓地出土随葬品的主流，但也能说明匈奴平民墓葬中的较高等级一类可以有更好的物质文化享受。

通过以上对石特尔墓地出土随葬品的分析可知，小口细颈鼓腹罐和大口短颈罐、三翼铁箭镞、带具等是匈奴平民墓葬中较为常见的随葬品，他们在整个匈奴帝国时期都有发现，而且使用地域广泛，其形制特点均是匈奴文化特有的，与同时期周边的其他文化有明显的区别，是匈奴考古学文化的典型代表。除此之外，石特尔墓地最高等级的墓葬中还出土丝绸、青铜容器、漆器和筷子等汉文化的东西，这些器物在墓地中、小型墓葬中则不见出土，表明汉式器物在匈奴帝国类似今日的奢侈品，应是身份地位较高或富裕者才拥有的享受。石特尔墓地人群所处的时代，匈奴帝国深受汉文化的影响，高级贵族和平民中的富人阶层都以使用汉式的物品为荣，甚至生活、饮食习惯也学习汉人的方式，汉文化对匈奴的渗透可见一斑。

五、初步认识

通过对石特尔墓地墓葬形制、葬俗、随葬品等的分析，我们可以得出如下几点认识：①石特尔墓地墓葬地表垒砌圆形的封石堆，封石堆下面是无墓道的竖穴土圹墓，墓主人随葬匈奴文化典型的陶器、马具、带具、弓、箭镞等器物，因此判断该墓地是一处匈奴文化的墓地。目前学界对匈奴文化墓葬的等级分类已经比较细致，如单月英就将匈奴所有墓葬分为九个类型②。我们这里参照她的分类，根据墓葬的形制和封石堆的直径

① 陕西省考古研究所、榆林市文物管理委员会办公室：《神木大保当》，科学出版社，2001 年。

② 单月英：《匈奴墓葬研究》，《考古学报》2009 年 1 期。

大小将已发现的匈奴墓葬笼统地分为两大类：第一类是以甲字形大墓为代表的包含封石堆直径在20米以上的无墓道竖穴土坑墓，视为匈奴贵族墓葬；第二类是封石堆直径在12米左右及以下的无墓道竖穴土坑墓，视为匈奴平民墓。这里的平民是相对贵族而言，包含小型游牧部落的上层和富人阶层。所以石特尔墓地是一处典型的匈奴文化的平民墓地。对比目前在蒙古国和外贝加尔等地发现的匈奴平民墓地，以墓葬数量论，石特尔墓地是目前发现最大的匈奴平民墓地之一[①]。②根据石特尔墓地出土随葬品中具有年代标识的遗物，如漆器、骨筷、青铜壶、斜口骨管等判断，石特尔墓地的年代大致在公元前1世纪至公元1世纪之间。③石特尔墓地墓葬形制虽然是典型的匈奴墓，但是其墓向与主流的南北向匈奴墓不同，殉人及人骨后背和脚踝处垫片状石块的习俗也区别于同时期主流的匈奴平民墓葬。反而是该地区早于匈奴文化的石板墓文化墓葬的墓向为东西向，且流行在身下垫石板，包括大型墓葬有立石，下葬时使用火举办祭奠仪式等都是石板墓文化流行的葬俗。综合分析判断石特尔墓地人群可能是石板墓文化人群的后裔，匈奴帝国兴起的过程中征服了原本的石板墓文化人群，使得石板墓文化人群融入匈奴帝国中，从文化认同和族群认同方面都基本匈奴化了，但仍保留了一些原始的信仰和习俗。④石特尔墓地整体上属于匈奴的平民墓地，但是其内部也有分层：第一等级的墓葬封石堆直径约12米，葬具使用一棺一椁，墓内除随葬匈奴特有的日用陶器、马具、带具、弓矢兵器之外，还随葬黄金饰品和来自汉地的丝绸、青铜容器、漆器、骨筷等；第二等级的墓葬封石堆直径约10米，葬具使用一棺一椁，墓内只是随葬匈奴文化的典型器物；第三等级的墓葬封石堆直径约6米，葬具使用单棺，墓内同样只随葬匈奴文化典型的器物；第四等级的墓葬封石堆直径1～2米，无葬具，墓葬仅随葬一柄短剑或刀，且人骨不全。第一等级应该是石特尔墓地所属人群的统治阶层，属低等贵族，第二等级应该是人群中的富人阶层，第三等级为普通牧民，第四等级是奴仆。匈奴低等贵族与普通牧民的墓葬中随葬品以匈奴文化特色的器物为主，外来物品特别是来自中原汉文化的物品则多发现在等级较高的墓葬中。很明显，在当时的匈奴帝国，能否拥有来自汉文化的奢侈品，享受汉人贵族的生活和饮食是与其社会地位和身份有密切关系的。因此，汉文化物品的使用在匈奴帝国时期具有明显的身份地位标识功能，同时也表明了匈奴帝国此时对汉文化追捧的普遍性，连石特尔墓地如此小型的一个部落的上层都能在日用和生活习俗方面受到汉文化的深刻影响。⑤石特尔墓地附近应当有与之对应的居址，但是通过调查只在石特尔墓地附近发现零星分布的赫列克苏尔和石板墓，并未发现居址。这可能与石特尔墓地所属人群的部落较小，且从事游牧经济，无法形成反复堆积使用的固定居址遗址有关。⑥墓葬中出土大量的铁器，连马具带饰和人腰带的带饰也普遍都是铁制，不见早期流行的青铜牌饰，说明匈奴帝国的冶铁业高度发达，铁器在匈奴帝国时期得到普遍

---

① 策·图尔巴图、萨仁毕力格：《蒙古国境内匈奴墓葬研究概况及近年新发现》，《草原文物》2011年1期。

应用，被大量用来制造兵器、马具和工具等。从各地广泛分布的匈奴墓葬中出土的铁器来看，随着匈奴的扩张，铁器在欧亚草原东部得到了广泛的传播。⑦石特尔墓地是异于匈奴主流文化的一处墓地，类似墓地在匈奴统治的范围内还有不少分布，体现了匈奴考古学文化的多样性，也表明了匈奴帝国统治下族群的多样性。⑧以石特尔墓地为代表的异于匈奴主流文化的墓葬在墓上石堆，葬具，随葬陶器、兵器、马具、带具等方面又表现出与匈奴文化高度的一致性，表明匈奴帝国统治下的各族群在文化认同方面超越了族群和地域的界限，都一致认同匈奴文化，承认自己是匈奴的臣民。匈奴帝国的建立与秦汉帝国的建立一样具有时代性，终结了以前部落林立的草原原始政治格局，开创了游牧国家形态，为以后鲜卑、突厥、蒙古等游牧帝国的建立创造了政治条件。⑨石特尔墓地其时的匈奴帝国已经在文化、经济各方面深受汉文化的影响，帝国的贵族甚至普通牧民都以拥有汉式物品为荣，生活和饮食方面也向汉人学习，追逐汉人贵族的享受。汉式物品能普及到匈奴基层的小部落，说明汉匈之间的贸易远不止官方的贡纳，应该有更为普遍而广泛的商贸往来，草原丝绸之路的繁盛超出我们以往的认知。

A Preliminary Understanding of SHTR Cemetery in Mongolia

You Fuxiang

Abstract: Through a comprehensive analysis of the burial form, burial customs, martyrs, sacrifices and the combination of burial objects in the SHTR Cemetery, we have gained a preliminary understanding of the SHTR Cemetery. The burial form and burial customs of the SHTR Cemetery are more inherited from the early slate tomb culture, indicating that the group to which the SHTR Cemetery belonged was probably not the main group of the Xiongnu, but a conquered group in the process of Xiongnu expansion, and that the group was consistent with the Xiongnu in terms of cultural identity, showing the multi-originality of the groups under the Xiongnu Empire. The high level of burials in the cemetery, with a large number of artefacts from Han China, indicates that the influence of Han culture in the Xiongnu Empire had reached the grassroots of the empire and that the possession and use of Han objects from the central plains had become an important marker of the status of the imperial subjects, who, in addition to using Han objects, even imitated the lifestyle and food customs of the Han aristocracy. The fact that many Han goods were commonly imported into the Xiongnu empire suggests that trade between the Han and Xiongnu went far beyond the official tribute. Besides the Present Tribute, there must be more direct and frequent trade between the two sides.

Keywords: SHTR Cemetery; Hunsl; Cultural communication

北朝风帽俑研究

孙梦蝶

（洛阳博物馆，洛阳，471000）

摘要： 风帽是北朝较为常见的一种帽式，一般由两部分组成：一部分是头顶上的帽子，我们称其为帽顶部分；另一部分是与帽顶相连接，可遮盖头发的垂裙部分。在目前经过科学发掘并且有发掘资料的北朝墓葬中，我们把头戴风帽的人物俑称为风帽俑。风帽俑在北朝的不同阶段，头戴的风帽呈现出不同的形制差异，本文以研究风帽俑头戴的风帽为主，运用考古类型学的方法对北朝风帽俑进行类型学探讨，阐明北朝风帽俑的形制演变过程，进而探讨风帽在发展过程中所体现出的民族文化交流。

关键词： 北朝　风帽　陶俑

北朝是北方民族由混乱冲突走向大融合的时代，也是中国文化走向盛唐的奠基时代。本文所指的北朝是从鲜卑民族建立北魏王朝（386）开始，至 581 年杨坚建立隋为止，期间先后建立北魏、东魏、西魏、北齐、北周五个政权。由于出土风帽俑的北朝墓葬大多已经有明确的纪年或是大致的年代，所以，本文结合墓葬的年代以及风帽俑在类型上的发展演变特点，将北朝风帽俑分为四个时期：北魏前期、北魏后期、东魏西魏时期、北齐北周时期。由于北齐、北周建立的时间存在差异，考虑到考古学文化的连续性，本文涉及的时间范围并不完全局限于确切的时间，在时间上可能略有上下延展。

一、北朝风帽俑的发现

通过统计发现，目前经过科学发掘且已发表发掘资料的北魏墓葬共计 51 座，其中出土陶俑的墓葬有 21 座，这些墓葬主要围绕当时的统治中心分布。北魏统治前期以盛乐为政治中心，围绕这一统治中心发现的北魏墓葬中，只有呼和浩特北魏墓[①]出土 12 件风帽俑。

① 郭素新：《内蒙古呼和浩特北魏墓》，《文物》1977 年 5 期，38 ~ 41 页。

398 年，北魏统治中心南移至平城（今山西大同市），围绕平城这一中心发现 12 座出土风帽俑的墓葬，共计出土 618 件陶俑，其中风帽俑有 390 件，约占出土陶俑的 63%（表一）。可见，在北魏平城时期这种风帽俑所占比例之多，也反映出这一时期风帽的盛行。

表一 北魏时期出土风帽俑的墓葬统计表

序号	出土地点	风帽俑数量 / 件	陶俑总量 / 件	风帽俑占比 /%
1	彭阳新集北魏墓	26	126	20.6
2	山西大同石家寨北魏司马金龙墓	224	265	84.5
3	内蒙古呼和浩特北魏墓	12	13	92.3
4	大同方山永固陵	1	1	100
5	山西大同南郊区田村北魏墓	10	11	90.9
6	山西大同下深井北魏墓	4	9	44.4
7	大同雁北师院北魏墓群砖石墓 M2	43	48	89.6
8	大同雁北师院北魏墓群砖石墓 M52	6	6	100
9	大同市北魏宋绍祖墓	55	114	48.2
10	山西大同七里村北魏墓群	4	11	36.4
11	山西大同迎宾大道北魏墓群	1	1	100
12	山西大同文瀛路北魏壁画墓	2	7	28.6
13	河北曲阳发现北魏墓	2	6	33.3
14	洛阳北魏元邵墓	7	94	7.4
15	曲阳北魏崔楷墓	1	5	20
16	洛阳孟津北陈村北魏壁画墓	4	54	7.4
17	河南偃师南蔡庄北魏墓	1	14	7.1
18	洛阳联体砖厂二号墓	17	72	23.6
19	偃师前杜楼北魏石棺墓	1	44	2.3
20	洛阳北魏杨机墓	1	30	3.3
21	洛阳衡山路北魏墓	1	18	5.6
总计		423	949	44.6

494 年，北魏孝文帝迁都洛阳，本文称之为北魏后期。围绕洛阳这一统治中心分布的墓葬中有 8 座墓葬出土风帽俑，共出土陶俑 331 件，其中风帽俑有 33 件，约占出土陶俑的 10%（表一）。随着北魏孝文帝移风易俗政策的实施，鲜卑民族逐渐汉化，原来的鲜卑服饰到迁都洛阳之后便不再盛行，风帽作为服饰因素的一部分，在这一时期比重也逐渐降低。

534 年，北魏分裂成东魏、西魏，这一时期东魏的政治统治中心在邺城，即今河北省临漳县西南的漳河北岸、河南安阳北。东魏出土风帽俑的墓葬有 7 座，共出土人物俑 1651 件，其中风帽俑为 374 件，占出土人物俑的 22.7%（表二）。西魏的政治中心在西安，出土风帽俑的墓葬有 3 座，出土人物俑 313 件，其中风帽俑 68 件，约占出土人物俑的 21.7%（表三）。这一时期的风帽俑数量较洛阳时期大大增多，并且风帽俑所占比重也由洛阳时期的 10% 增为东西魏时期的 20% 以上，由此可知，东西魏时期的风帽俑有再次流行的趋势。

表二　东魏时期出土风帽俑的墓葬统计表

序号	出土地点	风帽俑数量 / 件	人物俑总量 / 件	风帽俑占比 /%
1	河北景县封氏墓	23	162	14.2
2	河北吴桥县发现东魏墓	6	40	15.0
3	河北景县高氏墓	27	100	27.0
4	河北磁县东陈村东魏墓	19	137	13.9
5	河北赞皇东魏李希宗墓	20	102	19.6
6	河北磁县东魏茹茹公主墓	260	1064	24.4
7	山东寿光东魏贾思同墓	19	46	41.3
总计		374	1651	22.7

表三　西魏时期出土风帽俑的墓葬统计表

序号	出土地点	风帽俑数量 / 件	人物俑总量 / 件	风帽俑占比 /%
1	咸阳市胡家沟西魏侯义墓	18	85	21.2
2	陕西蓝田县发现西魏墓	2	22	9.1
3	吐谷浑公主与茹茹大将军合葬墓	48	206	23.3
总计		68	313	21.7

550 年，高洋将东魏改为北齐，北齐以邺城为都城，以晋阳（今山西太原）为别都。这一时期出土风帽俑的墓葬也都围绕着邺城、晋阳两个行政中心分布，共计 24 座，出土人物俑 4160 件，其中风帽俑 2082 件，约占出土人物俑的 50%（表四）。从数量与占比情况来看，北齐时期的风帽俑重现辉煌发展的状态。

表四　北齐时期出土风帽俑的墓葬统计表

序号	出土地点	风帽俑数量 / 件	人物俑总量 / 件	风帽俑占比 /%
1	河北磁县北齐高润墓	166	381	43.6
2	河北磁县东陈村尧峻墓	13	33	39.4
3	黄骅县北齐常文贵墓	5	45	11.1
4	河北磁县北齐元良墓	26	69	37.7
5	河北省吴桥 M3	25	164	15.2
6	河北磁县湾漳壁画墓	1262	1782	70.8

续表

序号	出土地点	风帽俑数量 / 件	人物俑总量 / 件	风帽俑占比 /%
7	河南安阳北齐范粹墓	9	70	12.9
8	安阳北齐和绍隆夫妇墓	33	341	9.7
9	河南安阳北齐贾进墓	17	53	32.1
10	济南市东八里洼北齐壁画墓	4	57	7.0
11	山西北齐库狄迴洛墓	15	84	17.9
12	山西祁县白圭北齐墓	96	118	81.4
13	太原市北齐娄叡墓	113	350	32.3
14	太原北齐库狄业墓	46	94	48.9
15	太原市北齐贺娄悦墓	2	19	10.5
16	太原南郊北齐壁画墓	31	39	79.5
17	太原北齐张海翼墓	19	42	45.2
18	太原北齐贺拔昌墓	8	15	53.3
19	太原北齐砖室墓	1	6	16.7
20	太原北齐狄湛墓	25	38	65.8
21	太原北齐徐显秀墓	136	309	44.0
22	太原西南郊北齐洞室墓	25	39	64.1
23	朔州水泉梁北齐壁画墓	5	12	41.7
总计		2082	4160	50.0

557 年，宇文氏废西魏恭帝建立北周，以长安（今西安）为都。北周时期出土风帽俑的墓葬有 9 座，共出土人物俑 746 件，其中风帽俑 260 件，约占出土人物俑的 34.9%（表五），较北齐时期有减少趋势。

表五　北周时期出土风帽俑的墓葬统计表

序号	出土地点	风帽俑数量 / 件	人物俑总量 / 件	风帽俑占比 /%
1	北周谯国公夫人步六孤氏墓	7	117	6.0
2	宁夏固原北周李贤夫妇墓	63	167	37.7
3	北周武帝孝陵	88	143	61.5
4	北周宇文俭墓	29	73	39.7
5	北周独孤宾墓	13	19	68.4
6	北周莫仁相、莫仁诞墓	12	56	21.4
7	咸阳北周拓跋迪夫妇墓	30	75	40.0
8	陕西咸阳邓村北周墓	8	57	14.0
9	西安北周康城恺公柳带韦墓	10	39	25.6
总计		260	746	34.9

综上所述，从风帽俑的分布来看，北魏时期出土的风帽俑主要分布在山西大同，其次在内蒙古呼和浩特、宁夏彭阳、河北曲阳、河南洛阳几个地区也有出土。东魏时期出土的风帽俑主要在河北磁县，其次在河北赞皇也有出土。西魏时期出土的风帽俑数量较少，主要分布在陕西咸阳和西安。北齐时期出土的风帽俑数量较多，主要分布在河北磁县、山西太原、河南安阳，除此之外，在山东济南市的一座墓葬中也出土风帽俑。北周时期出土的风帽俑主要分布在陕西西安，其次在陕西咸阳、宁夏固原也有出土。

从风帽俑所占的比重来看，在北朝出土风帽俑的墓葬中，风帽俑所占比重在不同阶段有所变化，北魏时期出土风帽俑的墓葬中基本上一半的人物俑都戴有风帽；东魏西魏时期，出土风帽俑的墓葬数量少且出土的人物俑少，这些出土风帽俑的墓葬中约20%的人物俑头戴风帽；北齐时期，出土风帽俑的墓葬发现较多，这些墓葬中约50%的人物俑头戴风帽；到北周时期，出土风帽俑的墓葬中风帽俑约占比34%（图一）。综合而言，在北朝出土风帽俑的墓葬中，北魏、北齐风帽俑占比较高，北周次之，东魏、西魏风帽俑占比较低。

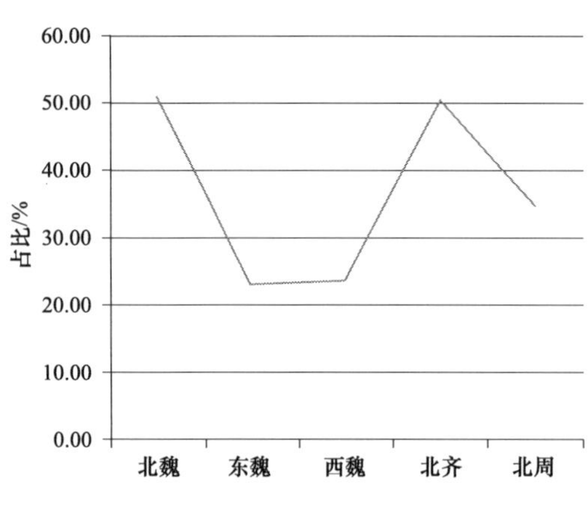

图一　北朝出土风帽俑墓葬中风帽俑所占比重

二、北朝风帽俑的类型学分析

北朝墓葬中所发现的风帽俑数量可观，类型多样，在不同阶段，风帽俑所呈现的形制会有变化，由于风帽俑的主要变化体现在其所戴的风帽形制，因此本文对北朝风帽俑的类型学分析以风帽俑头戴的风帽为主，同时简单描述风帽俑的其他服饰。

（一）北朝风帽俑的分类

根据风帽俑所呈现出的风帽形制差异，大致可以将其分为A、B、C、D、E、F六个类型。以下对每个类型分别做出陈述。

A型　圆顶风帽俑。根据风帽俑头戴的风帽形制差异，将其分为Aa、Ab、Ac、Ad、Ae五个亚型。

Aa型　圆顶风帽俑，头戴圆顶风帽，垂裙较长，可以及肩，垂裙两侧向后微微翻卷。帽顶与垂裙之间有扎带相连接。根据风帽的帽顶及垂裙形制差异将其分为三式。

Ⅰ式：风帽俑头戴高帽屋风帽，帽屋的前、后、左、右分别有一条明显的缝合线，有的甚至可以看出缝合的针脚，四条缝合线于帽顶中心相交，形成“十”字形（图二，

1、2）。垂裙披肩，帽屋与垂裙之间有一圈扎带，有的将扎带系于脑后，打结于帽后呈“八”字形。人物俑的面相丰满，面带微笑，身穿左衽长衣，或跪坐，或直立，双手藏于袖中，拱于胸前，直立。此型风帽俑见于内蒙古呼和浩特北魏墓、山西大同石家寨北魏司马金龙墓、山西大同下深井北魏墓、雁北师院北魏墓群中的砖石墓 M2 和 M52、大同市北魏宋绍祖墓、山西大同文瀛路北魏壁画墓。此外，在北魏的大同智家堡北魏墓石椁壁画墓东、西、南、北四个壁上都有头戴黑色风帽的人物形象。其中的男主人头戴高帽顶、大帽屋的风帽，帽顶与帽屋之间有扎带系于脑后。垂裙披肩，两侧向后翻卷，露出双耳。这一风帽形制与 Aa 型 Ⅰ 式风帽俑头戴的风帽形制相似。

Ⅱ式：风帽俑头戴圆顶风帽，帽屋的前、后、左、右没有缝合的痕迹，风帽上呈现出两条扎带。该型风帽俑头戴风帽帽屋较低，帽顶较圆、较饱满。风帽的垂裙较长，可以披至肩部，垂裙两侧分别有扎带系于后侧，扎带向后带动两侧垂裙也向后翻卷，翻卷之后依然可以遮盖双耳。帽屋与垂裙之间有一圈扎带，扎带系于脑后，在垂裙的后面形成一个系结的痕迹，也会有褶皱的痕迹。身穿风衣，风衣于胸前系结，人物俑的双手拱于身体前方，直立（图二，3）。此型风帽俑见于河北景县封氏墓群中东魏墓、河北景县高潭墓、河北磁县东陈村东魏墓、河北磁县东魏茹茹公主墓、河北省吴桥四座北朝墓葬中的 M2。

Ⅲ式：圆顶风帽俑，头戴风帽帽屋较低、较饱满，帽顶较圆。垂裙较长，可以披至肩部，垂裙两侧微微向后翻卷，翻卷之后依然可以遮盖双耳。帽屋与垂裙之间有一圈扎带，扎带系于脑后，在垂裙的后面形成一个系结的痕迹，也会有褶皱的痕迹。风帽俑身穿风衣，风衣于胸前系结，人物俑的双手拱于身体前方（图二，4）。此型风帽俑见于河南安阳北齐范粹墓、安阳北齐和绍隆夫妇合葬墓、河北磁县北齐高润墓、河北磁县东陈村尧峻墓、黄骅县北齐常文贵墓、河北磁县北齐元良墓、河北省吴桥 M3。

Ab 型　圆顶风帽俑。头戴风帽的帽屋较高，帽屋顶部向头后部微微下塌，帽屋的前、后、左、右分别有一条明显的缝合线，有的甚至可以看出缝合的针脚，四条缝合线于帽顶中心相交，形成“十”字形。垂裙披肩，帽屋与垂裙之间有一圈扎带，将扎带系于脑后系结，帽后有“八”字形或数道细褶皱的痕迹。人物俑的面相丰满，面带微笑，身穿左衽长衣，下身穿裤子，双手放胸前并藏于袖口，直立（图三，1）。此型风帽俑见于雁北师院北魏墓 M2、M5。此外，在山西大同文瀛路北魏壁画墓中发现一位侍者头戴黑色风帽，帽屋较大，帽顶向后有一定的倾斜，帽顶与垂裙之间有扎带相连接，垂裙至肩，垂裙两侧露出双耳。身穿左衽长衣，束腰带，穿黑色靴子。这一形象与 Ab 型圆顶风帽俑所呈现出的形象较为相似。

Ac 型　圆顶风帽俑。头戴风帽帽屋较低，帽屋的前、后、左、右分别有一条明显的缝合线，有的甚至可以看出缝合的针脚，四条缝合线于帽顶中心相交，形成“十”字形。垂裙披肩，两侧向后翻卷。垂裙与帽屋相连接的地方只有一条似缝合线一类的连接线，帽后有两条对偶曲线，寓意着两侧的垂裙向后翻卷于脑后折叠。人物俑的面相丰

图二　Aa型圆顶风帽俑

1、2. Ⅰ式（分别采自雁北师院北魏墓M52①、M2②） 3. Ⅱ式（采自河北磁县东陈村东魏墓1：28③）
4. Ⅲ式（采自河北磁县北齐元良墓标本CMM1：43④）

满，面带微笑，身穿圆领左衽长衣，下身着裤，双手于左胸前，直立，双手似乎握有物件（图三，2）。此型风帽俑见于雁北师院北魏墓M5、大同市北魏宋绍祖墓。

Ad型　圆顶风帽俑。头戴风帽帽屋较低，垂裙较短。帽屋的前、后、左、右分别有一条明显的缝合线，有的甚至可以看出缝合的针脚，四条缝合线于帽顶中心相交，形成“十”字形。垂裙至颈部，垂裙两侧露出双耳。人物俑的面相丰满，面带微笑，身穿

① 大同市考古研究所：《大同雁北师院北魏墓群》，文物出版社，2008年，36页。

② 大同市考古研究所：《大同雁北师院北魏墓群》，文物出版社，2008年，48页。

③ 磁县文化馆：《河北磁县东陈村东魏墓》，《考古》1977年6期，393页。

④ 磁县文物保管所：《河北磁县北齐元良墓》，《考古》1997年3期，36页。

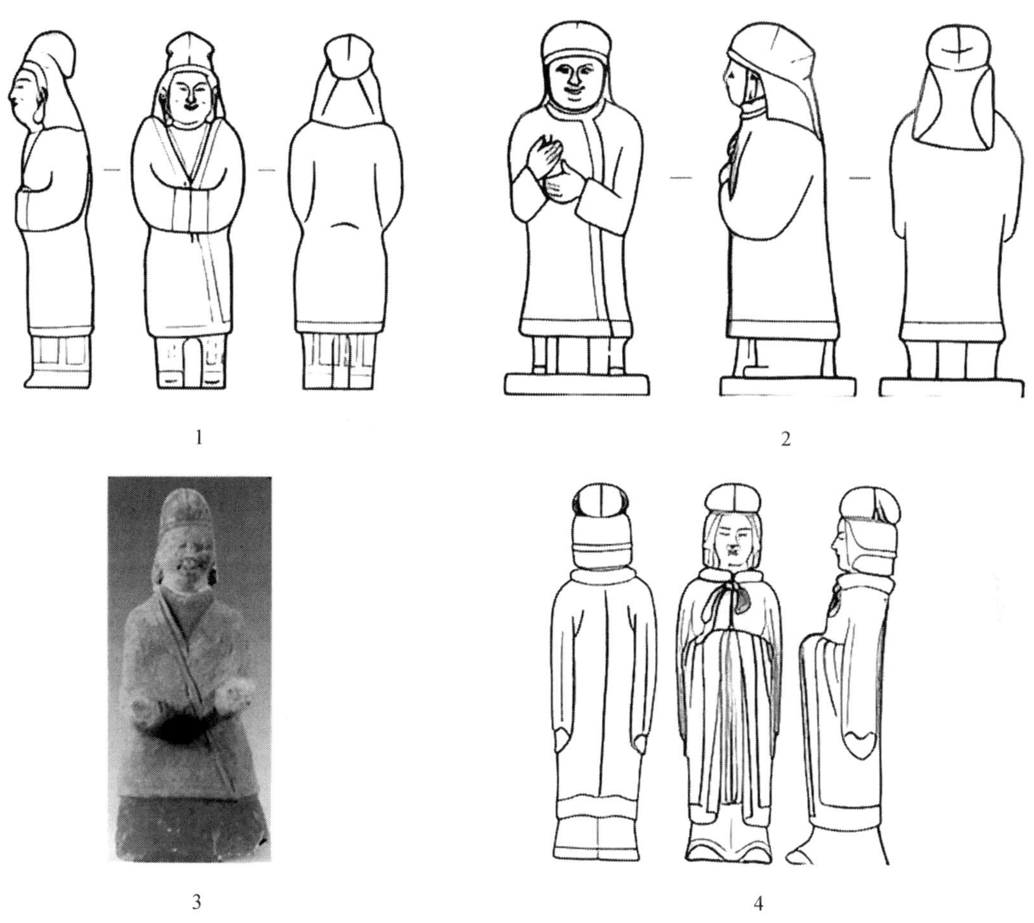

图三 圆顶风帽俑

1. Ab 型（采自雁北师院北魏墓 M2：69①） 2. Ac 型（采自雁北师院北魏墓 M5：32②）
3. Ad 型（采自山西大同南郊区北魏墓标本 30③） 4. Ae 型（采自河北磁县茹茹公主墓标本 887④）

圆领左衽长衣，下身着裙，双手抬起，似乎端有物件（图三，3）。此型风帽俑见于山西大同南郊区北魏墓。

Ae 型 圆顶风帽俑，头戴风帽帽屋较低，帽顶较圆、较饱满。垂裙较短，只能抵达颈部，垂裙两侧分别有扎带系于后侧，扎带向后带动两侧垂裙也向后翻卷，翻卷之后依然可以遮盖双耳。帽屋与垂裙之间有一圈扎带，扎带系于脑后。人物俑面部五官较为

① 大同市考古研究所：《大同雁北师院北魏墓群》，文物出版社，2008 年，50 页。

② 大同市考古研究所：《大同雁北师院北魏墓群》，文物出版社，2008 年，143 页。

③ 大同市考古研究所：《山西大同南郊区田村北魏墓发掘简报》，《文物》2010 年 5 期，7 页。

④ 磁县文化馆：《河北磁县东魏茹茹公主墓发掘简报》，《文物》1984 年 4 期，3 页。

立体、精致，身穿长长的风衣，风衣于胸前系结。双手拱于身体前方，直立（图三，4）。该型风帽俑见于河北磁县茹茹公主墓。

B型　鸡冠顶风帽俑。风帽俑头戴鸡冠顶风帽，该类型风帽独具特色，帽顶好似一个鸡冠，帽屋空间似乎较小。帽顶与垂裙之间有明显的连接线。垂裙既宽又长，宽可将双耳遮挡，长度过肩。鸡冠顶侧面刻划倒"V"状，寓意鸡冠顶上形成的褶皱痕。此型风帽俑面相丰润，面带微笑，身穿左衽长衣，下穿裤子，骑在高大的马匹之上，手中似乎拿着笛子之类的乐器（图四）。此型风帽俑见于雁北师院北魏墓M5、大同市北魏宋绍祖墓。

图四　B型鸡冠顶风帽俑

（采自雁北师院北魏墓M5：103①）

C型　扁圆顶风帽俑，头戴扁圆形长垂裙风帽。根据风帽具体形制的差异可以将其分为Ca、Cb、Cc、Cd、Ce五个亚型。

Ca型　扁圆顶风帽俑，根据风帽帽檐的差异可以将其分为二式。

Ⅰ式：风帽俑头戴风帽的帽屋较大、较圆，垂裙至肩，自然下垂，垂裙宽大，两侧可遮盖双耳。从风帽的侧面及垂裙边沿可以看出此型风帽较厚。帽屋与垂裙浑然一体，不存在缝合线，也不见褶皱的痕迹和扎带或连接线的痕迹。面部勾勒出八字胡须，尖鼻子，深目。穿翻领对襟长衣，显得十分厚重。左手下垂不露出手，右手拳心有一孔，可能执有物件（图五，1）。此型风帽见于彭阳新集北魏墓。

Ⅱ式：风帽俑头戴扁圆状风帽，风帽整体呈扁圆形，帽屋较大，帽屋与垂裙浑然一体。垂裙较长，可至肩部。垂裙宽大和厚重，两侧可遮盖双耳，从侧面可看出帽屋前低后高。人物俑面带微笑，内穿圆领长衣，腰部束有腰带，下衣是宽大的裤子，外披一件长衣，双手握拳于胸前（图五，2）。此型式风帽俑见于咸阳市胡家沟西魏侯义墓、陕

① 大同市考古研究所：《大同雁北师院北魏墓群》，文物出版社，2008年，136页。

西西安西魏吐谷浑公主与茹茹大将军合葬墓、北周武帝孝陵、北周莫仁相、北周莫仁诞墓、咸阳北周拓跋迪夫妇墓、陕西西安北周康城恺公柳带韦墓、北周宇文俭墓。

Cb 型　扁圆顶风帽俑，头戴风帽的帽顶呈扁圆状，帽屋前后高低不一致，从侧面可以看出帽屋前低后高。帽屋与垂裙浑然一体，垂裙两侧较窄，可露出双耳。垂裙较长，可以至肩部。垂裙于双耳之后，可露出双耳。身穿圆领内衣，下穿宽大裤子，外衣为左衽束腰长衣，双手握拳站立（图五，3）。此型风帽俑见于陕西西安西魏吐谷浑公主与茹茹大将军合葬墓，北周宇文俭墓，北周莫仁相、莫仁诞墓，陕西西安北周康城恺公柳带韦墓。

Cc 型　扁圆顶风帽俑，头戴风帽的帽屋较小，垂裙至肩，帽屋与垂裙直接相连，但可以清晰地辨别出帽屋与垂裙两个部分。帽屋前低后高，垂裙至肩，垂裙两侧不遮盖双耳，垂裙看似轻软。外穿翻领对襟长衣，双手握拳站立（图五，4）。此型式风帽俑见于北周独孤宾墓。

Cd 型　扁圆顶风帽俑，头戴风帽的帽屋较小，帽屋与垂裙直接相连，但可以清晰地辨别出帽屋与垂裙两个部分。帽屋前低后高。垂裙分前后两部分，前半部分垂裙于下颌处相连接，遮盖颈部；后半部分披肩。外披对襟长衣，双手拱于胸前，直立（图五，5）。此型风帽俑见于宁夏固原北周李贤夫妇墓。

Ce 型　扁圆顶风帽俑，头戴风帽的帽屋较小，帽屋前低后高，帽屋与垂裙浑然一体。垂裙至肩，垂裙两侧不遮盖双耳。身穿圆领内衣，外披对襟长衣，下着宽大的裤子，双手藏于袖中，拱手于胸前（图五，6）。此型风帽俑见于陕西咸阳邓村北周墓。

D 型　小尖顶风帽俑，头戴风帽帽顶极小，垂裙较短。根据风帽的具体形制差异可以将其分为三式。

Ⅰ式：小尖顶风帽俑，头戴风帽的帽屋变得极小，似乎就是象征性地有一个紧贴头顶、微微向上凸起的帽屋。帽屋与垂裙之间有一条连接的痕迹，可能是连接帽顶与垂裙的缝合线。垂裙较短，至颈部，垂裙两侧微微向后翻卷，翻卷后仍可遮盖双耳。身穿左衽宽袖长衣，有束腰。手中似乎握有器物（图六，1）。此型风帽样式见于洛阳北魏元邵墓、河南偃师蔡庄北魏墓、河南偃师联体砖厂二号墓、洛阳北魏杨机墓。

Ⅱ式：小尖顶风帽俑，头戴风帽的帽屋较低，帽屋向上微微凸起，呈小尖状。垂裙较短，只能到达颈部，帽屋与垂裙之间有一圈扎带，扎带于脑后系结，垂裙两侧分别有扎带系结于后侧。垂裙两侧微微向后翻卷，翻卷之后仍可遮盖双耳。内穿圆领窄袖衫，外斜披套衣，腰束带。右手持鼓，鼓作扁圆形，左手似乎手握击打鼓面的物件（图六，2）。此型风帽俑见于河北磁县东陈村东魏墓、河北磁县茹茹公主墓。

Ⅲ式：小尖顶风帽俑，头戴风帽的帽顶只留一个小尖状微微凸起，垂裙从下往上卷起，固定于帽顶的后侧，露出双耳和头发。上身内穿圆领窄袖衣，外穿交领右衽上衣，腰扎带，下穿大口裤。拳心向上并有一小孔，应该持有物件（图六，3）。此型风帽俑见于河北磁县湾漳壁画墓。

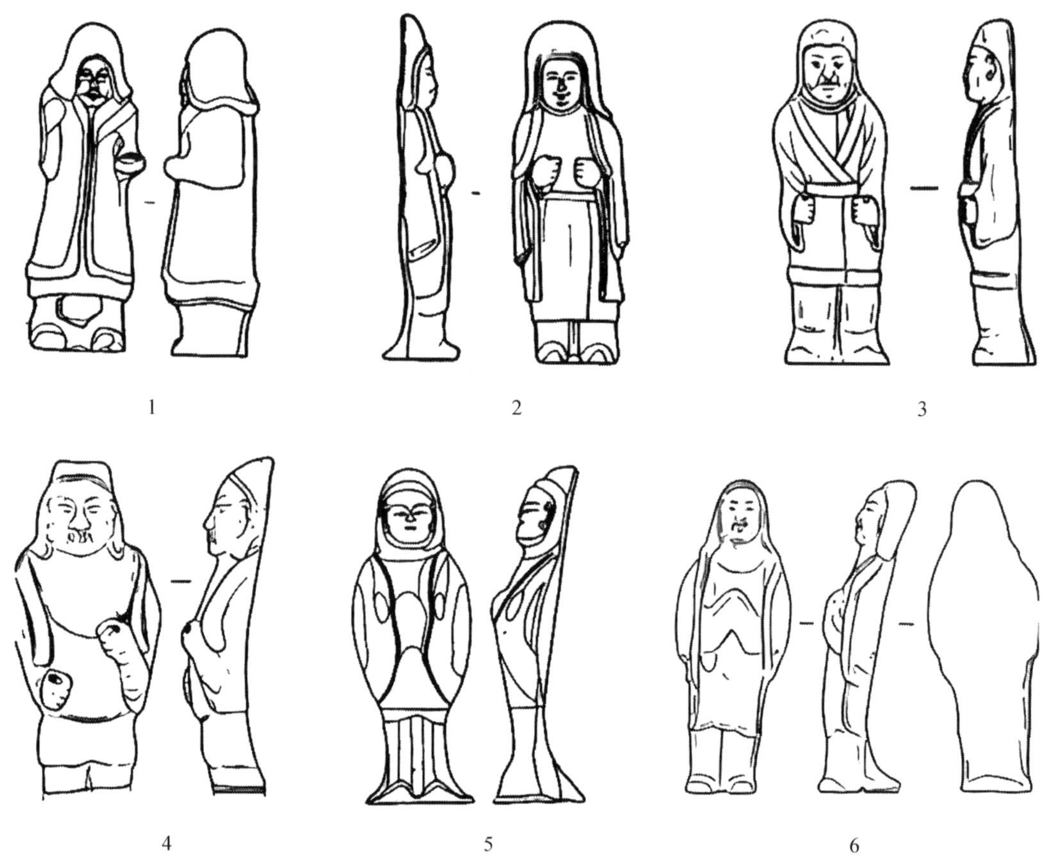

图五　C 型扁圆顶风帽俑

1. Ca 型Ⅰ式（采自彭阳新集北魏墓标本 85①） 2. Ca 型Ⅱ式（采自北周武帝孝陵墓标本 77②）
3. Cb 型（采自北周莫仁相、莫仁诞墓③） 4. Cc 型（采自北周独孤宾墓④） 5. Cd 型（采自李贤夫妇墓⑤）
6. Ce 型（采自陕西咸阳邓村北周墓⑥）

E 型　尖顶风帽俑，根据风帽俑头戴的风帽形制差异，可分为三式。

Ⅰ式：尖顶风帽俑，头戴风帽的帽屋较小，帽屋向上隆起，呈微尖状。垂裙较长，

---

① 宁夏固原博物馆：《彭阳新集北魏墓》，《文物》1988 年 9 期，30 页。

② 陕西省考古研究所、咸阳市考古研究所：《北周武帝孝陵发掘简报》，《考古与文物》1997 年 2 期，14 页。

③ 陕西省考古研究院：《北周莫仁相、莫仁诞墓发掘简报》，《考古与文物》2012 年 3 期，6 页。

④ 陕西省考古研究院：《北周独孤宾墓发掘简报》，《考古与文物》2011 年 5 期，34 页。

⑤ 宁夏回族自治区博物馆、宁夏固原博物馆：《宁夏固原北周李贤夫妇墓发掘简报》，《文物》1985 年 11 期，7 页。

⑥ 陕西省考古研究院：《陕西咸阳邓村北周墓发掘简报》，《考古与文物》2017 年 3 期，41 页。

图六 D型小尖顶风帽俑

1. Ⅰ式（采自河南偃师联体砖厂二号墓 M2：44①） 2. Ⅱ式（采自河北磁县东陈村东魏墓 1：93②）
3. Ⅲ式（采自河北磁县湾漳壁画墓标本 131③）

可以至肩部，两侧遮挡双耳。帽屋与垂裙之间有连接的痕迹。由于该型风帽俑只见有残俑头，所以，不能得知其穿戴的服饰（图七，1）。此型风帽俑头见于河北曲阳崔楷墓。

Ⅱ式：尖顶风帽俑，头戴尖顶风帽，帽屋较低，帽屋向上微微凸起，呈小尖状。垂裙较长，可以至肩部，帽屋与垂裙之间有一圈扎带环绕，有的垂裙两侧有扎带系于后侧。垂裙两侧微微向后翻卷，翻卷之后仍可遮盖双耳。身穿左衽窄袖长衣，下穿宽大的裤子，骑高大骏马（图七，2）。此型风帽俑见于河北磁县东陈村东魏墓、山东寿光东魏贾思同墓。

Ⅲ式：尖顶风帽俑，头戴风帽的帽屋较低，帽屋向上微微凸起，呈小尖状。垂裙较长，可以至肩部，帽屋与垂裙之间有一圈扎带环绕。垂裙两侧微微向后翻卷，翻卷之后仍可遮盖双耳。身穿圆领左衽内衣，下穿宽大的裤子，外穿袒肩左衽长衣，腰间系鼓，鼓呈圆状（图七，3）。此型风帽俑见于河北磁县北齐元良墓、河南安阳北齐贾进墓。

F型 “山”字顶风帽俑，根据帽顶具体形制的差异可以将其分为 Fa、Fb 二亚型。

Fa型 “山”字顶风帽，帽顶有左、中、右三个凸起部分，中间的部分高于两侧。垂裙披肩，帽顶与垂裙之间有一圈扎带。垂裙两侧有的不遮盖双耳，有的遮盖双耳。由

① 偃师市文物旅游局、洛阳市文物考古研究院：《洛阳偃师两座北魏墓发掘简报》，《中原文物》2019 年 6 期，41 页。

② 磁县文化馆：《河北磁县东陈村东魏墓》，《考古》1977 年 6 期，393 页。

③ 中国社会科学院考古研究所、河北省文物研究所：《磁县湾漳北朝壁画墓》，科学出版社，2003 年，39 页。

图七　E型尖顶风帽俑

1. Ⅰ式（采自河北曲阳崔楷墓①）2. Ⅱ式（采自河北磁县东陈村东魏墓1∶65②）
3. Ⅲ式（采自河北磁县北齐元良墓CMM1∶61③）

于该风帽俑只留残俑头，所以无法得知其服饰特征，无法判断其他信息（图八，1）。该型风帽俑头见于河北省吴桥M3北齐墓。

Fb型　“山”字顶风帽俑，头戴风帽的帽顶呈“山”字形，垂裙过肩，不遮盖双耳，帽顶与垂裙之间有一条扎带环绕，扎带于头后系结。身披右衽长衣，双手扶于腰间的腰带处。下着裤子（图八，2）。此型风帽俑见于河北磁县北齐高润墓、河北磁县北齐元良墓、太原市北齐娄叡墓、太原市北齐贺娄悦墓、太原南郊北齐壁画墓、太原北齐张

图八　F型“山”字顶风帽俑

1. Fa型（采自河北省吴桥M3∶138④）2. Fb型（采自太原北齐徐显秀墓⑤）

① 田韶品：《曲阳北魏崔楷墓》，《文物春秋》2009年6期，36页。

② 磁县文化馆：《河北磁县东陈村东魏墓》，《考古》1977年6期，393页。

③ 磁县文物保管所：《河北磁县北齐元良墓》，《考古》1997年3期，34页。

④ 河北省沧州地区文化馆：《河北省吴桥四座北朝墓葬》，《文物》1984年9期，37页。

⑤ 山西省考古研究所、太原市文物考古研究所：《太原北齐徐显秀墓发掘简报》，《文物》2003年10期，11页。

海翼墓、太原北齐贺拔昌墓、太原北齐狄湛墓、太原北齐徐显秀墓。太原北齐徐显秀墓的壁画中可见一些头戴“山”字形垂裙风帽的人物形象，在太原北齐娄睿墓中也可见“山”字形风帽的人物形象。

（二）北朝风帽俑的分期

北朝从鲜卑人定都盛乐建立北魏政权开始，至杨坚建立隋为止，大约历经二百年，先后有北魏、东魏、西魏、北齐、北周五个政权存在。在北朝的不同阶段风帽俑所呈现的形制特征会出现一些较为明显的变化。北朝出土风帽俑的墓葬一部分已经有明确纪年，另一部分可以判断出大致的年代，根据这些北朝墓葬的年代以及北朝风帽俑所戴风帽的形制变化，将各类型风帽俑分为四期（表六）。

表六　北朝风帽俑分期表

类型 时期	A型	B型	C型	D型	E型	F型
北魏前期	Aa型Ⅰ式 Ab型 Ac型 Ad型	B型	Ca型Ⅰ式			
北魏后期				D型Ⅰ式	E型Ⅰ式	
东魏西魏时期	Aa型Ⅱ式 Ae型		Ca型Ⅱ式	D型Ⅱ式	E型Ⅱ式	
北齐北周时期	Aa型Ⅱ式 Aa型Ⅲ式 Ae型		Ca型Ⅱ式 Cb型 Cc型 Cd型 Ce型	D型Ⅲ式	E型Ⅲ式	Fa型 Fb型

北魏前期，指的是北魏建都至北魏迁都洛阳的这一时期，即386～494年。这一期的风帽俑类型包括Aa型Ⅰ式圆顶风帽俑、Ab型圆顶风帽俑、Ac型圆顶风帽俑、Ad型圆顶风帽俑，B型鸡冠顶风帽俑，Ca型Ⅰ式扁圆顶风帽俑。其中需要说明的是Ca型Ⅰ式扁圆顶风帽俑，目前这一型式的风帽俑只见于彭阳新集M1中，出土26件。

北魏后期，指的是北魏前洛阳后，至北魏分裂为东魏、西魏这一时期，即494～534年。这一时期的风帽俑类型包括D型Ⅰ式小尖顶风帽俑、E型Ⅰ式尖顶风帽俑。

东魏西魏时期，指的是534～556年这一阶段。这一时期的风帽俑类型有Aa型Ⅱ式圆顶风帽俑、Ae型圆顶风帽俑、Ca型Ⅱ式扁圆顶风帽俑、D型Ⅱ式小尖顶风帽俑、E型Ⅱ式尖顶风帽俑。

北齐北周时期，指的是556～581年这一阶段。这一时期的风帽俑类型有Aa型Ⅱ式圆顶风帽俑、Aa型Ⅲ式圆顶风帽俑、Ae型圆顶风帽俑，Ca型Ⅱ式扁圆顶风帽俑、

Cb 型扁圆顶风帽俑、Cc 型扁圆顶风帽俑、Cd 型扁圆顶风帽俑、Ce 型扁圆顶风帽俑，D 型Ⅲ式小尖顶风帽俑，E 型Ⅲ式尖顶风帽俑、Fa 型“山”字形风帽俑、Fb 型“山”字形风帽俑。

通过类型学分析，我们将北朝风帽俑分为四期六个类型。第一期为北魏前期，以 A 型圆顶风帽俑为主，其次有 B 型鸡冠顶风帽俑和 C 型扁圆顶风帽俑。第二期为北魏后期，以 D 型小尖顶风帽俑为主，其次有 E 型尖顶风帽俑出现。第三期为东魏西魏时期，以 Aa 型Ⅱ式圆顶风帽俑为主，C 型、D 型、E 型风帽俑延续前两期的风格，只是在细微处有些变化。第四期为北齐北周时期，A 型、C 型、D 型、E 型风帽俑延续前三期的特征，细微之处有一些差异，此期新出现的 F 型“山”字顶风帽俑，是本期的创新型风帽俑，该型风帽俑外披的风衣出现圆领右衽这一现象，通常认为，左衽一般是北方少数民族的服饰特征，右衽一般为在中原汉民族的服饰特征。因此，我们推测 F 型风帽俑的服饰有一部分汉民族的服饰特征。

三、北朝风帽的流变

我们采用类型学的方法，对北朝风帽进行分类，帽屋形制差异与垂裙样式差异是分类的依据，通过分类我们可以看出北朝风帽的形制在不同的阶段有所变化，晚期的风帽形制也会表现出对早期一些风帽形制特征的继承或沿用。

（一）北朝风帽俑的探源

探究风帽俑的来源，首先需要了解北朝陶俑的文化来源。关于北朝陶俑的来源，杨泓认为，“北魏的陶俑间接受到西晋俑制的影响，有些甲骑具装俑承袭自十六国的陶俑。北魏分裂之后，东魏、北齐继续延续洛阳时期的俑制，西魏、北周则不受洛阳俑制的影响，承袭北魏时期关中地区的俑制”[①]。倪润安指出：“平城地区墓葬陶俑与模型明器的来源是关陇十六国墓。在俑群及相关模型明器方面，继承了西晋中晚期墓葬的三大组合：镇墓兽和武士俑的镇墓组合、牛车鞍马和侍从俑的出行组合、模型明器组合。”[②]李梅田认为陶俑群的出现是平城时期云代墓葬最为突出的一个特征，最早的应当属于呼和浩特大学路北魏墓，可能为北魏定都平城前后的墓葬。“这一时期云代地区的墓葬仍反映了浓厚的鲜卑文化特征，但魏晋传统因素明显增多。”[③]这些研究为本文对风帽俑的探

① 杨泓：《北朝陶俑的源流、演变及其影响》，《汉唐美术考古和佛教艺术》，科学出版社，2000 年，126～139 页。

② 倪润安：《北魏平城地区墓葬文化来源略论》，《西部考古（第五辑）》，三秦出版社，2011 年，305 页。

③ 李梅田：《魏晋北朝墓葬的考古学研究》，商务印书馆，2009 年，156 页。

源提供了方向。

通过对目前出土的风帽俑进行对比和分析，我们认为鲜卑帽来源于十六国时期的北方少数民族。

首先，十六国墓葬中出土陶俑头戴帽式与北魏前期风帽俑头戴帽式相似。从目前已发表的考古发掘简报或报告来看，十六国时期风帽俑就出现在我国北方地区的一些墓葬中。这些墓葬中出土头戴高帽的陶俑，与Aa型Ⅰ式风帽俑的帽顶形制相似。如西安凤栖原十六国墓①出土的男侍俑，头戴圆形帽，正中缝合，帽顶呈“十”字形，帽顶与垂裙之间有一圈扎带，两侧有两条竖刻划线，表示垂裙的两侧边沿，垂裙后部及肩，陶俑身穿的长衣为右衽。咸阳平陵十六国墓②中出土有鼓吹骑马乐俑（图九），头戴圆顶帽，帽顶有“十”字形的棱线，帽檐饰一至两周弦纹，与西安凤栖原十六国墓中出土的男侍俑相似。十六国时期的另一种风帽俑与北朝Aa型Ⅰ式风帽俑也有着一定的相似之处（图一〇）。风帽俑头戴高帽顶的帽式，帽子没有披肩的垂裙，垂裙短至耳部，向上翘起，所以不称这一帽式为风帽，发掘简报中习惯称这种为合欢帽。如陕西

图九　咸阳平陵十六国墓M1出土陶俑

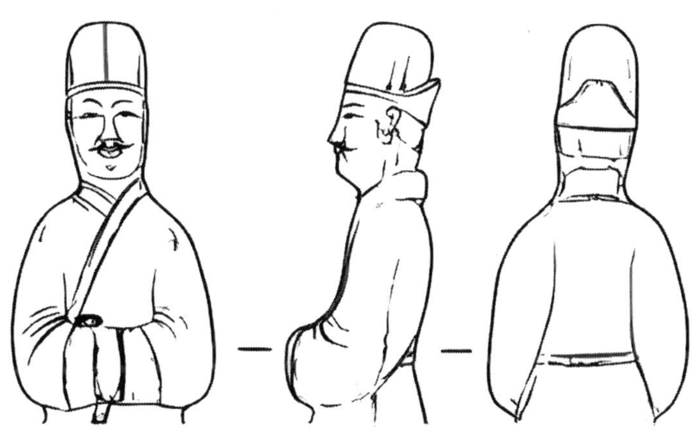
图一〇　西安洪庆原十六国梁猛墓出土

① 西安市文物保护考古研究院：《西安凤栖原十六国墓发掘简报》，《文博》2014年1期，13页。

② 咸阳市文物考古研究所：《咸阳平陵十六国墓清理简报》，《文物》2004年8期，17页。

西安洪庆原十六国梁猛墓[①]出土男立俑14件。标本M1：56，头戴高帽，帽后部有向上翻折的折檐，发掘简报中将这种帽式称为“圆形合欢帽”。该墓葬是十六国时期五胡政权内汉人世家大族的墓葬。西安咸阳国际机场专用高速公路十六国墓[②]中出土男侍俑2件，标本M66：9，头戴圆顶帽，帽后有向上翻折的折檐，与陕西西安洪庆原十六国梁猛墓出土男立俑所戴帽式相似，该墓的年代推测为十六国时期后赵。咸阳师专西晋北朝墓[③]中出土的男侍俑，标本M1：9，头戴圆小帽。标本M5：18，头戴幞帽。与陕西西安洪庆原十六国梁猛墓出土的男立俑、西安咸阳国际机场专用高速公路十六国墓中出土男侍俑所戴帽式相似。以上所述的这些十六国墓葬出土的人物俑头戴帽子的帽顶与北朝A型风帽俑有一定的相似性。

其次，从史料记载来看，风帽即鲜卑帽，最早可能属于鲜卑民族的一种独特帽式。历史文献中对鲜卑帽的记载较少，但依旧可以从中捕获一些鲜卑帽的信息，如《太平御览》卷975引《北齐书》中描述“后主武平中，特进侍中崔季舒宅中，池内莲茎皆作胡人面，仍着鲜卑帽”[④]。文献中虽然没有对鲜卑帽的形制做出说明，但可以证明，在北朝存在一种帽式，被称作鲜卑帽。在《梁书》卷54中，对鲜卑所戴帽式有描述：“河南王者，其先出自慕容鲜卑……著小袖袍，小口裤，大头长群帽。”[⑤]据此可知，鲜卑民族所戴帽式为“大头长裙”。根据文献记载，鲜卑帽的形制特征基本明了，即“大头长裙”，其中的大头所指可能是高大的帽顶，长裙指的就是披肩的垂裙。再结合北魏平城时期出土的风帽俑，便可以很清楚地识别出这种“大头长裙”帽。因此，我们推测北魏时期的A型风帽与鲜卑民族有着十分紧密的联系，可能是鲜卑民族所属的独特帽式，在后来的不断迁移过程中，先在北方各民族内部盛行，后来在各民族南迁的过程中，与汉族文化相互交流，呈现出不同的样式。

最后，从地理位置来看，十六国与北魏的统治区域有一定重合。西安地区在十六国先后被前赵、前秦、后秦、大夏所占据。这些政权中，前赵、大夏政权是匈奴部族建立的，前秦、后秦是氐族、羌族建立的，氐族、羌族后来被吐谷浑（鲜卑部族慕容部的一支）统治，426年，北魏统治区域将西安囊括在内。所以，十六国风帽俑与北魏风帽俑存在前后沿承的空间条件。

综上所述，北朝风帽俑的形制最早见于十六国时期，其出现与北方少数民族有着

---

① 西安市文物保护考古研究院：《陕西西安洪庆原十六国梁猛墓发掘简报》，《考古与文物》2018年4期，44页。

② 陕西省考古研究院：《西安咸阳国际机场专用高速公路十六国墓发掘简报》，《文博》2009年4期，5页。

③ 咸阳市文物考古研究所：《咸阳师专西晋北朝墓清理简报》，《文博》1998年6期，16页。

④ （宋）李昉著：《太平御览》卷975《果部》，中华书局，1960年，4322页。

⑤ 《梁书》卷54《诸夷传·河南》，中华书局，1973年，810页。

密切的关系。

（二）北朝风帽俑的演变

根据前文对北朝风帽俑的分类与分期，可以看出风帽俑在不同阶段的风帽形制方面存在着明显的差异与联系。

北魏前期，风帽以A型圆顶风帽俑为主流，此外，还有B型鸡冠顶风帽俑、Ca型Ⅰ式扁圆顶风帽俑。其中B型鸡冠顶风帽俑，目前在北朝的其他几期中不见，是本期特有的风帽俑。Ca型Ⅰ式扁圆顶风帽俑在本期不占主流。

北魏后期，以D型风帽俑为主流，与北魏早期的风帽俑形制差异较大，风帽俑所戴的风帽帽屋明显变小，帽顶略尖，微微向上凸起，垂裙至颈部，材质看似较为轻薄，可能与迁都前后的自然环境变化有关。E型是本期新出现的类型，在本期不占主流。

东魏西魏时期，Aa型风帽俑所戴的风帽形制发生较为明显的变化：风帽帽顶较低，垂裙有长有短，风帽俑一般身披风衣。本期与北魏前期风帽俑存在的联系有：风帽俑所戴风帽依然为圆顶，帽顶上前、后、左、右分别有明显的痕迹来表示缝合的印迹。因此，我们认为本期Aa型风帽俑是北魏前期Aa型Ⅰ式风帽俑的继承，但有自己的创新因素。本期C型风帽俑与北魏早期C型风帽俑的相似之处在于：头戴宽大、浑厚的风帽。身穿对襟长衣。与北魏早期C型风帽俑相比，本期风帽俑背面平直，身穿的风衣只是披在肩上，穿戴的服饰材质看上去较为轻薄。所以，可以认为，本期的C型风帽俑，继承北魏前期C型风帽俑的某些特点，也出现一些本期的时代特点。本期D型风帽俑，与北魏后期D型风帽俑相比，相似之处在于：头戴风帽帽顶小，微尖；垂裙短，至颈部，风帽材质看似轻盈，身穿左衽长衣。不同之处在于：风帽帽顶更尖，风帽上有扎带系于帽后部，身穿的长衣右肩袒露。因此，可以认为本期的D型风帽俑，继承北魏后期D型风帽俑的某些特点，也出现一些本期的时代特点。本期E型风帽俑，与北魏后期E型风帽俑相比，相似之处在于：头戴风帽帽屋略尖，向上凸起，垂裙披肩。不同之处在于：帽顶刻划线不见，风帽两侧垂裙向后翻卷，风帽上有两圈向后系的扎带。因此，可以认为本期的E型风帽俑，继承北魏后期E型风帽俑的某些特点，也出现一些本期的时代特点。

北齐北周时期，A型风帽俑形制基本与东魏、西魏时期风帽俑形制保持一致，Ae型风帽样式和性质特征与东魏、西魏时期的Ae型风帽俑形制基本一致。可以认为本期风帽俑是东魏、西魏时期风帽俑的延续。本期的C型风帽俑，除了前期出现过的Ca型Ⅱ式风帽俑，还出现了新的型式。Cb型风帽俑头戴的风帽左右两侧明显变窄，身穿左衽长衣，不披风衣。Cc型风帽俑头戴风帽的帽屋前后高低不一致，从侧面可以看出帽屋前低后高。身穿长衣，长衣只有大致形制。Cd型风帽俑，头戴风帽帽屋前低后高，垂裙分前后两部分，前半部分垂裙于下颌处相连接，遮盖颈部；后半部分披肩。外披对襟长衣。Ce 型风帽俑，头戴风帽基本上像一块软巾，风帽只有大致轮廓，外披对襟长衣。总体看来，本期 C 型风帽俑制作较之前粗糙。本期 D 型风帽俑，帽屋极小，垂裙向上卷至头顶。该型与东魏北齐时期 D 型帽顶相似，都为小尖顶，所以笔者认为本期 D 型风帽俑继承了前一期的 D 型风帽俑，在其基础上有一定的变革。本期 E 型风帽俑较前一期变化不大，只是风帽上的扎带减少一圈。基本上可以认为本期 E 型风帽俑是前一期的延续。本期 F 型风帽较为独特，帽顶呈"山"字形，这一风帽的性质特征在前两期中似乎看不到有相似的承袭因素，应该是本期所出现的新兴风帽形制。比较有趣的是，此型风帽出现的地域范围不出山西太原，即北齐时期的别都晋阳所在地，具有较强的地域性特征。

综上所述，北魏前期阶段，风帽俑所戴帽式中高帽屋长裙风帽较为流行，至北魏后期阶段，风帽俑开始吸收中原汉文化因素，所戴风帽逐渐变成小帽屋、短垂裙风帽。到东魏、西魏时期，风帽俑所戴风帽的样式一部分保留北方少数民族的特征，一部分吸收中原汉文化因素。北齐北周时期，一部分延续着东魏、西魏的风帽样式，具有北方民族特征的圆顶风帽再次流行起来，只是相比北魏早期，风帽的帽屋较低。同时，这一时期也增加了一些新的风帽样式，如出现新的帽式"山"字形风帽。

（三）北朝风帽俑的流向

在目前有发掘资料的隋唐墓葬中，可以见到一些风帽俑，部分风帽俑头戴的风帽形制与北朝风帽形制相似，从出土风帽俑的数量和风帽形制来看，隋唐时期出土的风帽俑远不如北朝出土的风帽俑丰富。例如，在陕西省西安市户县兆伦遗址隋唐墓葬①中，出土 10 件风帽俑，形制特点为：帽顶前低后高，上下宽、左右窄，垂裙披肩，帽顶与垂裙之间的分界线不明显，身穿左衽长衣（图一一，1）。其中，风帽俑所戴的风帽样式与北朝 Cb 型风帽俑所戴风帽形制相似。再如西安南郊上塔坡村 132 号唐墓②中出土的风帽俑，头戴高帽顶风帽，如标本 M132：7，帽顶呈圆形，垂裙披肩，帽顶与垂裙之间没有明显的分界痕迹，垂裙两侧可遮护双耳。身穿左衽翻领长衣（图一一，2）。这一形制的风帽与北齐北周时期的 Cb 型风帽形制较为相似。除此之外，西安市南郊马腾空唐墓③中出土的风帽俑、陕西长武郭村唐墓④出土的风帽俑均头戴风帽，且风帽形制与北朝 Cb 型风帽俑所戴风帽有一定的相似性。因此，可以认为北朝 Cb 型风帽俑头戴的风

---

① 陕西省考古研究院、户县文管所：《户县兆伦遗址隋唐墓葬发掘简报》，《文博》2015 年 5 期，19 页。

② 西安市文物保护考古研究院：《西安南郊上塔坡村 132 号唐墓发掘简报》，《文博》2016 年 1 期，26 页。

③ 陕西省考古研究所：《西安市南郊马腾空唐墓发掘简报》，《江汉考古》2006 年 3 期，42 页。

④ 长武县博物馆：《陕西长武郭村唐墓》，《文物》2004 年 2 期，49 页。

帽样式一直沿用至隋唐。

河南三门峡商务区中学9号唐墓[①]中出土的风帽俑，如标本M9：12，头戴圆顶风帽，垂裙披肩，帽顶与垂裙之间有扎带相连接，扎带于脑后系结，系结的痕迹明显（图一一，3）。这一风帽俑与北朝Aa型Ⅱ式风帽俑较为相似，因此，我们认为北朝Aa型Ⅱ式风帽俑一直延续至隋唐时期。

河南巩义东区唐墓（M253）[②]中发现1件骑马俑（M253：61），头戴黑色风帽，虽然该陶俑的制作较为粗糙，头戴的风帽只能看出大致的轮廓，但可以看出该风帽的一个明显特征：风帽垂裙的前半部分在下颌下有一块联通的部分，说明这一风帽的垂裙不仅可以遮盖双耳，也可以遮盖颈部（图一一，4）。这一风帽形制与北朝Cd型风帽俑所戴风帽相似。可以认为，隋唐时期的风帽俑继承了北朝风帽俑的部分因素。

综上所述，隋唐时期的风帽俑形制继承了北朝风帽俑的部分因素。也可以说是北朝的部分风帽俑形制一直流传至隋唐，大约至唐朝晚期，北方少数民族的汉化基本已经完成，风帽俑在唐朝晚期已经不再常见，宋代及以后的墓葬中几乎不见风帽俑的出土。因此，我们推测，大约至唐朝晚期阶段，风帽俑基本不见。

四、结　　语

通过整理目前有发掘资料的北朝墓葬中出土的风帽俑，根据风帽俑头戴的风帽差异，我们将北朝风帽俑分为四期六个类型。第一期为北魏前期，以A型圆顶风帽俑为主，其次有B型鸡冠顶风帽俑和C型扁圆顶风帽俑。第二期为北魏后期，以D型小尖顶风帽俑为主，其次有E型尖顶风帽俑出现。第三期为东魏、西魏时期，以Aa型Ⅱ式圆顶风帽俑为主，C型、D型、E型风帽俑延续前两期的风格，只是在细微处有些变化。第四期为北齐北周时期，A型、C型、D型、E型风帽俑延续前三期的特征，细微之处有一些差异，此期新出现的F型“山”字顶风帽俑，是本期的创新型风帽俑。

根据北朝各时期风帽俑形制的变化，可以看到北朝风帽俑的大致演变情况。北朝风帽俑最早来源是北方少数民族，十六国时期开始有头戴高帽屋的风帽俑出现，北魏早期阶段，风帽俑头戴的风帽以高帽屋长裙风帽较为流行，至北魏晚期阶段，风帽开始吸收中原汉文化因素，逐渐变成小帽屋、短垂裙风帽。到东魏、西魏时期，风帽俑头戴的风帽样式一部分保留北方少数民族的特征，一部分吸收中原汉文化因素。北齐北周时期，风帽俑头戴的风帽一部分延续着东魏、西魏的风帽样式，具有北方民族特征的圆顶风帽

① 三门峡虢国博物馆、三门峡市文物考古研究所：《河南三门峡商务区中学9号唐墓发掘简报》，《中原文物》2018年4期，28页。

② 巩义市文物考古研究所：《河南巩义东区唐墓（M253）发掘简报》，《文物》2018年12期，20页。

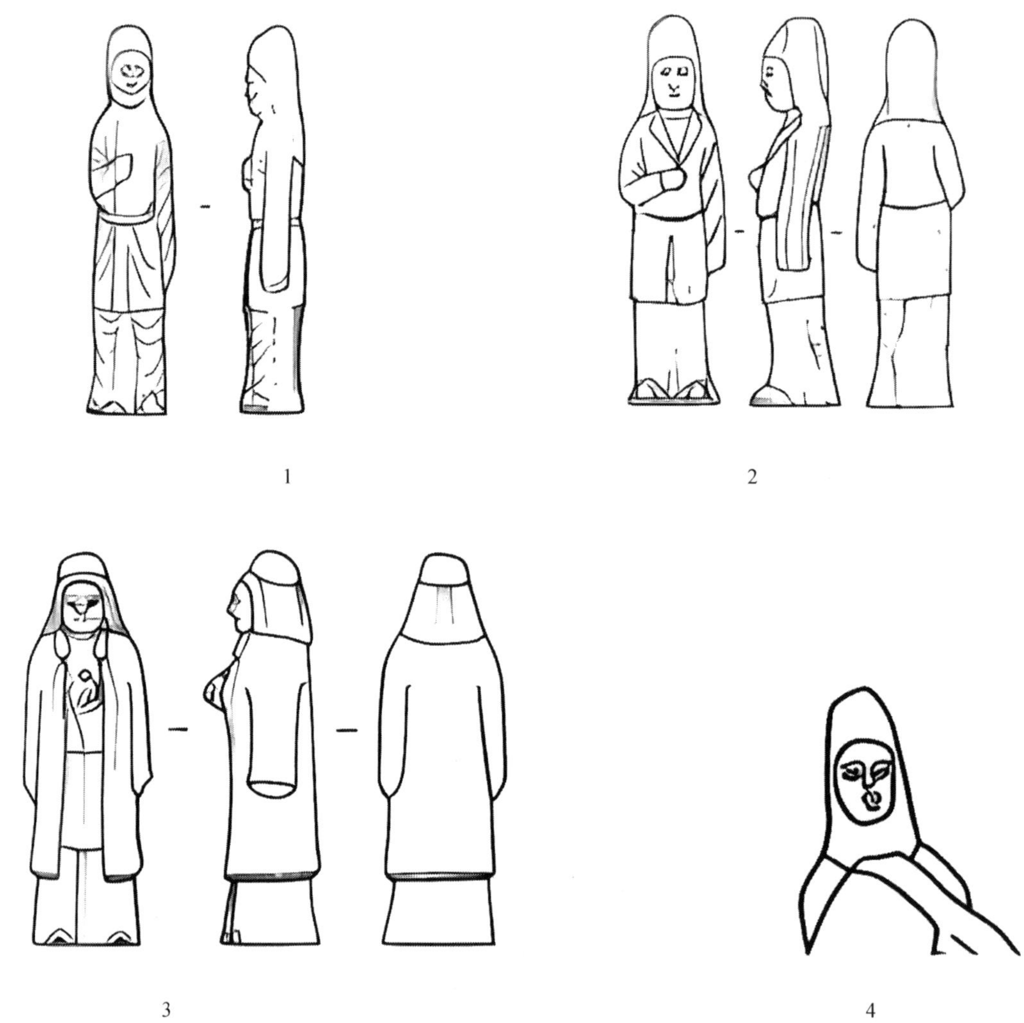

图一一　隋唐时期的风帽俑

1. 西安市户县兆伦遗址中隋唐墓出土　2. 西安南郊上塔坡村 132 号唐墓出土
3. 河南三门峡商务区中学 9 号唐墓出土　4. 河南巩义东区唐墓 M253 出土

再次流行起来，只是相比北魏早期，风帽的帽屋较低。同时，这一时期也增加了一些新的风帽样式，如出现新的帽式“山”字形风帽。风帽俑在整个北朝时期都有出现，并延续到隋唐时期，到了唐晚期风帽俑渐渐消失。

A Study on the Hooded Figurines of the Northern Dynasty

Sun Mengdie

Abstract: The hood was a common type of hood in the Northern Dynasty, which is generally composed of two parts: the top part of the hood, which we call the crown part; The other part is draped skirt, which was attached to the top of the hood and covered the hair. In the Northern Dynasty tombs that have been scientifically excavated and for which excavation data are available, we refer to figurines of figures wearing hoods as wind-capped figurines. Hood figures in different stages of the Northern Dynasty, the hoods were presenting different shape differences. In this paper, we focus on the hood worn by the figurines. This paper uses archaeological typology to explore the evolution of the form of figurines in the Northern Dynasties and to explore the cultural exchange between peoples in their development.

Keywords: Northern Dynasty; Hood; Tomb figures

唐代乌素固部考

赵文生

（黑龙江省克山县社会科学联合会，克山，161600）

摘要：有唐一代，乌素固部从涑沫江（今西流松花江）先后迁至乌裕尔河流域、俱伦泊（今呼伦湖）西南的克鲁伦河下游地区，部族名称也由涑沫靺鞨乌素固部先后改称浮渝靺鞨乌素固部、室韦乌素固部，隶属关系也由慎州先后改为黎州、室韦都督府。

关键词：唐代　乌素固部　涑沫靺鞨　浮渝靺鞨　室韦

"慎州，武德初置，隶营州。领涑沫靺鞨乌素固部落。"① "黎州，载初二年析慎州置，处浮渝靺鞨乌素固部落。"② 从中看出，唐高祖武德（618～626）初年，设立慎州管理涑沫靺鞨乌素固部。武后载初二年（690），又从慎州分置黎州管理浮渝靺鞨乌素固部落。慎州与黎州均是羁縻州，先隶属营州都督府，后改隶幽州都督府。慎州的得名可能是因为靺鞨的先世肃慎，朝廷鉴于该州专管涑沫靺鞨乌素固部，于是取其中的"慎"字作为州名。黎州专管浮渝靺鞨乌素固部落，因为是从慎州分离出来的，朝廷便取"离"的谐音"黎"定其州名。

涑沫靺鞨为粟末靺鞨的同音异写，当居于涑沫江（今西流松花江）一带。涑沫江即粟末水，"涑州以其近涑沫江，盖所谓粟末水也"③。粟末靺鞨"居最南，抵太白山，亦曰徒太山，与高丽接，依粟末水以居。水源于山西，北注它漏河"④。粟末水"今名松花江，源出长白山，北流会嫩江、黑龙江等江入海，即古粟末水也"⑤。

---

① （后晋）刘昫等：《旧唐书·志第十九·地理二》卷39，中华书局，1975年。

② （后晋）刘昫等：《旧唐书·志第十九·地理二》卷39，中华书局，1975年。

③ （北宋）欧阳修、宋祁撰：《新唐书·列传第一百四十四·北狄·渤海》卷219，中华书局，1975年。

④ （北宋）欧阳修、宋祁撰：《新唐书·列传第一百四十四·北狄·黑水靺鞨》卷219，中华书局，1975年。

⑤ （清）穆彰阿：《大清一统志·吉林山川混同江条》（嘉庆朝本）卷67，上海古籍出版社，2008年。

乌素固部原为生活在涑沫江一带的粟末靺鞨部落，大致在武后载初二年（690）前后分别称为涑沫靺鞨、浮渝靺鞨。“浮渝”是“夫余”“扶余”的同音异写，“乌裕尔”是其音转，浮渝靺鞨生活的区域当在乌裕尔河流域。鉴于涑沫靺鞨应因涑沫江得名，乌裕尔河（今名）在当时有可能称作浮渝河。至于浮渝靺鞨的来源，有人认为“夫余有一部分与勿吉融合，即是浮渝靺鞨，后称粟末靺鞨”[①]，但在文献上，粟末靺鞨比浮渝靺鞨出现得早。

《宋史·渤海传》将渤海扶余府写作“浮渝府”，《通考·四裔考三·渤海》写作“夫余府”，均是同音异写。关于渤海扶余府的府治，从古至今约有四说：①《明一统志》卷二五、《清一统志》卷三九认为在今日辽宁省开原市或其境内；②张穆《蒙古游牧记》卷一认为在今日辽宁省昌图县西北；③《满洲历史地理》卷一第418页及池内宏《夫余考》等认为在今日吉林省农安县；④金毓黻《渤海国志长编·渤海扶余府考》卷一四认为约在农安县西南百里外的怀德（今吉林省公主岭市）、梨树两县之间。谭其骧主编的《〈中国历史地图集〉释文汇编·东北卷》认为上述四说中当以第三说为是[②]，笔者也认同此观点。唐代浮渝靺鞨与后来的渤海浮渝府是否同一地域呢？这种可能性不是没有。首先，我们应当看到，农安乃夫余后期王城，高句丽灭亡夫余后，于其地置扶余城。唐高宗征伐高句丽，薛仁贵攻拔的扶余城，即是该地。早在唐高祖武德初年，涑沫靺鞨乌素固部就隶属慎州管辖，而包括扶余城在内的周围大部分地区还在高句丽的控制之下。唐高宗总章元年（668），唐军攻灭高句丽后，慎州与李唐直辖区彻底连成一片。后来，涑沫靺鞨乌素固部迁移。如果把迁移的地点定在今日吉林省农安县一带，无论从高句丽扶余城，还是渤海扶余府的角度分析，都是有一定道理的。当前学术界普遍认为，粟末部分布于今日长白山以北、西流松花江上段流域[③]（有人将其具体到今日吉林省吉林市以下的西流松花江两岸），西流松花江下段流域则为伯咄部的分布区（有人将其具体到今日吉林省榆树市、松原市和黑龙江省哈尔滨市双城区、五常市一带）[④]。可是，农安位于西流松花江南岸的伊通河畔，距西流松花江近者仅百里之遥，远者如吉林市也才百千米，又毗邻粟末部分布区，这样近在咫尺的迁徙，何必又从慎州划出新的行政区划？如果把浮渝靺鞨乌素固部置于西流松花江上中游地区，又与靺鞨白山部分布区重合。况且，这里在李唐初期是高句丽直辖区的邻近地带，高句丽政权是不会坐视涑沫靺鞨乌素固部归属李唐及李唐在此设置行政建制的。因此，浮渝靺鞨不大可能生活在扶余川（今伊通河）一带，更不可能由此沿洮儿河（今名）西迁。根据靺鞨诸部多以山川命名的特点，浮渝靺鞨乌素固部的位置只能在其北部遥远的乌裕尔河流域去求证，因为

---

① 干志耿、孙秀仁：《櫜离——北夫余》，《扶余王国论集》，吉林市文物管理处，2003年，175页。

② 谭其骧主编：《〈中国历史地图集〉释文汇编·东北卷》，中央民族学院出版社，1988年，108页。

③ 谭其骧主编：《〈中国历史地图集〉释文汇编·东北卷》，中央民族学院出版社，1988年，65页。

④ 谭其骧主编：《〈中国历史地图集〉释文汇编·东北卷》，中央民族学院出版社，1988年，65页。

乌裕尔河是夫余的音转，而且其中下游是唐代室韦人聚居区的一个空白点。在北部只有分布在小兴安岭（今名）西侧讷谟尔河流域的讷北支部，在南部只有生活在今日吉林省农安县、乾安县、长岭县一带的黄头部，西部则是室韦诸部[①]，东部为乌裕尔河上游一带的岭西部。即便乌裕尔河中下游地区有室韦人生活在那里，也不会多。也只有这样，对于该部的管辖权才能从慎州分离出来，设置黎州进行管理。尽管伊通河在唐代被称作扶余川，浮渝靺鞨、浮渝府、扶余川之间有关联，有可能涑沫靺鞨乌素固部作为粟末靺鞨的一部，由于属性特殊，与粟末靺鞨其他部落之间关系并不紧密，生活在邻近扶余川地带，利用高句丽灭亡及南系靺鞨诸部奔散之机占据伯咄部地域，朝廷在此设黎州加以管理。后来由此北迁至乌裕尔河中下游地区，黎州也随之迁至那里。吉林省扶余市和黑龙江省富裕县，就有可能是浮渝靺鞨乌素固部在迁徙过程中留下的两个关联地名。

至于该部迁徙的原因和时间，只能认为是由于李唐中央政府与再度崛起的东突厥之间或东北各部族之间的战争造成的，至晚在武后载初二年（690）之前浮渝靺鞨乌素固部就已迁离涑沫江（今西流松花江）。

隋代，突厥分为东、西两部。东突厥是主部，时叛时服。李唐初期，东突厥侵扰日甚。唐太宗贞观三年（629），唐军一举击灭东突厥并控制该地。到唐高宗时期（650～683），东突厥默啜可汗再度崛起，拥兵四十万，东西万余里，位于东突厥东部的涑沫靺鞨乌素固部，有可能感受到了东突厥的威胁，特别是唐高宗总章元年后，由于唐伐高句丽战争的影响，涑沫靺鞨乌素固部为避战祸而被迫北迁。也有可能是后来已控制了松嫩平原那河（今嫩江及松花江）以北地区的唐军李多祚部，为了对付黑水靺鞨，以涑沫靺鞨乌素固部为前驱，北迁至乌裕尔河流域。为便于管理，将这里从慎州分离出来，设置黎州加以管理。因当时涑沫靺鞨乌素固部占据伯咄部故地，邻近扶余川（今伊通河），为古夫余故地，就改称浮渝靺鞨乌素固部。根据吴文衔等《黑龙江古代简史》一书（此处由魏国忠撰写），唐高宗总章元年，高句丽被唐灭之后，唐军的实际控制线已达到夫余川（今伊通河）及粟末水（今西流松花江），其前锋甚至有可能延伸到曾依附高句丽的伯咄、安居骨诸部的部分故地，即深入到包括乌素固部聚居区在内的今日吉林省北部与黑龙江省西南部地区，居住在那河（今嫩江及松花江）以北的达末娄、乌罗护以及室韦诸部纷纷归附唐廷。如果此时浮渝靺鞨乌素固部在夫余川（今伊通河）一带，文献上不可能没有记载，这从一个侧面证明了浮渝靺鞨乌素固部不在夫余川（今伊通河）一带。在唐伐高句丽战争中站在中央一边的黑水靺鞨，进据安车骨、伯咄两部的大部分故地，并潜通原高句丽故地南线的高句丽遗民，逐渐向粟末水（今西流松花江）方向逼近，最终于武周武则天天授二年（691）下半年至天授三年（692）上半年之间与武周大军在粟末水（今西流松花江）至拉林河（今名）之间展开大战[②]。出身于靺鞨的

① 谭其骧主编：《〈中国历史地图集〉释文汇编 · 东北卷》，中央民族学院出版社，1988年，80页。

② 魏国忠、孙正甲：《唐与黑水靺鞨之战》，《社会科学战线》1985年3期。

武周右鹰扬卫大将军李多祚，显然利用其同族身份置酒诱聚黑水靺鞨酋长，趁醉杀之，击破其众。其后，有可能越过拉林河（今名）及阿什河（今名），把黑水靺鞨的势力追逐到三江平原故地。这样，安车骨、伯咄故地全部正式纳入武周版图，并与粟末水（今西流松花江）、辽河流域的武周直辖区连成一片，当地靺鞨部众也就成了武周编户。武周武则天长寿二年（693），大体在那河（今嫩江及松花江）下游一带（这里指嫩江下游东流段）的南室韦诸部反叛，被李多祚统军击败[①]，从而进一步将黑龙江省西南部一带置于武周政府的直接管辖之下。不过，当时没有任何迹象表明黑水靺鞨南下控制靺鞨其他部落，只是经常侵扰靺鞨其他部落，招致李多祚率军进讨，当时李多祚军倒有可能深入三江平原腹地或更远地带的黑水靺鞨聚居区，在此诱杀了黑水靺鞨酋长并一举大破其众。从几年后大祚荣重返挹娄故地顺利地建立震国政权来看，黑水靺鞨的确没有离开过自己的居地南下深入靺鞨其他部落居地。不管怎么说，在这种纷纭复杂的背景下，涑沫靺鞨乌素固部为了避免卷入冲突和躲避战火，于战前大举迁入远离战事的乌裕尔河流域。尤其需要注意的是，唐军直接控制了那河（今嫩江及松花江）一带，为涑沫靺鞨乌素固部迁居乌裕尔河流域创造了先决条件。

涑沫靺鞨乌素固部迁离涑沫江（今西流松花江）后，人们不再把它看作粟末靺鞨的一部，而按其所处地理环境将其称作浮渝靺鞨乌素固部。

然而，好景不长，一场前所未有的巨变来临了。武周武则天万岁通天元年（696），松漠都督李尽忠（契丹人）和归诚州刺史孙万荣（李尽忠内兄）发动叛乱，占据营州（今辽宁省朝阳市），沉重地打击了武周在东北的统治。靺鞨人大祚荣乘机率众东向，于武周武则天圣历元年（698）建立震国。唐中宗神龙元年（705），大祚荣归附李唐。唐玄宗开元元年（713），大祚荣被唐廷任命为忽汗州都督，册命为左骁卫大将军、渤海郡王，至是始称渤海。开元七年（719），大祚荣去世，子大武艺继位，执政十九年，“斥大土宇，东北诸夷畏臣之”[②]，渤海的势力开始向乌裕尔河流域扩张。“黎州……万岁通天元年（笔者注：696），迁于宋州管治。”[③]黎州在万岁通天元年迁至宋州，说明在这一年浮渝靺鞨乌素固部迁移至乌裕尔河中下游地区。“神龙（笔者注：705～707）初还，改隶幽州都督。天宝（笔者注：742～756）领县一……新黎，自宋州迁寄治于良乡县之故都乡城。”[④]唐中宗神龙初年，东北地区局势趋于稳定，朝廷在浮渝靺鞨乌素固部重新设置了黎州。在唐玄宗天宝（742～756）年间，黎州又再次乔迁至宋州，从而也说明了

---

① （北宋）欧阳修、宋祁撰：《新唐书·列传第一百四十四·北狄·室韦》卷219，中华书局，1975年。

② （北宋）欧阳修、宋祁撰：《新唐书·列传第一百四十四·北狄·渤海》卷219，中华书局，1975年。

③ （后晋）刘昫等：《旧唐书·志第十九·地理二》卷39，中华书局，1975年。

④ （后晋）刘昫等：《旧唐书·志第十九·地理二》卷39，中华书局，1975年。

在此之前浮渝靺鞨乌素固部迁离乌裕尔河中下游地区。“今室韦最西与回纥接界者，乌素固部落，当俱轮泊之西南。次东有移塞没部落；次东又有塞曷支部落，此部落有良马，人户亦多，居啜河之南，其河彼俗谓之燕支河；次又有和解部落；次东又有乌罗护部落；又有那礼部落。”① 室韦“最西有乌素固部，与回纥接，当俱伦泊之西南”②。说明乌素固部西迁至俱伦泊（今呼伦湖），俱伦泊为《新唐书》所书，《旧唐书》作“俱轮泊”。望建河“源出突厥东北界俱轮泊，屈曲东流，经西室韦界，又东经大室韦界，又东经蒙兀室韦之北，落俎室韦之南，又东流与那河、忽汗河合，又东经南黑水靺鞨之北，北黑水靺鞨之南，东流注于海”③。室建河“河出俱伦，迤而东，河南有蒙瓦部，其北落坦部；水东合那河、忽汗河，又东贯黑水靺鞨，故靺鞨跨水有南北部，而东注于海”④。由此可见，望建河和室建河都是黑龙江的不同称谓。以俱伦泊为望建河源，在今天看来是错误的，但在历史上直到清代都认为呼伦湖与额尔古纳河是相连的，而且唐代俱伦泊的面积大于今日呼伦湖。浮渝靺鞨乌素固部由于位于室韦人生活的区域，在长期的共同生活中，生活习俗与室韦诸部大同小异，成为室韦乌素固部，在行政上隶属室韦都督府。

那么，如何判定室韦乌素固部分布在俱伦泊西南的克鲁伦河流域的呢？原因如下：乌素固部至那礼部的分布为自俱伦泊（今呼伦湖）而东，其位置在唐代室韦的南界。移塞没部位于乌尔逊河流域及贝尔湖一带，即“自泊而东有移塞没部”⑤。塞曷支部位于啜河（今哈拉哈河）以南地区。北魏时期，南室韦的西界位于大兴安岭（今名），岭西为乌洛侯分布区。乌洛侯，即乌罗浑⑥、乌罗护⑦的同音异写，虽被列为室韦之一部，其实是室韦之外的另一个民族。乌罗浑“……西与突厥，南与契丹……接”⑧，室韦“……西至突厥，南接契丹……”⑨ 由此可知，乌罗护部位于室韦的西南界。黄头部分布在今日嫩江与松花江江流处西南，是室韦最南部，因而位于室韦西南部的乌罗护部，当在黄头部

① （后晋）刘昫等：《旧唐书·列传第一百四十九下·北狄·室韦》卷199下，中华书局，1975年。

② （北宋）欧阳修、宋祁撰：《新唐书·列传第一百四十四·北狄·室韦》卷219，中华书局，1975年。

③ （后晋）刘昫等：《旧唐书·列传第一百四十九下·北狄·室韦》卷199下，中华书局，1975年。

④ （北宋）欧阳修、宋祁撰：《新唐书·列传第一百四十四·北狄·室韦》卷219，中华书局，1975年。

⑤ （北宋）欧阳修、宋祁撰：《新唐书·列传第一百四十四·北狄·室韦》卷219，中华书局，1975年。

⑥ （后晋）刘昫等：《旧唐书·列传第一百四十九下·北狄·乌罗浑》卷199下，中华书局，1975年。

⑦ （后晋）刘昫等：《旧唐书·列传第一百四十九下·北狄·室韦》卷199下，中华书局，1975年。

⑧ （后晋）刘昫等：《旧唐书·列传第一百四十九下·北狄·乌罗浑》卷199下，中华书局，1975年。

⑨ （后晋）刘昫等：《旧唐书·列传第一百四十九下·北狄·室韦》卷199下，中华书局，1975年。

之西。又"塞曷支部……益东有和解部、乌罗护部"[①]。由于塞曷支部位于啜河（今哈拉哈河）南部，所以乌罗护部当可——在洮儿河（今名）北岸。因此，定乌罗护部的分布区在大兴安岭（今名）之东洮儿河中游南北两岸。和解部位于塞曷支部之东、乌罗护部之西，观其地望，当在啜河（今哈拉哈河）河源一带。那礼部在山北部西南[②]，"与乌罗护部犬牙而居"[③]，其分布地域或在雅鲁河流域。根据上述推定，乌素固部当生活在俱伦泊（今呼伦湖）西南的克鲁伦河下游地区。

由此可见，有唐一代，涑沫靺鞨乌素固部、浮渝靺鞨乌素固部、室韦乌素固部当为一部的变迁。乌素固部由于迁徙不定，部落名称未变，部族名称和民族身份却发生了巨大变化。"涑沫靺鞨"和"浮渝靺鞨"，是因为靺鞨族乌素固部先后生活的河流不同，人们为了加以区分，分别冠以其所在的河流命名该部族。他们之间的经济生活、文化习俗由于生活地域的不同及与周邻民族的交往，会发生一些变化，但不会太大。这与后来成为室韦人的乌素固部截然不同，此时的乌素固部，部名虽然未变，却已由靺鞨族的一部发展成为室韦人的一部，部族面貌今非昔比。

那么，乌素固部的源流出自哪里？

乌素固部最早见于史是"涑沫靺鞨乌素固部"一名。前已考定"涑沫靺鞨"即"粟末靺鞨"，也就是隋代开始出现的靺鞨粟末部，是由南北朝时期的勿吉演变而来的。乌素固部在唐初作为涑沫靺鞨之一部，很有可能是由勿吉、夫余、高句丽等民族或部族之间相互交融而形成的受勿吉人统治的、以夫余人为主体的一个部落。在5世纪，生活在西流松花江流域的夫余人不断遭受高句丽政权和勿吉人的攻掠，夫余国最终于北魏孝文帝太和十八年（494）亡于高句丽。在此之前，一部分夫余人在勿吉人的威逼之下，北渡那河（今嫩江和松花江），迁徙至松嫩平原地区，演变成豆莫娄人。留居原地的夫余人，逐渐与勿吉人和高句丽人融合成一个新的部族，至晚在唐高祖武德年间（618～626）之前成为涑沫靺鞨乌素固部。由于该部保留了许多夫余人的生活习俗，故史书将其单独称为"涑沫靺鞨乌素固部"，以与粟末靺鞨其他部落相区别，李唐统治者也在其生活区域单独建制。到唐代中后期，乌素固部迁徙至俱伦泊（今呼伦湖）西南，成为室韦之一部，以其为基础，于辽代形成了独立的乌古部。"乌素固"即"乌古"之慢读，"乌古"即"乌素固"之快读，它们之间完全是同音。况且，唐代室韦乌素固部与辽金时期的乌古部生活地域和民族来源皆同。故而，可以断定，唐代的室韦乌素固部即辽金时期的乌古部。

乌素固部在唐代的三次迁徙，族属也发生了变化，最终在辽金时期形成了史不绝书的部族——乌古部，在东北古代史上独具特色。

---

① （北宋）欧阳修、宋祁撰：《新唐书·列传第一百四十四·北狄·室韦》卷219，中华书局，1975年。

② （后晋）刘昫等：《旧唐书·列传第一百四十九下·北狄·室韦》卷199下，中华书局，1975年。

③ （五代—北宋）王溥：《唐会要》卷96，中华书局，2017年。

Study on Wusugubu of the Tang Dynasty

Zhao Wensheng

Abstract: In the Tang Dynasty, the Wusugu tribe moved from the Wumo River (now the second Songhua River) to the Wuyuer River Basin and Hulunbo (now Hulun Lake). The tribe name was also changed from Wumo Wusugu tribe to Fuyu Wusugu tribe and Ruwei Wusugu tribe. The subordinate relationship was also changed from Shenzhou to Lizhou and Ruwei Dudu Prefecture.

Keywords: Tang Dynasty; Wusugubu; Wumo; Fuyu; Shiwei

唐至元代景教圣像画演变研究

靖　伟

（北京市门头沟区文化和旅游局，北京，100120）

摘要： 景教圣像画即用于装饰教堂，礼敬基督宗教相关人物的一种宗教画像。笔者认为，所谓的圣像画并非单指纸或绢类的绘画，还包括类似的艺术品如石画像和壁画等。景教圣像画类型按内容大概分为宗教故事绘画与宗教人物绘画两类，大多为平面圣像（icon）被东方基督教派所使用。宗教故事绘画大多用于装饰教堂或阐释圣经故事，有独立的作品或组合壁画。宗教人物绘画一般除装饰教堂的功能之外，亦会在宗教仪式中使用，或者作为基督徒灵修默想的宗教用具，一般为耶稣、使徒、圣人和圣母，为独立的基督教绘画人物。本文即笔者探索唐至元代景教圣像画的发展演变特点、景教圣像画出现原因以及其艺术演变风格，综合整理景教圣像画的演变过程。此外，笔者对于学界在此方面研究提出个人看法，以下，即为本文的具体论述。

关键词： 景教　圣像画　唐代至元代　圣像画演变

一、唐至元代景教圣像画及其演变脉络

1. 唐代

唐代景教入华在流传和演变的过程中，其圣像画反映的宗教内容与含义大多为基督教认可并允许的作品，其在华化或西域化过程中，并没有脱离景教或基督教所能承受的范围，即为单纯反映基督教人物或相关圣经故事的绘画像。

唐中晚期至五代的敦煌景教圣像画（图一、图二）就其绘画的宗教含义来看，是东方教会认定的基督教单体人物圣像画，同样被景教徒所使用。如画中作为背景图案出现的百合花在基督教中有“纯洁”之意义，该人物手中的十字架手杖和神像头顶类似王冠的头饰等特征，表明其有可能为耶稣。

对于高昌古城某景教教堂西厅的圣棕枝主日画像（图三）所反映的宗教含义，学界

图一　伦敦大英博古馆藏敦煌景教圣像画

图二　伦敦大英博古馆藏敦煌景教圣像画复原图

图三　现藏于德国柏林国立美术馆高昌古城某景教教堂西厅的圣棕枝主日画像

有不同认识[①]。笔者以为，其应为描绘圣棕枝主日题材的圣经故事壁画。在《圣经 · 新约 · 马太福音》中耶稣与十二圣徒在其人生中最后一次进入耶路撒冷，受到城中人们欢迎的故事，城中人们纷纷外出迎接，有人脱衣或折棕榈枝为其铺路，此时耶稣骑驴入城。此壁画结合意大利圣巴勒莫教堂带有希腊艺术风格的《圣棕枝日》壁画（以下简称"意大利壁画"）（图四）来看，两者在内容上有相似之处即右边三位较矮小女子应为用棕榈枝为耶稣入城铺路的众人，最左边的所谓"执事补"的男子，结合意大利壁画中的内容来看，应为《马太福音》第 21 章 15 ~ 17 节中记载的犹太祭司，原因有二：①由高昌西厅壁画和意大利壁面的画面比例来看，此男子与意大利壁画中犹太祭司所设定的所占用画面的比例相似，即处于耶稣和圣徒所占画面的比例大小与众人所占画面的比例大小之间。②是该男子虽与景教"执事补"的形象相似，但其未明确显示"景僧"的头饰形象（即昆头形象）。相比之下，有类似香杯或香炉、祷词和一缕青烟的画面，其更可

图四　Chiesa di San Cataldo 教堂中的《圣棕枝日》壁画
（图片引用自维基百科）

① 陈继春：《唐代景教圣像画（绘画）遗存的再研究》，《文博》2008 年 4 期，66 ~ 71 页；〔日〕羽田亨著，耿世民译：《西域文明史概论》（外一种），中华书局，2005 年，19、20 页。吉村大次郎认为画中左侧人物是耶稣，依次是彼得、约翰及玛利亚，吉村大次郎是看到羽田亨 1931 年刊行《西域文明史概论》时致函作者提出此看法的。〔德〕阿尔伯特 · 冯 · 勒柯克（Albert von Le Coq）：《新疆文化的宝藏》，新疆人民出版社，2013 年，64 页。勒柯克起初认为该壁画反映基督教祭司施洗礼的情景，后改为"圣枝节"情景。朱谦之：《中国景教》，人民出版社 ，1993 年，193 页。佐伯好郎亦同此理，认为壁画表现"圣枝节"情景，并推断画中所见的四人中，高大男子左手持的是香盒，是景教最下层的"执事补"，朱谦之先生亦同其观点。学界亦有人认为其为完整作品，马或驴脚为抽象概念，羽田亨首先提出，耿世民和陈继春都认同其观点。若按此说，则景教没必要有绘画作品。

能为犹太祭司。献祭为犹太教特有的宗教习俗，该男子献祭的行为可能为了表现其为犹太祭司的身份。同样，意大利壁画亦有犹太祭司的形象。因而，关于所谓“执事补”男子的身份学界还应谨慎考虑。此外，画中又有马或驴的两只前脚，其比例比其余四人高大。由此可推，马或驴上的耶稣应为高大形象，这与意大利壁画的耶稣和圣人为该壁画最大比例人物，犹太祭司比例次之，众人比例最小的现象相同。因而，笔者进一步推测高昌景教教堂西厅的壁画为残存壁画，应还有内容，只是不幸已不存在[①]。

关于高昌古城某景教教堂东厅的耶稣（景教徒）骑马像，据发现该壁画的勒克特大致描述[②]：“带十字架的骑士像发现于东厅北墙，但其形象模糊不清，只有马或驴的后半部身体与骑士身体的大部分，其背后有光环，头顶似有王冠，右肩扛有十字架手杖。”另外，东厅东墙有该骑士残画的左脚，踩原始黄色马镫。但其破坏严重不能截取，所幸克伦威尔（Grunwedel）留下该壁画素描，能使后人看出大概模样。

图五　东厅的耶稣（景教徒）骑马像复原图
（现藏于德国柏林国立美术馆）

东厅的基督教骑士（图五）所表达的应为另一个宗教故事中的人物形象。审慎观察此骑士像，笔者推测，其表现为基督教的相关人物，但又不应是基督宗教单体人物圣画像，可能为反映圣经故事中的人物。据《圣经·新约·启示录》[③]第19章11～21节中有“万王之王，万主之主”之人骑着白马的记载来看，而有此称谓的人当是耶稣。

《启示录》有云：

“有一匹白马，骑在马上的称为诚信真实，他审判，争战都按着公义。”“……他的头上戴着许多冠冕……他必用铁杖辖管他们……”

其中，《启示录》中骑士的“头冠”“手杖”“白马”等形象与该壁画骑士的形象大

① 〔日〕羽田亨著，耿世民译：《西域文明史概论》（外一种），中华书局，2005年，20页；陈继春：《唐代景教圣像画（绘画）遗存的再研究》，《文博》2008年4期，66～71页。学界亦有人认为其为完整作品，马或驴脚为抽象概念，羽田亨首先提出，耿世民和陈继春都认同其观点。若按此说，则景教没有必要有绘画作品。

② 〔德〕阿尔伯特·冯·勒柯克（Albert von Le Coq）：《新疆文化的宝藏》，新疆人民出版社，2013年，64页。

③ 《圣经·新约·启示录》（和合本），中国基督教协会印发，1994年，296页。

致吻合。因而，该壁画可能为描述《启示录》大审判故事中的耶稣形象，进一步来说其与西厅的壁画一样，同为反映基督教圣经故事的残存壁画。总之，结合高昌某景教堂内壁画的所在年代综合判断，该景教教堂内壁画应为由唐代羁縻统治时期至高昌回纥王国时期之间被逐渐创造而成的壁画群组。

2. 唐元之间景教圣像画的发展

唐元之间景教圣像画的艺术风格与唐代不同的两个教区（内陆和西域）景教圣像画艺术风格相比，唐元之间景教圣像画的艺术风格产生较大变化，即景教圣像画的艺术风格主要体现在结合当地文明的本土文化与民族文化。此外，其亦产生新的特点，即出现中国景教特色的立体造像和表明蒙古帝国时期景教圣像画可能出现的“逆化”现象，此两点便表明唐元之间景教圣像画过渡性的特点。以下笔者具体说明：

其一，唐元之间的景教圣像画内容与唐代景教圣像画相比，可能出现反映圣经故事或宗教人物的综合绘画像。

如鲁布鲁克所发现的蒙古景教圣像[①]的内容可参考伊拉克北部库尔德省的 Episacl 古典亚述教派的教堂中的景教圣像画，其绘画内容反映为最后的晚宴的圣经故事画，布置于祭台下作为装饰物，十字架顶部亦有反映三位一体的基督圣像。至于鲁布鲁克所看到蒙古国景教教堂绘画的内容可能与叙利亚北部的古典亚述教会某教堂的宗教装饰画内容相似（图六），其装饰画主要描述圣经中耶稣受难的故事，西边位列天使，其余四角各列四位圣徒为施洗者约翰、彼得、多玛和七十圣徒之一的阿戴（达太 adda）画像左右边缘各列六位圣人画像，此种画像可能为鲁氏所见的景教教堂中绘画大致模样或相同性质的类似画像[②]，即同为反映圣经故事或宗教人物的综合绘画像。

图六　伊拉克北部摩梭尔地区某古典亚述教派教堂中金属制造的带有浅浮雕耶稣圣像圣经封面

（图片引用自东方亚述教会官网）

① 耿升、何高济编译：《鲁布鲁克东行记》，中华书局，1985 年，248、249 页。

② 古典亚述仍旧沿用古代波斯教会绘画艺术风格，东方亚述教会、加色丁礼亚述教会与拉丁礼亚述教会就使用圣像问题在保留原有使用平面圣像的习惯下，有不同程度的拉丁化现象，即目前以上三个亚述教会出现认可并使用立体圣像现象。

其二，此时的景教圣像画从宗教方面的使用功能来说，其总体反映了过渡性的演变特点。

辽东景教徒墓中发现景教石画像，则可能说明景教徒此时于墓葬中开始使用宗教艺术绘画。笔者推测，从使用功能上来讲，此时景教圣像画可能出现作为墓葬中的装饰或实现墓主的宗教信仰愿望的画像，这亦体现景教圣像画在教徒使用中出现的过渡性的特点。其后，内蒙古百灵庙残存的景教徒墓碑中景教圣像画也出现圣像绘画图案，这可能说明由辽金时期到元代景教徒对于圣像画在墓葬葬俗的功能用途上附有其世俗的含义。

关于辽代景教画像石的内容，笔者赞同鸟居先生观点，即其为景教圣像画中的宗教故事画像。按照鸟居先生所分析，其应为圣经中东方三贤士朝圣耶稣的故事。按《马太福音》第 2 章 1 ~ 12 节[①] 描述，在伯利恒的圣诞夜，来自东方的三贤士带礼物看望耶稣。就其使用目的来说，辽代景教画像石出土于辽代墓葬之中，应为辽代景教徒装饰墓葬或死后想满足信仰需要而作的画像。然而在国外，基督教文化没有陪葬圣画像习俗，国外基督教世界里也未发现基督教信仰者陪葬圣画像的实例。因而，笔者推测，此亦属景教信仰文化、契丹文化和汉文化三者融合的产物。圣经故事绘画一般装饰于教堂之中，像鞍山这样于墓葬之中装饰圣经故事绘画的情况，中外罕见。笔者推测，当时辽代契丹景教徒在教堂使用绘画像之外，可能也在其墓中装饰景教画像石，使其达到满足其信仰寄托与神同在或让神助其升入天堂的目的。若果真如此，则景教圣像画像对于辽代契丹人来说便有新的用途，然也，否也？待今后考古发现与文献的考证，因此，学界应进一步多关注此画像石。

3. 元代景教圣像画的变化

图七　内蒙古百灵庙景教徒墓碑
（内蒙古博物院藏）

与唐元之间景教圣像画内容上的特点相比，元代景教圣像画在内容上而言，完成了其前代的过渡，体现元代景教圣像画独有的特点。以下笔者就景教圣像画内容表达的人物属性、宗教功能和含义三方面具体解读。

其一，就其绘画内容表达的人物属性而言，窃以为，宗教故事与基督教人物的综合绘画像依然存在。

关于内蒙古百灵庙景教徒墓葬的重大意义在于墓碑（图七）的十字架一、二象限中的一组景教圣像画像，对于这一组绘画像，

① 《圣经 · 新约 · 马太福音》（和合本），中国基督教协会印发，1994 年，1、2 页。

盖山林先生[①]和牛汝极先生[②]都认为其为动物画像，学界亦广为认同。此残碑中右方的石刻图案应为“鸡”的形象，左边的石刻图案应为“兔”形象，似应代表“日月”的含义，笔者推测，日月可能代表耶稣在被“钉死”后，“日月分离，天地晦暗”[③]，但是，此幅画表现十分抽象，甚至用简单的宗教符号或动物形象表达想体现的内容，此可能为11世纪以后，即亚述教会受到伊斯兰教入侵影响以后，绘画圣像变得受到限制，不能或禁止用“圣像画”，从而，东方教会的艺术品逐渐演变为用抽象符号来表达宗教含义。这可能反映此种景教圣像画在不同时代和不同地域的演变情况。总之，该残碑如同鲁氏所见的绘画像一样，同为宗教故事的绘画像。

其二，就景教圣像画内容表达的宗教功能而言，元代景教圣像画可能产生景教徒使用的墓葬绘画像。

内蒙古百灵庙景教徒墓碑中的景教圣像画的作用即为服务于景教徒墓主，为墓碑的附属艺术品。其主要表达景教徒墓主升入天堂的愿望或其信仰。基督教人物圣像被用于景教徒墓碑之中，是继辽代景教石画像之后，蒙古地区元代景教徒墓碑所发现的特色宗教习俗，与同时代的景教其他地区如西亚和中亚景教徒墓碑对比来看，西亚和中亚景教徒墓碑一般有十字架配叙利亚文或单纯十字架图案。相比之下，笔者推测，此可能为元代景教徒受前代景教圣像画或石刻艺术影响，抑或为元代景教徒创新而产生的景教徒墓葬绘画像。

其三，就绘画内容表达的含义来看，借鉴多重宗教文化元素，但仍保有景教自身宗教含义的元代特色景教圣像画，亦为此时景教圣像画的一大特点。

藏于日本山梨县甲州栖云禅寺中的元代景教圣像画，曾被当作虚空藏菩萨[④]。其与中国佛教的菩萨、道教的玄武大帝甚至可能与摩尼教的摩尼光佛的造像十分相似，这可能表明元代景教圣像画艺术曾借鉴或学习融会以上宗教绘画的艺术元素。此画所反映的宗教内

---

① 盖山林：《阴山汪古》，内蒙古人民出版社，1991年，283～314页。

② 牛汝极：《十字莲花：中国元代叙利亚文景教碑铭文献研究》，上海古籍出版社，2008年，67～72页。

③ 《圣经·约翰福音》（和合本），中国基督教协会印发，1994年。

④ 〔日〕古乐慈：《一幅宋代摩尼教“夷数佛帧”》，《艺术史研究》，中山大学出版社，2008年，139～157页；〔日〕泉武夫：《景教圣像の可能性——栖云寺藏传虚空藏画像について》，《国华》第1330号，2006年，7～17页。关于此画像的宗教属性，学界有两种不同的看法，古乐慈先生认为其为摩尼教的《夷数帧》，并有以下观点。a. 其与日本奈良大和文华馆所藏13世纪的中国摩尼教布道图相似，应与摩尼教有关。b. 古乐慈先生对比其与新疆高昌地区摩尼教绘画认为，有相似之处。c. 其列举摩尼教经典中“十字架”的相关记载和所谓摩尼教中四臂等长十字架的图案，以求证其中十字架可能被摩尼教画像使用。泉武夫先生则认为此画为景教画像：其有以下观点：a. 十字架为中古中亚和东亚基督教艺术中的特有标志。b. 中国景教艺术从开始便使用四臂等长十字架，其应为“景教十字架”，泉武夫还对比其他两幅摩尼教画像（与古乐慈同）来佐证其为景教画的可能性。

涵更与宋元时期绘画的宗教人物相近，莲花台、莲花座和流苏华盖等图案与中国佛教和道教中宗教元素相符合。就宗教人物而言，其中天神形象与道教的玄武大帝、佛教中的菩萨或摩尼教摩尼光佛形象相似，因而此时景教圣像画无论从艺术方面还是宗教方面来看，其已完全融于中华文化之中。但是该画像中独有景教特色“十字莲花”这一景教常用的宗教符号，并未失去其要表达的宗教意义。景教圣像画虽然于元代已出现成熟的融合其他宗教文化元素的汉化绘画，但其与唐代敦煌景教耶稣绘画像性质相同，皆为表达基督教人物的宗教绘画像，而非演变成如摩尼教般“异端”改变景教教义的特色景教圣像画，就目前现存唐代至元代的景教圣像画来看，尚未出现在宗教含义上“异端”的景教圣像画，其汉化的演变只存在艺术风格的层面上，至于其本质还是反映景教独有的宗教内涵。

二、唐至元代景教圣像画的出现及原因

唐至元代景教流行时期，中国景教教会出现人物绘画作品。以下笔者就景教圣像画的出现及原因具体讨论。

中国景教圣像画体现出普遍存在并连续的特征，这表明如同国外景教圣像画的出现一样，是遵循景教宗教传统与教义所产生的现象，而不是由中国景教独自创造的产物。具体来说，景教圣像画如同佛教造像及其艺术品一样，为外来入化的产物，伴随时代的发展，景教中亦产生独特的“汉化”景教圣像画。

唐代景教圣像画的出现，文献上记载为“大唐景教流行中国碑”中阿罗本“远持经像，来献上京”①，其为目前所见最早关于景教圣像画出现的证据。由此可知，自阿罗本

① 参见：收藏于西安碑林博物馆的大秦景教流行中国碑。参见林悟殊：《西安景碑有关阿罗本入华事辨析》,《中古夷教华化丛考》，兰州大学出版社，2011年，115～137页；吴莉苇：《关于景教研究的问题意识与反思》,《复旦学报：社会科学版》2011年5期，95～106页。林悟殊先生认为此记载为景净所杜撰，在华目前遗存的景教圣像画可能为景教吸收佛教或道教的某些宗教元素后由中国景教徒自创的产物，即中国景教徒在汉化之后，放弃了“不拜偶像”的教义，从而适应大唐的社会文化，开始使用景教画像。由于中国教区遥远，“叙利亚总会”鞭长莫及（应指波斯教会，但林悟殊先生认为景教为叙利亚教会的分支，实乃大谬），景净撰改“远将经教”为“远将经像”，以减少新来的景教士对圣像使用的质疑和争论。的确，目前关于景教来华的最早记录为《唐会要》49卷“波斯僧阿罗本，远将经教，来献上京”，而景教碑为唐德宗建中二年（781）所立，可能被景净改为“远将经像，来献上京”。但是，若此说法成立，则景净在前提为“不拜偶像”的景教教义下，便做出自创使用偶像不容接受的异端举动。这便值得思考，此举是否被外来的其他广大景教士所接受？况且，波斯教会在唐代和中国景教教会往来交通频繁，波斯教能否默许中国景教的所谓使用神画像的“崇拜偶像”如此“异端”的行为存在呢？因而，窃以为，作为信仰者的景净应不会在关乎信仰戒律的底线上犯错误。此外，一些7～8世纪的景教圣像画实物在中亚、印度和西亚等景教教会均被发现。这样，（转下页）

入华伊始，便把波斯教会使用人物绘画的习惯带入大唐，因而，唐代出现如敦煌耶稣像的表现宗教人物的景教艺术作品亦能给予相关合理的解释①。

唐元之间（具体指唐代以后元代以前）景教圣像画的出现，主要是唐代会昌法难（843）以后，景教失去政府的官方支持，中国内陆景教逐渐衰落，但此时中亚景教教区如木鹿城、撒马尔罕和粟特地区，景教仍继续发展。作为西亚景教母教会的分支，其已然成为使用突厥语系传教，具有独立性的都主教区②。西域地区的景教如高昌回纥、蒙古人和畏兀儿的景教，即受中亚景教传教的影响，进而演变发展。因而，唐元之间的景教圣像画，作为受中亚地区景教传播影响的产物，又一次在古代中国西域、蒙古和东北地区出现。

明显可见的是，唐元之间，景教圣像出现的来源渠道与唐代景教圣像出现的来源渠道不同，甚至唐代不同地区景教圣像出现的来源渠道亦不相同。具体来说，一方面唐代高昌景教和唐元之间东北和蒙古（指蒙古帝国时期）的景教圣像画的来源是受中亚景教传播的影响；另一方面，唐代内地景教圣像画的来源为西亚景教教会，即波斯教会传播的影响。此点情况便是解释中国景教圣像画的出现，并非为自创而是遵循景教宗教传统习俗现象的最好论据。若唐代内陆或西域的景教圣像画为自创的“异端”或“华化”产物，那么，唐元之间景教圣像画的出现如何解释？受不同教区传教影响出现的景教圣像画的现象又当如何解释？可见，唐代至唐元之间，受不同教区传教的影响，导致景教圣像画出现的来源渠道不同，即说明不同地域景教圣像画的出现恰好反映其为遵循景教宗教传统习俗的表现。

（接上页）林先生的解释更不能说明大约与此同时中国境外的景教圣像画出现的原因。难道其他的景教教区也出现“崇拜偶像”的“异端”现象？这似乎解释不通。合理的解释是阿罗本带经像来华一事应为史实，就算为景净杜撰，也应有一定信仰作为依据，所谓使用景教圣像画的“崇拜偶像”现象不能作为汉化的结果来看，而是自阿罗本伊始，中国景教与其总部一样遵循使用绘画像的宗教传统。

① 朱谦之：《中国景教》，人民出版社，1993 年，193 ~ 195 页；林英：《拂菻僧：关于唐代景教之外的基督教派别入华的一个推测》，《世界宗教研究》2006 年 2 期，103 ~ 112 页。学界另有相关解释，认为国内的景教圣像画不一定为景教徒，可能为其他基督教派如雅各派（叙利亚正教会）或加色丁礼亚述教会（迦勒底派）所作。对于学界的两种观点，笔者持以下两点：其一，雅各派在华有多大影响，其传教程度如何？值得进一步探讨，毕竟就目前掌握的文献与考古实物表明，雅各派在中国古代的西域地区具体传教情况如何，特别是流传基督教人物绘画与否，尚未可知，仅仅就学界推断的相关观点论证其存在，不足为凭，况且谈其宗教绘画，更无凭据。其二，在唐代，迦勒底派还未形成，其最早亦在 16 世纪时，在西亚的波斯教会和印度的景教教会，尚有加色丁礼亚述教会的出现，自然不存在入华制作基督教人物绘画的可能。

② 〔德〕克里木凯特（Hans-Joachin Klimkeit）：《达・伽马以前中亚和东亚的基督教》，台北淑馨出版增订版，1995 年，3 ~ 47 页。

元代景教圣像画出现的来源渠道与唐元之间景教圣像画出现的来源渠道相同，其为蒙古帝国时期景教圣像画使用习俗的延续。以下，笔者列举《拉班·扫马和马克西行记》为证具体说明。

《拉班·扫马和马克西行记》描述了当时景教教堂的装饰，其中能发现有关景教圣像画的大概描述。

> 一夜，马·雅巴拉哈（指马可）困觉而得一梦，他似走入一所大教堂，教堂内有圣徒像，像中尚有耶稣受难之十字架[①]。

作为元代景教教士，马克在梦中的“大教堂”内有“圣徒像”，很明显表明元代景教在当时有使用绘画表达圣徒肖像的传统。若景教如同新教某些教派一样，有拒绝使用任何绘画表达“耶稣”、“圣母”和“圣人圣徒”的宗教理念，那么作为神职人员的马克也不会突发奇想，梦中出现圣徒像这样被视为“异端”的现象了。进一步来说，马克梦见“圣徒像”的记载，可能表明元代景教的教堂中存在基督教人物绘画像，至少其并不反对人物绘画像的出现。

唐至元代景教圣像画出现的根本原因是景教作为使徒教会，亦遵循东方基督教教派的传统宗教习俗，尤其在宗教绘画方面，景教如同其他东方基督教派一样，有认同与使用平面圣像画（icon）及其基督教人物绘画像的教义。因此，作为在中国传播的景教，无论在唐代还是在唐以后的朝代，尽管由于其各自的传教来源不同，但是景教圣像画的出现与使用，即景教遵循使用平面圣像画（icon）的教义与宗教习惯的具体体现。

澳大利亚学者肯·帕里在《刺桐基督教石刻图像研究》[②]中提出景教存在绘画像的具体解释，此点恰好能佐证笔者的观点：

> 我们有大量来自中东、中亚、中国以及南印度的证据。在早期的传教扩张时期，叙利亚基督教在十字架标志的基础上发展出一种图像传统，但它对人物形象的图像也没有排斥。手稿说明、墙画与石刻显示了叙利亚基督徒愿意通过艺术的形式来表达他们的宗教认同。至于在叙利亚基督教是否崇拜神像也需要弄清楚，另外尽管这样的证据不如拜占庭传统充分，但叙利亚基督教似乎没有反对崇拜神像的禁令。事实上以前的书面材料有涉及神像崇拜，这些书面材料使我们相信耶稣基督与圣人的形象对叙利亚人虔诚的礼拜习惯产生作用，甚至有叙利亚祈祷者献身于神像，尽管这种情况出现的年代稍晚。

① 伊儿汗国（佚名）著，朱炳旭译：《拉班·扫马和马克西行记》，大象出版社，2009年，16页。

② （澳大利亚）肯·帕里（ken·parry）撰，李静蓉译：《刺桐基督教石刻图像研究》，《海交史研究》2010年2期，113～125页。

此外，学界的相关认识误区，亦得出景教无绘画像的认识。以笔者浅见，两方面原因造成学界得出景教不用绘画的结论。

其一，宗教界认识的误区可能造成对景教不使用绘画的错误观点。最早对波斯教会的认识大多来自罗马教廷的《东方文献》[①]，其认为波斯教会“没有崇拜圣像的传统，他们的教堂不挂画像，他们也不崇拜十字架”。同样，《亚洲基督教史》卷二中，关于20世纪初，一些基督教新教牧师在西亚的景教母教会传教的相关见闻，也得出易于使人误解的结论。据1834年曾经探访过当地的新教传教士札斯廷柏金斯（Justin Perkiins）介绍，得出景教同新教相似，有不拜像的传统观点。

> 他们涅斯多留信徒的宗教信仰和实践……远比其他东方基督教派单纯合乎圣经。至少在理论上，他们承认圣经是信仰唯一的尺度，并反对所有肖像和图像崇拜敬拜、向神父告解、炼狱的教义等。因此，尽管他们深陷罪中，但仍然配得称为……亚洲的新教教徒。——札斯廷柏金斯（Justin Perkiins，1835）[②]

对于这些认识，可能广泛影响学界对景教圣像画问题的判断。佐伯好郎的《景教的研究》即受其影响认为景教有“不拜偶像”的特点，在《东方教会史》一书中也有同样记载[③]，朱谦之先生引用张星烺的《中西交通史料汇编》中的佐伯氏译文亦因循其说[④]。因而，国内学界便把景教认同为新教，指定其亦有“不拜偶像”教义。但是，据1994年天主教教宗若望·保罗二世（拉丁文：Sanctus Ioannes Paulus PP. Ⅱ）和东方亚述教会宗主教马丁克哈四世（Mar Dinkha Ⅳ）发表的共同声明[⑤]中提到天主教和景教在基督宗教圣体圣事方面基本上是相一致的，一些细节上双方略有区别，但景教并不是像新教（即基督教）一样没有告解（涤罪）等圣事。进而，札斯廷柏金斯（Justin Perkiins）认为当时景教徒为亚洲的新教教徒，看来是一大谬误。再者，结合

---

① 朱谦之：《中国景教》，人民出版社，1993年，86页。东方文献部分见该书98～111页。

② J. Waskom Pickett. Christian Mass Movements in India. New York and Cìncínnati: Abingdon Press, 1933: 56。中译版见〔美〕莫菲特（Samuel Hugh Moffett）著，中国神学研究院中国文化研究中心编译：《亚洲基督教史》卷2，基督教文艺出版社，2000年，460页。

③ 罗金声：《东方教会史》，上海书店，1941年，104页。

④ 〔日〕佐伯好郎：《景教的研究》，名著普及会，1980年，121～129页；张星烺编注，朱杰勤校订：《中西交通史料汇编》第1册，中华书局，2003年，120～129页。

⑤ 参见上海教区光启社编：《海外天主教动态资料》1995年4期，78、79页。刊登安才先生译自《新人》周刊的《天主教会与东方叙利亚教会握手言和，1500年的宿案终于和解》一文，由教宗若望·保罗二世和东方亚述教会普世宗主教马丁克哈四世，于1994年11月11日在罗马签署的《共同声明》全文。英文版原文参见罗马教廷官网。

历史与现今东方教会发展的相关情况，此亦应增强学界对景教“不拜偶像”的重新认定。因此，19世纪曾考察过伊拉克东方亚述教会的新教教士，所得出的结论客观与否，在今天看来仍值得商榷。

其二，笔者以为，景教对圣像这一概念存在不同理解的差异，可能造成学界得出景教不使用绘画的错误认识。具体来说是东西方不同的基督教派对平面圣像画（icon）与立体雕像（statue）的不同认识，可能导致学界的误读。平面圣像画（icon）大多在东方基督教派中使用，而立体雕像（statue）与平面圣像画（icon）皆可在西方基督教派（主要指天主教）中使用。因此，所谓景教徒“不拜偶像”的论据可能出自景教徒不承认立体雕像的错误认识。

《亚洲基督教史》卷2中印度景教教会在1665年改宗叙利亚正教会时①，“来自安提阿的雅各派基督教一性论者（即叙利亚正教会）”玛尔贵哥利奥斯（Mar Gregorios）将葡萄牙天主教会在（1550年以后）印度景教教会改宗拉丁化的雕塑，即“圣像”和“耶稣受难像”移出教堂。

同样，《中国景教》引用福尔泰斯叩（Fortescue）中关于景教对画像的态度②：

> “他们，即在他们的教会，自己的家，都没有圣的画像，他们非常嫌弃圣画像这个观念。”当1599年在马拉巴基督教徒展览圣母玛利亚之像时，卧亚之大僧正美内则斯（Menezes）竟然说：“我们是基督教信者，什么偶像都不拜。”

因而，像前文提到的1665年印度景教教会改宗和1599年在马拉巴基督教徒展览中景教徒的态度这两件事只能表明，叙利亚正教会和波斯教会作为东方基督教派的教会拒绝立体雕像（statue）的使用，至于以此作为景教不使用绘画像的证据来看，似有不妥。

以上记载好似可以证明学界关于景教“不拜偶像”的观点足以成立，但是，若忽略景教的发展历史与使用圣像的相关证据，学界可能会对景教是否使用绘画的问题得出错误的认识。

三、景教圣像画艺术风格演变及原因

就艺术风格而言，唐代景教圣像画可划分为两种艺术风格，即汉化艺术景教圣像画和西域艺术景教圣像画。此两类景教圣像画共同的特点便是呈现受汉文化艺术元素和西亚或中亚艺术元素的双重影响，只是其各自被影响的程度不同。西域艺术景教圣像画则

---

① 〔美〕莫菲特（Samuel Hugh Moffett）著，中国神学研究院中国文化研究中心编译：《亚洲基督教史》卷2，基督教文艺出版社，2000年，26页。

② 朱谦之：《中国景教》，人民出版社，1993年，86页。

除涵盖以上特点之外，独自拥有反映其当地民族特色的艺术元素。

汉化艺术风格景教圣像画目前现存实物为敦煌景教圣像画，其应为唐代景教华化之后，典型的汉化景教圣像画作品。作为唐代较早期的景教圣像画，兼有西方艺术元素，如希腊、波斯萨珊和叙利亚等国的艺术风格，并结合汉文化艺术元素，是东方基督教绘画艺术华化的反映。

敦煌景教徒绘画（图一、图二），由斯坦因在敦煌莫高窟千佛洞第 17 窟发现，据彭金章先生[①]判断应为 9 ~ 10 世纪所作，即唐中晚期至五代时的作品。该画面大致为一位天神右手向上，拇指与中指结环形手势，左手握十字架手杖，天神背后有光环，衣着唐代常见服饰，头戴类似波斯萨珊风格头冠，其上亦有十字架，背景画面随意分布零落类似百合花的花朵。其造像的艺术风格与敦煌佛教观世音菩萨形象的风格十分相似，如该人物背后有光环、身着服饰、背景的花朵图案、服饰上的纹饰与配饰，甚至人物的形象和面貌与右手拈指的造型等，若没有十字架这特殊的基督教符号，学界大概会把其定义为敦煌的佛教菩萨造像。羽田亨在《西域文化史》[②]中推测该绘画的头发与服饰的式样和敦煌其他同类质地的绢画风格不一致。其头顶的头冠更像萨珊王朝的王冠。此外，关于绘画中手杖上、头冠上和人物胸前所反映的十字架样式类型，学界有人认为是希腊十字架[③]，有人认为是马耳他十字架[④]。笔者以为，不能简单地由十字架样式类型来定义此时出现的景教十字架为何种样式。若非要究其样式类型，就笔者观察，其更像德国普鲁士使用的铁十字架，其可能为当时景教徒使用的景教十字架变形样式的十字架[⑤]。

此外，高昌古城某景教教堂内西厅南壁遗存的壁画，绘有年轻女子（图八），该景教壁画所显示的具体年代，应为 602 ~ 654 年[⑥]，其服饰特征与当地服饰相符，但亦能反映唐代汉族女子服饰的特征，应为出资建设教堂或壁画的景教徒。笔者由此推测

① 彭金章：《敦煌新近发现的景教遗物——兼述藏经洞所出景教文献与画幡》，《敦煌研究》2013 年 3 期，51 ~ 58 页。

② 〔日〕羽田亨著，耿世民译：《西域文化史》，新疆人民出版社，1981 年，75 页。

③ 陈继春：《唐代景教绘画遗存的再研究》，《文博》2008 年 4 期，66 ~ 71 页。

④ 彭金章：《敦煌新近发现的景教遗物——兼述藏经洞所出景教文献与画幡》，《敦煌研究》2013 年 3 期，51 ~ 58 页。

⑤ 若要定义其样式为何，以笔者愚见，其更像普鲁士的铁十字架，但其出现年代远远晚于景教入华的年代，此有可能为文化符号上的巧合，结合考古证据与目前景教使用的十字架的样式表明，景教也会使用不同样式的十字架。

⑥ 参见 Jonathan Tucker. The Silf Road：Art History．London：Philip WilsonPublishers. 2003: 146. 据考古学界考证，在同一寺院的西厅，其南壁也有另一幅绘有正在忏悔的年轻女子的景教壁画，^{14}C 测定为 602 ~ 654 年，为唐代作品。

图八　高昌古城某景教教堂内西厅南壁遗存壁画的年轻女子

该高昌地区景教教堂在大唐羁縻统治时期便已然存在，尽管此忏悔的年轻女子人像为西域景教圣像画，但是其反映了唐代内陆景教教区绘画像的大致面貌，结合景教的主要信仰群体和现存景教圣像画汉化程度情况分析，唐代内陆教区的景教圣像画应与此类画像有相似性。

在西域地区，从其绘画艺术风格来看，出现中原汉文明、西方文明与西域少数民族文化相互交融的特点，此即明显与西亚地区的景教圣像画不同，其为景教圣像画与当地民族文化和汉文化相结合演变的结果。

能体现西域艺术风格的景教圣像画，为现存高昌地区某教堂遗存的壁画①，虽然高昌景教教堂为西域景教圣像画所发现的个例，但也不难看出景教不断吸收西域高昌地区的文化元素，以致其绘画艺术逐渐演变结合各种文化元素的产物，但景教本地的西亚文化元素仍能体现。以高昌的圣棕枝主日壁画为例（图三），其艺术风格学界讨论较为广泛，该画面最左方为一位高大男子，右手持香杯或水杯，左手似焚烧祝词；左边依次为三位女子，手持柳枝；高大男子右侧有两只比画面中人物更大、残存的马或驴腿。最左侧的高大男子反映希腊晚期艺术品中人物的特征②。勒柯克则认为其“无论如何保存着拜占庭教士的特点”③，而最右侧的女子可能为汉人④，羽田亨亦有此推论。画中三位女子的外貌与衣冠均反映盛唐至唐末流行服饰的风格，进一步来说，其可

① 参见〔意〕马里奥·布萨格里（Mario Busagri）:《中亚绘画》,《中亚佛教艺术》，新疆美术摄影出版社，1992年，70、71页。关于该绘画年代参见陈怀宇:《高昌回鹘景教研究》,《敦煌吐鲁番研究》第4卷，北京大学出版社，1999年，169、170页。关于高昌某景教教堂遗存的壁画是德国考古学者勒克特在1912年高昌古城的景教堂内发现，主要为位于景教教堂内西厅的圣棕枝主日画像（见图三）和东厅的耶稣（景教徒）骑马像（图五）。马里奥认为其为9世纪作品。综合来看，该景教教堂的壁画应为此时间段内即盛唐至唐末，甚至到高昌王国时期，被景教徒逐渐创作并绘画而成。

② 陈继春:《唐代景教绘画遗存的再研究》,《文博》2008年4期，66～71页。

③ 转引自陈继春:《唐代景教绘画遗存的再研究》,《文博》2008年4期，66～71页；参见沈从文：《中国古代服饰史》，上海书店出版社，1992年，254页。

④〔德〕阿尔伯特·冯·勒柯克（Albert von Le Coq）:《吐鲁番旅游探险》,《外国探险家西域游记》，新疆美术摄影出版社，1999年，26页。

能反映盛唐中晚期至唐末社会生活中，回纥中上层人物的衣着形象[①]。

就艺术风格而言，景教圣像画在此时更突出结合流传地区的本土文化与民族文化的特点。

图九　辽代鞍山景教石刻画像
（图片引自鸟居龙藏：《辽代景教石墓》）

辽代景教石刻画像（图九）便体现此特点[②]，其充分反映契丹人及其文化与社会生活的各方面因素。此画像石左上角有一个方形摇篮，一个婴儿东西向横卧于其中，婴儿头部放射三道光线，其摇篮据鸟居先生来看，为蒙古人、土耳其人和通古斯人通用的乌拉尔阿尔泰类型的摇篮。婴儿下方有三名男子，疑似为《圣经》中的东方三博士，呈瞻仰婴儿的状态。中间和右侧的两位男子头顶部悬空一个类似门框类建筑，其三人应位于某房屋或建筑之内。三名男子穿戴契丹样式服饰与冠帽，与辽东地区其他辽代墓葬发现的画像石中契丹人形象相似，应皆为契丹人形象。左边男子双手合握，脱帽，穿紧袖长袍并系有腰带，一条围巾披于肩上；中间男子亦双手合握，戴头巾，衣着立领紧袖长袍，腰间别有带扣腰带，脚穿皮靴；右边男子则蹲于方形席子之上，戴头巾，衣着立领紧袖长袍，手臂抱有长方形物品并合握。

综合来看，东方三博士的衣装形象和婴儿摇篮的样式均明显呈现辽代契丹人日常生活中服饰和使用工具的特色。除东方三博士朝圣的基督教故事的画像内容能使人判定其为基督教相关的画像之外，此画像石再无明显特征能表明其为基督教石刻像。不仅如此，其与东西方教会的宗教画像在艺术风格上也大相径庭。

---

① 〔日〕羽田亨著，耿世民译：《西域文明史概论》（外一种），中华书局，2005 年，1879 页。

② 顾卫民：《基督宗教艺术在华发展史》，上海书店出版社，2005 年，59 页；〔日〕佐伯好郎：The Nestorian Documents and Relics in China．Tokyo：Toho bunkwa gakuin：The Academy of oriental culture，1937；2nd edition, Tokyo：Maruzen, 1951 年, 443；鸟居先生一文见于北京师范大学历史系：《史学选译》1984 年 1 期，131 ~ 171 页。辽代鞍山景教石刻画像（见图九）是鸟居龙藏先生于 1928 年在鞍山的千山火车站发现，并收录于 1942 年出版的英文版《辽代画像石墓》，并编号为画像石 C。据说其出土于千山火车站附近铁路线以西的一个矿区，应为辽代墓葬中的画像石。其质地为云母页岩，浅浮雕手工画像，目前保存于辽宁博物馆。顾氏与佐伯氏的著作中都收录与景教石画像无关的其他石画像，令人疑惑，而鸟居先生于《辽代景教石墓》中已明言，只有此一幅石刻像为景教画像，其余为二十四孝或其他题材画像。

其次，笔者认为唐元之间，景教圣像画出现如同佛教或道教造像类似的立体造像，也可能是形似半浮雕圣像或类似形式的圣像。

元好问《遗山先生文集》卷二十七[①]中《恒州刺史马君神道碑》中便有金代景教造像情况的相关记载，碑中云：

> ……太宗尝出猎，恍惚间见金人挟日而行，心悸不定，莫敢仰视因罢猎还。敕以所见者物色访求，或言上所见者殆佛陀变现，而辽东无塔庙，尊像不可得，唯回鹘人梵呗之所有之。因取画像进之，真遇上所见者合，上欢喜赞叹，为所作福田以应之。

发生在金太宗与马庆祥之间的趣事，揭示一部分金代汪古部景教徒使用景教圣像的相关情况。马庆祥出示的“画像”应为宗教人物像，可能为耶稣，看其记载不像是圣经故事中所使用的群体人物故事造像。“金人挟日而行”可能指耶稣为金属造像，并且背后有光环，好似“挟日而行”。进一步来说，其金人像可能不是平面画像，而是立体造像。由于布质或绢质画像易于携带，并且正如文献中所述，笔者推测，立体造像的“金人”才会使金太宗“心悸不定”。若其为绢或布的平面画像，金太宗自然能够辨识，也不必被惊吓得心悸不定。纵观景教圣像画发展历程，金属质像在景教会中也不是不能使用，像俄国圣彼得堡的国立艾尔塔米什博物馆的粟特景教圣像画银盘（图一〇）和香炉（图一一），其中的人物便为半浮雕的金属像。此外，当今的亚述教会也会使用半浮雕的画像作品装饰教堂，或教会使用其金属制造的圣经封面也会有浅浮雕耶稣圣像（图九），因而文中“金人”可能指以上两种或类似形式的造像。但窃以为，圣经封面的浅浮雕耶稣圣像或如同粟特银盘中的宗教人物，可能不是金太宗所见的“金人”，毕竟其都为浅浮雕平板或平盘画像，不会使金太宗识别不出。

图一〇　俄国圣彼得堡的国立艾尔塔米什博物馆的粟特景教圣像画银盘

（圣彼得堡艾尔米塔什博物馆馆藏，序列号 S-46。引自：丝路遗产网站）

---

① （元）元好问：《遗山先生文集》卷 27，四部丛刊初编缩本，1936 年，272、273 页。

图一一　俄国圣彼得堡的国立艾尔塔米什博物馆的粟特景教圣像画香炉

[图片引用来自牛汝极：《十字莲花：中国元代叙利亚文景教碑铭文献研究》，可能来自叙利亚，或靠近摩苏尔（伊拉克北部）圣彼得堡艾尔米塔什博物馆，SA-12758。引自：丝路遗产网站]

据《遗山先生文集》① 记载马氏祖辈便信景教，马庆祥与其父于金太宗时被俘至辽东。因而，马庆祥及族人不是刚加入景教的信仰族群，可见“金人”并非由马氏独创，金属质地的景教半浮雕像造像如粟特银盘也在粟特景教徒中使用，但如《恒州刺史马君碑》中记载金人像，可能是辽金时期景教造像汉化的结果，亦可能是景教汉化逐渐加深的表现。

最后，此时蒙古地区景教圣像画可能反映了一个问题，即景教圣像画可能出现“逆化”现象，此时的景教圣像画可能褪去本地化或汉化的艺术风格，反而更加反映其母教会，西亚地区的艺术风格和特色。

蒙元时期一些天主教传教士的记录能使今人看到聂斯脱利派的相关记载，景教圣像画的相关情况当然也会记录于其中。圣方济各会士鲁布鲁克在蒙古帝国传教时，所见的景教教堂内便有景教画像的记载。

《鲁布鲁克东行记》云：“像圣米开勒那样的带翅膀的人像，还有其他像合掌祈祷的主教像，............他们（指景教教士）用手抚摸所有的圣像，摸过后

① （元）元好问：《遗山先生文集》卷27，四部丛刊初编缩本，商务印书馆，1936年，272、273页。

老吻他们的手。”①

当然，鲁布鲁克在汗帐附近巧遇基督教亚美尼亚派教徒所建的教堂，并礼拜亚美尼亚派教堂的圣像画。

> 祭坛上有绣在金布上的我们的救世主，圣母玛利亚，施洗礼的约翰和两个天使的像，这些像的身体和衣服的轮廓是用许多珍珠标志出来的②。

鲁布鲁克还询问这名来自耶路撒冷的亚美尼亚修士来到蒙古帝国的原因，这足以证明其教堂与教堂内的绘画所属亚美尼亚教派无疑。在蒙古帝国时期，景教再次兴盛，蒙古的景教教会与景教在西亚的母教会联系更加密切。在此，笔者不得不结合景教母教会绘画的相关情况以便分析蒙古帝国时景教圣像画的相关情况。在位于伊拉克北部库尔德省的 Episacl 古典亚述教派的教堂中，目前所存在的圣像画仍存有波斯教会未分裂前使用西亚艺术风格宗教绘画的习惯。因而，笔者就此推测《鲁布鲁克东行记》中记载“像圣米开勒的天使像”和“合掌的主教像”的景教圣像画。其艺术风格可能与 Episacl 古典亚述教派教堂中的景教圣像画像相类似（图六），可能说明此时蒙古的景教圣像画与中亚或西亚景教教会的绘画艺术风格相近，大概蒙古帝国时期景教教会使用的一些景教圣像画可能直接由中亚或西亚教会带到蒙古或蒙古人直接运用该地教会的艺术风格来制作景教圣像画。此外，若此时蒙古地区的景教圣像画有特殊风格，鲁氏定会于其游记中提到，但遗憾的是，笔者并未在鲁氏的行记或其他相关文献中找到带有蒙古特色的景教圣像画记载，目前也尚未发现含有蒙古特色的景教圣像画的相关实物。

元代是中国历史上的一个开放多元的大一统王朝，虽为少数民族统治者所建立的政权，但元政权无论主动还是被动，避免不了汉化的结果。此时景教再次传入华夏内陆地区，虽然此时的景教信教群体大多为蒙古、色目和其他非汉族教众。但是究其景教圣像画的演变，亦受时代影响，从而出现汉化作品。与唐代景教圣像画不同的是，元代景教圣像画更加体现本时代特点，其为景教圣像画的完成时期。

与唐元之间景教圣像画艺术风格突出地域化与民族化的特色相比，在兼容并包和文化多元的元代，景教圣像画的艺术风格更多体现本时代的特色，即其艺术风格反映汉化程度加深成熟化特点，于元代出现成熟的汉化景教画像。此外，在以汉文化元素为主的景教艺术风格绘画中，保留西亚和中亚的文化元素作为表达宗教符号方面的典型特征，

---

① 选自《出使蒙古记》中《鲁布鲁克东行记》部分，〔英〕道森（Dawson）编，台浦译：《出使蒙古记》，中国社会科学出版社，1983 年，150 页。

② 选自《出使蒙古记》中《鲁布鲁克东行记》部分，〔英〕道森（Dawson）编，台浦译：《出使蒙古记》，中国社会科学出版社，1983 年，169 页。

其亦为元代景教圣像画发展成熟的表现。以下为笔者的具体阐述。

其一，景教圣像画于元代又一次出现成熟的汉化画像，其体现宋元时期宗教人物画像的典型特点。

最明显的景教圣像画汉化艺术风格例证，便是近年来日本发现的山梨县甲州栖云禅寺所藏、可能为景教圣像画的一幅元代神像的耶稣圣像（图一二）。关于此画大致为一幅长挂轴，绘有一尊大型单体神像，质地为丝绸，神像以金丝镶边，天神结趺伽坐于莲花座之上，莲花座下有四层六边形座台，天神首和肩部位置后方有光环，其内着深褐色衣饰，外层着白衣，左手朝上托小型莲花台，其上有类似四臂等长十字架，右手呈某种手势，其拇指直伸，尾指微有弯曲，中指贴近拇指，无名指与拇指相交叉，画顶部有缀满流苏的华盖。以上诸多元素无不反映宋元时期宗教人物绘画所持有的基本形象，可见元代内陆地区景教圣像画在艺术形象上汉化程度之深。

图一二　日本发现的山梨县甲州栖云禅寺所藏、可能为景教圣像画的一幅元代神像的耶稣圣像

（图片引用〔日〕泉武夫:《景教圣像の可能性——栖云寺藏传虚空藏画像について》）

其二，元代景教圣像画汉化的过程中汉化程度加深的成熟化的表现，即体现以融合汉文化元素为主，在表达宗教符号方面保留西亚和中亚文化元素的典型特征。

如前文所述，日本所藏元代景教耶稣圣像的整体艺术形象与宋元时期宗教人物绘画相似，但是，对于其特有的反映景教身份的宗教符号来说，便明显不同，笔者就手势和十字架两个景教宗教元素形象具体分析。

就手势而言，基督教有固定的手势表示其背后的宗教含义，而此画像天神右手所呈现的手势（前文已详述），古乐慈先生认为其为摩尼教手势，但是其与摩尼教的明暗二元论手势（中指、食指与拇指紧靠，无名指和尾指竖直）很不相像，与现遗存的摩尼光咒手势也大相径庭（其为双手势，此外其右手手势与画像中天神手势也不一样）。笔者以为，基督教中 Beniersíde 手势与画中此手势相似，该手势为东方基督教派使用的表示三位一体、一位二性与拉丁教会不同的演变手势。此手势还有希腊语 Jesus chiors（我即基督）的含义。但 Beniersíde 手势与画像中手势不同；画像中手势中指弯曲贴近拇指，而 Beniersīde 手势中指微弯向左倾斜，依笔者浅见，其为元代景教圣像画手势，为汉化的表达“我即基督”的含义。

就十字架而言，正如泉武夫先生观点：“画中的‘十字莲花’形象无论从艺术风格或宗教含义来看，都与其来源地东南地区，尤其是泉州地区的景教‘十字莲花’形象很是相像。”① 此外，据笔者观察，其为一种景教常见的十字架，此种十字架在景教流传的各地区，如波斯地区、中亚地区、中国和印度等地都会广泛使用。

此外，内蒙古百灵庙景教徒墓葬北边发现的一座残断墓碑中的圣像画亦以汉化为主，突出景教符号的特征（图七）。景教圣像画只为该墓碑的附属作品，因而其整体呈现明显的汉化艺术风格，碑上的十字莲花图案，石碑边沿的双层卷边和碑顶的一对卷云图案均为典型的汉化图案。虽然碑中的一组景教圣像画图案形象比较抽象，但仍能体现景教特色的西亚或中亚艺术风格，如环形图案内的圣画像分布于十字架两边的一、二象限内，此种布局方法与前文提及的叙利亚景教圣像画的图案布局类似，其应为一种景教应有的绘画像图案布局方式。但是，值得注意的是，虽然此时蒙古景教圣像画的宗教符号依然存有西亚或中亚艺术元素，显而易见的是汉文化元素已占据此时代景教圣像画的主要部分。

四、结论与反思

唐至元代的景教圣像画的存在，不是其异端化的表现，而是在自身符合教义的情况下，汉化或西域化的选择。唐至元代的景教圣像无论从其反映的艺术风格，还是其反映的圣像内容来看，均呈现景教画像随时代的发展逐渐“本土化”、“多元化”和“地域化”的演变特点。唐代敦煌的耶稣画像出现于唐代中国内陆景教教区，是景教入华传教华化的具体体现。高昌地区的景教壁画，是高昌回纥王国时期，受中亚景教教区影响衍生的带有明显西域文化元素的景教圣像画。而辽代鞍山景教画像石刻所反映的圣像画亦有明显的契丹文化元素特点。蒙古帝国时期，出现的景教圣像画的艺术风格则更多反映西亚或中亚的元素。元代则为中国史上又一次大一统时代，在此特殊的时代，多元文化并存的特点又一次出现，日本所藏景教圣像画像天神的服饰与面貌则主要反映元代不同宗教文化艺术元素相交融。因此，笔者认为景教圣像艺术无论是汉化还是民族化和地域化的表现，都能说明其“随方设教”，即结合当地教区文化习俗，在不改变景教教义的情况下，尊重并适当与当地文化相融，从而促进景教传播的特点。

总之，景教圣像画是景教传教的产物，在体现景教宗教内涵之外，其亦能反映景教带有的时代特征与所在不同地域和民族的文化信息。因而，学界对于景教圣像画的研究

---

① 〔日〕泉武夫：《景教圣像の可能性——栖云寺藏传虚空藏画像について》，《国华》第1330号，2006年，7～17页。

应从以上两点入手，这样即可充分挖掘景教圣像画潜藏的内在意义。

附记：本文感谢中国人民大学历史学院考古文博系韩建业和王晓琨老师对笔者无私的帮助和指导。

Evolution of Icon Painting from Tang Dynasty to Yuan Dynasty

Jing Wei

Abstract: The Nestorian icon is a religious portrait used to decorate churches and pay homage to Christian-related figures. In my opinion, the so-called icon not only refers to paintings on paper or silk but also includes works of art such as stone portraits and murals. The types of the Nestorian icon are roughly divided into two categories: religious story paintings and religious figure paintings. Most are flat holy paintings (icon paintings) used by Eastern Christian sects. Religious story paintings are mostly used to decorate churches or interpret biblical stories, with stand-alone works or combined murals. In addition to decorating churches, religious figure paintings are generally used in religious ceremonies or as religious tools for Christians to meditate. Generally, they are Jesus, apostles, saints and Holy Mother, which are independent Christian painting figures.

This paper explores the characteristics of the development and evolution of the Nestorian icon from the Tang Dynasty to the Yuan Dynasty, the reasons for the emergence of the Nestorian icon and its artistic evolution style, and comprehensively sorts out the evolution process of the Nestorian icon. In addition, the author puts forward personal views on academic research in this area, which are discussed below.

Keywords: Nestorian; Nestorian icon; Tang Dynasty to Yuan Dynasty; Evolution of icon painting

辽上京地区契丹服研究

王春燕

（内蒙古师范大学历史文化学院，呼和浩特，011700）

摘要： 辽代上京道所辖疆域最大，临潢府作为辽国的都城所在地，最能体现契丹统治集团的喜好和意愿。目前发现的壁画墓主要集中在赤峰的北三旗和通辽的南三旗，这批材料特点鲜明、内涵丰富、令人瞩目，已有学者予以专注，服饰研究方面也展开了初步探索，但是区域视野下的系统性讨论还比较鲜见。本文拟以契丹服为切入点，以辽墓壁画图像为主要载体，考察整个上京地区在契丹服饰上的典型要素、组合习惯、分期演变，进而明晰契丹传统服饰文化的特点及演变历程。

关键词： 辽壁画墓　契丹服　组合　分期　特征

壁画所绘服饰图像是对现实生活中先民所穿服饰的临摹，虽然在细节上可能与出土实物存在些许差别，但从整体上讲，它是了解某一地区某一时段某一人群所穿衣服情况最有参考价值的资料，与抽象文字相比较，它具有直观性、形象性的特征。查阅考古资料可知，辽上京地区壁画墓中的契丹服资料是最为丰富的，更可贵的是，从建国初期至辽末没有断裂，几例处于关键节点的重要墓葬还是纪年墓，都为研究契丹人的传统服饰提供了研究基础。本研究得益于《内蒙古辽代壁画》《中国出土壁画全集·内蒙古卷》刊发的高清图片[①]以及赴巴林左旗、巴林右旗调研获取的一手资料[②]，在前辈研究[③]的基础上继续深入，讨论不当之处，敬请方家斧正。

---

① 孙建华、塔拉：《内蒙古辽代壁画墓》，文物出版社，2010年；徐光冀：《中国出土壁画全集·内蒙古卷》，科学出版社，2011年。

② 巴林左旗博物馆对本地区出土的辽墓多数都进行了临摹和展览，契丹服饰课题组于2019年底专门赴巴林左旗、阿鲁科尔沁旗、巴林右旗博物馆对辽代壁画和丝织品进行了实地考察，获得了重要的一手资料。

③ 王青煜在《辽代服饰》著作中对服饰资料分类进行了展示，孙娟娟在《辽代服饰研究》中对服饰资料进行了详细的类型划分，李甍在《略论辽代契丹髡发的样式》中对髡发进行了系统研究。此外，部分壁画墓简报在结语处有所讨论。

一、契丹服典型要素的类型分析

契丹服是相对于汉服而言的，可指契丹人的衣裳，正史称国服。研究契丹服需要从它的典型要素入手，辨析髡发、巾帽、短袍、长袍、鞋、靴的细节特征，进而梳理可能存在的早晚演变关系。

（一）发式、头衣

1. 髡发

《说文·髟部》载："髡，剃也。"①根据剃发的位置和存留发量，分为四型。

A型　髡去所有头发，保持统一长度的发茬，耳际有鬓发。

Ⅰ式：鬓发修剪较短，类似当今的"寸头"。见于宝山M1墓室西壁年长的侍从（图一，1）。

Ⅱ式：鬓发留长，削薄自然垂落。吐尔基山墓彩棺木门右侧的侍卫鬓角留长（图一，2）；床金沟M5的多位男侍均为此发式。

Ⅲ式：鬓发修剪成细长的发绺垂落。见于陈国公主前室东西壁的多位侍者②（图一，3），多数额发剃除；浩特花M1后甬道东西壁外层的多位侍从③、罕大坝辽墓的2位侍从也属此类④。

B型　髡去头顶至后脑发，但并未髡成一致的长度，近颈部又蓄发，耳际有鬓发。宝山M1中年轻男侍多为此发式（图一，4），发掘报告称其为齐耳短发，王青煜最早注意到此类人物发型的特别之处，即耳上一周向颅内凹陷，若为长发下披且无绳捆缚则无法致此，故推测颅顶应剪得极短，近颈部又蓄发⑤。这一推测是比较合理的。

Ba型　蓄发较短，到达颈肩。宝山M1的多位侍从为此发式，额前发量略多⑥（图一，4）；吐尔基山墓彩棺木门左侧侍卫的脑后发似有蓄发的迹象（图一，5）；床金沟M5天井南墙外壁西侧的侍从也可归入此类，只是额前发量略少，蓄发略长。

---

① （汉）许慎撰，（清）段玉裁注：《说文解字注》，上海古籍出版社，1981年，428页。

② 内蒙古自治区文物考古研究所、哲里木盟博物馆：《辽陈国公主墓》，文物出版社，1993年。

③ 中国社会科学院考古研究所内蒙古工作队、内蒙古文物考古研究所：《内蒙古扎鲁特旗浩特花辽代壁画墓》，《考古》2003年1期。

④ 巴林右旗博物馆：《罕大坝辽"回纥国国信使"壁画墓的抢救性清理报告》，《内蒙古文物考古》2001年1期。

⑤ 王青煜：《辽代服饰》，辽宁画报出版社，2002年，133页。

⑥ 内蒙古文物考古研究所、阿鲁科尔沁旗文物管理所：《内蒙古赤峰宝山辽壁画墓发掘简报》，《文物》1998年1期。

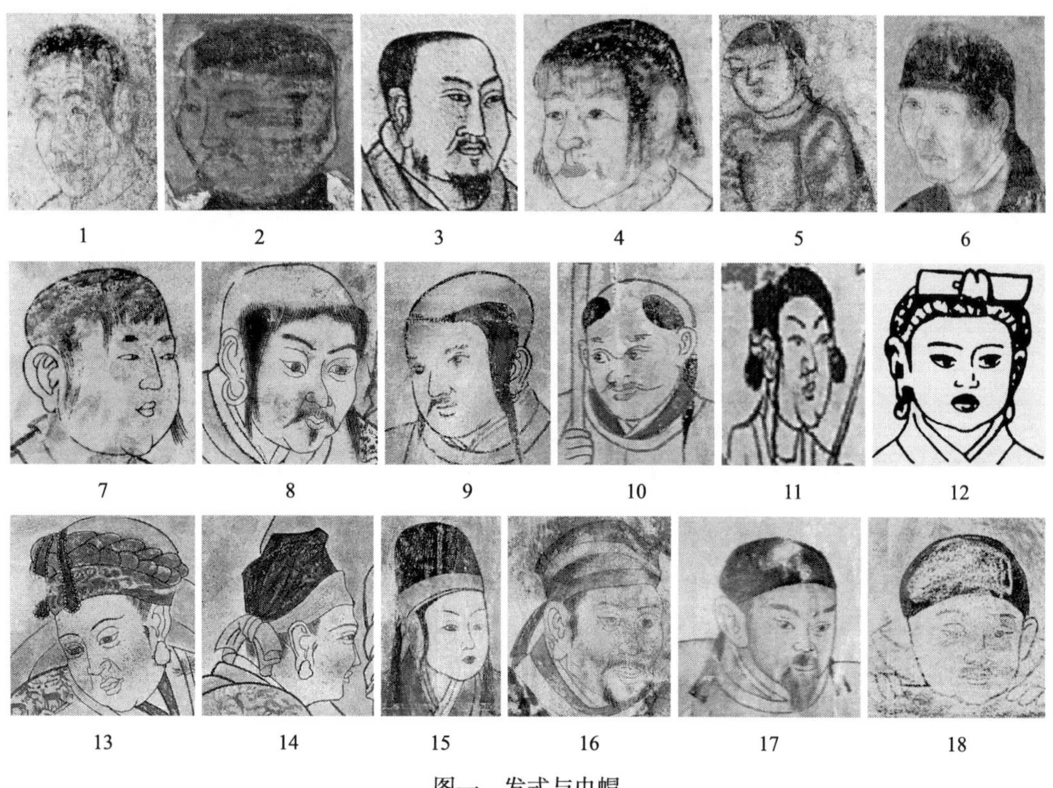

图一　发式与巾帽

1、4. 宝山 M1 西壁男侍　2. 吐尔基山辽墓彩棺木门右侧侍卫　3. 陈国公主墓前室西壁北侧持骨朵侍卫　5. 吐尔基山辽墓甬道东壁男侍　6. 宝山 M2 石室东壁南侧侍女　7. 韩匡嗣墓驾鹰男侍　8. 滴水壶辽墓西北壁提壶男侍　9. 库伦 M1 墓道东壁牵马人　10. 库伦 M6 墓道东壁男侍　11. 浩特花 M1 西耳室过洞北壁侍女　12. 韩匡嗣墓的侍女石俑　13、14. 滴水壶辽墓西北壁侍女　15. 库伦 M1 天井东壁左三侍女　16. 滴水壶辽墓南壁持壶男侍　17. 库伦 M6 墓道西壁站立男侍　18. 库伦 M2 墓道西壁驼车前站立的男侍

（2. 笔者于"大辽契丹"展厅拍摄　5. 摘自《中国出土壁画全集·内蒙古卷》　11. 摘自简报　12. 摘自《辽代服饰》　余摘自《内蒙古辽代壁画》）

Bb 型　蓄发较长，近似披发。宝山 M2 石室石门内东壁南侧的侍女①（图一，6），前额和鬓发均有髡剃的痕迹，从耳后凹陷分辨，疑分短、长两个层次；吐尔基山辽墓的多位侍从，额发疏朗，发梢及腰。

C 型　留鬓发和额发，颅顶和后侧全部髡净。

Ⅰ式：修剪粗糙，线条平直。白音罕山韩匡嗣墓的壁画男侍和男性石俑，驾鹰者的黑色发茬以涂抹的形式加以区分②（图一，7）；滴水壶辽墓的若干侍从③（图一，8）。

---

① 内蒙古文物考古研究所、阿鲁科尔沁旗文物管理所：《内蒙古赤峰宝山辽壁画墓发掘简报》，《文物》1998 年 1 期。

② 内蒙古文物考古研究所、赤峰市博物馆、巴林左旗博物馆：《白音罕山辽代韩氏家族墓地发掘报告》，《内蒙古文物考古》2002 年 2 期。

③ 巴林左旗博物馆：《内蒙古巴林左旗滴水壶辽代壁画墓》，《考古》1999 年 8 期。

Ⅱ式：修剪精细，线条流动。库伦 M1（图一，9）、M2、M4 多位男侍的主流发式[①]。

D 型　只留鬓发，颅顶和后侧全部髡净。库伦 M1 的 4 位侍从为此发式，库伦 M2、M4、M6[②]（图一，10）各有 1 位为此类，在库伦 M7 中此种发式上升为主流发式[③]。

此外，有两种女子发式值得重点关注。一为双垂髻。陈国公主墓出现的一种女子发式，从整体上观察属于髻发系列，头发分成左右两部分，在耳朵两侧纵向扎髻，曾是唐代侍女的常见发式，被称为双垂髻，所不同的是，左侧鬓发留出一绺自然垂落于胸前，有髡发的特征。这一特别之处无独有偶，浩特花 M1 的侍女持同款发式（图一，11），后期还有新的发展[④]。可见，这种发式不应简单地处理为髻发，可以看作契丹人将髡发与汉人女子发式融合发展的一个实例，在讨论契丹传统服饰时应予以特别关注；二为辫发盘扎。辫发是北方游牧民族的特有发型[⑤]，从考古实证来看，契丹时代的辫发只适用于女子，吐尔基山女墓主首次展示了该发式，韩匡嗣墓出土的女俑三维立体式地展示了此种发式（图一，12），首先将头发也分成左右两部分，各自编成两条辫子，在脑后交叉，绕至额前扎系，再装饰蝴蝶结，人骨上的发式与石俑上的发式几无差异；滴水壶辽墓壁画中的一位侍女的辫发又是另外一种样式（图一，13），从一侧编起一根辫子，绕脑后一周至前额固定，再扎一条绣花额带，仅此一例。

2. 帽

帽与幞头不同，轮廓随头形，通常由软带扎缚，又叫“浑裹”，帽主体均为黑色，根据抹额和带子的有无，分为三型。

A 型　两根带子向后垂落，有抹额，女子专用。

Ⅰ式：黑色帽体有褶皱，周围以一条蓝色的额带扎缚，在脑后打结致双短带垂落。见于滴水壶辽墓的梳妆侍女（图一，14）。

Ⅱ式：黑色帽体圆润，周围以一条绿色的额带扎缚，脑后双长带垂落。库伦辽墓的女子发式多为此类（图一，15），帽体疑似毡帽，有的还装点竖纹[⑥]，鬓发修剪垂落。

---

① 王健群、陈相伟：《库伦辽代壁画墓》，文物出版社，1989 年。

② 哲里木盟博物馆、内蒙古文物工作队：《库伦旗第五、六号辽墓》，《内蒙古文物考古》1982 年 2 期。

③ 内蒙古文物考古研究所、哲里木盟博物馆：《内蒙古库伦旗七、八号辽墓》，《文物》1987 年 7 期。

④ 《内蒙古辽代壁画墓》中刊出巴林左旗官太沟辽壁画墓的高清图片，其中有一位侍女的发式也是双垂髻，头顶、颅后髡净，可作为这种发式新的演进。

⑤ 蒙古国曾出土过匈奴辫发的人骨，从和林格尔新店子乌桓校尉壁画墓观察，乌桓人是剪去除头顶以外的其他头发，或盘成小髻，或编成一根发辫。文献记载鲜卑的一支也有辫发的习俗，《资治通鉴》卷 95《晋纪十七》载胡三省注：“索头，鲜卑种。言索头……以其编发，故谓之索头”[（宋）司马光：《资治通鉴》，中华书局，2007 年，3007 页]。

⑥ 周保锡在《中国古代服饰史》中把这种毡帽考证为“爪拉帽”，王青煜同意此说。

B 型　两根带子向后垂落，无抹额，男子专用。

Ⅰ式：黑色帽体有褶皱。滴水壶辽墓的两位男侍角度一正一背，完整地展示了帽子的形制（图一，16）。前进村辽墓的 12 位侍从均戴软帽，只是双带长短不一。

Ⅱ式：黑色帽体较为圆润、简洁。库伦辽墓有 2 例（图一，17），可能是帽体材质变硬。

C 型　无带，线条硬朗，疑为毡帽①。库伦 M2 驼车前站立的侍从（图一，18），库伦 M4 牵驼人。

（二）袍　　裤

1. 袍

长度在膝盖至脚踝的衣服。根据长度、领口的样式、开气的位置、腰带的形制，分为二型。

A 型　圆领筒袍，露出裤、鞋或靴，左前侧开气。

Ⅰ式：长度及膝，腰系白色的布帛带或软皮绳，有的系宽革带。

宝山 M1 的若干男侍多着此袍，领口很紧，腰系白色的细布带或软皮绳（图二，1）；吐尔基山辽墓侍从的服饰均为此型，领口很紧，只是整体较肥，腰带扎缚后出现裙摆的迹象；床金沟 M5 髡发男侍均着此袍，领口很紧，腰系布带或革带；罕大坝辽墓的 2 位男侍着此类袍服，素面；陈国公主墓男侍的主流服饰，领口较松，依稀露出内衣领口，系宽革带，有的革带上还缀金属带銙。

Ⅱ式：长度到腿肚，腰系布带或革带，有的侧身能观察到袍后开气。

白音罕山韩匡嗣墓的壁画男侍和男性石俑着此袍；滴水壶辽墓中的男侍均着此袍，领口较松，露出交领中单，布料上绘团巢鹿图案；此后成为前进村辽墓、耶律弘世墓（图二，2）、库伦墓地男侍的主流服饰，均为单色布料，其中库伦 M2 有 2 例左前侧开气。

B 型　交领长袍，胸下系大花结，长度至脚踝。

Ⅰ式：领口带襈。宝山 M1 石室南壁西侧的侍女，袖口、领口均加襈，右衽，除艳丽的花纹外，长度及踝、领口交领、胸下系花结等关键要素均为后期袍服所共有，开女子袍服的先河。宝山 M2 石室东壁两侧的侍女均为此式，左衽，袖口无襈（图二，3）。

Ⅱ式：素面无襈，通体肥大。白音罕山韩匡嗣墓的女性石俑，左衽，露出鞋；陈国公主墓前室东壁北侧的侍女，露出单鞋；滴水壶辽墓西北壁的 3 位侍女，露出黑鞋（图二，4）；库伦 M1、M2 的侍女均着此袍，能看清楚的 2 例为左衽，鞋子多遮挡不见。

2. 裤

裤通常在靴出现前能够在壁画中被绘制出来。根据裤脚的松紧情况，分为二型。

---

① 《契丹风俗》记载 1020 年宋綬祝贺辽圣宗生日见闻，有“番官戴毡帽”的记述。

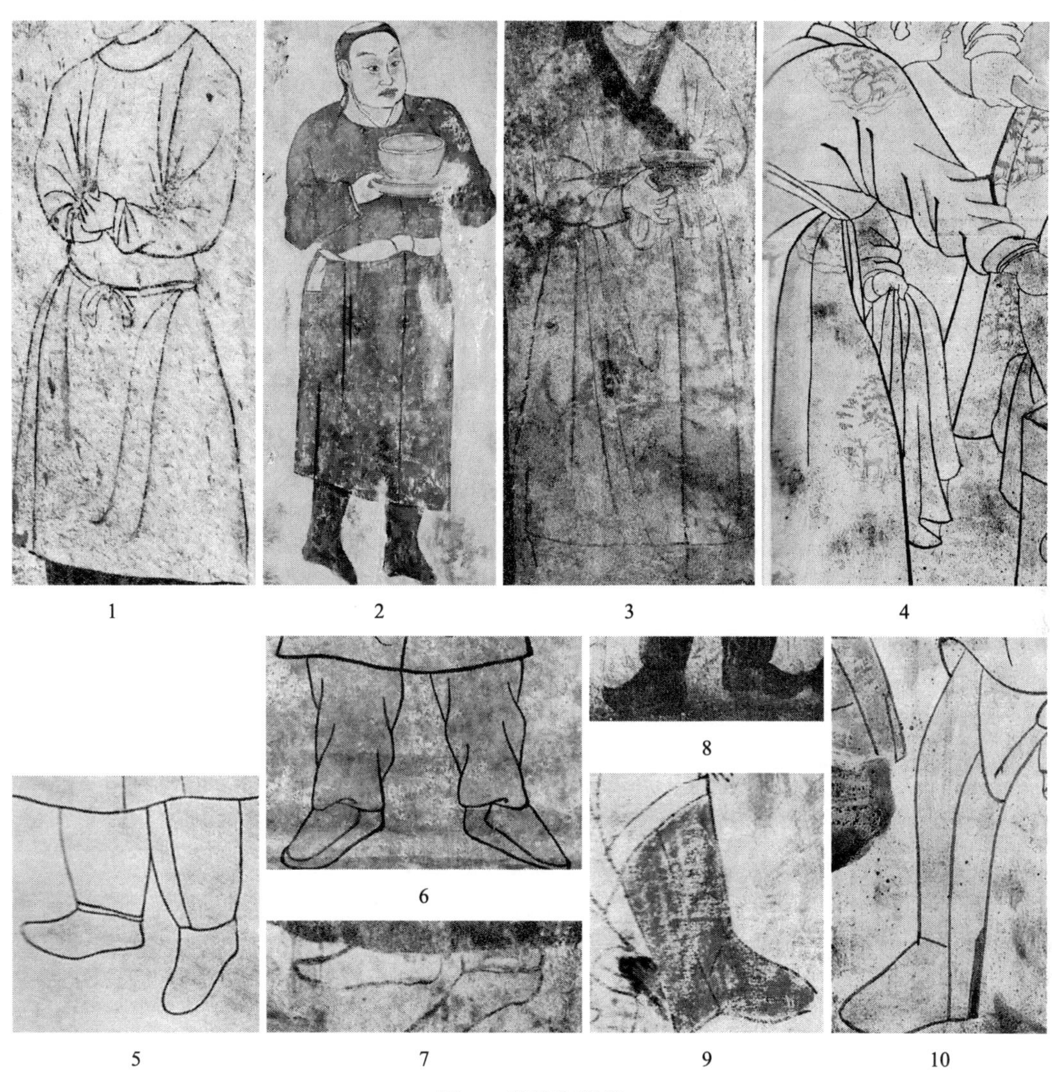

图二 袍裤与鞋靴

1. 宝山M1西壁男侍 2. 耶律弘世墓捧盘盏男侍 3. 宝山M2石室石门内东壁北侧侍女 4. 滴水壶辽墓西北壁侍女 5. 宝山M1东壁牵马人 6. 床金沟M5天井南墙外壁西侧男侍 7. 宝山M2石室东壁南侧侍女 8. 陈国公主墓前室西壁北侧侍卫 9. 库伦M2墓道西壁驼车前坐者 10. 滴水壶辽墓西南壁男侍

（2. 在巴林左旗博物馆展厅拍摄 余摘自《内蒙古辽代壁画》）

A型 连裤袜。裤与袜连在一起，裤脚紧收，北宋文献中称为“吊熟”①，耶律羽之墓、代钦塔拉辽墓出土过丝织品实物。宝山M1（图二，5）、吐尔基山辽墓数位男侍的裤鞋，一体性很强，极容易识别为靴，但是仔细观察，鞋面的衔接处总是绘出一条缝，推测是两件，裤的形制可能是连裤袜“吊熟”，才会衔接得如此紧密。

B型 瘦腿裤。裤脚松弛，面料柔软。床金沟M5的众多男侍均着同款（图二，6），

① 《宋史》卷153《舆服志》云：“钓熟，今亦谓之韈（袜）裤（裤），妇人之服也”。

面料出褶皱状①；罕大坝辽墓的2位男侍、陈国公主墓的4位男侍着此类裤装；此后很难看到着裤的契丹装了。

（三）鞋　靴

1. 低帮鞋

帮在脚踝以下，包脚面。根据鞋形分为三型。

A型　鞋形随脚形。宝山M1、吐尔基山辽墓多为男侍着这类鞋，滴水壶辽墓有一位侍女的鞋子可见，黑色不翘尖，不像布鞋像毡鞋，暂归入此型。

B型　翘尖鞋。宝山M1、宝山M2（图二，7）的侍女着这类白鞋，陈国公主墓的3位男侍着这类黑鞋（图二，8），与汉装中的乌皮靴形状相似；库伦M1侍女的鞋子很类似。

C型　布鞋。陈国公主墓的2位牵马人穿此类鞋，床金沟M5的诸多侍从穿此类鞋（图二，6）。

2. 络缝靴

鞋底呈倒“V”拱形，络缝明显，因多数人物的靴靿被袍服遮挡，不能准确地对号入座，可以确定的是有众多侍从着络缝靴。根据靿的长短分为二型。

A型　短靿靴。高度膝盖以下，靿包口斜边。库伦M1、库伦M2（图二，9）、库伦M6墓道东壁的牵马人、牵驼人袍服掖进腰带，能够看到靿口的位置。

B型　长靿靴。高度过膝，两侧露出弧形开口。滴水壶辽墓能清楚地看到2位侍从穿此靴，后跟处还有一块补丁，有浅棕和深棕色（图二，10）；库伦M7能清楚看到的有4例，有黑色和深棕色。

二、契丹服的组合

服饰各典型要素往往不是孤例存在的，发式、首服、身衣、足衣的特定搭配通常是这个民族审美理想和生活情趣的外显与表达，研究服饰的组合，或许能够帮助我们捋出显示契丹服特征的一条轴线来，根据可以准确确定的组合特征，暂分为九类。

A类　A型Ⅰ式髡发/Ba型髡发/Bb型髡发＋A型Ⅰ式袍＋A型裤＋A型低帮鞋。

见于宝山M1（图三，1、2）、宝山M2、吐尔基山辽墓（图三，3）的男性侍从。

B类　Bb型髡发＋B型Ⅰ式袍＋B型低帮鞋。

见于宝山M1（图三，4）、宝山M2（图三，5）的女性侍从。

C类　A型Ⅱ式髡发＋A型Ⅰ式袍＋B型裤＋C型低帮鞋。

---

① 内蒙古文物考古研究所：《巴林右旗床金沟5号辽墓发掘简报》，《文物》2002年3期。

图三　契丹服的组合

A类（1、2. 宝山M1西壁男侍　3. 吐尔基山辽墓甬道东壁男侍）B类（4. 宝山M1石室南壁西侧侍女　5. 宝山M2石室石门外东壁侍女）C类（6. 床金沟M5天井南壁外东侧门吏）D类（7. 罕大坝辽墓持骨朵男侍　8. 陈国公主墓前室西壁北侧男侍）E类（9. 韩匡嗣墓出土的女俑　10. 罕大坝辽墓抱渣斗侍女　11. 陈国公主墓前室东壁北侧侍女）F类（12. 韩匡嗣墓出土的男俑　13. 滴水壶辽墓甬道南壁左一男侍）G类（14. 滴水壶辽墓北壁持巾侍女）H类（15. 库伦M7出行图第三位男侍　16. 耶律弘世墓西耳室甬道北壁男侍）I类（17. 库伦M2墓道北壁捧罐侍女　18. 库伦M1天井东壁右一侍女）

（3. 摘自《中国出土壁画全集·内蒙古卷》 7、9、10、12. 摘自简报　余摘自《内蒙古辽代壁画》）

见于床金沟 M5 的诸多男性侍从（图三，6）。

D类　A型Ⅲ式髡发＋A型Ⅰ式袍＋B型裤＋B型低帮鞋。

见于罕大坝辽墓的2位男侍（图三，7）、陈国公主墓的4位男性侍从（图三，8）。

E类　辫发盘扎/双垂髻＋B型Ⅰ式袍＋B型低帮鞋。

见于韩匡嗣墓（图三，9）、罕大坝辽墓（图三，10）、陈国公主墓（图三，11）、浩特花 M1 的女性侍从。

F类　C型Ⅰ式髡发/B型Ⅰ式巾帽＋A型Ⅱ式袍＋A型络缝靴。

见于韩匡嗣墓（图三，12）、滴水壶辽墓（图三，13）的若干男性侍从。

G类　A型Ⅰ式巾帽＋B型Ⅱ式袍＋A型低帮鞋。

见于滴水壶辽墓的女性侍从（图三，14）。

H类　C型Ⅱ式髡发/D型髡发/B型Ⅱ式巾帽/C型巾帽＋A型Ⅱ式袍＋B型络缝靴。

见于库伦 M1、M2、M4、M6、M7（图三，15）墓群，耶律弘世（图三，16），前进村辽墓[①]的诸多男性侍从。

I类　A型Ⅱ式巾帽/髡髻＋B型Ⅱ式袍。

见于库伦 M1（图三,18）、M2（图三,17）的女性侍从，袍服下摆拖地，鞋子多不见。

三、契丹服的分期演变

上述讨论的人物服饰形象均来自墓葬，主要见于壁画、出土俑像及彩棺，故探讨服饰分期的前提就是搞清楚所涉及墓葬的年代关系。这些墓葬中的一部分出土了年代确切的墓志或有纪年识别特征的遗物，如题记或钱币，这些绝对年代为研究服饰的分期提供了可靠的依据；另外一部分墓葬没有出土纪年物证，但考古学家和学者会在简报或研究成果中，根据葬制、典型器物的特征，分析判断墓葬的相对年代，随着研究的不断精进，这种认识在不断地被完善和修正，本文采纳了董新林先生的四期说[②]，为方便对照制成表一。

表一　契丹服组合演变

墓葬名称	纪年	契丹服组合	年代判断依据
宝山 M1	923 年	A类、B类	“天赞二年”墨书题记
宝山 M2	略晚于 923 年	A类、B类	简报根据位置关系、性别推测

① 徐光冀：《中国出土壁画全集 内蒙古卷》，科学出版社，2011 年，140～142 页。

② 董新林：《辽代墓葬形制与分期略论》，《考古》2004 年 8 期。文中的分期，第一期：太祖、太宗阶段（907～947）；第二期：世宗、穆宗、景宗阶段（947～983）；第三期：圣宗、兴宗阶段（983～1055）；第四期：道宗、天祚帝阶段（1055～1125）。

续表

墓葬名称	纪年	契丹服组合	年代判断依据
吐尔基山墓	第一期	A类	简报及相关研究论文推测
床金沟 M5	第二期至第三期	C类	简报根据圆形墓室、金箔工艺、白瓷题款判断
韩匡嗣墓	985～993年	E类、F类	出土墓志
罕大坝墓	1005年	D类、E类	残墓志记载
陈国公主墓	1018年	D类、E类	出土墓志
浩特花 M1	第三期圣宗时期	E类	简报根据陶瓷器、建筑、壁画风格综合判断
滴水壶辽墓	第三期以后	F类、G类	简报根据墓葬形制、壁画风格推测
库伦 M4	第三期兴宗时期	H类	出土钱币
库伦 M1	第四期道宗时期	H类、I类	出土“大康六年”（1080）铜钱
库伦 M7	第四期	H类	简报根据仿定窑白瓷、墓地布局判断稍晚于库伦 M1
库伦 M2	第四期	H类、I类	简报认为比库伦 M1 晚
库伦 M6	第四期	H类	简报推测
耶律弘世	第四期	H类	属于庆陵陪葬墓

从表一中看出，A类在第一期、第二期中非常流行，宝山 M1 有 923 年的明确纪年，B类仅在第一期中存在，C类在第二期到第三期中流行，即床金沟 M5 的相对年代，D类在第三期普遍盛行，最早的是 1005 年罕大坝墓，最晚的是 1018 年的陈国公主墓，风靡 13 年，E类广泛流行于第三期的圣宗时代，能准确确定的最早例证当属 985～993 年的韩匡嗣墓，F类作为一种新的服饰，流行于第三期，最早的还是在韩匡嗣墓闪现，晚段的滴水壶墓以后就颇为盛行，G类仅在第三期晚段的滴水壶辽墓存在，H类在第三期晚段和第四期相当盛行，最早的是库伦 M4，从出土钱币判断大约是兴宗时期，持续时间较长，I类在第四期流行，最早的是库伦 M1，从钱币看约为道宗时期，持续时间较短。

A类、C类、D类为男子服饰的第一序列，除A型Ⅰ式袍保持不变之外，其余要素均经历了演变。髡发一部分呈现出短发鬓角逐渐加长且修剪成细绺的端倪，另一部分察觉有短发下端局部蓄发的迹象，裤的裤脚从收口逐渐加宽成筒裤，可能最早使用了连裤袜“吊熟”的缘故，鞋全部使用包脚面的低帮鞋，样式有所变化，给人以从厚重到轻便的视觉感受。从分期上看，这三类服饰恰好与辽墓的一、二、三期基本对应，体现出建国以来至辽圣宗中期男子服饰的演进，A型Ⅰ式袍作为一种及膝短袍，是这一时期服饰统一不变的核心要素，髡发不髡净，穿鞋不着靴，亦是这一时期的特点。

B类、E类为女子服饰的第一序列，B型Ⅰ式袍、B型低帮鞋保持不变，只有发式发生了变化。宋人文献记载“其良家仕族女子皆髡首，许嫁时方留发”①，契丹女子的髡发从头顶髡短下端蓄发形成披发的效果，逐渐将散落的头发辫发盘扎，再到留一绺鬓发

① 宋庄焯《鸡肋篇》记载了契丹未成年女子的髡发习俗和出嫁女子的蓄发习俗。

垂落的双垂髻。从分期上看，这两类服饰与辽墓的一、三期基本对应，虽然缺少第二期的过渡材料，仍能折射出建国初期和辽圣宗中兴时代女子服饰面貌的异同，B型Ⅰ式袍作为一种交领扎带长袍，始终引领着服饰的潮流，不管发式如何变幻，这一核心要素始终不变，辫发盘扎和双垂髻是第三期出现的新特征。

F类、H类作为男子服饰的第二序列，与第一序列相比较，各典型要素均经历了一次脱胎换骨的大演进。髡发变革为全新的样式，巾帽开始佩戴并得到推广，至腿肚的长袍出现，络缝靴开始进入契丹服的视野。从分期上看，这两类服饰与辽墓的三、四期基本对应，体现出辽圣宗初期至辽末男子服饰的变革和演变，A型Ⅱ式袍替代了A型Ⅰ式袍，成为这一时期的主流服饰，髡发与巾帽交替出现，络缝靴开始成为契丹服新的识别性特征。

G类和I类作为女子服饰的第二序列，与第一序列相比较，各要素的变化不是很大。髡发仅见一例，在髡剃蓄发的基础上又有新的变化，除鬓发垂落外，余发在头顶扎成马尾，暂称髡髻，巾帽出现且伴有额带，出现帽体材质轮廓化的趋势，虽然B型Ⅱ式袍取代了B型Ⅰ式袍，基本款式没有变化，只是宽度和长度略有增加，鞋子几乎看不到了。从分期上看，这两类服饰与辽墓的四期基本对应，体现出辽兴宗晚期至辽末女子服饰的面貌，交领长袍继续引领契丹服的潮流，额带、黑帽逐渐替代了其他发式，在这一时期的契丹服领域占有一席之地。

综上所述，第一期为契丹服的初创阶段，第二期为契丹服的发展阶段，第三期为契丹服的定型阶段，第四期为契丹服的稳定成熟阶段。

四、契丹服的特征与定型

那么究竟何为契丹服的识别性特征？只有对这个问题深入理解之后才能从错综复杂的人物中辨别出哪些是契丹服，哪些存在杂糅，进而有助于叩开壁画墓的诸多难解之题。

通过契丹服的组合、分期研究，我们明晰了二百年间的契丹服不是一成不变的，它经历了动态的发展过程。在第一至第二期，髡发的鬓发就开始出现了留长、修剪成细绺的趋势，最显著的实证见陈国公主侍从，直到第三期C型髡发出现后，给人直觉是一种焕然一新的全新发型，整头剃光，只剩两绺鬓发和稀疏的额发，仔细观察，鬓发修剪留长是其最显著的特点，仍然延续了前期重视鬓发的态势，辽中京地区北票季杖子辽墓的髡发人物填补了A型发展至C型的中间环节，满头短发是A型的特点，两鬓加长到达肩颈又是C型的最大特征。宋人沈括以“其人剪发，妥其两髦”[①]来描述契丹发式，众多考古例证梳理出的线索表明“妥其两髦”确实是对髡发最明显特征的精准概括，画匠自辽圣宗初期的韩匡嗣墓起对髡发位置改用淡墨色渲染，来突出髡发的识别符号，同

① 贾敬颜：《五代宋金元人边疆行记十三种疏证稿》，中华书局，2004年，119页。

墓的俑像首次展现了髡发的新造型。此后，契丹男子的髡发都是在两髦垂落基础上的变体和改良，有的地区留额发、顶发或脑后发，余发全部髡净。

奇怪的是，髡发的革新、短袍到长袍的变革、络缝靴及巾帽的出现几乎是相继发生的，目前资料显示时间拐点发生在韩匡嗣墓和滴水壶墓所处的时间段。韩匡嗣辽墓为圣宗初期的纪年墓，在服饰领域产生变革在于发式和袍服，男子新型髡发最早发端于此，至腿肚的男子袍服最早在此见到，不同于早期带襟的标准女子袍服首次见到；滴水壶辽墓可能是圣宗末期的非纪年墓，服饰变革主要体现在络缝靴和巾帽上，文献中记载的络缝靴最早在此出现，且以过膝有弧口的高鞠靴[①]形式出现，男女巾帽初现于此，巾帽在第四期成为女子头衣的标配，甚至男子腰带在这一时期也悄然发生了变化，由第一、二期的布帛带转变为第三、四期的布帛带与革銙带并存的二元腰带，这种二元腰带最早出现在陈国公主墓。此外，女子服饰中的双垂髻[②]、辫发盘扎[③]、额带作为契丹服的非典型要素，最早墓例的时代均为圣宗时期。至少当前的考古材料表明，契丹服的变革发生在辽圣宗时期，经过几十年的曲折发展，契丹服至此定型，后期变化甚微。沈括于第四期的 1075 年出使辽国，其作《熙宁使契丹图抄》载："（契丹）衣冠语言皆其故俗，惟男子靴足幅巾而垂其带；女子连裳，异于中国。"[④]沈括观察到的男子着靴戴垂带帽、女子穿连裳长袍的特征与壁画图像展示的第四期服饰情况也大体不差。

检索辽代其他地区的壁画墓葬资料，以契丹服典型要素为标尺，可知契丹服的出现频次是不一致的，长城以北的辽中京和东京地区使用频次较高，长城以南的辽西京地区则较低。辽中京地区是契丹人的肇兴之地，墓主为契丹人的墓葬更愿意使用传统服饰，如宁城鸽子洞辽墓，墓主为萧氏显贵[⑤]，残存的壁画人物全部穿变革后的契丹服，男子着 H 类，女子着 I 类（图四，1）；即便墓主是汉人，契丹服的比重也不低，以敖汉旗羊山 M1 为例，墓主人为汉人刘氏[⑥]，在墓中绘有着汉装的形象，但是过半数的男侍着契丹装，且被特意安排在庭院煮肉、准备面食、安保侍卫、契丹乐器演奏等情景中，与典型 H 类略有差别，

① 这种靴子虽然没有在上京地区风靡，仅在库伦 M7 见到 4 例，但是在中京地区的壁画中比较多见。

② 双垂髻在元代内蒙古、山西地区服饰中更加流行，赤峰市沙子山 M1 中侍女为此发式，凉城县崞县夭乡后德胜村元墓中的 4 位侍女着此发式，山西省屯留县康庄村 1 号元墓、大同市齿轮厂 1 号元墓的侍女多为这种发式。

③ 《三朝北盟会编》卷 3 记载辽代的女真发式："妇人辫发盘髻，男子辫发垂后。"辽代女子的辫发接受的影响应该来自北方传统，有可能受到了女真发式的启发。

④ 孙建华、塔拉：《内蒙古辽代壁画墓》，文物出版社，2010 年；徐光冀：《中国出土壁画全集 · 内蒙古卷》，科学出版社，2011 年。

⑤ 塔拉等：《宁城县鸽子洞辽代壁画墓》，《内蒙古文物考古文集（第 2 辑）》，中国大百科全书出版社，1997 年，631 ~ 638 页。

⑥ 邵国田：《敖汉旗羊山 1 ~ 3 号辽墓清理简报》，《内蒙古文物考古》1999 年 1 期。

图四　各地区辽壁画墓中的服饰

1. 内蒙古宁城县鸽子洞辽墓墓道南壁的侍从　2. 内蒙古敖汉旗羊山 M1 墓室西壁乐师　3. 辽宁阜新市关山 M4 萧和墓墓道北壁中段骑马者　4. 辽宁阜新市关山 M4 萧和墓墓道北壁后段侍卫　5. 辽宁阜新市关山 M8 萧德让墓墓道北壁前段男侍　6. 河北宣化 M4 前室南壁西侧侍卫　7. 河北宣化 M4 前室西壁驼车后的站立者　8. 河北宣化 M5 后室西南壁髡发女子　9. 河北宣化 M1 后室东壁男侍　10. 山西省大同东风里辽墓男侍　11. 内蒙古巴林左旗哈拉海场辽墓天井东壁男侍　12. 内蒙古巴林左旗前进村辽墓墓室西壁男侍　13. 内蒙古巴林左旗前进村辽墓墓室北壁衣架图

（3～5. 摘自《中国出土壁画全集 · 内蒙古卷》 10、11. 摘自简报　余摘自《内蒙古辽代壁画》）

髡发仍为C型的一种，络缝靴的特征不太明显（图四，2）；东京地区关山辽墓群是萧氏家族墓①，除仪仗图、门神图外，男子均着典型的H类契丹装（图四，4），M4萧和墓的男袍有长有短（图四，3），印证着圣宗时代的过渡与变革，M8萧德让侍从的络缝靴很明显（图四，5）；西京地区宣化辽墓群墓主虽为汉人，除儿童外，着契丹服的有30人②，为典型的H类（图四，6），髡发、巾帽兼有，其中M4墓主人着一身巾帽契丹服立于驼车后方（图四，7），M5出现唯一一位髡发女子，两鬓垂落，头顶髡剃留一撮扎起（图四，8），与上京库伦M1天井东壁第四位侍女的发式最为接近，可作为此处创作的粉本，同时墓中存在汉服与契丹服的杂糅现象，如汉服的幞头、汉袍与络缝靴同时出现在一个人的身上（图四，9）；西京大同地区辽墓均为汉人，契丹装屈指可数，如大同东风里辽墓的侍从只保留了髡发的单一要素③（图四，10）。由此可见，契丹服的辐射力因族属和地域的远近而异，女子服饰几乎没有走出上京腹地，相比之下，男子服饰的影响力更胜一筹。

无墓志壁画墓的年代和族属判定向来比较棘手，把握了契丹服的动态特征之后，能为此多提供一项参考。如巴林左旗哈拉海场壁画墓，因被盗发掘者无法从葬制和随葬品的角度入手进行时代判断④，壁画髡发人物，保持了前三期的短发，鬓发自然垂落（图四，11），长袍在第三期变革时出现，推测时代大概在第三期；前进村壁画墓的契丹装侍从（图四，12），巾帽发生在第三期之后，年代可能是第四期；壁画墓的族属判断分歧很大，原因在于契丹风格图像在以汉族风格为主体的墓葬中存在，汉族风格图像在以契丹风格为主体的墓葬中存在⑤，难得的是，前进村辽墓绘有一幅衣架侍寝图，将墓主人所有的衣帽展现出来，展脚幞头并不是契丹服的典型要素，硬翅向两侧平伸，属于汉服官帽⑥，短靴、革銙带等主体服饰均为汉式，同时还闪现蹬脚裤、布帛带等微弱的契丹因子（图四，13），由此觉得墓主为归辽汉官的可能性很大。事实上，要准确判定族属并不是件容易的事，或许在建立辽代DNA族属的谱系后，这一问题的研究能够有所深入。

五、余　论

辽国是以契丹族为主导，汉族居于重要地位的多民族国家，长城以北的上京道为契丹族的发祥地和主要聚居区，契丹民族特点突出，是探索契丹服的绝佳区域。通过研究，我们从错综复杂的众多人物形象中梳理出服饰的前后两大序列，第一序列的服饰面

① 辽宁省文物考古研究所：《关山辽墓》，文物出版社，2011年。

② 河北省文物研究所：《宣化辽墓1974～1993年考古发掘报告》，文物出版社，2001年。

③ 大同市考古研究所：《山西大同东风里辽代壁画墓发掘简报》，《文物》2013年10期。

④ 辽上京博物馆：《内蒙古巴林左旗哈拉海场辽代壁画墓清理简报》，《文物》2014年4期。

⑤ 刘未：《辽代墓葬的考古学研究》，科学出版社，2016年，78页。

⑥《辽史·舆服志》记载臣僚戴“纱冠，制如乌纱帽，无檐，不擫双耳”。

貌可以冠以多元、自由、便捷等词汇加以描述，后一序列给人的感受是统一、固定、特征更易识别，这种变化在男子服饰领域更为明显，发生两大序列之间的变化，我们暂称为服饰形制的“变革”。

服饰是人类适应客观环境变化而创造出来的具有实用价值的基本生活用品，是人类社会生活中政治观念、经济水平、审美需求的风向标，服饰繁缛复杂形态的背后，隐含着某一群体、某一时代、某一区域的审美风尚。诱发服饰形制“变革”的原因是多元复杂的，政治观念的引导与颠覆、经济水平的提高与降低、文化交流的频繁与稀疏、地理环境的畅通与闭塞，总是在不经意间影响某一群体服饰形制的变迁。圣宗时期是辽国的鼎盛时期，在军事征战、疆域拓展、榷场贸易、文化交流、驿站建设等方面都开创了前所未有的新局面，“改革”成为圣宗中兴的关键词，特别是与北宋签订《澶渊之盟》后，两国之间保持了长期和平状态，契丹文化与汉文化展开了全方位的碰撞与融合，“易识别性”成为服饰保持文化自主性的重要保证，作为风向标的服饰与时代信号应该是同步的。同时，不可否认的是，对于服饰“变革”原因的讨论还处于初步讨论阶段，但是无论如何，我们基本厘清了契丹服特点及其动态发展过程，丰富了中国古代服饰研究的内容，在中国古代文化研究中应有其重要的意义。

附记：基金项目：国家社科基金项目“考古学视角下的元代服饰研究”（批准号：22BKG029）阶段性成果。

A Study of Khitan Clothing in the Shangjing Area of Liao

Wang Chunyan

Abstract: The Liao Dynasty had the largest territory under the jurisdiction of Shangjing Dao, and Linhuangfu, as the seat of the Liao capital, best reflected the preferences and wishes of the Khitan ruling clique. So far, the mural tombs are mainly concentrated in the three northern banners of Chifeng and the three southern banners of Tongliao. This material is distinctive, rich in connotation and striking that scholars have focused on it, and preliminary exploration has been carried out in the study of costumes. However, systematic discussions from a regional perspective are rare. This paper intends to examine the typical elements, combination habits and phased evolution of Khitan costumes in the Shangjing region, taking Khitan costumes as the entry point and Liao tomb mural images as the main carrier, so as to clarify the characteristics and evolution process of traditional Khitan costume culture.

Keywords: Liao mural tombs; Khitan Clothing; Combination; Phasing; Characteristics

黄任恒与《辽代金石录·金编》考实

武忠俊　李俊义

（大连民族大学中华民族共同体历史研究所，大连，116600）

摘要：黄任恒，晚清至民国时期广东地区著名文献学家，其所著《辽代金石录》是一部以辽代金石为专题的辑录体著作，其中《金编》一卷收录了有关辽代吉金铜器的历史文献。学术界对于黄任恒及这一著作尚无专题研究。本文拟就黄任恒及其《辽代金石录·金编》（以下简称《金编》）的相关问题做初步研究。

关键词：《辽代金石录》　黄任恒　史料

黄任恒（1876～1953），字秩南，号述窠，广东南海县（今广东省佛山市南海区）人，晚清至民国时期著名学者。其人博学好古，一生读书著述，不事科举仕途。黄任恒出生于儒商世家，其在《番禺河南小志》中曾言："余家南海，九代书香。其改儒从商者，自先考茇棠公始。咸丰十年，公年十六，设酒米肆于河南漱珠桥。久之，环珠桥、冼涌别设两肆；又设饷押于龙尾导。其时，挈眷侨处，泛无定居。叔侄兄弟，亦多商寓斯土焉。自咸丰至今八十余年，自先考至余，子孙历传四世。"[①] 家族文风的熏陶以及优渥的生活，使黄任恒可专心治学，不理俗务。黄任恒早年就读于广州越华书院，师从名儒丁仁长。丁仁长为光绪八年进士，曾任国史馆协修，经史研究造诣颇深，黄任恒也正是在这样一位传统士大夫的教导下奠定了深厚的学术基础。遍观黄任恒的著作，我们可以发现其所涉及的学术领域广泛，包括文学、史学、谱学、金石考古及医药验方等。文学上，黄任恒著有《辽代文学考》等著作，并有《广州杂咏》十首诗作流传，在岭南文坛与黄慈博、黄祝蕖等并称"三黄"。史学上，黄任恒著有《辽代年表》《补辽史艺文志》《辽文补录》等辽史相关领域著作，并编纂有《番禺河南小志》等方志著作。谱学上，黄任恒综前人欧阳修、苏洵等的谱学研究纂成《古谱纂例》一书，可谓集古今谱例之大成，是谱学研究之力作。金石考古方面，黄任恒著有《辽代金石录》以及关于金石学体例的《石例简钞》等著作。医学上，黄任恒继承其族叔黄保康的研究，点校了《陈修园方歌》《吴鞠通方歌》等医书，并针对张光裕《桂考》进行补证而作《桂考续》。可以说黄任恒

---

① 黄任恒编纂，罗国维、郭彦汪点注：《番禺河南小志》，广东人民出版社，2012 年。

的学术涉猎极为宽博，尤擅古籍整理，其遗留的著作对于今人而言颇有价值。

《辽代金石录》是黄任恒辑录历代文献中有关辽代金石内容编纂而成的一部金石学著作。1905年始纂，1925年由聚珍印务局首次刊行。该书分为《金编》一卷，《石编》三卷。其中《金编》一卷专门收录吉金铜器方面的文献，这在金石学著作中是极为少见的，在以辽代为专题的金石著作中更是独树一帜。从金石学领域来讲，“金”者并不像“石”者一般有大量的附刻文字，这就导致对于一件吉金文物的判定往往更需要文献的支撑，以此来看，《金编》的编纂，对辽代吉金文物的研究，无疑能发挥独特的作用。关于《金编》，前人未有专题研究，本文即从《金编》文献征引与史料考证两方面进行初步探讨。

一、《金编》的征引文献统计与分析

《金编》以辑录体例记载辽代吉金器物，其所征引的文献是最直接的史料来源，而书中征引文献格式即在每一条金石史料下列有相关文献及记载内容，如：

> 感天钱（西辽）
>
> 《续文献通考》七曰：西辽感天元宝钱，天祐帝在位二十年，遗命皇后权国称制，号感天皇后，此钱盖其时所铸。
>
> 《金索》四曰：感天元宝，西辽天祐帝萧后塔不烟称制，号感天皇后，疑铸此钱①。

此处段首所列《续文献通考》及《金索》即“感天钱”相关文献征引出处。但需要注意的是，部分征引材料的实际出处附在段末黄氏注解，如：

> 东平郡铁凤
>
> 刘效祖《四镇三关志》曰：神册四年，契丹主阿保机并渤海，尽有辽东，置东平郡，修复故城，铸铁凤镇之，因号铁凤城。（厉鹗《辽史拾遗》十三）②

此处段首标明出处为刘效祖所著《四镇三关志》，然而黄氏辑录该段文献是从厉鹗《辽史拾遗》中转录，故此处“东平郡铁凤”的实际征引出处为厉鹗《辽史拾遗》。这类转引情况在书中出现多处，是探究《金编》文献来源不可忽视的一点。据此，本文对文献征引出处进行列表统计，表一为《金编》直接征引文献的统计，表二则将其中转引文献进行统计。

---

① 黄任恒：《辽代金石录·金编》，聚珍印务局，1925年，21、22页。

② 黄任恒：《辽代金石录·金编》，聚珍印务局，1925年，8页。

表一 征引文献统计

文献类别	出处	数目	文献类别	出处	数目
正史类	（元）脱脱《辽史》	19	金石类	（宋）翟耆年《籀史》	1
	（元）脱脱《宋史》	1		（清）金邠《洪氏泉志校误》	4
	（清）厉鹗《辽史拾遗》	9		（清）李佐贤《古泉汇》	12
	（清）杨复吉《辽史拾遗补》	1		（清）孙星衍《京畿金石考》	2
杂史类	（宋）洪皓《松漠纪闻》	1		（清）戴熙《古泉丛话》	4
	（宋）辛弃疾《窃愤录》	1		（清）陆准、蔡云《癖谈》	1
	（宋）辛弃疾《南烬纪闻录》	1		（清）缪荃孙《艺风堂金石目》	1
别史类	（宋）叶隆礼《契丹国志》	1		（清）王昶《金石萃编》	2
	（清）嵇璜《续通志》	1		（清）罗振玉《俑庐日札》	1
政书类	（金）张炜等《大金集礼》	1		（清）冯云鹏《金石索》	3
	（清）嵇璜等《续文献通考》	3		（清）梁诗正等《钱录》	5
史评类	（清）钱大昕《廿二史考异》	1		（清）罗振玉《雪堂藏古器物目录》	2
地理类	（明）刘侗《帝京景物略》	1		（清）钱大昕《潜研堂金石文跋尾》	1
	（清）李鸿章等《畿辅通志》	13		（辽）《释迦定光二佛的身舍利塔记》	1
	（清）蒋溥等《盘山志》	1	目录类	（清）罗振玉《雪堂校刊群书叙录》	2
	（清）杨宾《柳边纪略》	1	类书类	（清）陈梦雷等《古今图书集成》	15
	（清）林传甲《龙江旧闻录》	1	杂说类	（宋）张端义《贵耳集》	1
	（清）张煦等《山西通志》	1	小说类	（宋）司马光《涑水纪闻》	1
	（清）张之洞等《光绪顺天府志》	1		（宋）洪迈《夷坚志》	1
	（清）朱彝尊《日下旧闻》	2		（宋）刘延世《孙公谈圃》	1
外记类	（宋）徐兢《高丽图经》	2		（清）高继珩《蝶阶外史》	1
	（明）佚名《东国史略》	2	总集类	（清）缪荃孙《辽文存》	1
游记类	（元）李志常《长春真人西游记》	1	别集类	（清）倪模《迂存遗文》	1
小学类	（清）罗福苌《西夏国书略说》	4			

表二 转引文献统计

转引文献	黄氏征引出处	数目
（清）海忠《承德府志》	（清）李鸿章等《畿辅通志》	1
（辽）张嗣初《灵感寺舍利塔碑》		1
（清）纪昀《钦定热河志》		3
（清）刘荣《广昌县志》		1
（清）刘靖《萧后妆楼记》		1
（清）丁嘉葆《金石分域编》		1

续表

转引文献	黄氏征引出处	数目
（明）刘效祖《四镇三关志》	（清）厉鹗《辽史拾遗》	1
（宋）董逌《钱谱》		3
（明）汪承爵《大同府志》		1
（宋）王易《燕北录》		1
（宋）孙穆《鸡林类事》		1
（宋）吕大临《考古图》		1
（宋）洪遵《泉志》	（清）陈梦雷等《古今图书集成》	15
（清）倪模《钱略》序	（清）倪模《迂存遗文》	1
（清）翁树培《古泉汇考》	（清）李佐贤《古泉汇》	1
（清）鲍康《观古阁泉说》		1
（清）《钦定日下旧闻考》	（清）王昶《金石萃编》	1
（宋）晁公遡《嵩山集》	（清）朱彝尊《日下旧闻》	1
（元）王恽《大元国大都创建天庆寺碑铭》		1
（宋）张舜民《使北记》	（宋）叶隆礼《契丹国志》	1
（清）罗振玉《赫连泉馆古印存》	（清）罗振玉《雪堂校刊群书叙录》	1
（辽）王鼎《固安县固城村谢家庄石桥记》	（清）缪荃孙《辽文存》	1
（阙）无名氏《名山秘录》	（清）杨复吉《辽史拾遗补》	1

从两表来看，《金编》征引的文献不可谓不广泛，其中表现出的特征尤为显著。此处笔者从成书年代与文献类别两部分进行探析。

首先，从成书年代和各朝文献征引数量来看，可统计如次：

辽代征引文献 1 部，转引文献 2 部，引文合计 3 条；

金代征引文献 1 部，引文计 1 条；

宋代征引文献 10 部，转引文献 7 部，引文合计 33 条；

元代征引文献 3 部，转引文献 1 部，引文合计 22 条；

明代征引文献 2 部，转引文献 2 部，引文合计 5 条；

清代征引文献 30 部，转引文献 10 部，引文合计 97 条。

可以看出，《金编》征引文献的时代特征是较为明显的。从数量上来看，征引辽、金、明三朝文献最少，辽、金二朝文献不多且传世较少；明代则由于受华夷观念的强烈影响，对辽朝并无太大关注，关于辽代金石的文献自是不多。征引的元代文献数量较多，且以元修《辽史》为主，22 条引文中有 19 条引自《辽史》。征引宋代文献数量亦是可观，这与宋代著书丰富且对同时期的辽朝关注较多有关。征引清代文献的内容则是《金编》中数量最大的部分，占《金编》总内容近 72%。究其原因有两点：其一，此书编纂于清末民初，黄氏所能搜集的文献自是以年代最近的清朝文献为多；其二，清朝学者对历代古籍文献进行了大量的辑佚和整理工作，许多散见于各代古籍中的辽代金石内容被清人收录，我们可以从表二中看出，转引文献近 97% 是引自清人著作，无疑证明了这一点。

从文献类别来看，《金编》采摭范围亦是较广，经、史、子、集皆有涉猎。笔者在表一中将《金编》征引文献分为16个类别，经部有小学类，引文计4条；史部征引类别最广且数量最多，引文计108条，其中金石、正史、地理三类为主要部分，数量依次为40条、30条、21条，其余诸如杂史、别史、政书、史评、外记、游记、目录等类，数量少且较为零散；子部有杂说、小说、类书三类，引文计20条；集部有总集、别集二类，引文计2条。由是观之，《金编》征引文献以史部最多，子部次之，经部再次之，集部最少。史部本就是金石类文献征引的大类，自然不必多说。子部中杂说和小说二类主要征引一些记录异闻杂谈的笔记，以宋代著作为多；因年代相近的缘故，宋人所著笔记中往往也留存一些辽代金石的记录；类书类较为特殊，此类只征引《古今图书集成》一部，然而征引此书的15条内容皆转引自洪遵《泉志》，所以可以说黄氏此处实际征引的是《泉志》一书。值得注意的是，至民国时期《泉志》已有较好的单行本，如清同治十三年隶释斋刻本，是已刊《泉志》最好的本子[①]。黄氏缘何选择《古今图书集成》的辑录本而不征引单行本，其在书中也未有文字表明缘由，但黄氏对于版本的选择无疑是值得商榷的。经部征引《西夏国书略说》一书属于文字学研究的小学类，金石文字亦在该书研究之列。集部征引的两部文献中，《辽文存》虽为总集，但书中也收录了辽代金石文字的相关内容，另一部征引倪模《迂存遗文》则是转引其中收录的倪模《钱略》的内容，大抵也都属于金石学的范畴。

综上所述，《金编》作为一部辑录体文献，其史源是明晰可考的，黄氏征引的文献虽然驳杂，但总体上时代倾向明显，文献类别也有侧重。同时，黄氏编纂此书以收录散佚内容为主，自是尽可能地兼收并蓄，故其对辑录文献的选择方面没有太多的主观倾向，这样也使得《金编》在客观层面体现出辽代吉金铜器文献的分布情况，也是此书目录学之功用所在。

二、《金编》的文献分类及征引优长

《金编》收录史料，在内容编纂上并无细致的体例，只是将收录内容以辽代、外国、杂器三类作为简单区分。辽代类以年号为纲，将辽代金石内容按照时间顺序排列，年月无考者附于其后。外国、杂器二类则较为特殊。外国类收录了有关高丽、西夏的金石资料，这在以辽代为专题的金石学著作中是少见的，书中也没有阐释编纂体例的内容，但我们可以从黄任恒其他著作中一窥究竟。在黄氏所著的《辽文补录》中，对缪荃孙《辽文存》有这样一段评价："西夏、高丽称藩于辽，其所作之时，明有可考者，反从删汰，则未见其允当也。"[②] 虽然这段评价是针对《辽文存》的体例而言，但也体现出黄氏保留

---

① 邓亚：《〈泉志〉版本新考》，《中国钱币》2018年4期，23～29页。

② 黄任恒：《辽文补录》，南海黄氏，1919年，1页。

着传统的宗藩思想，认为西夏、高丽称藩于辽，二者的文章典制或是金石遗存可与辽代归为一个专题。杂器类同样没有直接阐释体例的内容，但书中一条按语体现出黄任恒对于杂器的收录选择："所纪器物，尚有珠玉晶磁等类别，附《杂器编》中。"[①]"珠玉晶磁"等物不同于金属器物，故以杂器类收录，数量亦少。

那么，在对《金编》中的文献进行分类时，黄氏粗浅的分类法自是不适用。故此处笔者以金石学的分类法对《金编》史料进行处理，简列表如表三所示。

表三 《金编》文献分类及统计

<table>
<tr><th>类别</th><th>国别</th><th>金石条目</th><th>数目</th></tr>
<tr><td rowspan="4">钱币类</td><td>辽</td><td>天赞钱、应历钱、乾亨钱、统和钱、开泰钱、太平钱、重熙钱、清宁钱、咸雍钱、大康钱、大安钱、寿昌钱、乾统钱、天庆钱、千秋钱、千字钱、大千钱</td><td>17</td></tr>
<tr><td>西夏</td><td>梵字钱、福圣宝钱、大安宝钱</td><td>3</td></tr>
<tr><td>高丽</td><td>海东钱、三韩钱、东国钱</td><td>3</td></tr>
<tr><td>西辽</td><td>感天钱</td><td>1</td></tr>
<tr><td rowspan="2">玺印类</td><td>辽</td><td>合重浑谋克印、宝印、官印、万户印、玉玺</td><td>5</td></tr>
<tr><td>西夏</td><td>蕃篆印</td><td>1</td></tr>
<tr><td rowspan="2">符牌类</td><td>辽</td><td>银牌、铜符牌</td><td>2</td></tr>
<tr><td>西夏</td><td>西夏国书铜牌</td><td>1</td></tr>
<tr><td rowspan="2">镜鉴类</td><td>辽</td><td>百炼镜、七斗镜、道宗陵棺中镜</td><td>3</td></tr>
<tr><td>西夏</td><td>陀罗尼镜</td><td>1</td></tr>
<tr><td>兵器类</td><td>辽</td><td>高丽宝剑、夜明宝剑、铁甲</td><td>3</td></tr>
<tr><td rowspan="2">钟鼎类</td><td>辽</td><td>诉冤钟、衍法寺尊胜经钟、灵岩寺钟、张佐等造钟、谯楼钟、阁子院钟、天庆钟、古鼎、普贤寺古钟</td><td>9</td></tr>
<tr><td>高丽</td><td>星宿寺钟、洪钟、普济寺巨钟</td><td>3</td></tr>
<tr><td>造像类</td><td>辽</td><td>开泰寺银佛像、华严寺诸帝石像铜像、白金佛像、太祖白金像、太祖天皇帝应天地皇后银像、诸帝诸后妃金像、精金佛、无梁殿铜像</td><td>8</td></tr>
<tr><td rowspan="3">杂器类</td><td>辽</td><td>金铃、东平郡铁凤、镇国寺铁塔、释迦佛舍利铁塔记、小铜塔、铜瓶、释迦定光二佛的身舍利塔记、古玉尊、携壶、琥珀杯、百穴珠、玉注碗、广济寺瓦、银鹘瓶、小金瓶、银观音菩萨、银塔、银净瓶、银钱、火镜儿、金结袋、花银钱、铜狗儿、银钗子、银瓶、鍮石净瓶、鍮石匙节、小金刚、子数珠、银筒子、玉钱、火珠、珠子药袋、勃海珠子、珊瑚、玻璃、水晶垂头、玉羊儿、玉狗儿、玉夹板坠子、玉坠子、玉弼口、玉匣儿、玉钱、金楞玉滴子、瓷瓶</td><td>46</td></tr>
<tr><td>高丽</td><td>银瓶货</td><td>1</td></tr>
<tr><td>西辽</td><td>古瓦</td><td>1</td></tr>
</table>

据表三可知，《金编》中记载的金石器物计108种，可分为8类。各类之间的收录数量差距较大，其中以钱币类及杂器类为多，其余六类则较少。而具体到收录的文献内容上也是表现出诸多的特征，以下略作简析。

① 黄任恒：《辽代金石录·金编》，聚珍印务局，1925年，17页。

（一）旁征博引，深求细究

《金编》在金石内容的收录上体现出很强的全面性，尤其注重文献之间的相互关联，如：

天赞钱

洪遵《泉志》曰：右契丹国天赞钱，径九分，重三铢六，参文曰：天赞通宝。(《图书集成·食货典》三百五十四)

《食货志》下曰：鼓铸之法，先代撒剌的为夷离堇，以土产多铜，始造钱币。太祖袭用之，遂致富强，以开帝业。

冯云鹏《金索》四曰：天赞通宝，辽太祖铸,《泉志》称契丹国钱。

金邠《洪氏泉志校误》四曰：今所见凡辽钱，皆右旋读，惟开泰、天赞则否，元字皆仿开元，左挑字体亦微含分篆之意，刻本俱作真楷，误矣。

梁诗正等《钱录》十二曰：右一种，穿下字曰二，右文近天字，左文不可识，规制篆体类天赞钱，疑亦初辽所铸。

《金索》四曰：上二品，左天右赞，亦辽太祖天赞钱也，下一品相似,《泉志》类列之入，不知年代品，或亦系天赞钱，穿下有二字，上二品有郭，下一品无周郭类圜法。

倪模《钱略》序传曰：辽祖天赞时，并朱梁，统和、重熙、清宁、大康、天庆旁读为章。(《迂存遗文》上)①

此处“天赞钱”一条便征引7条文献，而且值得注意的是，文中所引《辽史·食货志》中并未提及“天赞钱”，但“天赞钱”为辽太祖时期的钱币，此处《食货志》中正是记述了辽太祖沿用“鼓铸之法”造钱币的史实，那么这条文献无疑是对“天赞钱”的一个文本补充。

由此可见《金编》对于吉金器物的史料收录，不仅局限于有记载的文献，也包括具有强烈关联性的文献，这也使得该书的史料记载是丰富而全面的。

（二）巨细靡遗，兼收并蓄

《金编》中对零散史料的收录主要针对一些记载文献不多且信息量较少的金石器物，如：

① 黄任恒:《辽代金石录·金编》，聚珍印务局，1925年，8、9页。

无梁殿铜像

蒋溥等《盘山志》三曰：自来峰，一名北台，旧有辽时无梁殿，中供黄龙祖师铜像[①]。

此处“无梁殿铜像”记载文献仅一条，从文献内容也只能得知年代、地点及“黄龙祖师铜像”三条信息，对于记载的金石器物没有更进一步的描述，所能提供的史料信息是极为匮乏的。还有一部分金石器物是以“数器合并”的形式进行记载，如：

银鹖瓶 小金瓶 银观音菩萨 银塔 银净瓶 银钱 火镜儿 金结袋 花银钱 铜狗儿 银钗子 银瓶 鍮石净瓶 鍮石匙节 小金刚 子数珠 银筒子

《钦定日下旧闻考》曰：悯忠寺有辽幢一幢，后有石函一函，四周刻字，最后刻布施诸物。(《金石萃编》)

王昶《金石萃编》百五十三曰：石函多纪施舍利之事，猗字见《韵会》本，作狗字，鍮石见玉篇，鍮石似金，格古要谕云自然铜之精也，据此所纪，想见当时物力饶裕，故所施之美丽如此。

（任恒案：石函皆是题名，不纪年号，前有沙门善制之名，《金石萃编》以其与舍利函记之功德主同名，遂定为大安十年，此说是也。所纪器物，尚有珠玉晶磁等类别，附《杂器编》中）[②]

玉钱 火珠 珠子药袋 勃海珠子 珊瑚 玻璃 水晶垂头 玉羊儿 玉狗儿 玉夹板坠子 玉坠子 玉弼口 玉匣儿 玉钱 金楞玉滴子 瓷瓶

（任恒案：以上诸器，皆刻于悯忠寺石函题名之后，系辽之僧俗所施者，石函不纪年号，《金石萃编》定为大安十年，又云垂头似与坠头通用，猗字见韵会本作狗字，其说皆是也）[③]

此处收录的33种器物记载文献仅2条，从内容上我们可以得知这些器物信息来源于石函所记，除器名之外更是别无其他记载，所引王昶《金石萃编》也仅是对年代进行了考证。这些零散史料信息因价值不高，常常为人所忽视，但黄任恒秉持着兼收并蓄的原则，仍然将这些零散史料收录于《金编》中，使该书在文献采录方面做到了尽可能的广泛和全面。

① 黄任恒：《辽代金石录 · 金编》，聚珍印务局，1925年，23页。

② 黄任恒：《辽代金石录 · 金编》，聚珍印务局，1925年，16、17页。

③ 黄任恒：《辽代金石录 · 金编》，聚珍印务局，1925年，35页。

三、《金编》的局限以及相关错漏的考辨

《金编》中部分金石名目带有一定的模糊性，这主要是由于书中的金石名目除了直接使用征引文献记载名目之外，有相当一部分是由黄氏拟定，这些拟定名目主要有两类：一类是黄氏根据记载内容中的器物来源或特征等拟定，如：

高丽宝剑

《辽史·太祖纪上》曰：神册元年十月，高丽遣使进宝剑①。

另一类是文献记载中涉及多件同类型器物，黄氏以共同特征拟定名目，如：

宝印

《仪卫志三》曰：御前宝金铸文曰“御前之宝”，以印臣僚宣命。诏书宝文曰“书诏之宝”，凡书诏批答用之。皇后印文曰“皇后教印”。

张炜等《大金集礼》三十曰：天眷元年九月，编类宝印。白玉四面获于辽，通天万岁之玺一，受天明命惟德乃昌宝一，皆方三寸，嗣圣宝一，御封不辨印文宝一。金宝二面获于辽，御前之宝一（见用），书诏之宝一（见用）②。

此处“宝印”条涉及的玺印共有7种，而黄氏以“宝印”作为归纳，没有直接表明具体信息。那么这一类金石名目无疑带有一定的模糊性，仅从名目难以确知所言具体器物，仍然需要研究者从具体内容着手了解史料。

《金编》的史料概况，笔者已做了大致统计和介绍。最后，笔者对书中错漏之处附以考辨三则：

1）至元通宝，该条应为黄氏错收之处，文中征引《帝京景物略》称：

白塔寺有白塔，铜盖上顶，一小铜塔也。建自辽寿昌二年，至元八年世祖发视之。舍利二十粒，青泥小塔二千，石函铜瓶，香水盈满，前二龙王跪而守护，案上无垢净光陀罗尼五部，轴以水晶，金石珠琢异果十种，列为供，瓶底一钱，钱文至元通宝四字也。世祖惊异，乃加崇饰。或言辽主于燕京五方，方镇以塔，塔五色，兵燹后惟白塔存③。

---

① 黄任恒：《辽代金石录·金编》，聚珍印务局，1925年，8页。

② 黄任恒：《辽代金石录·金编》，聚珍印务局，1925年，24、25页。

③ 黄任恒：《辽代金石录·金编》，聚珍印务局，1925年，17页。

辽代钱币一般有年号钱和带有祈福性质的非年号钱两种，但有辽一代未曾有过至元年号，辽代的相关文献中也未见“至元”作为一个专有名词出现。相反，我们所常知的“至元通宝”铸于元世祖及元顺帝时期，虽然据《元史·卢世荣传》记载，世宗“括铜铸至元钱”[①]在至元二十二年，与刘侗所记至元八年相冲突，但相比而言，元世祖能见到“至元通宝”还是要比“至元通宝”铸于辽代更为可信。刘侗所记时间或有差错，“世祖惊异”也未必是针对“至元通宝”而言。黄氏仅凭刘侗所记便将此钱收入《金编》中有失妥当。

2）蕃篆印，该条征引文献4条，但深究起来，这4条文献所指的未必是同一件玺印。此处首先引司马光《涑水纪闻》十二曰：“康定元年，知庆州任福袭夏虏白豹城，获印记六面。”[②]这条文献并没有记载蕃篆印的具体形制或特征；其余3条引罗振玉《俑庐日札》《赫连泉馆古印存》及罗福苌《西夏国书略说》，罗福苌为罗振玉之子，且其在文中亦提到所言蕃篆印为“家大人”所得二印，那么二罗所言蕃篆印自是同一件器物。独司马光所记载的玺印没有足够的内容与二罗所记载的玺印相印证，且《涑水纪闻》中也未记载该玺印是否篆刻有西夏文字，既不能确定是“蕃篆”的玺印，也不适合与二罗记载置于同一金石条目下。

3）银牌，该条征引王易《燕北录》曰：

> 银牌有十三道，上是番书“朕”字，用金镀银成，或有紧急，于南北大王处抽发兵马，余事即不用[③]。

但据笔者考证，此处征引《燕北录》有遗漏之处，在《燕北录》中尚有关于银牌的其他记载：

> 长牌有七十二道，上是番书“敕走马”字，用金镀银成，现在南内司收掌。每遇下五京诸处取索物色，及进南朝野味鹿茸果子，用此牌信，带在腰间左边走马[④]。

此处“长牌”与“银牌”皆为“金镀银成”，而据考证，辽代银牌从契丹建国初期的二百面银牌到道宗时期已改为七十二道[⑤]，即是指此处七十二道“长牌”。那么此段内

① （明）宋濂：《元史》卷153《卢世荣传》，中华书局，2013年，4566页。

② 黄任恒：《辽代金石录·金编》，聚珍印务局，1925年，29页。

③ 黄任恒：《辽代金石录·金编》，聚珍印务局，1925年，24页。

④ （宋）王易：《重编燕北录》，见陶宗仪：《说郛三种》卷38，上海古籍出版社，1988年，646页。

⑤ 岳云龙：《辽代符牌制度研究》，吉林大学硕士学位论文，2015年。

容亦是对“银牌”内容的补充，应收录于“银牌”条中以作考证。

综上所述，《金编》收录了辽代吉金铜器的相关史料，既是辽代吉金文物方面的文献集成之作，也为今人研究辽代吉金文物提供了一定的文献支撑。故此书仍然值得我们进一步关注和研究。

Research on Huang Renheng and *Liao Dynasty Epigraphy* "*Jin Bian*" Part

Wu Zhongjun　Li Junyi

Abstract: Huang Renheng, a famous scholar in Guangdong from the late Qing Dynasty to the Republic of China, his *Liao Dynasty Epigraphy* is a collection of information on Liao Dynasty epigraphy objects. Among them, the "*Jin Bian*" part contains information about the metal artefacts of the Liao Dynasty. At present, there is no special research on Huang Renheng and this work in the academic circle. This paper will conduct a preliminary study on the issue of Huang Renheng and the *Liao Dynasty Epigraphy* "*Jin Bian*" part (hereinafter referred to as *Jin Bian*).

Keywords: *Liao Dynasty Epigraphy*; Huang Renheng; Historical materials

景教“十字莲花”图案来源补说

——兼答穆宏燕先生

姚崇新

（中山大学人类学系，广州，510275）

摘要：笔者《十字莲花——唐元景教艺术中的佛教因素》一文发表后，有学者对该文的部分观点提出了质疑，主要是不同意笔者所主张的景教艺术中的“十字莲花”造型的形成是受佛教影响的结果的观点，认为“十字莲花”造型是出自西亚、波斯基督教的固有传统，与佛教无关。但笔者认为，这样的质疑难以成立，首先，作者在材料使用、研究方法和论证逻辑上存在较大缺陷。其次，从现有考古文物资料来看，“十字莲花”造型的确为中国景教艺术的创造，可视为中国景教艺术的标志性造型，其中的莲花元素是景教传入中国之后吸收自佛教，与西亚的所谓莲花崇拜、圣花崇拜传统不存在直接的渊源关系。

关键词：景教　十字莲花　来源

2019年底，穆宏燕先生发表了《景教“十字莲花”图案再认识》一文（以下简称《再认识》）①，对笔者《十字莲花——唐元景教艺术中的佛教因素》（以下简称《十字莲花》）②一文中的部分观点提出了质疑，主要是不同意笔者所主张的景教艺术中的“十字莲花”造型的形成是受佛教影响的结果的观点，认为“十字莲花”造型是出自西亚、波斯基督教固有的传统，与佛教无关。同时还批评笔者有先入为主之嫌，大概是想说笔者对有关莲花的知识掌握得不够全面，因此一看到莲花，就联想到了佛教。朱子有云，“旧学商量加邃密，新知培养转深沉”，这是推进学术的正途，学术问题正是在不断“商量”中逐渐达成共识或逐渐接近正解的，学术共同体也在他人个案的不断“商量”中共同获益，因此我很钦佩穆先生的质疑精神。不过，在认真拜读《再认识》之后，笔者觉得仍然有必要就这一问题与穆先生再作“商量”，因而草就此文，以进一步就教于穆先生。需要说明的是，该文于

① 《世界宗教文化》2019年6期，51～57页。

② 原载《敦煌吐鲁番研究》第17卷，2017年，收入拙著《观音与神僧——中古宗教艺术与西域史论》，商务印书馆，2019年，218～275页。

2019年12月28日在微信公众号推出网络版，作者称之为“再修订稿”，较之期刊版，网络版文字内容增加不少，同时增加了大量的图片资料。笔者推测，这是因期刊版有篇幅限制而不得不有所删节，因此网络版应是该文的完整版，因此笔者的讨论以网络版为准。

一

为方便读者理解，笔者先简要介绍一下拙稿有关“十字莲花”图案的基本观点。拙稿认为，景教自唐代入华以后，受佛教的影响和启发，将莲花置于十字架下，成为景教圣物十字架的托座，类似佛教艺术中托承佛教圣像的“莲座”，从而逐渐形成“十字架＋莲花”这一固定构图范式；这一图案广泛流行于唐元时期的景教艺术中，从而成为中国景教艺术的标志性符号，因而“十字莲花”图案是中国景教艺术的创造，它主要流行于中国境内。

黄侃先生说，“所谓科学方法，一曰不忽细微，一曰善于解剖，一曰必有证据”①。顺着黄先生的思路，笔者首先想强调的是，类似景教“十字莲花”图案来源问题这样的实证研究，提供有效证据至关重要。其次想强调的是，这一议题属于宗教艺术的交流借鉴问题，当然也属于广义的跨文化交流议题，因此在接触这类议题之前，首先要清楚跨文化交流研究的基本方法与径路及有效证据。那么，跨文化交流研究的基本方法与径路及有效证据究竟是什么呢？笔者以为邢义田先生所提示的两点可以参考：①需要具体指出文化传播的过程和路线证据；②需要说明是什么力量或媒介促成文化传播的②。如果忽视以上两点，就很难建立自己有效的证据链，同时也会对他人精心建立的证据链视而不见，这样的研究方法显然存在缺陷。比如，有学者反复强调滇缅道开通之早（这当然也是事实），因而认为佛教最早是由滇缅道入华的。但实际情况是，在缅甸北部甚至整个缅甸境内以及我国云南中南部找不到任何佛教早期传播的证据（云南北部东汉晚期墓中的佛教因素与滇缅道无关）。这一论证逻辑存在的问题是，只提供了佛教传播的“路线”证据，而传播的“过程”“媒介”“痕迹”等证据皆付阙如。事实上，道路的开通只是为佛教的传播提供了基本条件，从而为佛教沿该道传入提供了可能，但佛教能否沿此道成功传入中国，还受其他条件制约，至少要考虑沿途区域的社会经济发展状况③。蔡

---

① 张晖编：《量守庐学记续编》所收“黄先生语录”，生活·读书·新知三联书店，2006年，4页。

② 参看邢义田：《赫拉克利斯在东方——其形象在古代中亚、印度与中国造型艺术中的流播与变形》，《中外关系史——新史料与新问题》，科学出版社，2004年。此据增补修订稿，修订稿收入作者著《画为心声——画像石、画像砖与壁画》，中华书局，2011年，459页。

③ 关于滇缅道与佛教初传中国的关系的最新讨论，参考拙稿《佛教海道传入说、滇缅道传入说辨正》，《西域考古·史地·语言研究新视野：黄文弼与中瑞西北科学考查团国际学术研讨会论文集》，科学出版社，2015年，收入拙著《观音与神僧——中古宗教艺术与西域史论》，商务印书馆，2019年，134～143页。

鸿生先生强调一定要将历史研究“过程化”[①]，意即在于此。

为便于读者做准确的对比分析判断，这里有必要先将笔者讨论对象的具体信息再明确一下。首先，笔者讨论的十字架图案是基督教属性的十字架；讨论的莲花图案是典型的莲花，即其外形上是十分写实的莲花，绝对没有抽象化的表达，因此在视觉判断上绝对不会产生歧义；莲座的构图形式是以单层或多层的仰莲座为主，兼有束腰仰覆莲座；目前我们能见到的此种“十字莲花”图案遗存的时空分布范围是，时间为唐元时期，空间主要为唐代中国以及元代中国（包括蒙元察合台汗国）境内。为避免歧义和混淆，这里特提供标准图像四幅以供参考（图一～图四）。

图一　洛阳出土唐代景教残经幢幢身上端“十字莲花”雕刻拓片之一

（采自葛承雍主编：《景教遗珍——洛阳新出唐代景教经幢研究》，文物出版社，2009年，图版十一）

图二　洛阳出土唐代景教残经幢幢身上端“十字莲花”雕刻拓片之二

（采自葛承雍主编：《景教遗珍——洛阳新出唐代景教经幢研究》，文物出版社，2009年，图版十二）

图三　北京房山十字寺遗址出土的景教“十字莲花”雕刻拓片，辽—元

（采自顾卫民：《基督宗教艺术在华发展史》，上海书店出版社，2005年，18页插图）

图四　泉州出土景教墓顶石“十字莲花”雕刻之一，元

（采自牛汝极：《十字莲花：中国元代叙利亚文景教碑铭文献研究》，上海古籍出版社，2008年，图版1-45a）

① 蔡鸿生：《中国学术三名著》，《读史求识录》，广东人民出版社，2010年，59页。

通览《再认识》全文，笔者觉得该文存在的一个普遍问题是，在使用考古材料或文物资料时太过随意，不太在意考古材料或文物资料所处的时间、空间，也不怎么考虑考古材料所处原境，只是孤立地提取自己需要的材料信息。而考古学和文物学的常识告诉我们，在使用考古材料或文物资料时，不考虑这些问题其实是很危险的。对“物象”的考察不能脱离“时”“地”“人”三要素，而且需要将这三要素尽可能清晰化，这是研究考古文物材料的基本要求。

比如，《再认识》用隋虞弘墓、北周安伽墓中用莲瓣装饰的火坛图像来证明源自西亚的琐罗亚斯德教也有将莲花视为“圣花”的传统（《再认识》图4、图5）[①]，在笔者看来论证逻辑还是有问题的。如果我们将中亚地区的祆教火坛图像与上述火坛图像进行比较就不难发现，中亚地区的祆教火坛虽然也有花卉装饰，但显然不是莲花[②]，且上述火坛形制较之中亚地区的，除个别仍因袭中亚地区的以外（如史君墓墓门左下方的火坛仍为方形），其余都发生了较大改变，由方形变为圆形（图五、图六）。事实上，用莲瓣装饰祆教火坛的做法仅见于中国境内，再结合其形制的较大改变，我们与其说这是对中亚传统的继承，毋宁说这是经过中国改造的“中式祆教火坛”。那么，如果将其上的装饰元素“莲花”直接视为源自西亚该宗教的固有传统的话，就不太合适了。要想证成这一观点，尚需提供西亚、中亚地区祆教火坛用莲花装饰的图像证据资料，且这些证据资料原则上不能晚于中国境内的资料，这样才能形成有效证据链，形不成有效证据链的论证

图五　出自撒马尔罕莫拉－库尔干（Molla-Kurgan）的纳骨瓮上的火坛与祭司图像，7世纪
（采自〔法〕葛乐耐著，毛铭译：《驶向撒马尔罕的金色旅程》，漓江出版社，2016年，彩版插图）

图六　虞弘墓椁座前壁浮雕祭司火坛图像线图
（采自：山西省考古研究所：《太原隋虞弘墓》，文物出版社，2005年，图181）

① 穆先生在《印度—伊朗“莲花崇拜”文化源流探析》一文中已有类似观点，认为这里的莲花可以与豪姆（苏摩）等同，《世界宗教文化》2017年6期，68、69页。

② 中亚地区的祆教火坛图像，参看前揭拙稿《略论宗教图像母题之间的借鉴问题》，《丝绸之路新探索——考古、文献与学术史》，凤凰出版社，2019年，图14。

基本是无效的。穆先生使用的是“反推法”，指出“并非一定要用伊朗本土的实物来证实”，但当中国境内的材料的内在逻辑能得到充分解释与自洽，而西亚、中亚又找不到任何证据资料时，这种反推法是无效的。因此笔者认为，虞弘墓、安伽墓中用莲瓣装饰火坛的做法仍是来自佛教的影响，是中国本土祆教火坛构图的新做法[①]。

其实，如果将上述火坛图像放入虞弘墓、安伽墓的原境观察，便不难发现，在同一墓葬的其他图像中，还能同时发现其他受佛教因素影响的痕迹，如安伽墓火坛上方对称出现的两身伎乐飞天[②]，再如虞弘墓中除了火坛用莲瓣装饰外，柱础一律为覆莲柱础[③]，而在中国中古以降，柱础用覆莲作装饰的做法主要是受到了佛教的影响，这已是学界共识。因此，在对装饰火坛的莲瓣做判断时，需要将同一墓葬中的相关资料综合考察，而不能只考虑火坛装饰，这是使用考古材料的基本要求。如果《再认识》的观点是正确的，那么就会出现这种情况，即同一墓葬中的莲花装饰，却有两种不同的来源：一种来自祆教固有，一种来自佛教的影响，这也太不符合情理了吧？综合以上分析，笔者认为《再认识》的上述判断难以成立。

再如，《再认识》用新疆吐鲁番柏孜克里克石窟出土的9～10世纪的粟特文摩尼教古信札的一幅插画来证明作为源自西亚的摩尼教也有视莲花为“圣花”的宗教传统，因为图中摩尼教圣物“摩尼之冠”两侧相向而立的两位胁侍身份的女神脚踩带梗莲花足踏（《再认识》图6）。这也是一种反推法。《再认识》这一判断存在的问题是，①这幅绘画发现于中国境内，且年代较晚，而摩尼教的发源地——西亚境内并未发现吸收了莲花元素且年代更早的摩尼教绘画；②笔者将其判断为来自佛教的影响，除了莲花元素以外，还考虑了莲座结构与佛教造像的相似性、两位女神的衣冠服饰与体征跟唐代菩萨造型的相似性，以及本着孤证不立的原则，还提供了另一幅当地出土的、年代接近且母题相同的摩尼教绘画作为旁证[④]。其实，如果我们再把目光投向吐鲁番高昌回鹘时期的摩尼教石窟艺术以及福建晋江草庵元代摩尼光佛摩崖造像，就会发现中国境内的摩尼教艺术受佛教影响的证据是确凿无疑的。对这些情况有了综合的了解，也就不难理解上述绘画为何如此多地吸收佛教因素了。综合以上分析，笔者认为《再认识》的上述判断同样难以成立，吐鲁番摩尼教艺术中的莲花元素应是来自佛教的影响。

同样地，《再认识》将泉州伊斯兰石刻中的莲花元素直接视为伊斯兰教固有的传统也未必合适（《再认识》图7～图9）。首先，作者没有考虑唐宋元时期莲花艺术在泉州

---

① 参看拙稿《略论宗教图像母题之间的借鉴问题》，《丝绸之路新探索——考古、文献与学术史》，凤凰出版社，2019年，94～96页。

② 陕西省考古研究所：《西安北周安伽墓》，文物出版社，2003年，图一三、图版一五。

③ 山西省考古研究所：《太原隋虞弘墓》，文物出版社，2005年，图64～图66。

④ 详参前揭拙稿《略论宗教图像母题之间的借鉴问题》，《丝绸之路新探索——考古、文献与学术史》，凤凰出版社，2019年，102、103页，图30、图31。

地区使用的整体情况，特别是它在当地除伊斯兰教以外其他宗教如佛教、景教艺术中的使用情况；其次，作者没有提供源头上的证据，须知泉州的材料只能反映伊斯兰教艺术“流”的情况，如果要证成莲花元素的使用是伊斯兰教艺术的固有传统，尚需从“源”上提供证据，即“溯源”。毫无疑问，溯源地应在西亚地区。

由此可见，在使用考古材料时，我们必须做“整体观”，必须将所有相关资料做通盘考虑，必须使所有相关资料都得到合理解释。只摄取对自己有用的部分，对其他部分或其他相关资料不予考虑，显然是不合适的，这会使我们的判断出现偏颇。同时，不注意考古材料或文物资料的年代、空间及所处原境，也是使用考古材料或文物资料的大忌。从这个意义上讲，《再认识》的作者在使用考古材料或文物资料的方法上，明显存在不足。《再认识》一文所使用的其他考古材料，特别是以图片的形式列举的材料，很多都存在同样的问题，限于篇幅，不再一一辨析。

笔者这里还想顺带补充强调一点，我们切莫低估古代中国人对外来宗教和宗教艺术的改造能力，以及中国佛教和中国佛教艺术对中国境内曾经流行的其他宗教的影响力。这已为无数事实所证明，在思考类似本文所讨论的议题时对这些情况必须要有清醒的认识。

二

《再认识》用大量篇幅论证古代埃及、西亚等地一直有莲花崇拜的古老传统，事实上，穆先生此前已专文讨论过这一传统[①]。《再认识》中作者再次强调这一传统的主要目的是想说明，因为埃及、西亚存在这一古老传统，而起源于西亚的宗教，如琐罗亚斯德教、摩尼教、伊斯兰教等，都视莲花为“圣花”而加以崇拜，因而起源于西亚的基督教在其艺术表现中吸收莲花元素是很自然的事情。若单从简单逻辑来讲，这样论证当然没有问题。的确，莲花品格高洁、气质独特、色彩艳丽，堪称花中翘楚，因此笔者丝毫不怀疑世界上有许多民族对莲花心存偏爱，包括古代印度人、波斯人、埃及人以及西亚的其他古代民族，莲花图案进入他们的建筑装饰艺术、生活装饰艺术、宗教艺术乃至神圣空间完全可以理解。事实上，中国人对莲花的关注也远早于佛教入华，当今世界有些国家甚至将其作为国花。

但是，无论穆先生如何强调上述“传统”的存在，也只能说明基督教艺术存在吸收莲花元素的可能性，就如同滇缅道的开通只能说明存在佛教沿该道传入中国的可能性一样，都不能视为景教“十字莲花”造型来源问题的“直接证据”。其实，关于景教“十字莲花”造型的来源问题，也并不难解决，只要搞清楚具有基督教属性的“十字莲花”这一图案最早是在何时何地出现，又是如何流播的就可以了。如果要论证其源于西亚或

① 参看前揭穆宏燕：《印度—伊朗“莲花崇拜”文化源流探析》，《世界宗教文化》2017年6期，61～70页。

图七　伊朗帝王谷薛西斯一世的陵墓
（《再认识》提供的是四座王陵的远景照，画面不够清晰。为了使画面更清晰，笔者采用了单座陵墓的近景照）

波斯，仅用反推法是不够的，尚需提供更直接有效的证据。

《再认识》在"'十字莲花'图案的流变"一节的确提供了一些西亚或波斯地区的十字架与某些植物花卉图案组合的文物资料证据。"流变"一词用得很好，可惜作者在对资料的具体分析中没有很好地体现出物象的"流变"过程，当然也还存在其他一些问题，因此笔者觉得，这些证据资料都还有进一步"商量"的余地。

《再认识》首先列举的证据是伊朗帝王谷的自阿契美尼德王朝大流士一世（550～486 BC）以下至大流士二世（423～404 BC在位）等四位国王的陵墓（《再认识》，图32）。这四座依山而建的陵墓外形均雕凿成巨大的凹十字形，被称为"波斯十字"（Persian Crosses）（图七）。按：波斯人是最早使用十字架的民族，因此其国王陵墓外形被雕凿成十字形并不奇怪。当然穆先生关心的不仅仅是这些"波斯十字"，也关心附着其上的装饰图案。

穆先生指出，"这些十字架陵墓表面皆有莲花瓣图案装饰，但现已模糊"，虽已模糊，但她仍然认为，"古波斯阿契美尼德王朝时期的帝王陵即是'十字＋莲花'的构图模式"，从而试图找到基督教属性的"十字莲花"图案的源头。

首先，笔者怀疑"现已模糊"的莲花瓣图案是否真正意义上的莲花，因为一则即便从清晰度较高的图七看，也看不出莲花瓣图案的任何痕迹；二则从穆先生在文中所举其他西亚图像资料看，有的显然不是真正的莲花，如《再认识》图24、25中的花卉，无论怎么看，都不像莲花及莲梗，但穆先生均把它们视为莲花。

这跟穆先生的图像观念有关，穆先生并不在乎图像的"像与不像"，她说："我们应当关注艺术图像的变异，并非一定要画得、雕刻得'像'莲花，才承认其为莲花。我们更应该关注图像的内在逻辑，而不是表面的像与不像。"但是图像学的常识告诉我们，做图像比较研究，在讲不出更多理由的情况下，图像元素的外观形态是否存在一定程度的相似性是比较的基础。当然，"相似"不一定就等于"是"，但是图像比较不能没有这样一个"基础"，否则就会毫无章法，牛头马面也可以比较，只要打着"图像变异"的旗号，什么都可以进行比较。这就意味着，只要是花卉植物都可比较，因为如果彼此外观形态差异很大的话，我们可以说这是"变异"的缘故。显然，这种做法已超出我们的常识了。这里

图八　泉州古榕巷和旧馆驿巷之间的一户人家的祖厝外墙上的“观音与鹦鹉、净瓶”组合石刻造像，南宋
（杨晴女士拍摄）

不妨以泉州蒙元时期的景教墓石“十字莲花”雕刻为例来补充说明笔者的看法。笔者之所以将泉州蒙元时期的景教墓石“十字莲花”雕刻中的莲花也归为佛教影响的结果，是首先注意到了它们与泉州本地年代稍早于蒙元的佛教造像中的莲花座的造型高度相似。图八是镶嵌在泉州古榕巷和旧馆驿巷之间的一户人家的祖厝外墙上的“观音与鹦鹉、净瓶”组合石刻造像，年代约为南宋时期，如果将观音的莲座与本文图四中的莲座进行比较，不难看出二者莲瓣的形状以及整朵莲花的构图高度相似，有了这个“高度相似”做基础，笔者想即便没有图像学常识的人也会得出二者关系密切的看法吧？如果进一步考虑二者的早晚关系，那么不难得出泉州地区佛教莲座影响景教十字架莲座的结论。面对图八观音的莲座，如果我们仍然坚持认为图四十字架下的莲座是源自西亚的传统，会有人相信吗？因此，图像表面的像与不像，是绝对不可以随便忽略的，在判断图像彼此之间的关系上，有时甚至能起决定性作用。就此而言，笔者认为图像学的研究首先要回归常识、回归一般逻辑。

我们当然“更应该关注图像的内在逻辑”，但关注的重点应在提供建立“内在逻辑”的有效证据上，因此，不能因为在古代西亚地区曾出现过克里依花、苏珊花、百合花等同莲花的观念，就可以想当然地将外形与莲花差异巨大的花卉植物直接视为莲花。退一步说，就算这些花卉表现的的确是莲花，那也不能将这些“西亚莲花”与笔者所讨论的“东亚莲花”直接等同，因为二者在外观形态上同样存在巨大差异，更不要说还有巨大的时空差距！这就需要穆先生进一步告诉我们，“彼莲花”（西亚莲花）是如何“变异”成“此莲花”（东亚莲花）的？此时就必须提供二者内在联系的证据，即需提供建立“内在逻辑”的有效证据，也就是说，必须将这个“变异”过程化。不能简单地用“艺术图像的变异”一句话就架起东西方之间跨时空联系的桥梁，否则仅通过这样简单的跨时空勾连架起的桥梁随时都有垮塌的危险。

其次，即便认定这些陵墓上的装饰花卉图案是真正的莲花图案，但这些表现为陵墓形式的“十字莲花”的构图与图一～图三所示的拙稿讨论的“十字莲花”结构之间的差距显然是巨大的。如果穆先生执意要将伊朗帝王谷的这组“波斯十字”与基督教属性的“十字莲花”图案相联系，仍需要将这一判断“过程化”，交代其“流变”，即需要回答：早于基督教十字架崇拜五六百年（基督教十字架崇拜应是在2世纪以后才开始出现）出现的与基督教没有任何关系的“十字莲花”构图，是如何被基督教吸收并加以改造成拙稿讨论的“十字莲花”样式的？但事实上，穆先生既拿不出吸收改造的“过程”证据，也拿不出在西亚地区改造后的“新样式”遗存的证据。那么，伊朗帝王谷的巨型“波斯十字”的证据价值究竟有多大，不言自明。

图九　伊朗伊斯法罕亚美尼亚旺克大教堂庭院中的石构墓正前端雕刻的十字架，不早于17世纪前期（采自《再认识》图33）

穆先生举出的另一图像证据，是伊朗伊斯法罕市著名的亚美尼亚旺克（Vānk）大教堂庭院中的一座石构墓的正前端雕刻的十字架。据穆先生提示，该教堂始建于1606年，完工于1655年，并特别指出，十字架“底座是莲花，两侧是净瓶，瓶里长出莲花”（图九）。

对这件图像证据，笔者同样有所质疑。首先，该墓的年代似不应早于旺克大教堂修建以前，即17世纪前期，用这么晚的西亚地区的材料做证据，而要观照的对象却是东亚地区早在八九世纪就已出现的物象，这是使用考古文物材料不可取的做法；其次，从图片观察，该墓石为长方形，在其接近底部的四面统一凿出等高的二层台，因此，该枚十字架其实没有真正意义上的底座，仅由二层台承托，因此该枚十字架及其装饰在结构上与拙稿所讨论的“十字莲花”图案仍然没有可比性，二者没有任何相似性可言。其实，仅第一点质疑，就已完全消解了这条材料对讨论本文议题的价值。

穆先生比较看重亚美尼亚的十字架图像资料，认为它们可以作为“十字莲花”造型非中国独有的直接证据。她十分肯定地说：“‘十字莲花’造型碑也并非中国境内独有，古代曾隶属波斯统治的亚美尼亚境内也有比较丰富、造型各异的十字莲花碑。”

笔者当然不否认亚美尼亚与波斯的密切联系。的确，介于拜占庭和波斯之间的高加索地区的古代亚美尼亚、阿尔巴尼亚和格鲁吉亚等虽然受到拜占庭文化的直接影响，但波斯的影响仍然十分强大，因为高加索地区与伊朗之间有长期的跨文化对话[①]，而且亚美尼亚的统治者与帕提亚的统治者有联系，且对波斯有很强的文化依从和政治倾向[②]。因此接受基督教的确强化了该地区与西方世界的联系，如亚美尼亚的基督教艺术主要来自叙利亚和拜占庭，但我们仍然能感受到波斯景教艺术对该地区的影响。如果说该地区流行的纯粹的马耳他式十字架或许是直接受到了叙利亚而非波斯景教影响而不予考虑的

① Stephen H. Rapp Jr. The Sasanian World through Georgian Eyes: The Iranian Commonwealth in Late Antique Georgian Literature. New York: Routledge, 2016: 252.

② 莫菲特：《亚洲基督教史》第1卷《开端至1500年》，香港基督教文艺出版社，2000年，13页。

话[①]，那么，该地区流行的“叙－波混合型”十字架则无疑是波斯景教艺术影响的结果[②]。但问题是，亚美尼亚地区这些受波斯景教艺术影响的十字架雕刻在构图上真如穆先生所说，是典型的“十字莲花”造型吗？我们不妨先看看她提供图像资料。

穆先生提供的亚美尼亚境内的十字架图像资料主要包括：一方镶嵌于亚美尼亚葛伽尔德（Geghard）修道院墙体上的十字架及其装饰图案碑刻（图一〇）；亚美尼亚哈格帕特（Haghpat）修道院墙体上雕刻的十字架及其装饰图案（图一一）；哈格帕特修道院庭院中的一块墓碑上的十字架及其装饰图案（图一二）。它们的年代，依据穆先生提供的线索，除了图一〇的雕刻大概可以早到9世纪以外，图一一、图一二的雕刻都在10～13世纪。

图一〇　镶嵌于葛伽尔德修道院墙体上的十字架及其装饰图案碑刻，约9世纪
（采自《再认识》图34）

图一一　哈格帕特修道院墙体上雕刻的十字架及其装饰图案，10～13世纪
（采自《再认识》图35）

图一二　哈格帕特修道院庭院中的一块墓碑上的十字架及其装饰图案，10～13世纪
（采自《再认识》图36）

图一三　镶嵌于印度泰米尔纳度澄奈的圣托马斯山教堂墙壁上的十字架主题雕刻
（采自 Johan Ferreira. *Early Chinese Christianity*, Fig. 5）

穆先生认为，这些十字架的底座都是“造型独特的莲花座”，由莲花座“伸展出亦花亦叶亦火的双翼，具有较强的抽象性”，并认为它们的造型与洛阳景教经幢上的十字

① 该地区纯粹的马耳他式十字架的典型实例可举格鲁吉亚季瓦里（Juari）大教堂外墙门楣上的二天使托举的十字架浮雕，585～604年，参看 Stephen H. Rapp Jr. The Sasanian World through Georgian Eyes: The Iranian Commonwealth in Late Antique Georgian Literature. fig.4.6.

② 关于“叙－波混合型”十字架的讨论，参看拙稿《十字莲花——唐元景教艺术中的佛教因素》，《观音与神僧——中古宗教艺术与西域史论》，商务印书馆，2019年，229～231页。

莲花图案“具有较大程度的类似性”、这种“亦花亦叶亦火双翼”莲花座“与中国境内发现的景教十字莲花图像具有较大程度的相似性”。穆先生进而怀疑“中国境内发现的‘十字莲花’图案的物品未必全是景教物品，也有可能是亚美尼亚教会传教及其教徒的遗物”。

笔者首先的疑问是，这些是真正的莲花吗？从图片观察，这些植物的外形与莲花的差异十分明显，穆先生大概也注意到了这一点，于是归因于其“造型独特”“有较强的抽象性”，因此它们看起来“亦花亦叶亦火”，看来穆先生自己也不得不承认它们已远离莲花的基本形态了。但是，无论多么独特、多么抽象，也不能完全脱离莲花的基本形态，否则它可能就不是真正的莲花了——如果不是真正的莲花，与笔者所讨论的莲花就丧失了比较的基础，因为如前文所言，笔者所讨论的莲花图案都是写实的、外观形态不会产生任何歧义的真正的莲花。其次，对照本文图一～图四便不难发现，亚美尼亚十字架与装饰植物的构图形式与笔者所讨论的“十字莲花”的构图形式有明显差异，从考古类型学的角度看，二者属于不同的类型，因此说它们“与中国境内发现的景教十字莲花图像具有较大程度的相似性”是站不住脚的。再次，相较于笔者所提供的材料的年代上限，穆先生所列举的这批材料并没有绝对的年代优势。最后需要补充说明的是，中国境内发现的“十字莲花”图案最早出现于唐代，因此如果穆先生认为中国境内带“十字莲花”图案的物品“是亚美尼亚教会传教及其教徒的遗物”的话，就意味着亚美尼亚教会在唐代就已入华传教。这一推测颠覆了基督教入华史的常识，但没有任何根据。事实上，如果亚美尼亚教会确曾入华传教的话，其时间节点最有可能是在蒙元时期。

穆先生最后列举的一件与波斯教会有关的十字架图案，是镶嵌于印度泰米尔纳度（Tamilnadu）澄奈（Chennai）的圣托马斯山（St. Thomas Mount）教堂墙壁上的十字架主题雕刻（图一三）。这件图像资料其实拙稿也援引过[①]，其拱形龛楣周缘还刻有巴列维文，8～9世纪，《再认识》的图直接截取自拙稿。至迟4世纪前期，波斯教会已开始在印度传教，因此将该件十字架雕刻视为波斯基督教艺术遗存应该没问题，而且年代也相对较早。其实同一类型、年代也相仿的作品还见于印度卡拉拉邦（Kerala）戈德亚姆（Kottayam）的圣玛丽教堂（St. Mary’s Church）墙壁上的十字架主题雕刻，其拱形龛楣周缘同样刻着巴列维文[②]。

拙稿中已指出，这两枚十字架可视为波斯传统型十字架的代表。它的造型及其植物装饰的样式与亚美尼亚十字架及其装饰颇有几分相似，当然这并不奇怪，因为如前所述，亚美尼亚受到波斯教会的影响。不过，因为这样的相似，穆先生也同样认定它为

① 见拙稿《十字莲花——唐元景教艺术中的佛教因素》，《观音与神僧——中古宗教艺术与西域史论》，商务印书馆，2019年，图13。

② 见拙稿《十字莲花——唐元景教艺术中的佛教因素》，《观音与神僧——中古宗教艺术与西域史论》，商务印书馆，2019年，图12。

“十字莲花”图案。但从十字架下方植物的造型看，将其判断为莲花，恐怕难以令人信服。其外观形态其实属于穆先生所说的“亦花亦叶亦火”的那一类，与笔者讨论的“十字莲花”图案中的莲花没有任何相似性。

至于印度境内以及亚美尼亚境内十字架图案下方的这类高度抽象化的植物究竟是什么，笔者不敢妄断，但可以确定的是，它们肯定不是莲花。因此，拙稿所做的某些判断，如“目前并没有可靠证据证明十字架与莲花的组合构图形式源自波斯教会”“从地域范围来看，‘十字＋莲花’的构图模式主要流行于中国境内，中国以外的地区罕见”等，似乎仍然可以成立。

三

事实上，“十字莲花”图案只是拙稿讨论的内容之一。拙稿主要的着眼点，是探讨景教艺术与佛教艺术的关系，因此在论证方式上，是将所有相关材料做通盘考察，力求做到不同类型的材料之间的互通互联，相互印证，而绝非孤立地仅据“十字莲花”图案来探讨景教艺术中的佛教因素问题。当然，这也是论证逻辑的内在要求，因此必须如此，唯有如此，得出的结论才能更加可靠。有心的读者只要稍稍浏览拙稿，便不难看出拙稿为“通盘考察”所做的努力。拙稿尽可能地把唐元时期不同类型的景教艺术材料中的佛教因素加以观照，从而形成相互支撑的证据链，这些材料包括景教经幢、景教碑、景教墓石雕刻、景教绢画、景教壁画等。所以如果论者仅论证“十字莲花”图案与佛教无关，而对其他景教艺术材料中的佛教因素视而不见，这显然不行，论者也必须要正面回应其他材料中与佛教有关的信息。如果不回应，这样的论证逻辑则存在重大缺陷。反观《再认识》一文，除了“十字莲花”图案以外，对拙稿涉及的其他景教艺术材料均无任何提示和回应。

同理，同一件文物上附着的信息也必须做整体考虑，这是我们做文物研究的最低要求，因此如果按照穆先生只关注“十字莲花”图案这样的做法，还会直接造成十分尴尬的情况。比如，就洛阳景教经幢而言，经幢本身是模仿佛教经幢而建造的，这是毋庸置疑的，其形制结构完全是佛教经幢的复制，而它上面的“十字莲花”图案的两侧还对称雕出了佛教的飞天，与“十字莲花”图案形成组合关系①。在这种情况下，如果我们认定经幢上的“十字莲花”图案与佛教无关，那么就会出现这样的奇怪判断：就经幢本身而言，与佛教有关，附着其上的飞天也与佛教有关，可附着其上的莲花却与佛教无关！这岂不是太匪夷所思了？这样的判断怎么可能让人接受呢？

---

① 参看拙稿《十字莲花——唐元景教艺术中的佛教因素》，《观音与神僧——中古宗教艺术与西域史论》，商务印书馆，2019年，图5、图6。

最后必须指出，《再认识》还有不少地方做出的判断都太过随意，如果按照黄侃先生“不忽细微”的要求，这些判断都经不起进一步的逻辑推敲。

如穆先生推测说：“蒙古统治伊朗初期、改奉伊斯兰教之前，蒙古王公贵族们所信奉的基督教更大可能是亚美尼亚派系。因此，笔者疑中国北方地区回纥人和蒙古人所奉的‘也里可温’教或许是亚美尼亚基督教派系？”穆先生这样推测的目的，似乎是想表达这样一层意思：蒙元时期中国北方地区流行的“十字莲花”型十字架源自亚美尼亚。关于拙稿所讨论的“十字莲花”图案中的莲花与亚美尼亚十字架下所谓的“亦花亦叶亦火”植物装饰纹样之间的差异，前文已做分析，这里不再赘述，笔者仅想指出这段话本身存在的问题。事实上，考虑到蒙古西征这一历史背景以及蒙古汗国所涵盖的地理范围，的确不能排除蒙元“也里可温”教中也包含来自中亚甚或西亚的景教新因素的可能性，但将“也里可温”教视为直接来自亚美尼亚基督教派系则肯定违背了常识。

再如穆先生认为，“犹太教、伊斯兰教为彻底的一神教，反对偶像崇拜，不太可能与佛教造型艺术发生什么影响与被影响关系”。这样的判断太过绝对，其实宗教图像母题之间的借鉴和相互影响并不受一神或多神、偶像崇拜或非偶像崇拜的影响，是否借鉴吸收，完全取决于自身的需要，因此在借鉴吸收的过程中，吸收者往往会改变被吸收者的宗教内涵和宗教功能，从而为己所用。这样的例子不胜枚举，笔者对此有专文讨论，这里不再赘述[①]。其实不唯宗教图像，任何图像、形象在流播过程中情况也大致相似。对此，邢义田先生的看法切中肯綮，他说：“形象特征在流播的过程里，会保留，也会变化、增添或丢失。在不同的文化脉络里，形象特征更会被其他身份的‘人’或‘神’所全部或部分借用，最后‘形象拥有者’原来的身份甚至可以消失，而以完全不同的身份再现。”[②]

综合以上分析，笔者认为《再认识》一文对拙稿的质疑似乎难以成立，而且在材料使用、研究方法和论证逻辑上也存在一定的缺陷。从现有考古文物资料来看，“十字莲花”造型的确为中国景教艺术的创造，可视为中国景教艺术的标志性造型；其中的莲花元素是景教传入中国之后吸收自佛教，与西亚的所谓莲花崇拜、圣花崇拜传统不存在直接的渊源关系；从相关资料的空间分布范围看，它主要分布于唐元时期的中国境内，因此该物象无论时间轮廓还是空间轮廓都十分清晰。至于它在蒙元时期有没有可能辐射到中国以外的地区，特别是反向传到中亚、西亚和高加索地区，则是需要另外讨论的问题。总之，在穆先生没有找到新的证据以前，笔者的上述观点即拙稿的基本观点似乎仍然可以成立。

---

① 参看拙稿《略论宗教图像母题之间的借鉴问题》，《丝绸之路新探索——考古、文献与学术史》，凤凰出版社，2019年，88～112页。

② 参看邢义田：《赫拉克利斯在东方——其形象在古代中亚、印度与中国造型艺术中的流播与变形》，《中外关系史——新史料与新问题》，科学出版社，2004年，463页。

A Supplement to the Source of Jing Christian “Cross-lotus” Pattern ——with a Reply to Professor Mu Hongyan

Yao Chongxin

Abstract: After the publication of the author’s article “The Cross-lotus: Buddhist Factors in Jing Christian art in Tang and Yuan Dynasties”, some scholars questioned some of the views in this article, mainly disagreeing with the author's claim that the “Cross-lotus” pattern in Jing Christian art was the result which was influenced by Buddhism, and believing that the “Cross-lotus” pattern is from the inherent tradition of Christianity in West Asia and Persia, and has nothing to do with Buddhism. However, the author believes that such a question is difficult to sustain. Firstly, this scholar has major flaws in the use of materials, research methodology and argumentative logic. Secondly,from the available archaeological artefactual material, the “Cross-lotus” pattern is indeed the creation of Chinese Jing Christian art and can be regarded as a symbolic pattern of Chinese Jing Christian art. The lotus element in it was absorbed from Buddhism after it was introduced into China. Buddhism has no direct affinity with the so-called lotus worship and holy flower worship traditions of Western Asia.

Keywords: Jing Christian; “Cross-lotus” Pattern; Cultural source

辽宁省喀左县普宁寺修缮报告

王铁华

（喀左县博物馆，喀左，122008）

摘要：辽宁省喀左县南公营子镇境内有“五府五庙”，其中的普宁寺最有代表性，其布局规整，结构严谨，主次分明，雄伟壮观。由于长年累月地经受风霜雨雪的侵蚀，加上人为破坏，该建筑群损毁情况日趋严重。基于保护文物，传承优秀文化的责任，喀左县政府拨款对其开展修缮。本着保护文物完整性、真实性、延续性的修缮原则，精心施工，取得理想效果，成为基层文物保护的典型案例。

关键词：喀左县　普宁寺　修缮

喀喇沁左翼蒙古族自治县（以下简称喀左县）地处辽宁省西部、朝阳市南部、大凌河上游的丘陵地区，地理位置重要，是古代文化的交流汇通之地。喀左县历史悠久，有旧石器时代的鸽子洞遗址、新石器时代的东山嘴遗址、汉代白狼城、辽代利州城、清代古建筑群等代表性文化遗产①。

党的十八大以来，考古和文化遗产保护工作受到特别的重视，这是生发文化自觉、增强文化自信、传承优秀传统文化的根本所在。喀左县境内有文物保护单位 800 余处，其中古建筑 30 处。近些年来喀左县文物管理所多方筹措资金局部或整体修缮古建筑 10 余处，其中比较有代表性的是喀左县南公营子王爷府建筑群之一的普宁寺。

南公营子王爷府是原喀喇沁左旗扎萨克衙门所在地，开始称公爷府、乌公府，因第一任扎萨克乌良哈部色楞于清顺治五年被清廷封为镇国公，至第六任扎萨克瑚图灵阿被清廷封为郡王后，才称王爷府。

王爷府作为原喀喇沁左旗扎萨克衙门存在了 200 余年，为第二任扎萨克奇达特始建，在这里建造了许多豪宅府第及寺庙，其中规模宏巨的“五府五庙”坐落于此地。“五府”有旗王府（扎萨克办公居住地）、贝子府（熙王府）、吉府（济府）、老府，五庙有仁隆寺（洼子庙）、普宁寺（奶奶庙）、普佑寺（楼子庙）、元隆寺（金顶庙）、金安寺（佛堂庙）。2014 ~ 2017 年对破损严重的普宁寺进行了抢救性修缮，现就此做简要报告。

① 喀喇沁左翼蒙古族自治县志编纂委员会：《喀喇沁左翼蒙古族自治县志》，辽宁人民出版社，1998 年。

一、普宁寺简介

普宁寺位于辽宁省喀喇沁左翼蒙古族自治县南公营子镇中学院内西部区域，俗称奶奶庙，现为辽宁省朝阳市市级文物保护单位。普宁寺院落坐北朝南，南面临路，东侧是南公营子镇政府，西侧是学校家属楼，北面是当地人俗称的小河子。据史料记载该庙原名为全安寺，该寺始建于清代，是却吉喇嘛在乾隆年间为丹巴多尔济之祖母贤德和硕格格守节而建的①。普宁寺作为一组建筑群，布局严谨，错落有致，蔚为壮观②(图一)。梁枋檐板均施彩绘龙凤花鸟，色彩艳丽，脊上则有砖雕祥龙戏珠，鸱吻走兽，上下呼应，左右对称，显得更加壮丽。无论从历史、科学，还是从艺术价值上都是不可多得的文化遗产，具有重要的研究价值，尤其对研究佛教在东北地区的传播具有重要意义。

二、普宁寺修缮理念

依据《中华人民共和国文物保护法》《中国文物古迹保护准则》《文物保护工程管理办法》。贯彻落实“保护为主，抢救第一，合理利用，加强管理”的文物工作方针，本着保护文物完整性、真实性、延续性的修缮原则，尽可能多地保存大量的真实的历史信息，最低限度地干预文物建筑，避免维修过程中修缮性的破坏，为后人保护、研究文物提供可能与方便。

三、主要工艺做法

1）重瓦瓦面：编号拆除瓦垄，正吻正脊，分类码放。所有瓦件根据规格统一使用。将旧瓦集中用于一座建筑。拆除所有连檐瓦口望板，全部换新，新料必须经过三防处理。做好望板后做一道2厘米厚护板灰，护板灰配比为白灰：青灰：麻刀＝100：8：3，再做泥灰背均厚10厘米，灰泥比为1：3；再做瓦，瓦用青灰背，配比同护板灰。

2）重墁地面：主要用于各室内地面和散水。工序为垫层处理，抄平弹线，冲趟，样趟，揭趟浇浆，上缝，铲齿缝，刹趟，打点，墁水活，钻生。室外散水不做钻生。

3）单皮灰地仗：工序为斩砍，撕缝，楦缝，汁浆，捉灰缝，中灰，细灰，磨细钻生。

4）彩绘除尘：主要通过物理方法除尘。首先采用毛笔或软毛刷轻轻扫除彩画表面的积尘，以除去绝大部分污染物，然后用橡皮轻轻擦拭彩画表面，进一步清除表面污

① 中国人民政治协商会议喀喇沁左翼蒙古族自治县委员会编印：《利州史话》，1996年。

② 李天龙主编：《喀左蒙古族史略》，辽宁民族出版社，2008年。

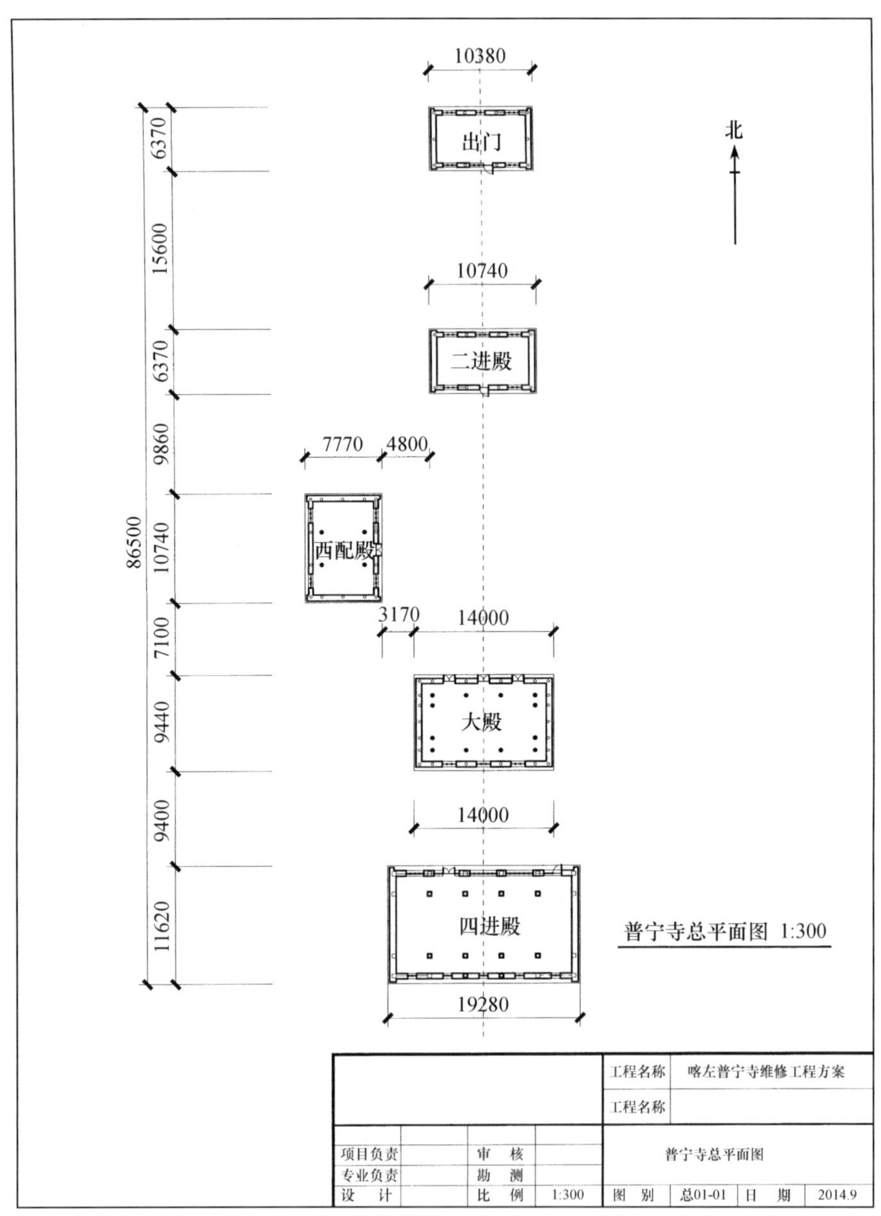

图一　普宁寺平面图

物。当灰尘很厚并结成壳紧紧附着在画面上时，用手术刀轻轻刮削，并辅以毛笔清扫，在不损害画面的情况下去除积尘。如果积尘非常坚硬，可用少量蒸馏水润湿软化，再用手术刀刮削，达到清除的目的。对鸟粪的清除则采用浸有80%医用酒精（乙醇）进行浸泡，使鸟粪充分软化后，再用手术刀清除。

5）油饰：工序为垫光油，搓二道油，一道光油出亮。

6）白灰抹面：抹灰前把墙体清扫干净，剔平，浇水湿润，打底抹大麻刀灰一道，再做找平抹灰一道、面灰一道，最后赶轧出亮光。

四、普宁寺各殿各部位残损现状及修缮措施

本次修缮重点解决古建筑因屋面漏雨导致的梁架糟朽和后代人为改动造成的破坏，力争还原建筑原貌。同时解决由于缺乏日常保养导致的建筑受损。彻底维修消除其内在隐患，使现存的遗构益寿延年。维修后普宁寺达到预期结果。普宁寺修缮工程分两期维修，采用不落架、维修破损屋面、补齐缺失构件，坚持最小干预、恢复原来面貌，保持延续文物原真性的原则是这次维修的特点，并且解决屋顶塌陷的安全问题。以下为普宁寺各殿各部位修缮工作的具体情况[①]。

1. 大殿

大殿面阔 5 间，进深 5 间，歇山式布瓦顶建筑。梁架为九架梁结构，无内金柱做减柱造。内檐做彩绘吊顶，外柱做单皮灰地仗，刷土红色油饰，外檐梁檩施彩绘。瓦面为筒板瓦屋面，设正吻，雕花正脊。垂脊、戗脊均有雕刻。前檐明间次间原为隔扇门，后改窗；后檐原为青砖砌筑，后在明间次间开窗（图二、图三）。

2. 山门

山门面阔三开间，单进深，硬山布瓦式建筑。梁架为五架梁结构，内檐无彩绘，仅做单皮灰地仗，刷土红色油饰，外檐施彩绘。瓦面为筒板瓦屋面，正脊安吻兽，脊身有精美雕刻，山面设山花。

3. 二进殿

二进殿面阔三间，单进深，硬山式布瓦顶建筑。梁架为五架梁结构，内檐无彩绘，仅做单皮灰地仗，刷土红色油饰，外檐施彩绘。瓦面为筒板瓦屋面，原正脊安有吻兽，现改为清水脊，与原形制不符。山墙面设砖雕悬鱼。

4. 西配殿

西配殿面阔 3 间，进深 3 间，硬山式布瓦顶建筑。梁架为七檩抬梁式，室内无柱，彻上明造，梁檩做单皮灰地仗，刷土红色油饰。外檐梁檩施彩绘。瓦面为筒板瓦屋面，设正吻，雕花正脊。前檐明间设隔扇门，两次间开窗。后檐墙为青砖砌筑，三开间均开有窗。前檐槛墙和墙体上身均做白灰抹面。

---

① 辽宁省文物保护中心编制：《喀左县普宁寺大殿、四进殿维修施工方案》，2015 年；辽宁省文物保护中心编制：《喀左县普宁寺山门、二进殿、西配殿施工方案》，2017 年。

图二　普宁寺大殿修复前

图三　普宁寺大殿修复后

5. 四进殿

四进殿面阔 5 间，进深 3 间，硬山式布瓦顶建筑。梁架为九檩抬梁式。内檐原做有彩绘吊顶，后改为天花。外柱做单皮灰地仗，刷土红色油饰，外檐梁檩施彩绘。瓦面为筒板瓦屋面，设正吻，雕花正脊。前檐明间开隔扇门，其余开槛窗，后檐原为青砖砌筑，后在各间开窗。

五、修缮中的新发现

1）2015 年 4 月 15 日，清理大殿大脊宝瓶下的须弥座时，出土清代钱币 20 枚：嘉庆通宝 1 枚、道光通宝 2 枚、乾隆通宝 17 枚，另有一块混合体（砖、白灰和五谷）。5 月 5 日，砌大殿大脊中间宝瓶下须弥座时把出土的清代钱币放回，同时，放入人民币硬币 14 枚；2 块刻字记事紫砂板，主要记录维修时间、维修单位、维修经费、始建时间及始建人。从大殿出土清代钱币得知最早为乾隆，最晚为道光，说明道光年间对大殿屋面进行过维修。

2）2015 年 5 月 21 日，清理四进殿大脊的宝瓶，从底向上第八、九层出土清代钱币共 7 枚：乾隆通宝 5 枚、道光通宝 1 枚、咸丰通宝 1 枚。另外在吉檩中间镶嵌 1 枚乾隆通宝。6 月 24 日，四进殿调脊，砌四进殿大脊宝瓶下须弥座时放回原出土清代钱币 7 枚，另外人民币硬币一元 43 枚，五角硬币 200 枚。从四进殿出土清代钱币得知最早为乾隆，最晚为咸丰，说明咸丰年间对四进殿屋面进行过维修。

3）2015 年 5 月 23 日，清理四进殿屋面时，在天棚板上发现民国纸质文约一张，从中得知“天罹寺”（金顶庙）应该名为“天罗寺”（图四）。

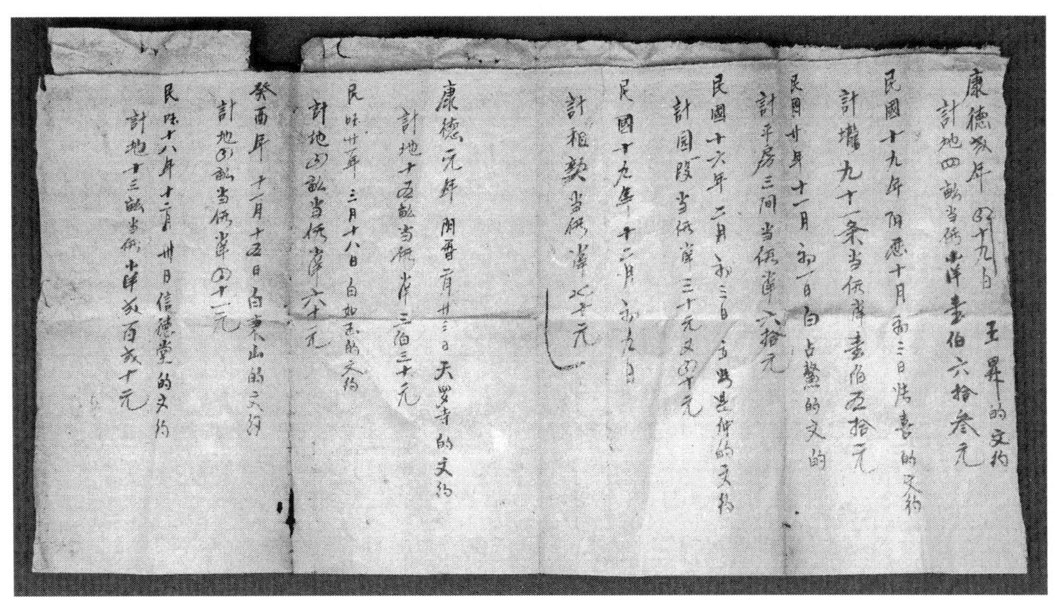
康德玖年四月十九日王昇的文约
計地四畝当価小洋壹伯六拾叁元
民國十九年陽歷十月初三日浩喜的文約
計攏九十一条当価洋壹伯五拾元
民國廿年十一月初一日白占鰲的文約
計平房三間当価洋六拾元
民國十六年二月初三日[illegible]的文約
計園段当価洋三十元又四十元
民國十九年十二月初九日
計租契当価洋[illegible]十元
康德元年閏四月廿三日天罗寺的文约
計地十五畝当価洋三伯三十元
民國廿年三月十八日白[illegible]的文約
計地四畝当価洋六十元
癸酉年十一月十五日白東山的文約
計地四畝当価洋四十一元
民國十八年十二月卅日信德堂的文約
計地十三畝当価小洋玖百玖十元

图四 纸质文约

4）2015 年 5 月 24 日，清理四进殿屋面时，在天棚板上发现木质五爪正龙戏珠一块，四周为祥云、绿地，龙为蓝色，珠为贴金（图五）。

图五　木制彩绘金龙戏珠

六、结　　语

古建筑的保护和维修是一项非常艰巨且日益紧迫的任务，要求我们全身心投入到这项利国利民的工作中去，做好古建筑的保护工作。要重视古建筑工作的前期调查，了解其结构特征、历史沿革和价值所在。要详细分析建筑受损的原因，做到有针对性保护，保护措施合理全面。

近几年来，喀左县政府及文物管理部门对古建筑有着较强的保护意识和认真负责的精神，加大了对喀左古建筑维修的力度。在维修工程项目中运用现代科技专业技术手段，效率更高、效果更好地保存古建筑的原形制、原结构、原材料，更合理地保护了古建筑。在完善的理念之上，合理科学修缮后的喀左古代建筑，将喀左县古建筑的文化底蕴、文化魅力更清晰地展现出来，进一步满足了人民对精神文化的迫切需要，从而为喀左县的各方面发展增添内在活力。

附表　普宁寺大殿修缮部位、残破现状、修缮措施

修缮部位	残破现状	修缮措施
台明散水	前檐台明风化严重，后用水泥罩面。后檐台明石风化，有局部破损	拆除水泥罩面的压面石。揭取后檐外闪压面石。统一重做垫层，归安和补砌压面石。四周增铺400毫米宽青砖散水
地面	室内杂物堆积，后期使用时将室内改为水泥地面	清理室内杂物，拆除水泥地面。重新素土夯实找平地面，做二八灰土垫层，重铺青砖地面

续表

修缮部位	残破现状	修缮措施
柱	室内原为圆柱，现被装修成方柱，柱子保存情况不明。墙内柱保存状况不明。待对装修进行拆除后再探查	拆除室内全部装修，恢复原貌。检查暗柱是否糟朽，如已糟朽，进行包镶或墩接
墙体	前檐墙体全部为水刷石墙，为后改，与形制不符。 东山墙均与房屋相连，只露出山尖，有山花砖雕。山墙风化比较严重，灰口脱落。西山墙山尖处后开通风口，砌体破损。后檐墙，灰口脱落，窗口为后改建，周围砌体已出现裂缝。室内现为白灰罩面，墙皮多已起鼓。前后檐墀头均略有外闪	整体拆除前檐墙体，恢复格栅门。 剔补墙面风化砖。补砌西山墙后开的通风口。 铲除室内抹灰，重做大白墙面。 拆除外闪的前檐墀头，重新归安。 后檐墙柱子开裂处要局部择砌，同时检修暗柱。窗口处砌体为后砌筑，全部拆除重砌。其余细小裂隙用白灰勾缝。 墙面统一打点，勾白灰缝
装修	门窗均为后期人为改动，与原形制不符且已破损不堪。 室内吊顶为后制，原形制不存，现已破损	前檐恢复格栅门，后檐拆除现有门窗，恢复为格栅窗。拆除室内吊顶，根据大殿天花样式恢复天花
梁架	梁架整体保存较好，局部有糟朽	拆除室内天花。屋面揭顶后检修调平梁架，糟朽长度或深度超过 1/3 的进行更换，糟朽较轻的进行剔除后，进行嵌补
椽望	椽飞全部糟朽，大小连檐全部糟朽，秫秸全部糟朽	拆除全部椽望，按原制重做椽飞，铺设木质望板
瓦顶	屋面保存较差，杂草丛生，漏雨严重。正吻局部破损，现用水泥磨制简单加固	屋面全部揭顶，按原制恢复正吻和垂脊。重做灰背，重做瓦面
油饰	无油饰，外檐梁檩有彩绘，内檐梁檩无彩绘，只做单皮灰地仗。彩绘图案褪色严重	重做室内梁架单皮灰地仗，重刷红色油饰。外檐彩绘进行除尘，清理，不得重绘，缺图案处留白

Report on the Repairing of Puning Temple in Kazuo County, Liaoning Province

Wang Tiehua

Abstract: In Liaoning Province, there are five temples in the town of South Gong Yingzi in Kazuo County. The Puning Temple is the most representative, with its regular layout, strict structure, clear priorities and majesty. As a result of years of weathering and man-made damage, the damage to the complex is becoming more serious. Based on the responsibility of protecting cultural relics and passing on excellent culture, the Kazuo County Government allocated funds to repair it. In the spirit of protecting the integrity of cultural relics, authenticity, continuity of the repair principles, and careful construction to achieve the desired effect have become typical cases of grassroots heritage protection.

Keywords: Kazuo County; Puning Temple; Repairing

南西伯利亚米努辛斯克盆地早期金属时代年代学研究综述

A. V. 帕列科夫[1]　I. P. 拉扎列托夫[1]　著　常璐[2] 译

（1. 俄罗斯科学院物质文化史研究所，圣彼得堡，191186；
2. 中国农业博物馆，北京，100026）

摘要： 本文重点关注米努辛斯克盆地（俄罗斯哈卡斯共和国和克拉斯诺亚尔斯克地区）青铜时代的年代学研究，介绍了由 S. A. 捷普洛霍夫和 M. P. 格里亚兹诺夫创建的年代体系。本文主要总结了关于这一时期考古学文化的相对年代和绝对年代的学术观点，以及和以往使用过的年代体系的关系，特别注意到对奥库涅夫文化和青铜时代晚期年代阶段的界定，并提供了这些遗址的 ^{14}C 测年结果。

关键词： 中亚　南西伯利亚　米努辛斯克盆地　青铜时代　阿凡纳谢沃文化　奥库涅夫文化　费德罗沃文化　青铜时代晚期　年代学　^{14}C 测年

一、引　　言

米努辛斯克盆地位于南西伯利亚的叶尼塞河中游地区，是由四个相连的山间盆地组成的区域，总面积为52500平方千米，一直以来被看作是广袤的欧亚草原带的东北边界。米努辛斯克盆地西边是库兹涅茨克山，南边是西萨彦岭，东边是东萨彦岭，只在西北部有一条通往西西伯利亚森林－草原带的平原走廊，三面环山的地形造就了其孤立性的特征。因此，该地区青铜时代文化独树一帜，风格鲜明。

这一地区是鲜明的大陆性气候，季节性显著。强风加上少雪的冬季以及丘陵地貌，为全年放牧和转场饲养创造了理想条件。盆地自身小巧的面积和周边环绕的山脉使不同的自然区，如草原、森林－草原、针叶林得以相邻；西伯利亚的主要河流之一——叶尼塞河及其庞大的支流水系也从南到北流经这片土地。这些自然条件为畜牧、狩猎和捕鱼相结合的经济模式提供了得天独厚的发展条件，也注定了该地区自青铜时代以来人口密度较高，并产生了最早的牧民。同时，该地区的考古遗址密度也非常高。

在俄罗斯考古研究伊始，米努辛斯克盆地数量巨大的遗址和它们所具有的独特性就吸引了学者们的关注。1722年1月3～6日，梅塞施米特在此进行了首次科学发掘，这是第一次西伯利亚考察的一部分。

米努辛斯克盆地在俄罗斯考古学中具有非常特殊的地位。20 世纪初，捷普洛霍夫根据在该地区的发掘工作中得到的材料，对这些遗址进行了从铜石并用时代到蒙古时期的考古学分期[①]，这项成果后来成为这一课题的研究基础。自此，米努辛斯克盆地的考古学文化发展序列就成为整个西伯利亚地区的范例。捷普洛霍夫将该地区的青铜时代分为三个连续的考古学文化：阿凡纳谢沃文化、安德罗诺沃文化和卡拉苏克文化（图一）。研究者们对这些考古遗址进行了进一步的广泛调查，并发表了重要的学术著作。其中较为重要的著作有吉谢列夫的专著，它极大地推广了对捷普洛霍夫划分的考古学文化的看法[②]。

<table>
<tr><th>S. A. 捷普洛霍夫</th><th colspan="2">M. P. 格里亚兹诺夫</th><th colspan="3">当代年代分期
2000 ～ 2010</th></tr>
<tr><td rowspan="2">米努辛斯克坟丘文化 1 期</td><td colspan="2">塔加尔文化
波德戈尔诺夫期</td><td colspan="3">塔加尔文化
波德戈尔诺夫期</td></tr>
<tr><td colspan="2">塔加尔文化
巴依诺夫期</td><td rowspan="4">青铜时代
晚期</td><td>Ⅳ期</td><td>Б
A</td></tr>
<tr><td rowspan="3">卡拉苏克文化</td><td rowspan="2">卡拉苏克文化</td><td>卡缅勒罗格期</td><td>Ⅲ期</td><td>B
Б
A</td></tr>
<tr><td rowspan="2">卡拉苏克
（古典）期</td><td>Ⅱ期</td><td></td></tr>
<tr><td></td><td>Ⅰ期</td><td>Б
A</td></tr>
<tr><td rowspan="2">安德罗诺沃文化</td><td colspan="2">安德罗诺沃文化
费德罗沃期</td><td colspan="3">安德罗诺沃（费德罗沃）文化</td></tr>
<tr><td colspan="2">奥库涅夫期</td><td>奥库涅夫文化</td><td colspan="2">拉兹利夫期
切尔诺瓦亚期
乌依巴特期</td></tr>
<tr><td>阿凡纳谢沃文化</td><td colspan="2">阿凡纳谢沃文化</td><td colspan="3">阿凡纳谢沃文化</td></tr>
<tr><td>新石器时代</td><td colspan="2">新石器时代</td><td colspan="3">新石器时代</td></tr>
</table>

图一 叶尼塞河中游地区铜石并用时代和青铜时代考古学文化在不同发展阶段的相对年代对比

自 20 世纪 50 年代末以来，米努辛斯克盆地的考古学研究一直由俄罗斯科学院物质

① Teploukhov S A. Ancient burials in the Minusinsk region. Materialy po Etnografii III, 1927, (2): 91-108.

② Kiselev S V. Drevnyaya istoriya Yushnoy Sibiri [The Ancient History of Southern Siberia]. Moscow-Leningrad, USSR Academy of Sciences Publishing House, 1951: 653.

文化史研究所（当时为苏联科学院考古研究所列宁格勒分所）负责开展。由于克拉斯诺亚尔斯克水电站的建设，大片富有考古遗址的地区将被淹没，为了抢救这些遗址，该研究所组织了克拉斯诺亚尔斯克考古队，由格里亚兹诺夫领导。考古队的各分队在短时间内开展了调查与发掘，使关于米努辛斯克盆地几乎所有时期的考古资料成倍增加①。瓦捷茨卡娅总结了这一关键时期的研究成果，并发表了完整的年代表②。

从 20 世纪 90 年代开始，对米努辛斯克盆地考古遗存的研究进入一个新阶段，许多重要的发现改变了我们对青铜时代文化发展的看法。各个考古学文化的年代谱系也被陆续建立了起来，并且在 ^{14}C 测年数据的基础上，形成了对它们绝对年代的认识。但遗憾的是新的成果都被发表在单篇的论文中，并没有呈现出一个综合的论述，对全面了解这一时期的叶尼塞河中游地区考古学文化年代造成了阻碍。

绝对年代的确定对米努辛斯克盆地的古遗址研究是一个巨大的挑战。长期以来，青铜时代遗址年代的确定都缺乏坚实的基础，研究人员不得不依靠其与其他遥远地区遗址的相似性来推测。精密测年手段的使用已经被老派考古学家争论了很久，其中主要针对的是 ^{14}C 测年法，因为它在早期阶段获得的结果模棱两可。但在引入了校准曲线和加速器质谱法（AMS）后，它能够对小样本进行测年，这也使它的发展实现了飞跃。近几十年来取得的成果使叶尼塞河中游地区大多数史前考古学文化的年代框架得到了重大的改进③（图二；表一～表四）。

---

① Gryaznov M P, Komarova M N, Lazaretov I P, Polyakov A V, Pshenitsina M N. The Late Bronze Age cemetery of Kjurgenner in the Middle Yenisei. St.Petersburg: Peterburgskoye Vostokovedeniye, 2010, 200. (Proceedings of the Institute forthe History of Material Culture of the Russian Academy of Sciences XXXI).

② Vadetskaya E B. Archaeological sites in the steppes of the middle Yenisei. Leningrad: “Nauka”, 1986: 180.

③ a. Polyakov A V, Svyatko S V, Stepanova N F. New data on radiocarbon chronology of the Afanasyev Culture sites in Altai//Proceedings of the V (XXI) All-Russian archaeological Congress in Barnaul Belokurikha. Barnaul: Altai University press, V. III, 2017: 62-66.

b. Svyatko S V, Mallory J P, Murphy E M, Polyakov A V, Reimer P J, Schulting R J. New radiocarbon dates and a review of the chronology of prehistoric populations from the Minusinsk basin, Southern Siberia, Russia. Radiocarbon, 2009, 51 (1),243-273.

c. Polyakov A V, Svyatko S V. Radiocarbon dating of the Neolithic-Early Iron Age archaeological sites of the Middle Yenisey: overview of the results and new data//Tishkin A A. Teoriya i Praktika Arkheologicheskih Issledovaniy V. Barnaul: Azbuka, 2009: 20-56.

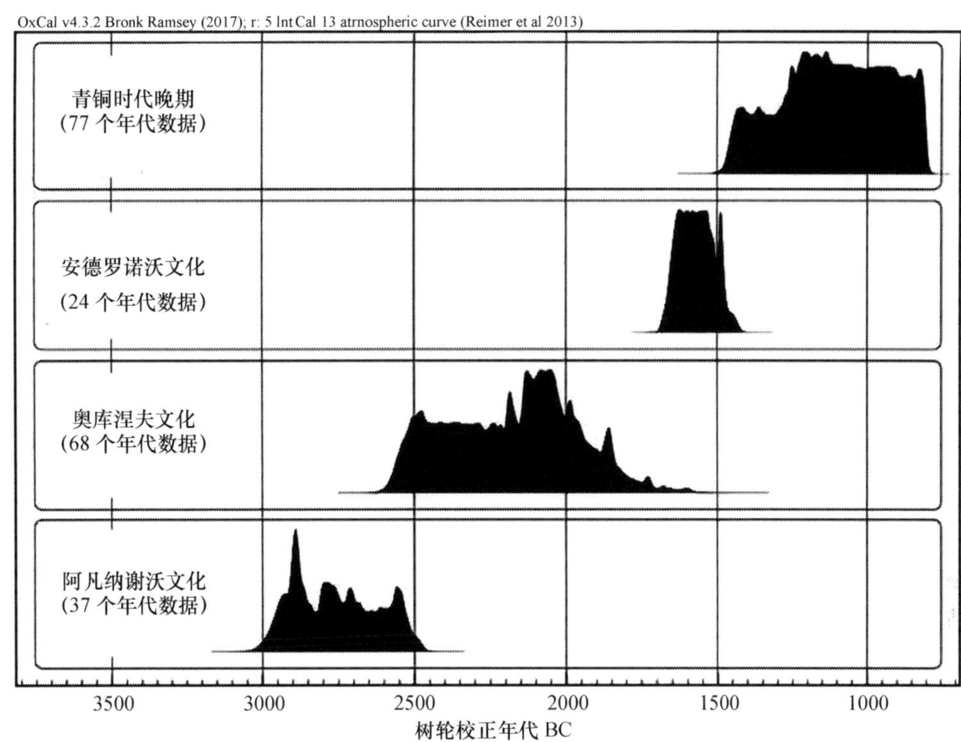

图二　米努辛斯克盆地考古学文化“传统”考古学年代和 ^{14}C 测年年代对比

表一　阿凡纳谢沃文化遗址 ^{14}C 测年数据

（带 * 表示对数据来源进行分析后排除的测年数据）

编号	实验室	材料	出土地点	碳十四测年 BP	树轮矫正年代 BC（2σ）
墓葬					
1	OxA-31221	人类牙齿	Afanas'yevaGora,g.15	4186±27	2887 ~ 2677
2	OxA-31568	人类牙齿	Afanas'yevaGora,g.15	4224±36	2909 ~ 2679
3	OxA-31222	人类牙齿	Afanas'yevaGora,g.15	4040±45	2851 ~ 2468
4	UB-7489	人骨	Afanas'yevaGora,g.25	4077±39	2861 ~ 2488
5	UBA-7903	人骨	Afanas'yevaGora,g.25	4037±31	2831 ~ 2473
6	UBA-8772	人骨	Afanas'yevaGora,g.27	4092±27	2859 ~ 2502
7	Le-1316*	木炭	Vostochnoye, hearthnearthegrave	3880±30	2467 ~ 2236
8	Le-11658	木头	ItkolII,k.12g.1	4320±50	3090 ~ 2877
9	Le-11659	木头	ItkolII,k.12g.2	4150±30	2876 ~ 2628
10	Le-8912	木头	ItkolII,k.23g.1	4170±35	2885 ~ 2632
11	Le-8913*	人骨	ItkolII,k.23g.1	4270±200	3505 ~ 2342
12	Le-9410	木头	ItkolII,k.24g.1	4000±30	2577 ~ 2468

续表

编号	实验室	材料	出土地点	碳十四测年 BP	树轮矫正年代 BC（2σ）
13	Le-11433	木头	ItkolII,k.25g.1	4240±50	3002 ~ 2635
14	Le-8517	木头	ItkolII,k.27g.1	4170±30	2882 ~ 2636
15	PSUAMS-1955	人骨	KarasukIII,k.1g.1	4160±25	2878 ~ 2636
16	PSUAMS-2292	人骨	KarasukIII,k.1g.1	4075±20	2837 ~ 2498
17	PSUAMS-1956	人骨	KarasukIII,k.1g.2	4165±25	2879 ~ 2639
18	PSUAMS-1957	人骨	KarasukIII,k.1g.2	4120±30	2866 ~ 2579
19	UBA-8773	人骨	KarasukIII,k.1g.2sk.2	3996±26	2573 ~ 2469
20	UBA-8774	人骨	KarasukIII,k.1g.3sk.1	4148±26	2874 ~ 2631
21	PSUAMS-2293	人骨	KarasukIII,k.2	4140±25	2872 ~ 2625
22	Le-563*	木头	KarasukIII,k.3g.1	2235±100	730 ~ 11
23	Le-519*	木头	KarasukIII,k.7	3470±200	2436 ~ 1305
24	Le-930	木头	KrasnyyYarI,k.7	4080±40	2863 ~ 2489
25	Le-931	木头	KrasnyyYarI,k.9	4170±50	2891 ~ 2601
26	Le-1067	木头	KrasnyyYarI,k.12	4240±60	3011 ~ 2629
27	Le-1068	木头	KrasnyyYarI,k.15	4160±40	2882 ~ 2623
28	Le-1611	木头 / 木炭	LetnikVI,k.13	4250±40	2926 ~ 2680
29	Le-1612	木炭	LetnikVI,k.14	4410±50	3331 ~ 2909
30	Le-2115	木头 / 木炭	LetnikVI,k.14	4380±50	3322 ~ 2895
31	Le-2116	木头 / 木炭	LetnikVI,k.14	4410±50	3331 ~ 2909
32	Le-2094	木头 / 木炭	MalinovyyLog,k.1,g.1	4770±60	3653 ~ 3376
33	Le-2091	木头 / 木炭	MalinovyyLog,k.4,g.1	4780±50	3655 ~ 3378
34	Le-2092	木头 / 木炭	MalinovyyLog,k.4,g.1	4790±50	3659 ~ 3379
35	Le-2093	木头 / 木炭	MalinovyyLog,k.4,g.1	4820±50	3705 ~ 3385
36	Le-455*	木炭	MalyyeKoponyII,k.2	4440±150	3627 ~ 2696
37	Le-6146	人骨	Numahir,k.1	4160±90	2915 ~ 2488
38	Le-10985	人骨	Numahir,k.10	3780±140	2618 ~ 1777
39	Le-11380	人骨	Numahir,k.11	4170±150	3322 ~ 2306
40	Le-694	木头	SargovUlus,g.3	4270±60	3084 ~ 2669
41	Bln-4766	木头	Sukhanikha,ob.2,g.2	4205±44	2904 ~ 2636
42	Bln-4764	木头	Sukhanikha,ob.6	4409±70	3337 ~ 2904
43	Bln-4765	木头	Sukhanikha,ob.6	4259±36	2928 ~ 2701
44	Bln-4767	木头	Sukhanikha,ob.6,g.1	4253±36	2923 ~ 2701
45	Bln-4769	木头	Sukhanikha,ob.6,g.1	4022±40	2834 ~ 2466
46	Bln-4919	木头	Sukhanikha,ob.6,g.15	3936±35	2565 ~ 2299
47	Bln-5280	木材	SukhanikhaII,k.19a,g.1	4271±30	2926 ~ 2779
48	Le-532	木材	ChernovayaVI,k.4,g.3	3700±80	2346 ~ 1883

表二 奥库涅夫文化遗址 ^{14}C 测年数据

（带 * 表示对数据来源进行分析后排除的测年数据）

编号	实验室	材料	出土地点	^{14}C 测年 BP	树轮矫正年代 BC（2σ）
墓葬					
1	KIA-35270	地壳	BazaMintorga,g.1,ves.1	3980±35	2580 ~ 2349
2	UBA-8771	人骨	Bateni	3853±35	2461 ~ 2206
3	KIA－35271	地壳	Beltyry,k.6,sk.2,ves.1	4095±35	2865 ~ 2497
4	UCIAMS-147,669	人骨	VerkhniyAskizI,k.1,g.3,sk.1	3810±25	2340 ~ 2145
5	UCIAMS-147,668	人骨	VerkhniyAskizI,k.1,g.3,sk.2	3725±25	2201 ~ 2036
6	UBA-7910	人骨	VerkhniyAskizI,k.1,g.6	3654±29	2136 ~ 1943
7	UBA-7908	人骨	VerkhniyAskizI,k.1,g.10,sk.1	3719±31	2202 ~ 2030
8	UBA-7914	人骨	VerkhniyAskizI,k.1,g.13,sk.1	3894±28	2467 ~ 2297
9	UBA-7913	人骨	VerkhniyAskizI,k.2,g.4,sk.1	3934±39	2566 ~ 2297
10	UBA-31595	人骨	VerkhniyAskizI,k.2,g.4,sk.7	3735±50	2291 ~ 1980
11	UBA-7919	人骨	VerkhniyAskizI,k.2,g.15,sk.1(burial1)	3738±30	2274 ~ 2035
12	UBA-7911	人骨	VerkhniyAskizI,k.2,g.21,sk.1	3713±30	2201 ~ 2027
13	UBA-31596	人骨	VerkhniyAskizI,k.2,g.21,sk.1	3719±46	2281 ~ 1976
14	KIA－35272	地壳	Es'(excavationsbyA.N.Lipsky),censer	4030±50	2856 ~ 2462
15	Le-10988	人骨	ItkolI,k.2g.16 A sk.2	3130±70	1602 ~ 1212
16	Le-10989	人骨	ItkolI,k.2g.16 A sk.3	3290±80	1761 ~ 1410
17	UBA-40456	人骨	ItkolII,k.1g.5,sk.1	3584±53	2127 ~ 1769
18	Le-11434	木头	ItkolII,k.12g.3	3940±50	2573 ~ 2291
19	UBA-40457	人骨	ItkolII,k.12g.4- A	4018±46	2849 ~ 2457
20	UBA-40460	人骨	ItkolII,k.13g.3	3691±50	2268 ~ 1939
21	Le-9962	人骨	ItkolII,k.14g.1sk.1	3940±70	2620 ~ 2206
22	UBA-40461	人骨	ItkolII,k.14g.8	3800±44	2456 ~ 2057
23	UBA-40458	人骨	ItkolII,k.21g.5	3652±46	2190 ~ 1902
24	Le-10986*	人骨	ItkolII,k.22g.3	3210±110	1751 ~ 1210
25	Le-10987*	人骨	ItkolII,k.22g.5	3620±100	2286 ~ 1696
26	UBA-40455	人骨	ItkolII,k.22g.6	3695±38	2200 ~ 1971
27	UBA-40462	人骨	ItkolII,k.26g.5	3630±44	2135 ~ 1890
28	Le-9963	人骨	KrasnyyKamen',k.1g.1	3550±120	2276 ~ 1565
29	UBA-31072	人骨	KrasnyyKamen',k.1g.1	3777±41	2340 ~ 2040
30	UBA-31073	鹿牙	KrasnyyKamen',k.1g.1	3855±42	2462 ~ 2206
31	UB-7494	人骨	OkunevUlus,g.5	3757±35	2287 ~ 2040
32	UBA-7927	人骨	OkunevUlus,g.5	3725±38	2278 ~ 1983
33	UBA-7929	人骨	OkunevUlus,g.7	3619±40	2131 ~ 1886

续表

编号	实验室	材料	出土地点	^{14}C 测年 BP	树轮矫正年代 BC（2σ）
34	UBA-8783	人骨	OkunevUlus,I,g.1	3894±24	2466 ~ 2299
35	UBA-8781	人骨	OkunevUlus,I,g.8	3687±25	2190 ~ 1979
36	UBA-31592	人类牙齿	OkunevUlus	3718±59	2290 ~ 1949
37	UBA-31593	人类牙齿	OkunevUlus	3850±38	2459 ~ 2206
38	UBA-31600	人类牙齿	SydaV,k.3	3964±31	2573 ~ 2348
39	UBA-40459	人骨	UibatIII,k.1,g.1,skeletonatthebottom	3948±46	2573 ~ 2299
40	UBA-7916	人骨	UibatIII,k.1,g.1,sk.3	3644±44	2138 ~ 1900
41	UBA-31599	人骨	UibatIII,k.1,g.4	3961±62	2831 ~ 2233
42	UBA-31597	人骨	UibatV,k.1,g.1,sk.1	4023±56	2859 ~ 2350
43	Bln-5195	人骨	UibatV,k.1,g.1	3734±29	2268 ~ 2034
44	IDn/a	-	UibatV,k.1,g.3	3830±25	2457 ~ 2153
45	UBA-7912	人骨	UibatV,k.1,g.3	3723±30	2203 ~ 2032
46	UBA-7917	人骨	UibatV,k.1,g.3a5a,sk. B	3832±28	2458 ~ 2154
47	Bln-5196	人骨	UibatV,k.1,g.4	4016±30	2618 ~ 2470
48	UBA-7963	人骨	UibatV,k.2,g.4,sk.A	3691±26	2194 ~ 1980
49	Bln-4951	骨骼	UibatV,k.4,g.4	3631±41	2134 ~ 1891
50	UBA-7964	人骨	UibatV,k.4,g.4,sk.A	3721±25	2199 ~ 2035
51	UBA-31594	人骨	UibatV,k.4,g.4,sk.A	3646±40	2138 ~ 1915
52	Bln-4762	木头	UibatV,k.4,g.5	3782±62	2457 ~ 2034
53	UBA-31598	人骨	UibatV,k.4,g.12	3830±55	2464 ~ 2141
54	Bln-4950	骨骼	UibatV,k.4,g.15	3620±35	2126 ~ 1890
55	UBA-7965	人骨	UibatV,k.4,g.18	3651±25	2133 ~ 1944
56	Bln-4949	骨骼	UibatV,k.4,g.20	3657±43	2192 ~ 1918
57	UBA-7915	人骨	UibatV,k.4,g.21,sk.2	3698±28	2197 ~ 1981
58	Le-9413	木头	Uibat-Charkov,k.1g.11	3820±35	2456 ~ 2142
59	UBA-31074	木头	Uibat-Charkov,k.1g.11	3889±33	2471 ~ 2236
60	UBA-31075	羊骨	Uibat-Charkov,k.1g.11	3971±40	2579 ~ 2346
61	UBA-31076	人骨	Uibat-Charkov,k.1g.11	3924±39	2562 ~ 2293
62	UBA-31077	人骨	Uibat-Charkov,k.1g.11	3861±50	2471 ~ 2155
63	Bln-5279	人骨	ChernovayaXI,k.1,g.1	3487±25	1886 ~ 1744
			聚落		
64	Bln-4948	木炭	sveChebaki,squareC-6	3664±37	2190 ~ 1939
65	Bln-4947	木炭	sveChebaki,squareC-13	3488±40	1916 ~ 1693
66	KIA-35273	地壳	Tayat-4,layer2,vessel1	3535±35	1956 ~ 1751
67	KIA-35274	地壳	SagarhaiGrotto,squareB2,vessel1	3575±30	2026 ~ 1782

表三　安德罗诺沃（费德罗沃）文化遗址 ^{14}C 测年数据

（带 * 表示对数据来源进行分析后排除的测年数据）

编号	实验室	材料	出土地点	^{14}C 测年 BP	树轮矫正年代 BC（2σ）
墓葬					
1	Le-1867*	木头	Ashpyl,k.5,g.45	3490±40	1918 ~ 1694
2	Le-1866*	木头	Ashpyl,k.30,g.3	3580±40	2035 ~ 1776
3	Le-3044*	–	Birya(Lebyazh'yeI)	3340±60	1858 ~ 1460
4	Le-3045*	–	Birya(Lebyazh'yeI),g.15	3060±200	1751 ~ 821
5	Le-3046*	–	Birya(Lebyazh'yeI),g.16	3780±40	2342 ~ 2042
6	Le-604*	木头	KamenkaII,k.24,g.1	3910±75	2580 ~ 2146
7	Le-595*	木头	KamenkaII,k.24,g.2	2540±65	812 ~ 431
8	Le-630*	木头	LaninLog,k.1,g.1	3390±70	1882 ~ 1527
9	Le-617*	木头	LaninLog,k.1,g.3	3660±65	2275 ~ 1881
10	Le-619*	木头	LaninLog,k.2,g.1	3970±70	2839 ~ 2210
11	Le-1315*	木头	Lebyazh'yeI,g.10	4370±100	3359 ~ 2712
12	PSUAMS-4447	人骨	OrakI(atRedMountain),k.15sk.2	3160±20	1497 ~ 1406
13	PSUAMS-3911	人骨	OrakI(atRedMountain),k.39	3275±25	1616 ~ 1501
14	UBA-7922	人骨	PervomayskoyeI,g.28	3205±41	1608 ~ 1408
15	Bln-5163	人骨	PotroshilovoII,k.5,g.1	3397±30	1763 ~ 1621
16	PSUAMS-2435	人骨	PotroshilovoII,k.5,g.1	3275±20	1612 ~ 1506
17	Bln-5198	人骨	PotroshilovoII,k.5,g.2	3269±28	1621 ~ 1461
18	UBA-9328	人骨	PotroshilovoII,k.5,g.3	3294±28	1630 ~ 1504
19	PSUAMS-2067	人骨	PotroshilovoII,k.5,g.3	3330±25	1685 ~ 1531
20	Bln-5194	人骨	PotroshilovoII,k.7	3295±32	1643 ~ 1501
21	PSUAMS-2437	人骨	PotroshilovoII,k.7	3270±20	1611 ~ 1503
22	Bln-5197	人骨	PotroshilovoII,k.11	3189±28	1506 ~ 1414
23	UBA-9329	人骨	PotroshilovoII,k.15	3316±24	1662 ~ 1527
24	Bln-5193	人骨	PotroshilovoII,k.20	3164±28	1501 ~ 1395
25	Le-602*	木头	Pristan'I,k.6,g.2	3750±60	2400 ~ 1972
26	Le-587*	木头	Uzhur,k.14	4600±250	3949 ~ 2677
27	PSUAMS-2865	人骨	Ust'yeBiriIV(Ust'-Byur'I),g.10	3295±20	1623 ~ 1518
28	UBA-9331	人骨	Ust'yeBiriIV(Ust'-Byur'I),g.16	3382±27	1744 ~ 1621
29	UBA-9332	人骨	Ust'yeBiriIV(Ust'-Byur'I),g.19	3278±23	1615 ~ 1504
30	UBA-9333	人骨	Ust'yeBiriIV(Ust'-Byur'I),g.26	3309±22	1641 ~ 1519
31	PSUAMS-2960	人骨	Ust'yeBiriIV(Ust'-Byur'I),g.26	3270±20	1611 ~ 1503
32	PSUAMS-2436	人骨	Ust'yeBiriIV(Ust'-Byur'I),g.28	3255±20	1611 ~ 1459
33	UB-7491	人骨	YarkiII,g.1	3317±34	1683 ~ 1511

续表

编号	实验室	材料	出土地点	^{14}C测年BP	树轮矫正年代BC（2σ）
34	UB-7490	人骨	YarkiII,g.2	3333±35	1732～1526
35	UBA-7921	人骨	YarkiII(1926)	3348±32	1737～1532
36	Le-518*	木头	YarkiII,g.9	2370±95	775～209
37	Le-529*	木头	YarkiII,g.10	2970±70	1398～1005
38	PSUAMS-3910	人骨	Yarki(1926)	3370±25	1740～1614
39	PSUAMS-4254	人骨	Yarki(1926)	3335±20	1686～1534
聚落					
40	Le-2562*	木炭	Ashpyl,squareE4,2ndlayer	4200±50	2904～2631
41	Le-3040*	–	Ashpyl,home	3360±40	1746～1531

表四　青铜时代晚期遗址^{14}C测年数据

（带*表示对数据来源进行分析后排除的测年数据）

编号	实验室	材料	出土地点	^{14}C测年BP	树轮矫正年代BC（2σ）
墓葬					
1	Le-5283	动物骨骼	Anchil-Chon,k.1,g.1	2660±100	1082～509
2	Le-5284	骨头	Anchil-Chon,k.1,g.1	2880±70	1266～856
3	Le-5285	骨头	Anchil-Chon,k.1,g.3	3470±100	2109～1528
4	Le-5293	骨头	Anchil-Chon,k.1,g.4	2960±45	1369～1021
5	Le-5287	骨头	Anchil-Chon,k.1,g.4	2950±25	1231～1055
6	Le-5289	动物骨骼	Anchil-Chon,k.1,g.7	2970±25	1274～1112
7	Le-5290	骨头	Anchil-Chon,k.1,g.8	2920±50	1263～976
8	Le-5286	动物骨骼	Anchil-Chon,k.1,g.9	2890±50	1217～929
9	Le-6299	骨头	Anchil-Chon,k.2,g.1	2880±90	1370～837
10	Le-6300	骨头	Anchil-Chon,k.3 б ,g.1	2760±30	992～830
11	Le-5707	木炭	Anchil-Chon,k.3 в	3070±100	1530～1022
12	Le-5545	骨头	Anchil-Chon,k.3 в	2720±50	977～801
13	Le-5507	骨头	Anchil-Chon,k.3 г	3280±100	1876～1304
14	Le-5705	骨头	Anchil-Chon,k.3 г	2800±35	1043～846
15	Le-6297	骨头	Anchil-Chon,k.6,g.1	2940±55	1373～980
16	Le-6298	骨头	Anchil-Chon,k.7 а ,g.1	2740±40	976～811
17	Le-5704	骨头	Anchil-Chon,k.7 б	2710±50	975～798
18	Le-5706	骨头	Anchil-Chon,k.7 в	3000±60	1402～1055
19	OxA-31213	人骨	ArbanI, м о г .6	3070±28	1414～1261
20	Le-4141	木炭	Georgievsky(Tes),k.1213,g.1	2880±40	1207～931
21	Le-2046	木头	DolgiyKurgan,k.3	2850±40	1127～906

续表

编号	实验室	材料	出土地点	^{14}C 测年 BP	树轮矫正年代 BC（2σ）
22	Le-8193	动物骨骼	ItkolI,k.40	2870±100	1373 ~ 824
23	Ua-24153	骨头	KamennyyOstrov	2780±40	1017 ~ 830
24	UBA-7966	人骨	KamennyyOstrov,excavation1	2833±24	1053 ~ 916
25	UBA-7932	人骨	KarasukI,g.21	2957±45	1369 ~ 1016
26	UBA-7933	人骨	KarasukI,g.21	2978±39	1374 ~ 1055
27	Le-577	木头	KarasukIV,k.19,g.2	2710±75	1050 ~ 774
28	Le-695	木炭	KarasukIV,k.10,g.2	2930±60	1371 ~ 937
29	Le-1862	木头	Kolok,k.10,g.1	2830±50	1126 ~ 844
30	Bln-5166	人骨	Krivaya,g.1	2552±32	803 ~ 550
31	Le-4327	木头	Kuten-Buluk,k.2,g.1	2860±100	1368 ~ 816
32	Le-4326	木头	Kuten-Buluk,k.2,g.2	2790±40	1042 ~ 836
33	Le-4323	木头	Kuten-Buluk,k.6,g.2	2750±40	996 ~ 816
34	Le-4328	木头	Kuten-Buluk,k.8,g.2	2750±40	996 ~ 816
35	Le-4329	木头	Kuten-Buluk,k.9,g.1	2910±40	1224 ~ 980
36	Le-4324	木头	Kuten-Buluk,k.10,g.1	2790±40	1042 ~ 836
37	Le-4330	木头	Kuten-Buluk,k.11,g.1	2890±50	1217 ~ 929
38	Le-4331	木头	Kuten-Buluk,k.12,g.1	2770±40	1009 ~ 828
39	Le-4325	木头	Kuten-Buluk,k.14,g.1	2700±50	972 ~ 796
40	Le-4322	木头	Kizlas,k.2,g.1	2990±190	1657 ~ 804
41	UBA-9327	人骨	Minusinsk-Kar’yer	3008±22	1376 ~ 1131
42	UBA-8778	人骨	OkunevUlusI,g.23	2685±27	896 ~ 804
43	UBA-8779	人骨	OkunevUlusII,g.2	2962±24	1263 ~ 1090
44	UBA-9338	人骨	OkunevUlusII,g.2	2890±27	1194 ~ 996
45	UBA-7928	人骨	OkunevUlusII,g.5	2987±55	1395 ~ 1047
46	UBA-7925	人骨	PervomayskoyeI,g.21	3122±42	1496 ~ 1279
47	UBA-9339	人骨	PodgornoyeOzeroI,g.3	3021±27	1391 ~ 1132
48	UBA-8777	人骨	PodgornoyeOzeroI,g.4	3063±24	1408 ~ 1261
49	UBA-7923	人骨	PodgornoyeOzeroI,g.6	3017±41	1396 ~ 1127
50	UBA-7924	人骨	PodgornoyeOzeroI,g.8	2850±41	1127 ~ 906
51	OxA-31214	人骨	Podkuninskiy,g.2-3	3140±27	1496 ~ 1306
52	Bln-5165	人骨	Potroshilovo,g.1	2905±26	1196 ~ 1010
53	Bln-5164	人骨	Potroshilovo,g.7	2994±26	1371 ~ 1126
54	OxA-31212	人骨	SabinkaII,g.20	3081±27	1416 ~ 1268
55	OxA-31211	人骨	SabinkaII,g.30	3214±26	1531 ~ 1427
56	UBA-7931	人骨	SolonechnyyLog,g.1	2793±78	1190 ~ 806
57	Bln-5311	人骨	SukhanikhaI,ob.I,g.1	3134±27	1495 ~ 1303

续表

编号	实验室	材料	出土地点	^{14}C 测年 BP	树轮矫正年代 BC（2σ）
58	Bln-4768	木头	Sukhanikha,ob.4,g.15	3031±38	1407 ~ 1132
59	Bln-4836	桦树皮	Sukhanikha,ob.4,g.15	2923±37	1226 ~ 1007
60	Bln-4835	木头	Sukhanikha,ob.4,g.15	2906±38	1218 ~ 995
61	Bln-4962	木头	Sukhanikha,ob.4,g.20	2962±36	1280 ~ 1051
62	Bln-4921	木头	Sukhanikha,ob.4,g.20	2943±29	1280 ~ 1051
63	Bln-4763	木头	Sukhanikha,ob.6	2762±49	1016 ~ 811
64	Bln-5318	人骨	SukhanikhaI,ob.VI/3,g.1	3101±26	1429 ~ 1292
65	Bln-5312	人骨	SukhanikhaI,ob.VIII,g.1	3006±30	1382 ~ 1127
66	Bln-5314	人骨	SukhanikhaI,ob.VIII,g.1	2987±27	1369 ~ 1120
67	Bln-5319	人骨	SukhanikhaI,ob.VIII,g.3	2985±26	1286 ~ 1119
68	Bln-5592	动物骨骼	Sukhanikha	2876±29	1189 ~ 937
69	Bln-5593	动物骨骼	Sukhanikha	2871±28	1126 ~ 934
70	Bln-5315	人骨	SukhanikhaII,k.10,g.1	2667±24	895 ~ 797
71	Bln-5281	木头	SukhanikhaII,k.11,g.1	3044±29	1396 ~ 1221
72	Bln-5317	人骨	SukhanikhaII,k.11,g.1	2810±25	1025 ~ 901
73	Bln-5316	木头	SukhanikhaII,k.11A,g.1	2833±27	1071 ~ 910
74	Le-5396	骨头	Tert-Aba,k.21-b	2890±100	1381 ~ 837
75	UBA-31311	人骨	Tes’-IX,k.40,g.1	2931±31	1221 ~ 1023
76	UBA-31312	动物骨骼	Tes’-IX,k.40,g.1	2961±39	1287 ~ 1042
77	Le-2001	木头	Uy,k.1,g.1	2690±40	912 ~ 799
78	Le-2002	木头	Uy,k.1,g.1	2630±40	895 ~ 769
79	Le-2003	木头	Uy,k.1,g.1	2610±40	894 ~ 590
80	Le-5255	木头（木炭）	Hystaglar,k.1	2710±70	1026 ~ 782
81	Le-5256	木头	Hystaglar,k.1,g.1	2950±70	1390 ~ 934
82	Le-????*	木头	Hystaglar,k.1,g.1	2620±40	896 ~ 673
83	Le-5254	木头	Hystaglar,k.1,g.1	2950±30	1260 ~ 1051
84	Le-5257	木头	Hystaglar,k.1,g.1	2840±30	1108 ~ 917
85	UB-7493	人骨	YarkiI,g.1	2945±33	1260 ~ 1045
86	UBA-7930	人骨	YarkiI,g.3	2904±40	1219 ~ 977
			聚落		
87	Le-4704	木头	Torgazhak,dwelling1,westernpart	2600±40	839 ~ 556
88	Le-4705	木头	Torgazhak,dwelling1,easternpart	2470±50	769 ~ 416
89	Le-4706	木头	Torgazhak,dwelling1,westernpart	2580±80	901 ~ 431
90	Le-4707	木头	Torgazhak,dwelling1,westernpart	2900±60	1260 ~ 923
91	Le-4708	木头	Torgazhak,dwelling5,1mdepth	2870±50	1208 ~ 917

^{14}C测年数据不是严格意义上的历史年代，而且这种方法在原则上允许存在很多假设，即使在最理想的情况下也不会像一个有记载的历史事件那样产生精确的日期。这些年代在它们自己的共同坐标系统中“运作”，但是它们会逐渐向已知的历史年代靠拢，而引入校准曲线是朝这个方向迈进的重要一步。不过在可预见的未来，^{14}C测年和历史年代似乎不会完全一致。进行^{14}C测年的主要目的是建立一个统一的^{14}C测年年代空间，以便能够确定文化、遗址，甚至个别遗迹或地层的相对年代。通过这种方法获得的绝对年代本身是次要的，它们只是研究者在确定历史年代时可使用的依据之一。然而，对于米努辛斯克盆地的阿凡纳谢沃文化、奥库涅夫文化和安德罗诺沃文化（费德罗沃类型）来说，这是唯一的年代来源。因此，^{14}C测年数据被暂时视为绝对年代。

二、阿凡纳谢沃文化

根据大多数研究者的观点，阿凡纳谢沃文化是在萨彦－阿尔泰地区形成的，是欧罗巴人群迁移的结果[①]。现代人类学和古DNA数据证实了考古学家提出的关于这些人口遥远的西方根源的假设，并将他们的祖先与颜那亚文化时期人群紧密联系起来[②]。冶金学、牲畜饲养和库尔干墓葬传统的出现与叶尼塞河中游地区的阿凡纳谢沃文化有着特殊的关系。遗憾的是，在米努辛斯克盆地还没有发现新石器时代的墓葬遗址，同时稀少的定居点和遗存对明确认识生活在该地区的人们的生活方式和丧葬仪式也没有任何帮助[③]。因此，阿凡纳谢沃文化与土著居民之间的关系问题仍未解决，只能说根据人类学和古

① Stepanova N F, Polyakov A V. Afanasyev culture: history of study and modern situation//Stepanova N F, Polyakov A V, Tur S S, Shulga P I. Afanasyevskiy Sbornik. Barnaul, Azbuka: 2010: 4-15.

② a. Khokhlov A A, Solovinikov K N, Rykun M P, Kravchenko G, Kitov E P. Craniological data on the problem of relation of the Yamnaya and Afanasyev Culture populations of Eurasia during the early stage of the Bronze Age. Vestnik arheologii, antropologii i etnografii, 2016, 3 (34), 86-106.

b. Rasmussen S, Allentoft M E, Nielsen K, Orlando L, Sikora M, Sjögren K G, Pedersen A G, Schubert M, Van Dam A, Kapel C M, Nielsen H B, Brunak S, Avetisyan P, Epimakhov A, Khalyapin M V, Gnuni A, Kriiska A, Lasak I, Metspalu M, Moiseyev V, Gromov A, Pokutta D, Saag L, Varul L, Yepiskoposyan L, Sicheritz-Pontén T, Foley R A, Lahr M M, Nielsen R, Kristiansen K, Willerslev E. Early divergent strains of Yersinia pestis in Eurasia 5,000 years ago, 2015, Cell 163 (3), 571-582.

c. Hollard C, Zvenigorosky V, Kovalev A, Kiryushin Yu, Tishkin A, Lazaretov I, Crubezy E, Ludes B, Keyser C. New genetic evidence of affinities and discontinuities between bronze age Siberian populations. Am. J. Phys. Anthropol, 2018, 167, 97-107.

③ Vadetskaya E B. Archaeological sites in the steppes of the middle Yenisei. Leningrad: “Nauka”, 1986: 11-14, 180

DNA 数据，当地人群和阿凡纳谢沃人群之间没有通婚的迹象。

长期以来，阿凡纳谢沃文化的 ^{14}C 测年数据与通过传统考古方法得出的年代并不一致。根据一些 ^{14}C 测年数据，阿凡纳谢沃文化在阿尔泰山的年代界限被确定为公元前38～前25世纪，在叶尼塞河中游地区的年代界限被确定为公元前33～前25世纪①。但是目前显然没有考古学证据能够证明阿凡纳谢沃文化在这1400～1500年的存在②。如此长的时间跨度必然分为一些较短的阶段，可以通过文化中所有元素的发展来划分，其中主要依靠丧葬习俗和遗物的类型。然而，对阿凡纳谢沃遗存90年来的研究并没有发现过或描述过这种动态变化。

最近对阿尔泰地区阿凡纳谢沃文化进行的放射性碳研究表明，以前用液体闪烁计数法（LSC）从木材样本中测定的年代比合理的区间早了足足250～800年③。这表明在叶尼塞河中游地区用液体闪烁法测得的马力诺维罗格墓地（公元前37～前34世纪）的非常古老的年代是不可靠的，不能用来建立阿凡纳谢沃文化的年代。如果我们只考虑人类骨骼的加速器质谱法（AMS）年代，该文化的持续时间明显变短，即公元前29～前25世纪（附表一）。在叶尼塞河中游地区，还没有发现可以抵消人类骨骼年龄的水库效应的证据④。因此，阿凡纳谢沃文化的年代界限有明显缩短的趋势，使分析数据与使用传统考古方法得到的数据相协调。阿凡纳谢沃文化的实际跨度似乎不超过500年，这与墓葬遗址的数量和考古学家的其他观察结果相吻合。

近年来，在建立叶尼塞河中游地区阿凡纳谢沃文化的相对年代方面取得了突破。拉

① a. Polyakov A V, Svyatko S V. Radiocarbon dating of the Neolithic-Early Iron Age archaeological sites of the Middle Yenisey: overview of the results and new data//Tishkin A A (resp. ed.). Teoriya i Praktika Arkheologicheskih Issledovaniy V. Barnaul: Azbuka, 2009: 20-56.

b. Polyakov A V. Radiocarbon dates of the Afanasyev Culture//Stepanova N F, Polyakov A V, Tur S S, Shulga P I. Afanasyevskiy Sbornik. Barnaul: Azbuka, 2010: 158-171.

② a. Stepanova N F. Problems of the absolute and relative chronology of the Afanasyev archaeological culture sites in Altai Mountains//Kiryushin Y F, Tishkin A A (Eds.). Rol Estestvenno-Nauchnyh Metodov v Arheologicheskih Issledovaniyah. Barnaul: Altai State University Press, 2009: 154-159.

b. Vadetskaya E B, Polyakov A V, Stepanova N F. The corpus of monuments of the Afanasyev Culture. Barnaul: "Azbuka", 2014: 380.

③ Polyakov A V, Svyatko, S.V. Radiocarbon dating of the Neolithic//Early Iron Age archaeological sites of the Middle Yenisey: overview of the results and new data//Tishkin A A (resp. ed.). Teoriya i Praktika Arkheologicheskih Issledovaniy V. Barnaul: Azbuka, 2009: 20-56.

④ Svyatko S V, Schulting R, Poliakov A V, Ogle N, Reimer P J. A lack of freshwater reservoir effects in human radiocarbon dates in the Eneolithic to Iron Age in the Minusinsk Basin. Archaeol. Anthropol. Sci, 2017, 9, 1379-1388.

扎列托夫[①]提出了对这一时期墓葬发展的新认识。他认为陶器形状、器型和装饰细节遵循着一定的发展路线。早期的例子在风格上大多与阿尔泰地区的阿凡纳谢沃文化陶器相似，而晚期的陶器则显示出奥库涅夫文化的影响迹象（图三）。虽然这一假设还处于概念化和分析过程中，需要进一步论证，但已经有一些证据证明其可靠性。例如，现代^{14}C测年数据证实了该假设的核心猜测，即阿尔泰地区的阿凡纳谢沃遗址的年代较早[②]（图四）。如果拉扎列托夫的猜想被证明是正确的，那对叶尼塞河中游地区，乃至整个中亚地区青铜时代早期的研究来说都将是一个重大突破。

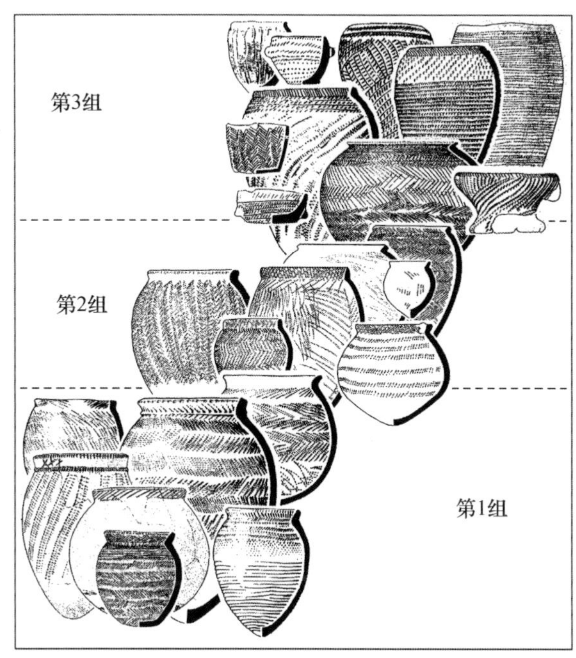

图三　叶尼塞河中游地区阿凡纳谢沃文化陶器

三、奥库涅夫文化

20世纪60年代中期，马克西缅科夫确定了奥库涅夫文化，它在米努辛斯克盆地的阿凡纳谢沃文化之后出现[③]，其成因是西方人口的大规模迁徙。葬俗及遗物类型等几乎

① Lazaretov I P. On the relative chronology of the Afanasyev Culture of the Middle Yenisei or the well-forgotten old. Drevnozti Sibiri I Centralnoy Azii, 2017, 8 (20): 8-34.

② Poliakov A，Svyatko S，Stepanova N，A review of the radiocarbon dates for the Afanasyev Culture (Central Asia): shifting towards the “shorter” chronology. Radiocarbon，2018，10.1017/RDC.2018.70.

③ Maksimenkov G A. Okunevskaya Kultura v Yuzhnoy Sibiri [The Okunev culture in Southern Siberia]. Materialy i Issledovaniya po Arkheologii SSSR, 1965, 130, 168-174.

所有方面的根本变化，以及奥库涅夫人群的人种及其主要的古 DNA 单倍群类型都表明了这一点[①]。同时，与颜那亚晚期（竖穴墓晚期）和洞穴墓文化时期的典型遗物和独特的墓葬结构（即洞室墓和带有二层台的竖穴墓）有相似之处。^{14}C 测年分析的结果将奥库涅夫文化遗址的年代定为公元前 26（25）~ 前 18 世纪[②]。阿凡纳谢沃文化和奥库涅夫文化的定年总概率的对比结果显示出近 100 年的重叠，然而这不能作为他们长期共存的证据。

近几十年来，一项重要的成就是将奥库涅夫文化细分为不同的年代阶段。根据拉扎列托夫在乌依巴特河谷发掘的墓葬材料，确定了较早的乌依巴特期，其在墓葬结构和随葬遗物方面完全自成一派[③]。切尔诺夫期相对较晚，它是以最著名和研究最多的切尔诺瓦亚 -8 墓地命名的[④]。迄今为止，几乎所有该领域的考古学家都支持将奥库涅夫文化分为早晚两期（图四、图五）。近年来，萨维诺夫建议在最后加上拉兹利夫期来补全这一

① Damgaard P, Martiniano R, Kamm J, Moreno-Mayar JV, Kroonen G, Peyrot M, Barjamovic G, Rasmussen S, Zacho C, Baimukhanov N, Zaibert V, Merz V, Biddanda A, Merz I, Loman V, Evdokimov V, Usmanova E, Hemphill B, Seguin-Orlando A, Yediay F E, Ullah I, Sjögren K G, Iversen K H, Choin J, De la Fuente C, Ilardo M, Schroeder H, Moiseyev V, Gromov A, Polyakov A, Omura S, Senyurt S Y, Ahmad H, McKenzie C, Margaryan A, Hameed A, Samad A, Gul N, Khokhar M H, Goriunova O I, Bazaliiskii V I, Novembre J, Weber A W, Orlando L, Allentoft M E, Nielsen R, Kristiansen K, Sikora M, Outram A K, Durbin R, Willerslev E. The first horse herders and the impact of early bronze age steppe expansions into Asia. Science, 2018, 360 (6396). https://doi.org/10.1126/science.aar7711.

② a. Svyatko S V, Mallory J P, Murphy E M, Polyakov A V, Reimer P J, Schulting R J. New radiocarbon dates and a review of the chronology of prehistoric populations from the Minusinsk basin, Southern Siberia,Russia. Radiocarbon, 2009, 51 (1): 243-273.

b. Polyakov A V, Svyatko S V. Radiocarbon dating of the Neolithic-Early Iron Age archaeological sites of the Middle Yenisey: overview of the results and new data//Tishkin A A (resp. ed.). Teoriya i Praktika Arkheologicheskih Issledovaniy V. Barnaul: Azbuka, 2009: 20-56.

c. Polyakov A V, Svyatko S V, Stepanova N F. New data on radiocarbon chronology of the Afanasyev Culture sites in Altai//Proceedings of the V (XXI) All-Russian archaeological Congress in Barnaul-Belokurikha. Barnaul: Altai University press, V. III, 2017: 62-66.

③ Lazaretov I P. Okunevskie mogilniki v doline reki Uibat [Okunev cemeteries in the valley of the Uibat River]//Savinov D G, Podolskii M L. Okunevskii sbornik: Kul'tura, Iskusstvo, Antropologiya. Saint-Petersburg: Petro-RIF, 1997: 19-64.

④ Maksimenkov G A. The cemetery of Chernova VIII - the reference site of the Okunev Culture// Vadetskaya E B, Leontyev N V, Maksimenkov G A. Monuments of the Okunev Culture. Leningrad: Nauka, 1980: 3-26.

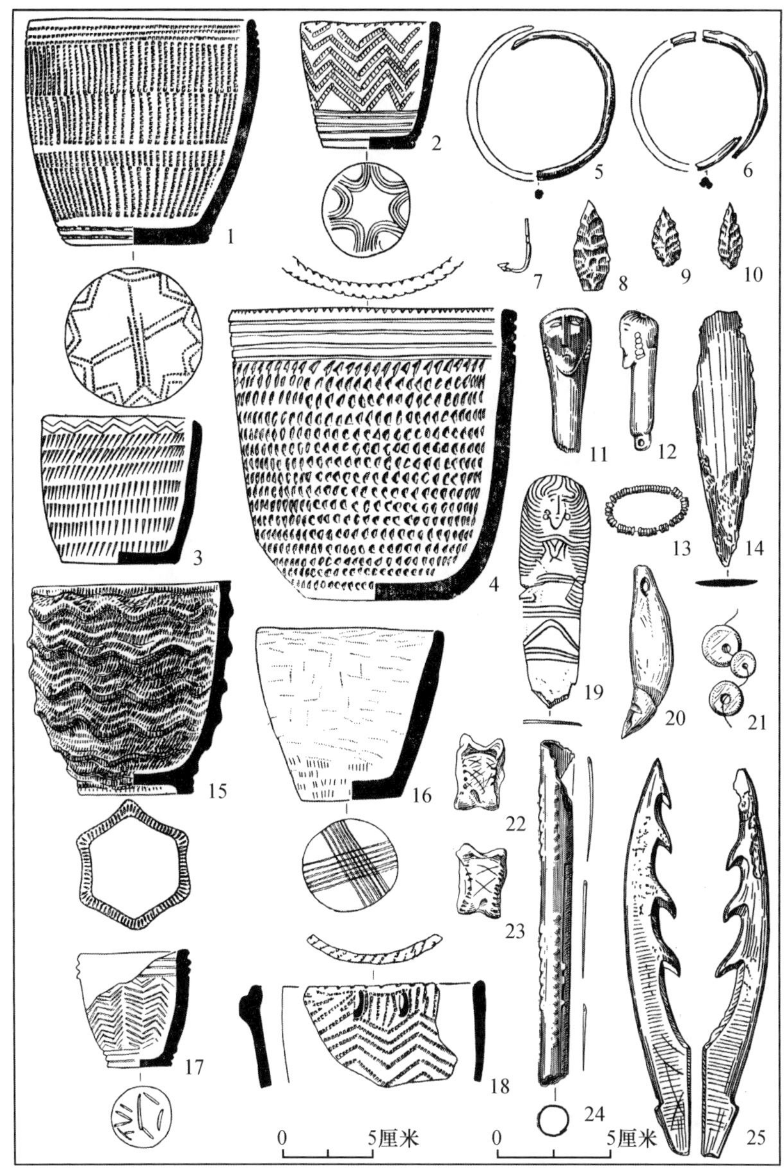

图四 叶尼塞河中游地区奥库涅夫文化切尔诺瓦亚期墓葬出土器物①

切尔诺夫Ⅷ：1. 2号库尔干2号墓 2. 3号库尔干15号墓 3. 8号库尔干11号墓 4. 14号库尔干3号墓 5. 12号库尔干1号墓 6. 10号库尔干2号墓 7. 3号库尔干4号墓 8. 1号库尔干4号墓 9、10. 4号库尔干7号墓 11. 10号库尔干5号墓 12、19. 9号库尔干7号墓 13. 4号库尔干2号墓 14. 11号库尔干6号墓 15、18. 6号库尔干 16. 9号库尔干4号墓 17. 8号库尔干 20. 4号库尔干1号墓 21. 8号库尔干13号墓 22、23. 11号库尔干8号墓 24. 1号库尔干6号墓 25. 4号库尔干5号墓

① Maksimenkov G A. The cemetery of Chernova VIII - the reference site of the Okunev Culture// Vadetskaya E B, Leontyev N V, Maksimenkov G A. Monuments of the Okunev Culture. Leningrad: Nauka, 1980: 3-26.

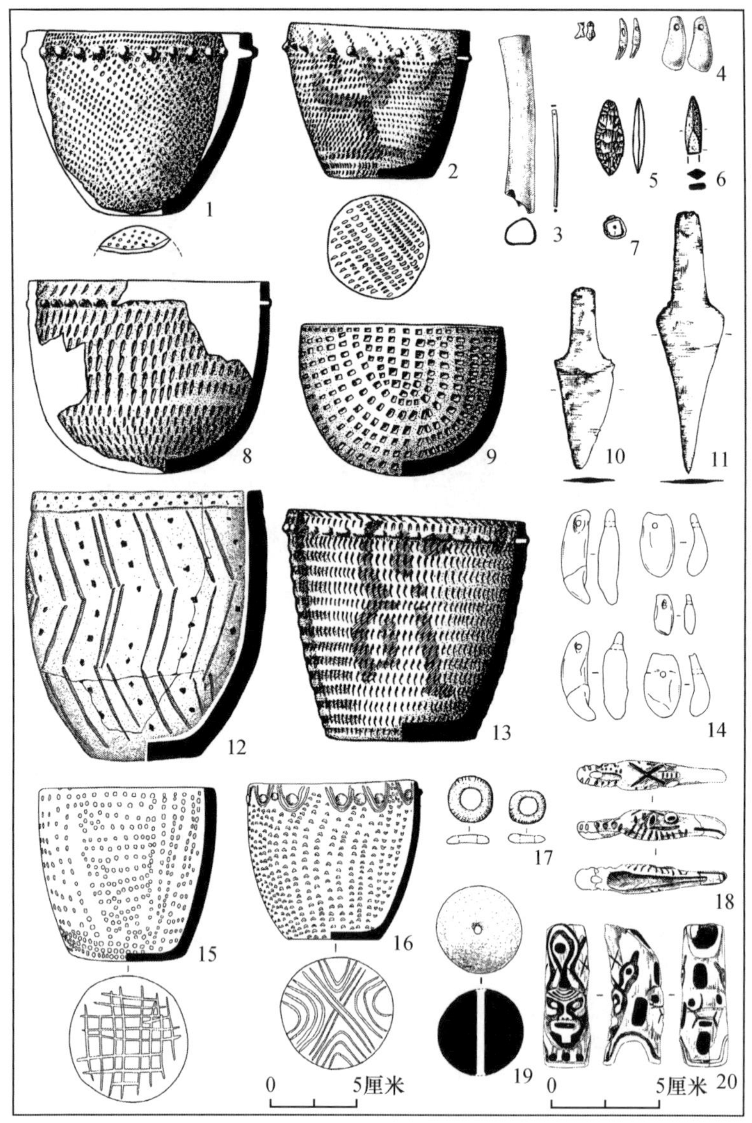

图五　叶尼塞河中游地区奥库涅夫文化乌依巴特期墓葬出土器物①

乌依巴特Ⅴ：1、7. 1号库尔干3号墓　2. 1号库尔干6号墓　3. 1号库尔干7号墓　5、6、8. 1号库尔干5号墓
乌依巴特Ⅲ：9. 1号库尔干7号墓　4、10、11. 1号库尔干1号墓　13. 1号库尔干4号墓
伊特科尔Ⅱ：12、14、17. 12号库尔干3号墓　15、18～20. 14号库尔干4号墓　16. 14号库尔干8号墓

① a. Lazaretov I P. Okunevskie mogilniki v doline reki Uibat [Okunev cemeteries in the valley of the Uibat River]//Savinov D G, Podolskii, M L. Okunevskii sbornik: Kul'tura, Iskusstvo, Antropologiya. Saint-Petersburg: Petro-RIF, 1997: 19, 64.

b. Polyakov A V, Esin Y U N. Kuril'nitsa s antropomorfnymi izobrazheniyami iz ranneokunevskogo pogrebeniya mogil'nika Itkol'-II. Trudy V (XXI) Vserossiyskogo arkheologicheskogo sobraniya v Barnaule-Belokurikhe / otv. Red. A P. Derevyanko, A A. Tishkin. Barnaul: Izd-vo Alt. Un-ta, 2015, 1, 339-343.

分期方案，其主要依据是器物纹饰风格的演变①。上述分期的 ^{14}C 测年结果为：乌依巴特期为公元前 26～前 23 世纪，切尔诺夫期为公元前 22～前 20 世纪，拉兹利夫期为公元前 19～前 18 世纪②（图六；附表二）。

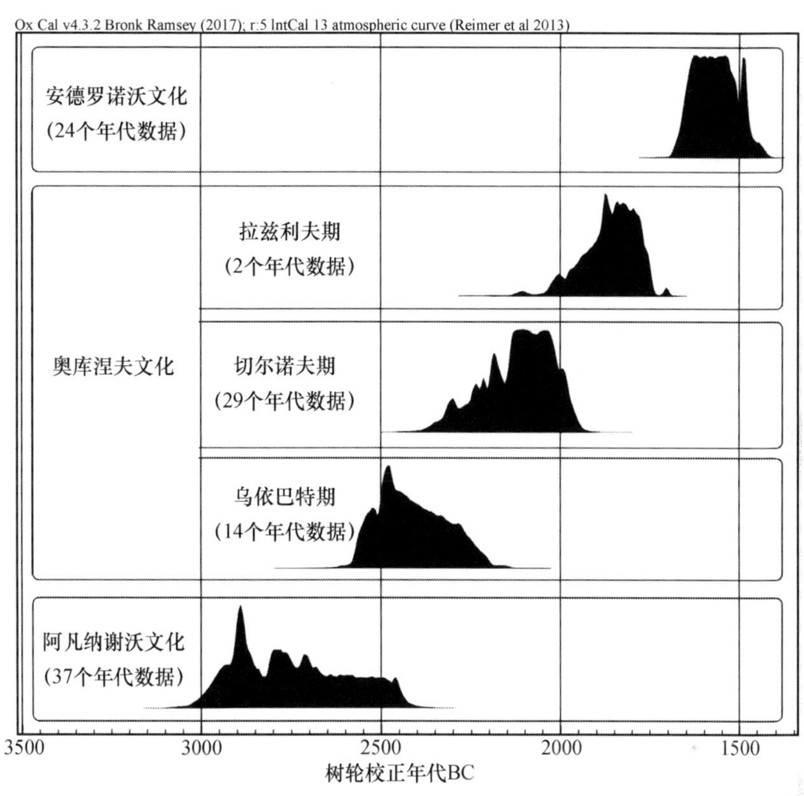

图六　叶尼塞河中游地区奥库涅夫文化各阶段 ^{14}C 测年结果

关于奥库涅夫文化遗址相对年代的研究仍在进行中。最近对哈卡斯共和国博格拉德斯基地区喀什尼卡门墓地 M1 出土材料的研究指出，应该从乌依巴特期和切尔诺夫期之间分离出一个独立的勒比亚辛斯基时期③。它显示出许多过渡性和混合性的特征，本质上是边缘性文化。根据一系列的 ^{14}C 测年数据，它的年代应为公元前 23～前 22 世纪初。

① Savinov D G. K probleme vydeleniya pozdnego etapa okunevskoy kultury [On the problem of separation of the late stage of the Okunev culture]//Tishkin A A. Teotiya i practika Arkheologicheskih issledovaniy. Barnaul: Altai University Press, 2005: 28-34.

② Polyakov A V. Radiocarbon dates of the Okunev Culture [M]. Zapiski IIMK RAS 16, 2017: 52-76.

③ Lazaretov I P, Polyakov A V. The cemetery of Krasniy Kamen - burial-ritual complex of the Early Bronze Age. Teoriya i praktika arheologicheskih issledovanii, 2018, 2 (22): 21-46.

四、安德罗诺沃（费德罗沃）文化

新安德罗诺沃人从西北方向沿着森林－草原走廊渗透进米努辛斯克盆地①，火葬葬俗和一种不同的物质文化的出现都被认为与这个新民族有关（图七；表三）。阿巴坎河和叶尼塞河交汇处南部的人对安德罗诺沃人留下的遗存并无记录。也许在米努辛斯克盆地的南部，奥库涅夫人存在了相当长的一段时间，他们有记录的接触一直延续到青铜时代晚期（卡拉苏克期）伊始②。安德罗诺沃文化和奥库涅夫文化之间相互影响的性质仍然不为人所了解，研究人员注意到了器物之间形制和艺术风格的相似性，但没有发现二者接触的直接证据③。米努辛斯克盆地的安德罗诺沃文化遗址的^{14}C测年数据长期以来一直存在极大的争议，尽管最近在柏林和贝尔法斯特实验室获得的系列数据表明，其年代跨度为公元前17～前15世纪④。

五、青铜时代晚期

米努辛斯克盆地最复杂的文化历史进程发生在青铜时代晚期，传统上被纳入卡拉苏克文化的概念。现代研究基于对最大的墓地（包括数百甚至数千座墓）的水平地层的分析，确定了青铜时代晚期的四个连续分期和八个年代地层⑤。得到的结果不支持将青铜

---

① Maksimenkov G A. The Andronov Culture on the Yenisei. Leningrad: Nauka, 1978: 191.

② a. Vadetskaya E B. Archaeological sites in the steppes of the middle Yenisei. Leningrad: "Nauka", 1986: 41-42, 180.

b. Lazaretov I P. Lokalizatsiya i problemy vzaimodeystviya kultur Yuzhnoy Sibiri [The localization and problems of interrelation of the cultures of Southern Siberia]//Froyanov I Y, Astakhov S N. Evraziya Skvoz Veka. Saint-Petersburg: Philological Department, Saint-Petersburg State University, 2001: 104.

c. Savinov D G. Rannie kochevniki Verhnego Eniseya: Arheologicheskie kultury i kulturogenez [The early nomads of the Upper Yenisey: Archaeological cultures and culturogenesis]. Saint-Petersburg: Saint-Petersburg State University Press, 2002: 24, 204.

③ Vadetskaya E B. Archaeological sites in the steppes of the middle Yenisei. Leningrad: "Nauka", 1986: 46, 180.

④ Polyakov A V, Svyatko S V. Radiocarbon dating of the Neolithic-Early Iron Age archaeological sites of the Middle Yenisey: overview of the results and new data//Tishkin A A (resp. ed.). Teoriya i Praktika Arkheologicheskih Issledovaniy V. Barnaul: Azbuka, 2009: 20-56.

⑤ Lazaretov I P, Polyakov A V. Chronology and periodization of the Late Bronze Age complexes of Southern Siberia//Etnokul'turnye processy v Verhnem Priob'e i sopredel'nyh regionah v konce epohi bronzy. Barnaul: Concept, 2008: 33-55.

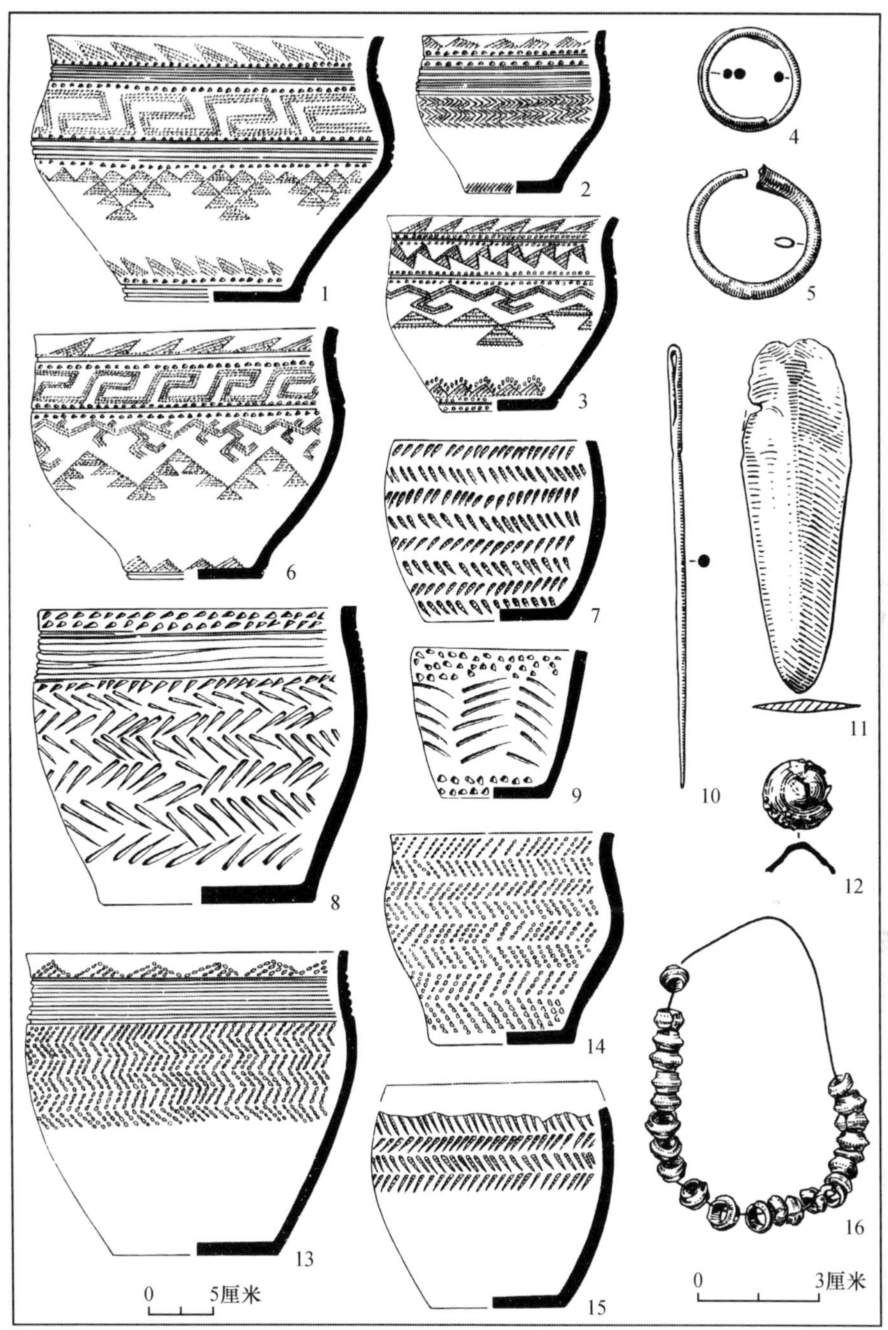

图七 叶尼塞河中游地区安德罗诺沃文化墓葬出土器物①

苏霍耶湖Ⅰ：1. 1号库尔干 2. 440号库尔干2号墓 3、7. 442号库尔干2号墓 4、5. 617号库尔干 6. 442号库尔干4号墓 8. 26号库尔干 9. 442号库尔干5号墓 13. 440号库尔干1号墓 14. 442号库尔干3号墓 15. 662号库尔干2号墓

苏霍耶湖Ⅰa：12. 1号库尔干

码头Ⅰ：10、16. 7号围垣4号墓 11. 5号围垣

① Maksimenkov G A. The Andronov Culture on the Yenisei. Leningrad: Nauka, 1978: 191.

时代晚期看作是一个分为几个阶段的单一文化。在这期间发生了各种各样的文化和方向多样的移民浪潮，它们往往极大地改变了考古遗址的外观。

到青铜时代晚期遗址形成时，米努辛斯克盆地被分为两部分。北部（纳扎罗夫、丘雷姆－叶尼塞和斯依达－埃尔槟盆地）被留下安德罗诺沃文化遗址的人群所占据。在现今阿巴坎市的纬度以南的地区，在这一时期或许仍然被奥库涅夫文化占据。青铜时代晚期 I-a 期最早的遗址只在米努辛斯克盆地的中部（丘雷姆－叶尼塞和斯依达－埃尔槟盆地）发现。

此前关注这一问题的大多数研究者认为这期间发生过演变，即“卡拉苏克文化”是从当地的安德罗诺沃文化演变而来的[①]。然而，对青铜时代晚期最早期（地层 I）的鉴别，让研究者们注意到它与当地安德罗诺沃文化之间缺乏直接的连续性[②]。所有类似的元素都具有阶段性特征，可以被认为是两群人共同拥有的安德罗诺沃文化“背景”。葬俗中最独有的特征——陶器、青铜器、墓主头向和位置——本质上互不相同。有一个相当独特的传统是将一套特定的肉块放到墓葬里作为陪葬食物。值得注意的是，所有这些元素形成了一套综合的、完整的仪式，与当地的安德罗诺沃丧葬传统明显不同。

叶尼塞河中游地区青铜时代晚期文化的形成似乎是整体创新的结果，它显示出与“后安德罗诺沃世界”的联系，而非直接源于当地的安德罗诺沃文化（图八）。这些创新可能是由来自西方的现代哈萨克斯坦地区的新移民们带来的。在第一阶段，移民只占领了米努辛斯克盆地的中部地区，同化了部分安德罗诺沃部落，并把绝大部分原居民赶到了纳扎罗夫盆地的北部。随后是一个共存期，这可以从同一墓葬中卡拉苏克和安德罗诺沃葬仪特征的混合案例中得到体现，这些案例只在纳扎罗夫盆地和丘雷姆－叶尼塞盆地的边界线上发现[③]。

---

① a. Dinh Hoa Z. Local basis of the Karasuk Culture (in relation to the new works of the Krasnoyarsk expedition of the Academy of Sciences of the USSR). Synopsis of a thesis for a Candidate Degree in History. Leningrad, 1966: 18.

b. Komarova M N. Karasuk burial ground near the Orak ulus//Pervobytnaya arheologiya Sibiri. Leningrad: Nauka, 1975: 92-94.

c. Maksimenkov G A. The Andronov Culture on the Yenisei. Leningrad: Nauka, 1978: 110-112, 191.

② Polyakov A V. On the problem of interrelation of the Karasuk Culture and the sites of the Andronov community in the Middle Yenisei. Zapiski IIMK RAS 4. SaintPetersburg, 2009: 90-109.

③ Polyakov A V. On the characteristics of the northern border of the distribution of the Karasuk sites of the “classical” stage//Proceedings of the II (XVIII) All-Russian Archaeological Congress in Suzdal. V. I. Moscow, 2008: 440-442.

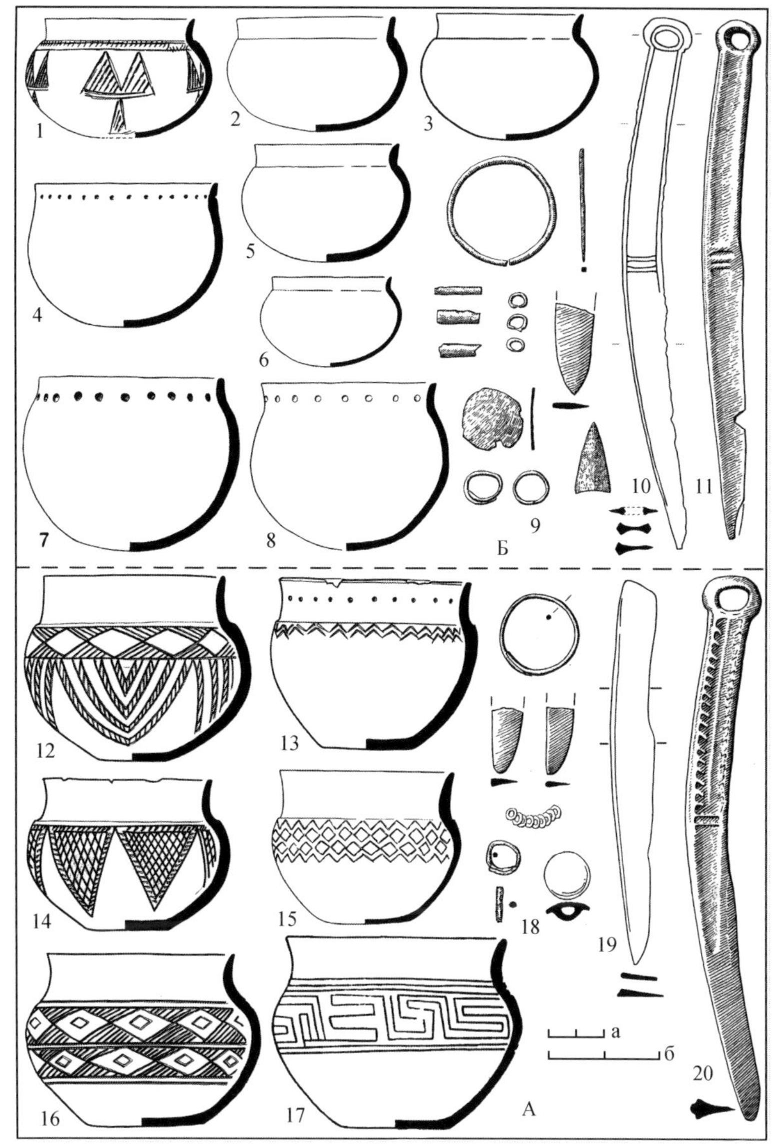

图八 青铜器时代晚期第一阶段墓葬出土器物①

马利耶·科佩尼 III：1. 86 号库尔干 4 号墓 3. 2 号库尔干 4 号墓 4. 43 号库尔干 3 号墓 5. 94 号库尔干 1 号墓 6. 114 号库尔干 3 号墓 15. 111 号库尔干 4 号墓 17. 31 号库尔干 1 号墓

瓦尔恰 I：2. 20 号库尔干 1 号墓

苏霍耶湖 II：7. 337 号库尔干 3 号墓 11. 252 号库尔干 4 号墓 12. 163 号库尔干 3 号墓 13. 141 号库尔干 12 号墓 14. 81 号库尔干 3 号墓 16. 248-a 号库尔干 20. 349 号库尔干 1 号墓

卡拉苏克 I：8. 35 号库尔干 2 号墓

奥库涅夫乌卢斯 I：10. 12 号库尔干

奥拉克博洛塔：19. 4 号墓

（注：原文无 9.18 图注）

① Lazaretov I P, Polyakov A V. Chronology and periodization of the Late Bronze Age complexes of Southern Siberia//Etnokul'turnye processy v Verhnem Priob'e i sopredel'nyh regionah v konce epohi bronzy. Barnaul: Concept, 2008: 33-55.

下一个阶段（I-b 期）的特点是文化内部的发展过程：葬俗的统一和标准化，陶器和青铜器稳定形式的制作加工；罕见的元素和形式被逐渐摒弃，例如，扁平底的陶器不再被使用；陶器上的装饰数量减少，而且明显变得更简单了。I-b 期的另一个重要特征是开始向米努辛斯克盆地南部积极扩张，这可以从在阿巴坎市纬度以南的地区出现的一系列墓地看出，这些墓地是在 I-b 期的后段建造的（特尔特－阿巴，萨宾卡Ⅱ，奥库涅夫乌卢斯）。最早的墓葬与位于北部的同期墓葬几乎没有区别，这些墓葬很有可能属于向南扩张的先头部队们。

正是这种向南的扩张，形成了青铜时代晚期的第二阶段（图九）。其特点是出现了多种富有创新性的文化元素，它们主要出现在南部地区，北部地区几乎没有。从随葬品的类型（陶器、女式葬服、青铜刀）、墓葬形制和丧葬仪式本身的变化中可以看出这一时期建立了新的文化交流，很有可能就是这种扩张促成的。特别值得一提的是青铜铸造传统的变化，在第二阶段开始时，从使用锡青铜逐渐过渡到使用砷铜①。

墓葬中出现以青铜刀为主的特殊物品与中国北方殷商时期的遗址出土的遗物有直接的相似性，这点对于这一时期非常重要②。环纹刀柄上饰有三个纽的铜刀就是其中一例。这种类型的物品（共四例）只在米努辛斯克盆地的青铜时代晚期第二阶段的墓葬中发现过。它们与在中国发现的公元前 12 世纪的器物几乎相同③。这个现象具有极为重要的意义，首先它能够证实新发生的相互交流是来自南方的；其次能够将 ^{14}C 测年的结果与文字记载的史料进行比较。

---

① Havrin S V. Metal from the cemetery of Kjurgenner//Gryaznov M P, Komarova M N, Lazaretov I P, Polyakov A V, Pshenitsyna M N (Eds.). The Late Bronze Age cemetery of Kjurgenner in the Middle Yenisei. Saint-Petersburg: Peterburgskoye Vostokovedeniye, 2010: 102-106. (Archaeologca Petropolitana; Proceedings of IIMK RAN. T. XXXI).

② a. Varenov A V. On the dating of Siberian antiques according to the chronological scale of East Asia. Sibir v proshlom, nastoyashem i budushem III, 1981: 54-55.

b. Varenov A V. East Asian line of synchronization of Siberian bronzes: problems and prospects. Vzaimodeistvie i vzaimovliyanie civilizacii i kul'tur na Vostoke. Vsesoyuznaya konferenciya vostokovedov 1. Moscow, 1988: 12-14.

c. Varenov A V. To the dating of Northern Chinese monuments of shilous type with “Karasuk” knives. Teoriya i praktika arheologicheskih issledovanii 2005, 1: 79-90.

d. Suk-Bae Z. On the chronology of the Late Bronze Age complexes with daggers from Northern China// Arheologiya, paleoekologiya i paleodemografiya Evrazii. Moscow: Geos, 2000: 110-137.

③ Varenov A V. Bronze knives with three-button annular knob in ancient China. In: Proceedings of V (XXI) of the all-Russian Archaeological Congress in BarnaulBelokurikha. Barnaul: Altai University Press, V.I. 2017: 202-207.

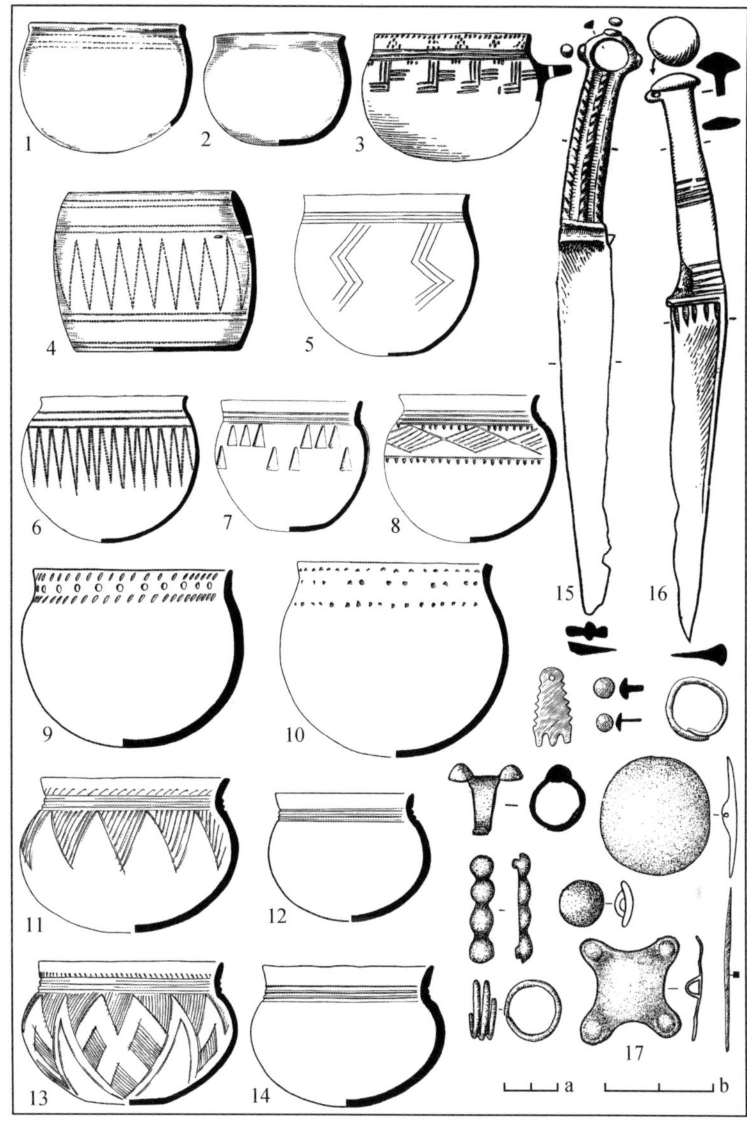

图九 青铜器时代晚期第二阶段墓葬出土器物①

阿尔班Ⅰ：1. 18 号墓 2. 28 号墓 4. 5 号墓
贝尔蒂里：3. 7 号库尔干
特尔特－阿巴：5. 39 号库尔干 6. 19 号库尔干
贝斯特拉亚Ⅱ：7. 7 号墓 8. 5 号墓
苏霍耶湖Ⅱ：9. 493 号库尔干 2 号墓 12. 325 号库尔干 2 号墓 14. 427 号库尔干 2 号墓
拉兹利夫Ⅵ：10. 33 号围垣 5 号墓
卡拉苏克Ⅰ：11. 54 号库尔干 1 号墓 13. 28 号库尔干 1 号墓
别亚：15. 3 号墓
阿尔班Ⅰ：16. 21 号墓地
（注：原文无 17 图注）

① Lazaretov I P, Polyakov A V. Chronology and periodization of the Late Bronze Age complexes of Southern Siberia//Etnokul'turnye processy v Verhnem Priob'e i sopredel'nyh regionah v konce epohi bronzy. Barnaul: Concept, 2008: 33-55.

在青铜时代晚期第二阶段可以观察到最明显的区域化。在米努辛斯克盆地的南部能看到整个创新的范围，从墓葬中出现的新型器物，到墓葬的主要方向从东北变为西南等①。同时，北部地区并没有出现这些特征，只有基于第一阶段的文化的自我发展过程。这种模式清楚地表明，创新的潮流来自南方。也正是在这一时期，墓地中出现了成群的“非典型”墓葬，这可能与带来这种“创新”的新移民有关②。

米努辛斯克盆地的青铜时代晚期第三阶段与之前阶段的发展路线有明显不同（图一〇）。这些遗址被格里亚兹诺夫归为特殊的“卡缅纳罗期”。显然在这一时期，新人群的渗入和与当地人的广泛通婚增加了，进而导致器物的形制和装饰、墓主的位置和头向发生了重大变化，以及新类型的青铜器的出现。这些变化甚至影响了丧葬仪式中最保守的部分——墓葬形制。同时，米努辛斯克盆地的北部和南部仍然与世隔绝。这些过程在南部最为活跃，而北部保守的特征保持了很长一段时间，只有最不稳定的墓葬元素——陶器和工具——在演变③。正是在这一时期，遗址的分布范围最广，它们不仅出现在纳扎罗夫盆地，而且在阿钦斯克－马林斯克森林草原的伊尔曼文化遗址留下了影响的痕迹④。

---

① Gryaznov M P, Komarova M N, Lazaretov I P, Polyakov A V, Pshenitsina M N. The Late Bronze Age cemetery of Kjurgenner in the Middle Yenisei. St.Petersburg: Peterburgskoye Vostokovedeniye, 200 p. (Proceedings of the Institute for the History of Material Culture of the Russian Academy of Sciences XXXI), 2010, table.11.

② Gryaznov M P, Komarova M N, Lazaretov I P, Polyakov A V, Pshenitsina M N. The Late Bronze Age cemetery of Kjurgenner in the Middle Yenisei. St.Petersburg: Peterburgskoye Vostokovedeniye, 200 p. (Proceedings of the Institute for the History of Material Culture of the Russian Academy of Sciences XXXI) 2010: 83-94.

③ a. Lazaretov I P. Zaklyuchitelnyi etap epohi bronzy na Srednem Enisee [Final Stage of the Bronze Age on the Middle Yenisey]. Synopsis of a thesis for a Candidate Degree in History. Institute for the History of Material Culture, Russian Academy of Sciences. Saint-Petersburg, 2006: 34.

b. Lazaretov I P, Polyakov A V. Chronology and periodization of the Late Bronze Age complexes of Southern Siberia//Etnokul'turnye processy v Verhnem Priob'e i sopredel'nyh regionah v konce epohi bronzy. Barnaul: Concept, 2008: 33-55.

④ a. Bobrov V V, Kuzmynyh S V, Teneyishvili T. Ancient metallurgy of the Middle Yenisei (Lugavskaya Culture). Kemerovo: “Independent publishing house Kuzbassvuzizdat”, 1997: 11, 99.

b. Chlenova N L, Bobrov V V. Mixed Lugavsk-Irmen sites in the Kuznetsk Alatau region. Problems of archaeology of Eurasia. Moscow: Nauka, 1991: 143-180.

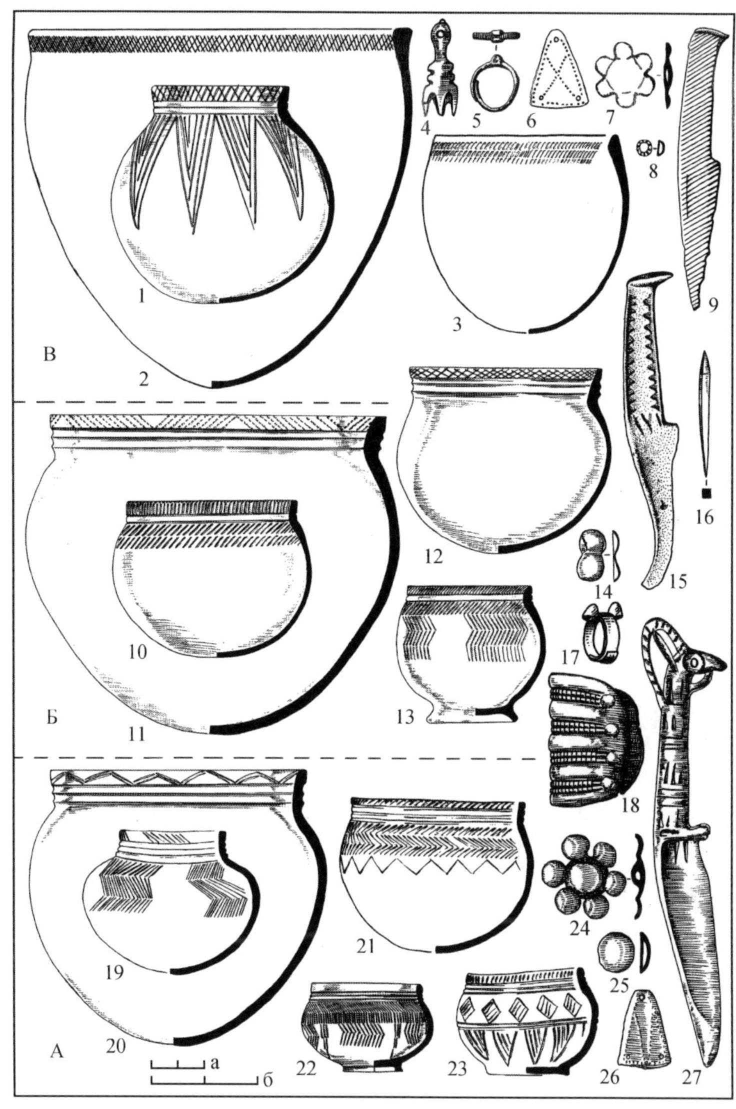

图一〇 青铜器时代晚期第三阶段墓葬出土器物①

别洛耶湖Ⅰ：1、4. 59号库尔干3号墓 10. 60号库尔干 11. 57号库尔干 12. 36号库尔干 13. 59号库尔干4号墓 14. 34号库尔干1号墓 16. 2号库尔干2号墓 20、24. 69号库尔干1号墓 22. 20号库尔干2号墓 25. 64号库尔干 26. 75号库尔干1号墓
阿尔班Ⅲ：2. 1号库尔干1号墓
卡雷：3、5、9. 3号库尔干1号墓
卢戈夫斯科耶Ⅲ：6. 7号库尔干1号墓 7. 3号库尔干
沃尔奇：8. 3号墓 15、17. 5号墓
费多罗夫乌卢斯：18. 17号墓
卡拉苏克Ⅳ：19. 2号库尔干 21. 10号墓
卡拉苏克Ⅷ：23. 3号库尔干2号墓
波德库宁斯基耶·戈尔：27. 1号墓

① Lazaretov I P, Polyakov A V. Chronology and periodization of the Late Bronze Age complexes of Southern Siberia//Etnokul'turnye processy v Verhnem Priob'e i sopredel'nyh regionah v konce epohi bronzy. Barnaul: Concept, 2008: 33-55.

在对别洛耶奥泽罗墓地——目前已知这一时期最大墓地——的研究中，发掘者拉扎列托夫追踪了这一墓地的独特发展路线，并将第三阶段划分为三个独立的期（Ⅲ-a，Ⅲ-b，Ⅲ-v）①。其中最早的一期与先前的纪念碑有紧密的联系，并部分地延续了它们的发展模式。Ⅲ-b 期是最稳定的一期，它展示了所有特征的形成和葬礼仪式的巩固。最后，Ⅲ-v 期以新型器物和墓葬结构的出现为标志，在青铜时代晚期第四阶段得到进一步发展。

第三阶段的特点是保持了与中国北方地区的交往。这一时期的墓葬中出土带“蘑菇”形刀柄的折柄刀和用途不明的物品，它们通常被称为“战车”扣，与周代遗址的出土物有相似之处。因此，米努辛斯克盆地青铜时代晚期的第二、三阶段和中国北方的周代之间一些相互影响已经被证实了，也不能再被视为一种巧合。

第四阶段确定了米努辛斯克盆地的青铜时代晚期发展路线（图一一）。它以“巴依诺夫乌卢斯”遗址为代表，根据格里亚兹诺夫提出的断代，这些遗址长期以来被归于斯基泰时期，并被认为是塔加尔文化的巴依诺夫期早期的一部分。然而，对米努辛斯克盆地文化综合体的详细年表的阐述表明，“巴依诺夫乌卢斯”遗址是当地传统的延续（青铜时代晚期），将其归入斯基泰文化圈是不正确的②。大多数类型的墓葬结构和设施在这一阶段得到了发展，这使得这些遗址被划分为两个连续的期——Ⅳ-a 期和Ⅳ-b 期③。

根据拉扎列托夫的观点，这些文化综合体的共存期非常短暂④。它们完全缺乏米努辛斯克盆地斯基泰时期开始时的关键标志。塔加尔文化的形成可能与新的移民潮有关，这可以从出土的大量的武器装备、不同的墓葬服饰、艺术中的动物风格和其他元素的出现中寻到踪迹。它们都是作为一个单一的综合体以完全成熟的形式一次性全部出现的，在米努辛斯克盆地追溯其形成过程是不可能的。这意味着出现了新的人群，他们与继承了青铜时代晚期传统的当地人在某个时期共存。

---

① Lazaretov I P. Zaklyuchitelnyi etap epohi bronzy na Srednem Enisee [Final Stage of the Bronze Age on the Middle Yenisey]. Synopsis of a thesis for a Candidate Degree in History. Institute for the History of Material Culture, Russian Academy of Sciences. Saint-Petersburg, 2006: 34.

② Lazaretov I P. Bainov type sites and the Tagar Culture. Arheologicheskiye Vesti 2007, 14: 93-105.

③ Lazaretov I P. Zaklyuchitelnyi etap epohi bronzy na Srednem Enisee [Final Stage of the Bronze Age on the Middle Yenisey]. Synopsis of a thesis for a Candidate Degree in History. Institute for the History of Material Culture, Russian Academy of Sciences. Saint-Petersburg, 2006: 34.

④ a. Lazaretov I P. Okunevskie mogilniki v doline reki Uibat [Okunev cemeteries in the valley of the Uibat River]//Savinov D G Podolskii M L. Okunevskii sbornik: Kul'tura, Iskusstvo, Antropologiya. Saint-Petersburg: Petro-RIF, 1997: 19-64.

b. Lazaretov I P. Bainov type sites and the Tagar Culture. Arheologicheskiye Vesti, 2007, 14: 102.

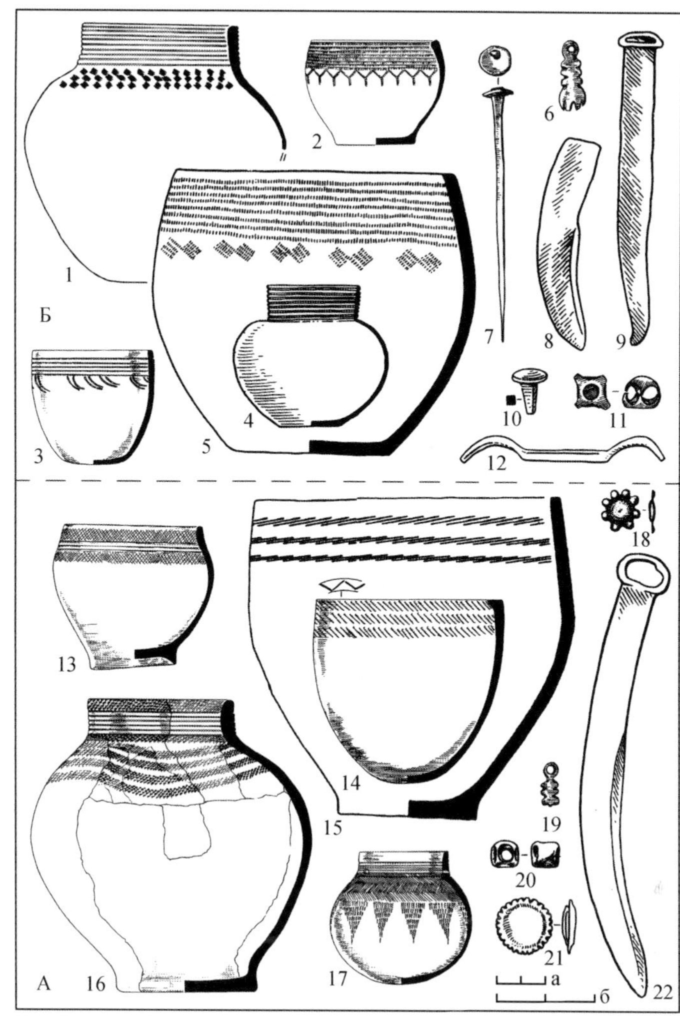

图一一 青铜器时代晚期第四阶段墓葬出土器物①

拜尔加诺夫 V：1、6、11. 9 号库尔干 7. 2 号库尔干 2 号墓

卢戈夫斯科耶 III：2. 1 号库尔干

别洛耶湖 I：3. 5 号库尔干 1 号墓 13. 63 号库尔干 3 号墓 14. 53 号库尔干 16. 40 号库尔干 2 号墓

17. 19. 62 号库尔干 2 号墓

巴依诺夫乌卢斯：4. 1 号库尔干 8. 4 号库尔干

萨莫瓦尔：5. 9 号库尔干 2 号墓

伊林斯卡亚 · 戈拉：9. 1 号库尔干

米努辛斯克 VII：10、12. 4 号库尔干 1 号墓

埃弗雷姆基诺：15. 8 号库尔干 20、21. 7 号库尔干

乌斯特丘：18. 6 号库尔干 3 号墓

阿斯基兹 VI：22. 3 号库尔干

① Lazaretov I P, Polyakov A V. Chronology and periodization of the Late Bronze Age complexes of Southern Siberia//Etnokul'turnye processy v Verhnem Priob'e i sopredel'nyh regionah v konce epohi bronzy. Barnaul: Concept, 2008: 33-55.

目前，青铜时代晚期遗址的 ^{14}C 测年主体属于公元前 14 ~ 前 9 世纪（表四）①，但是各阶段的年代非常不均匀，与青铜时代晚期阶段Ⅰ期和Ⅳ期相关的样本获得的数据非常少。此外，各阶段持续时间都相当短（不到 100 年），在目前的置信区间下，任何 ^{14}C 测年数据都会同时与几个连续的阶段重合。到目前为止，这一因素阻碍了用 ^{14}C 测年法来验证相对年代，如对奥库涅夫文化的验证。

根据现有的时间间隔，我们可以大致评估各个阶段的可能时间。第一阶段属于公元前 14 ~ 前 13 世纪。在这种情况下，接下来的第二阶段的年代应该是公元前 12 ~ 前 11 世纪，这个年代与中国北方殷商时期（公元前 13 ~ 前 11 世纪）的年代非常吻合，墓葬中发现了同样的刀具类型。第三和第四阶段的代表性的小型墓地可以分别追溯到公元前 11 ~ 前 10 世纪和公元前 10 ~ 前 9 世纪。然而，从折柄刀和用途不明的器物可以看出，第三阶段也与公元前 11 ~ 前 9 世纪中国北方的周代有关。因此，对于青铜时代晚期 ^{14}C 测年得到了类似的具有文字记载年代的遗址的支持。

在比较青铜时代晚期现有年代和塔加尔遗址的放射性碳分析时，可以看到短暂的重叠，斯基泰期最早的遗址也可以追溯到公元前 9 世纪②。这可以作为青铜时代传统的继承者们和斯基泰文化的承载者们共存过一段时期的间接证据。然而，这个问题还需要更详细的研究。

六、结　　论

在对米努辛斯克盆地青铜时代遗址年代学的当代研究现状进行总结时，需要指出在

---

① a. Polyakov A V, Svyatko S V. Radiocarbon dating of the Neolithic-Early Iron Age archaeological sites of the Middle Yenisey: overview of the results and new data//Tishkin, A.A (resp. ed.). Teoriya i Praktika Arkheologicheskih Issledovaniy V. Barnaul: Azbuka, 2009: 32-35.

b. Svyatko S V, Mallory J P, Murphy E M, Polyakov A V, Reimer P J, Schulting R J. New radiocarbon dates and a review of the chronology of prehistoric populations from the Minusinsk basin, Southern Siberia, Russia. Radiocarbon, 2009, 51 (1): 243-273.

② a. Alekseev A Yu, et al. 2005. Eurasia in the Scythian epoque. Radiocarbon and Archaeological Chronology. St. Petersburg: “Teza”, 2005: 222-223, 290.

b. Polyakov A V, Svyatko S V. Radiocarbon dating of the Neolithic-Early Iron Age archaeological sites of the Middle Yenisey: overview of the results and new data//Tishkin A A (resp. ed.). Teoriya i Praktika Arkheologicheskih Issledovaniy V. Barnaul: Azbuka, 2009: 32-35.

c. Svyatko S V, Mallory J P, Murphy E M, Polyakov A V, Reimer P J, Schulting R J. New radiocarbon dates and a review of the chronology of prehistoric populations from the Minusinsk basin, Southern Siberia, Russia. Radiocarbon, 2009, 51 (1): 243-273.

过去十年中，对这一时期的绝对和相对年代的了解有了很多重要进展。然而，这些新认识分散在几十本专业出版物中，这阻碍了对个别文化或遗址群的发展和相互影响形成一致的综合观点。自 1986 年瓦捷茨卡娅的专著整理了克拉斯诺亚尔斯克考古队的重大研究成果后发生了许多重大变化，因此亟须对整个问题有一个统一的看法，发表一部新的关于该主题的重要专著将有助于补充整体研究的很多部分。

附记：本研究受俄罗斯国家科学院基础科学研究项目资助，项目编号 0184-2019-0004。

Current State of the Chronology for the Palaeometal Period of the Minusinsk Basins in Southern Siberia

A. V. Poliakov　I. P. Lazaretov

Abstract: The present paper is focused on the chronology of the Bronze Age in the territory of the Minusinsk basins (Republic of Khakassia and south of Krasnoyarsk District, Russia). The major chronological schemes created by S. A. Teploukhov and M. P. Gryaznov are presented. The main part of the paper is concerned with the modern views on the relative and absolute chronology of the archaeological cultures of this period and their relationship with previously used schemes. Particular attention is paid to defining the chronological stages of the Okunev Culture and the Late Bronze Age. This paper also presents radiocarbon dating results for the sites.

Keywords: Central Asia; South Siberia; Minusinsk basins; Bronze Age; Afanasyev Culture; Okunev Culture; Fedorov Culture; Late Bronze Age; Chronology; Radiocarbon dating

阿尔泰东南的巴泽雷克文化扰乱葬

Н. А. 康斯坦丁诺夫[1]，А. У. 乌尔布舍夫[2] 著 牧金山[3] 译

（1、2. 戈尔诺－阿尔泰国立大学，戈尔诺－阿尔泰斯克，649000；3. 阿尔泰国立大学，巴尔瑙尔，656049）

摘要： 这篇文章讨论的是巴泽雷克文化扰乱葬，材料来源于塔尔都拉 –2（Талдура- Ⅱ）墓地。2016 年戈尔诺－阿尔泰国立大学考古队在阿尔泰共和国科什阿加奇区（Кош-Агачском районе）对其进行了抢救性发掘。在墓葬发掘过程中，我们发现了扰乱的痕迹，即在 5 号墓葬的木质盖板上有一个盗洞，死者的头骨和躯干分离，以及死者初始埋葬位置发生了变化。通过对塔尔都拉 –2 墓地被扰乱特征的观察，并与其他被扰乱墓葬特征的比较，我们对巴泽雷克文化扰乱葬有了一些自己的认识。大部分的扰乱葬发生在死者尸体被放入墓室后不久。扰乱葬的动机有两种解释：第一种是“务实”的做法，扰乱只是为了牟利，获取有价值的随葬物品。第二种将扰乱葬视为丧葬仪式的一部分。“扰动”的目的可能是：①外来人口亵渎墓葬以树立他们的权威；②在埋葬过程最后实施的仪式步骤。从阿泰东南塔尔都拉 –2 墓地的材料来看，本文更倾向第二种解释的后一项。

关键词： 阿尔泰　巴泽雷克文化　斯基泰时期

阿尔泰发掘的大部分巴泽雷克文化墓葬在古代即已遭到“盗掘”，未受扰动的贵族墓葬罕见。目前学界已经积累了大量的材料，对这一现象进行总结的条件已经成熟。近年来，一些专著致力于研究古代的扰乱葬现象（Епимахов，Куприянова，2015；Древние некрополи и поселения，2016）。需要注意的是，一方面学界对扰乱葬兴趣的增长和大量的材料积累直接相关，另一方面与考古发掘水平的整体提高有关。

尽管如此，扰乱葬现象仍然有很多的研究空间。新材料的出现可以补充对这一现象的解释。特别是巴泽雷克文化墓葬，由于多年冻土的保护，“盗墓贼”留下的“证据”很多，直至今日我们仍能清晰地窥见斯基泰时期阿尔泰存在的“盗墓”现象。

1865 年，В. В. 拉德罗夫（В. В. Радлов）对卡坦达（Катанда）大墓进行了发掘，揭开了巴泽雷克文化研究的序幕。В. В. 拉德罗夫指出，在发掘时，墓葬已被人为扰动（Радлов，1989. С. 446）。苏联考古学家在 20 世纪上半叶对巴泽雷克文化的大型墓葬进

行了发掘，也发现了许多被扰动的现象（Грязнов，1929. С. 981；Евтюхова，Киселев，1941；Руденко，1953，1960）。在永久冻土条件下，墓葬内的木质结构保存完好，墓室内充满了冰晶，因而“盗掘”痕迹被完整地保留了下来，格里亚兹诺夫重建了古代“盗墓贼”的扰动顺序，他认为“盗掘”是在葬礼完成后的短时间内发生的，其目的主要是获得“财富”（Грязнов，1929. С. 986）。

从20世纪下半叶开始，考古学家在阿尔泰发掘了大量的巴泽雷克文化平民墓葬，出土了大量的遗物（Кубарев，1987，1991，1992；Суразаков，1989；Кирюшин，Степанова，Тишкин，2003）。В. Д. 库巴列夫（В. Д. Кубарев）指出，相比于贵族墓葬，普通墓葬并不引人注目，很少遭到“盗掘”（Кубарев，1992. С. 117）。但是，随后在普通墓葬中也发现了大量被盗的现象。在新材料的基础上，学者们有了新的认识。例如，在乌尊达尔 -1（Узунтал Ⅰ）墓地，被盗墓葬的填土中发现了典型的匈奴陶片，研究者认为，这些陶片表明了巴泽雷克文化墓葬被盗的时间和“罪魁祸首”（Савинов，1987. С. 53，2009. С. 103）。

20世纪90年代上半叶，来自新西伯利亚的考古学家在乌科克高原发掘了保存完好的冻土墓地（Полосьмак，2001）阿克 - 阿拉克哈 -1（Ak-Alakha-1）和阿克 - 阿拉克哈 -3（Ak-Alakha-3）。这些墓地属于“贵族”墓葬。这些墓葬的发掘表明，即使是在巴泽雷克文化贵族墓中，也没有出土大量珍贵的遗物。

20世纪90年代末，А. С. 苏拉萨科夫（А. С. Суразаков）出版专著解释古代墓葬被盗扰的现象。作者总结阿尔泰的材料，确定了墓葬在古代被扰动的三个传统：①“寻宝传统”——“盗掘”以获取财富珍宝；②“亵渎传统”——为了报复、伤害死者或其“家族”；③“融合”或“替代”，即新的移民破坏更早的墓葬，为了在新的领地上宣誓自己的权威（Суразаков，1999）。作者认为最后一种“传统”可以解释巴泽雷克文化墓葬中存在的扰动现象。

2016年，在抢救性发掘塔尔都拉 -2墓地期间，我们发现了墓葬“盗掘”的痕迹（Константинов и др.，2017）。这篇文章从塔尔都拉 -2墓地的材料出发，讨论这一现象。塔勒都拉 -2墓地位于阿尔泰东南部塔尔都拉河谷，丘亚（Чуйский）盆地的高荣 - 乔尔（Кожон-Чол）河谷上游（图一）。最近的村庄是阿尔泰共和国科什阿加奇区的老别里季勒（Старый Бельтир），墓葬位于村庄以东5千米处。墓葬在20世纪70年代末被发现（Могильников，Куйбышев，Суразаков，1978）。20世纪80年代初期，В. А. 莫吉尔尼科夫（В. А. Могильников）率队进行了发掘（Могильников，Елин，1983. С. 132-138）。当时共发掘4个遗迹：一个祭祀圈、一个巴泽雷克文化墓葬以及两个没有墓坑的封堆，封堆下有木柱残留。

从当年制定的平面图来看，现今的河床和阶地边缘明显向南偏移，墓葬受到河水侵蚀（图二）。河流的侵蚀完全破坏了墓地边缘的墓葬。我们对河流露台边缘的5号墓进行了清理，5号墓与1980年发掘的3号墓位于同一个链条上。在3号墓葬的封堆中安放着一个19世纪的墓葬，继续向下清理，发现巴泽雷克时期的墓室被洗劫一空，不见

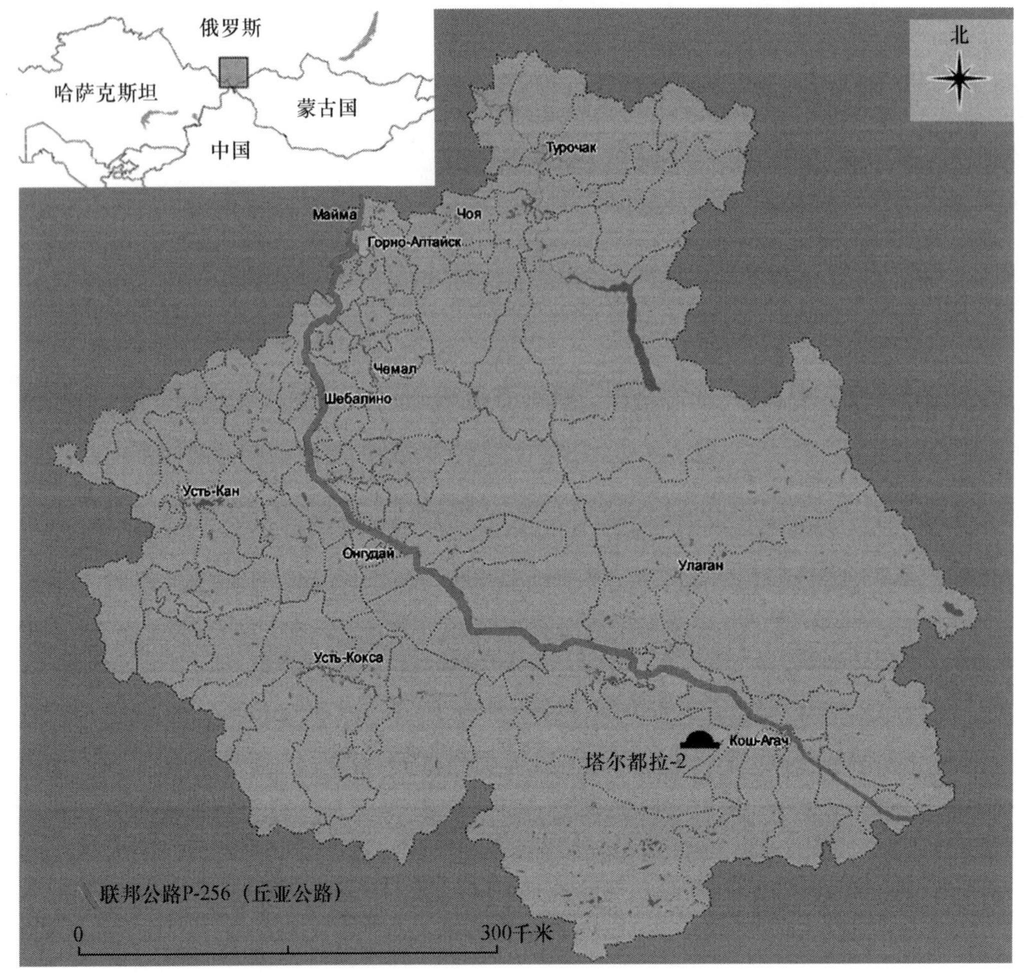

图一　塔尔都拉 -2 墓地位置示意图

人骨和遗物。（Могильников，Елин，1983. C. 134-135）。

2016 年发掘的 5 号墓葬的封堆呈圆形，由大的圆石和小的石块组成（图三）。封堆直径 14 米，封堆下方，土丘中央，有一盗坑。盗坑的尺寸为 4.2 米 ×3.4 米，深 3 米，盗坑的平面呈圆形，下部变窄。盗坑下面是墓室，墓室的上部有从封堆中落下的石块，墓室内填充着细碎的石头。在墓室内清理了两座墓葬——位于墓室上部的打破墓葬和位于墓室底部的主墓葬。

打破墓葬位于墓室上部，距地表 0.75 米（图四）。墓葬的平面是 1.95 米 ×0.7 米的椭圆形，墓室内埋葬一个死者，头朝东北，仰身直肢，左手位于腿骨的上半部分。墓室的上部覆盖着石板。在死者椎骨附近的腰带区域，清理了一把锈蚀严重的铁刀和一个圆形的铁扣。在铁刀附近，清理出了一个羊股骨，股骨落在人的椎骨之间。在死者的盆骨区域，又清理出了一个锈蚀严重的铁扣。在死者的腿部区域有碎陶片出土。根据丧葬仪式和人骨的摆放方式判断，打破墓葬的年代为 1 世纪上半叶，出土的遗物可以进一步证

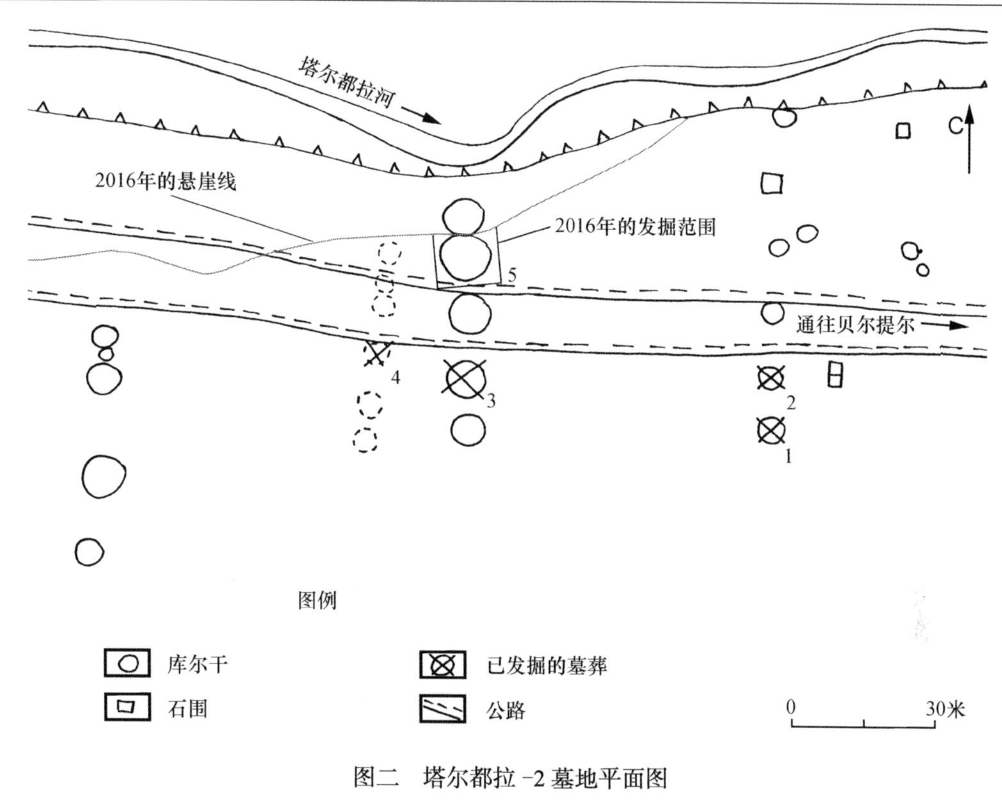

图二　塔尔都拉 -2 墓地平面图
（根据 Могильникову В. А.，Елину В. Н.，1983）

明这一判断。

主墓位于墓室的底部，距离地表 2 米，为木质的棺椁，由大的原木构成（图五）。原木厚 0.2 ~ 0.3 米，沿着东西方向排列。上下有三层原木叠压，构成了小木屋的结构，底层的原木最厚，类似“地板”，在“小木屋”上方还有一层盖板。上层的盖板塌陷，落入了棺椁中央。在棺椁的东部，可以清晰地看到一个圆形的盗洞。盗洞的尺寸为 1.3 米 ×1 米，沿着盗洞的边缘，叠压的原木有燃烧的痕迹。在“盗墓贼”进入的通道中也发现了木炭和烧焦的木头碎片。

“木屋”的尺寸为 2.2 米 ×1.75 米，高度为 0.3 米。“木屋”的底板上铺着 2 ~ 3 厘米厚的细木条，同时“木屋”底板上堆满了“强盗”从盗洞中倒出的碎土渣，还有“天花板”上的木屑。在“木屋”的“墙壁”和墓坑的“墙壁”之间填满了小石头。这座墓葬中没有殉马。

棺椁内埋葬着一个成年人（女性？）和一个孩子（图六）。被埋葬者的头骨位于棺椁的南壁附近，与成年尸骨的膝盖相对，两个死者的后脑勺相互依偎。和头骨相连的是下颌骨和颈椎的上椎骨，这表明在尸体白骨化之前身首已经分离。根据残存的骨骼判断，死者头朝西。棺椁中央摆放着成年人的骨架，孩子的骨架在棺椁的北半部。死者侧身屈肢，双臂下垂。

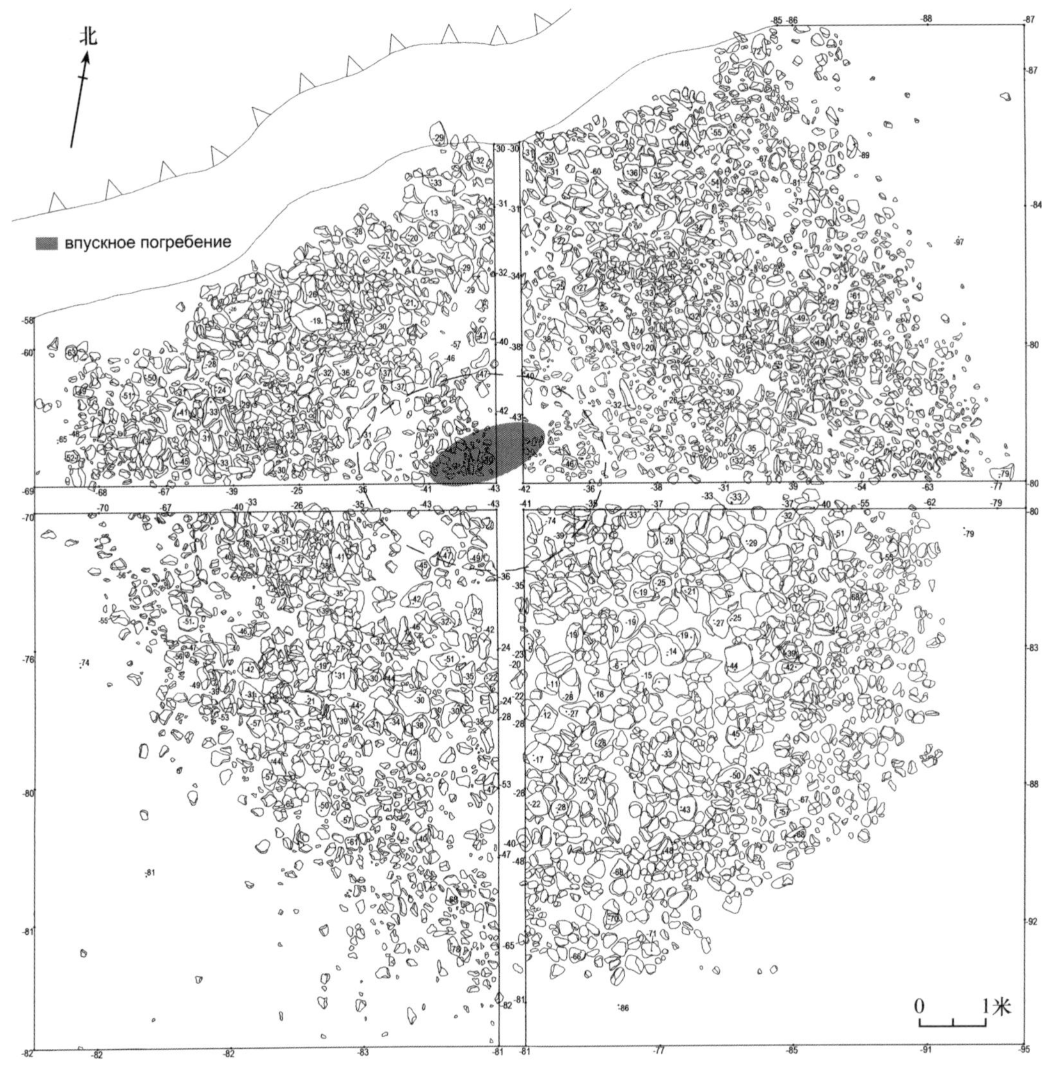

图三　塔尔都拉 -2 墓地 M5 封堆平面

在墓室的南侧，成年人骨骼的膝盖处，清理出了一个陶器的碎片，为陶壶的颈部，颈部上下贴塑两圈绳索纹装饰（图七，1）。在陶器的表面还有黑色的彩绘，显然，彩绘的形状为螺旋形。在陶器的附近，埋葬着两面铜镜（图七，2、3）。一面铜镜放在皮革套子里。此外，在成人骨骼的膝盖下方，还清理出了纺织物（？）和木制品的碎片。在成人骨骼的盆骨附近还发现了金箔。在棺椁的东壁清理出了一根肋骨和一块动物骨骼碎片。

从丧葬习俗和随葬品来看，下层的墓葬属于斯基泰时期的巴泽雷克文化，年代为公元前 4 ~ 前 3 世纪。缺少殉马，墓室内随葬 2 人，死者的头骨向西，这些可能受到了萨尔棱（саглынская）文化的影响（Тишкин，Дашковский，2003. С. 166）。萨尔棱文化分布在图瓦地区。具有萨尔棱文化特征的墓葬经常出现在阿尔泰东南部，与巴泽雷克文

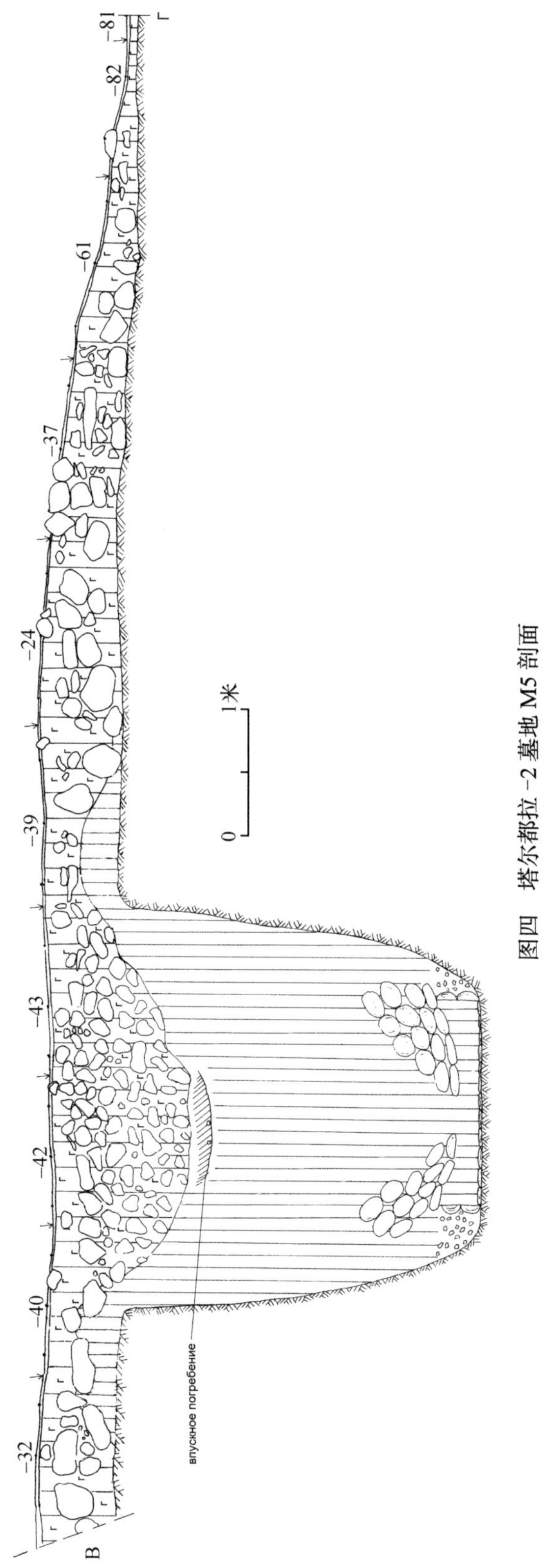

图四 塔尔都拉-2墓地M5剖面

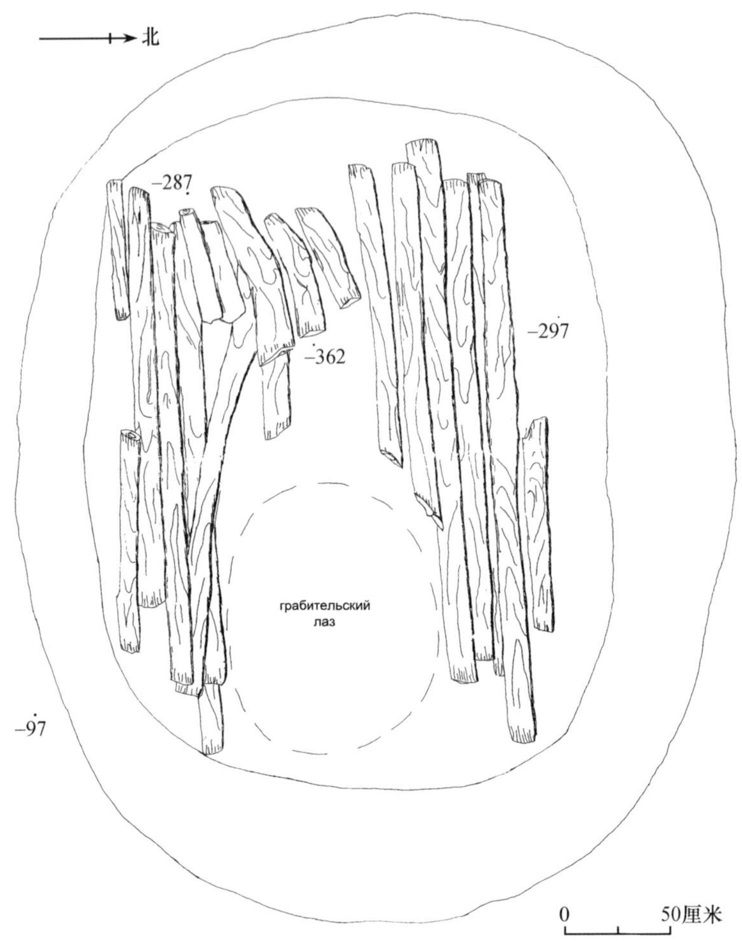

图五　塔尔都拉 –2 墓地 M5 主墓葬的盖板

化的“经典”墓葬处在同一链条上。

从发掘过程中记录的“盗掘”痕迹，我们可以判断墓葬的扰乱时间。在墓室的上部，完整地保存着公元前 1 世纪上半叶的墓葬，这表明再没有后来者进入，即只有在上部墓葬安放之前，“盗墓贼”才有可能对主棺椁进行侵犯。死者的头骨与上颈椎相连，也就是说，在尸体腐烂之前，死者的头部和身体已经分开。此外，骨骼的保存位置相对完整，也从侧面反映了“盗墓贼”在死者埋葬后不久对尸体进行的破坏。巴泽雷克文化墓葬中的人骨通常是侧身屈肢，头朝东。在 5 号墓中，头骨朝西并位于膝关节处。头朝西的葬俗可以通过和图瓦地区萨尔棱文化的交流来解释。然而，头骨在膝关节处，显然是人为的，也表明了在埋葬之后甚至在尸体白骨化之前“盗墓贼”即已对尸体进行了处理（Зайцева，2005. С. 16）。

考虑到死者的关节部分十分完整，可以得出结论，扰乱墓葬的现象是在死者尸体被放入墓室后的短时间内发生的。还应注意到，上部墓葬墓坑内的填充物十分均匀，

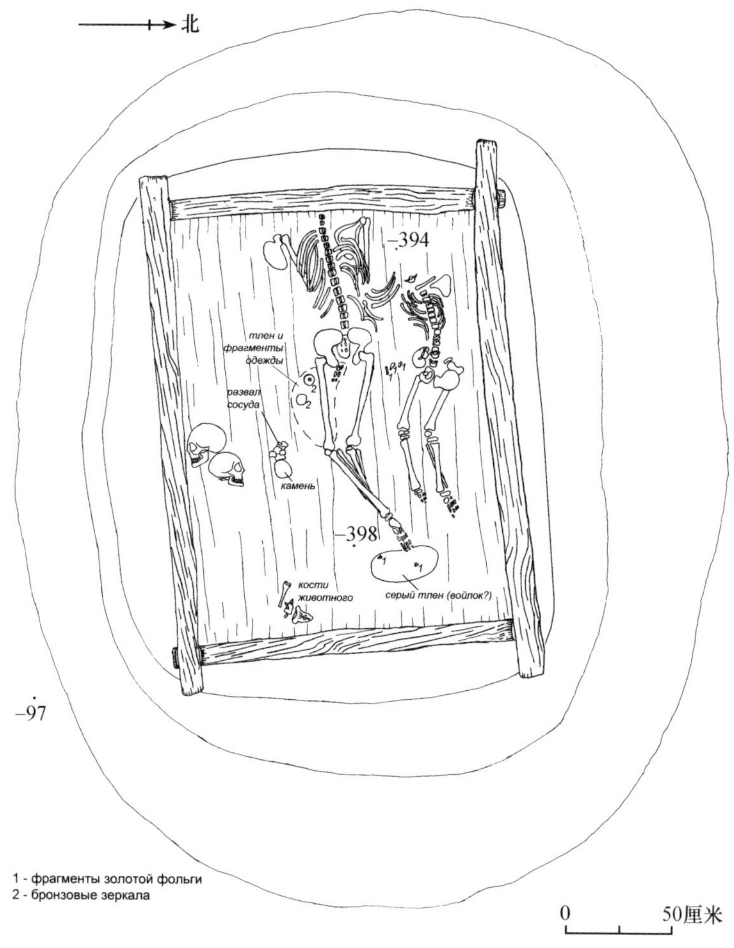

图六　塔尔都拉 -2 墓地 M5 主墓室

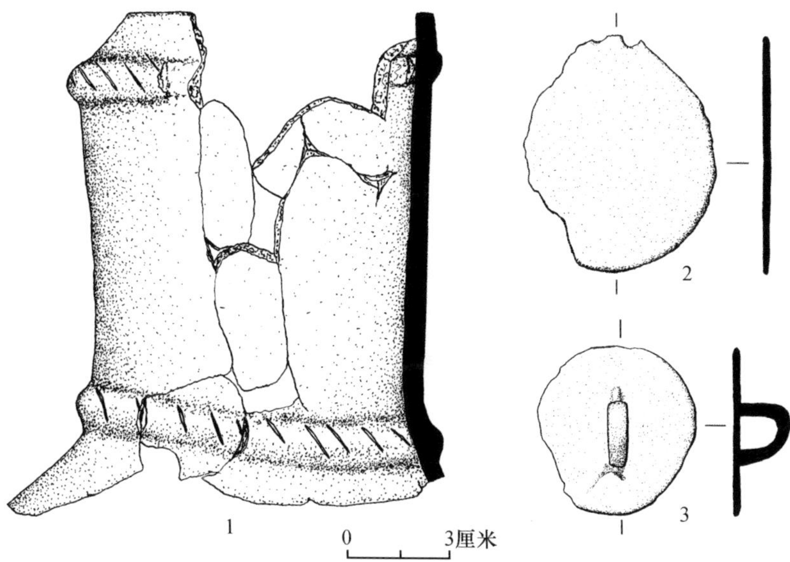

图七　塔尔都拉 -2 墓地 M5 主墓室出土的遗物

1. 陶壶颈部　2、3. 铜镜

由碎石组成，未发现盗洞，也没有挖掘痕迹。不过需要注意的是，封堆顶上没有石头，应该是"盗墓贼"挖掘的"盗洞"使得"小木屋"的盖板塌陷，石头便掉进了盗洞里。基于这些事实，可以假设，甚至在封堆结构建造完成之前，就很可能发生了墓葬扰动的现象。

阿尔泰斯基泰时期"皇家"墓葬的研究人员对"盗掘"发生的时间各执一词。M. П. 格里亚兹诺夫认为，巴泽雷克1号大墓在墓室永久冻土形成之前就已遭到"盗掘"，而"盗掘"本身也促成了冰晶的形成（Грязнов，1929. С. 984）。他写道，"葬礼发生在9月"，由于冰晶的形成，他认为"盗掘"发生在深秋或冬季（Грязнов，1950. С. 19）。还应注意到"盗墓贼"非常了解巴泽雷克墓葬的结构（Грязнов，1950. С. 15），也就是说，他们可能是墓葬的建造者。

相反，С. И. 鲁登科写道，对巴泽雷克大墓的"盗掘"发生在永久冻土的一部分形成之后，"这花了好几年时间"，但当时尸体仍处于"良好状态"（Руденко，1953. С. 20-21）。而且，巴泽雷克大墓的"盗墓贼"没有以任何方式掩盖"盗掘"的痕迹，在封堆上留下了大的盗洞。也就是说，在建造封堆的人离开这些地方之后，"盗掘"只能由新的人群来实施。为了进一步证明自己的观点，他指出了在盗洞中存在火烧痕迹，目的是融化冰晶（Руденко，1953. С. 23）。我们在发掘塔尔都拉 -2 墓地 M5 时，也发现了"盗墓贼"沿着盗洞边缘燃烧原木的痕迹，但在 M5 中并没有形成永久冻土。或许，火烧痕迹的存在需要寻找其他的解释。

大多数研究人员将燃烧木椁的痕迹与"盗掘"行为联系起来。而 A. C. 苏拉萨科夫认为，燃烧巴泽雷克文化木椁的盖板是葬礼仪式的一部分（Суразаков，1994）。我们倾向火是"盗墓贼"使用的，这是我们在发掘塔尔都拉 -2 墓葬的过程中清晰发现的。在这种情况下使用火可以解释为"盗墓贼"的仪式行为，以保护自己免受墓葬"所有者"的侵害并"密封"生者与死者世界之间的通道（Таиров，2014. С. 243）。显然，出于同样的目的，狗的尸体被安放在受到扰动的塔加尔文化墓葬中。

M. P. 格里亚兹诺夫和 С. И. 鲁登科对墓室内冰晶的存在提出了疑问，他们无法得出一个统一的解释，令人信服地表明冰晶形成和墓葬"盗掘"的顺序。但他们一致认为，"盗掘"发生在埋葬后相对较短的时间内。在我们看来，进入坟墓是在很短的时间内完成的。墓葬本身的建造需要很长时间，因为它是一个复杂的结构。因此，在某些情况下，"盗掘"可能发生在土墩建造的某个阶段。在对塔尔都拉 -2 墓地 M5 进行发掘的过程中，发现到的正是这种情况。

通常，研究人员会找到对巴泽雷克墓葬"盗掘"现象的"务实"解释。他们从尸体被破坏痕迹来论证。С. И. 鲁登科解释了"盗墓贼"破坏巴泽雷克大墓里埋葬者尸体的现象："在第二个土堆中，可能是为了从一男一女身上取下项圈，强盗砍下了他们的头。同一个墓室内的女人还被砍断了膝关节以下的小腿、脚以及右手，为的是取出她脚上以及手腕上的镯子”（Руденко，1953. С. 50）。但是，在冬宫博物馆永久展览中展出的第五个巴泽雷克墓葬贵族木乃伊的双腿并没有被完全切断，虽然有砍砸的痕迹。

通常，死者的头部和腿部被砍伤。在不同时空范围内的不同文化中，人们对头部的特殊态度是众所周知的（Зайцева，2005. С. 26；Соенов，2017. С. 124）。在阿尔泰的遗址中，至少从青铜时代早期就有迹可循，当时出现了第一批无头人墓葬（Вдовина，2004）。由于头部具有特殊的意义，砍掉了头部，“盗墓贼”也就给死者造成最大的“伤害”。有趣的是，在阿尔泰的民间传说中，也有相似的故事。因而，我们可以认为“盗墓贼”出于愤怒砍掉了塔尔都拉 -2 墓地 M5 死者的头部。其他墓葬中发现的死者腿部被砍断或砍伤的行为，可以解释为对死者的恐惧。由于人腿的主要功能是运动，因此“盗墓贼”砍伤腿部，显然是希望剥夺死者“行走”的能力，使死者不能动弹，进而伤害他们。

由此可见，“盗掘”与丧葬仪式存在着密切的联系。 一些研究人员甚至认为这种行为是某些人群葬礼仪式的一部分。 在许多情况下，他们认为，墓葬的完整结构是在墓葬被扰乱后才建造的。这些结论是在对图瓦斯基泰时期墓葬的观察后得出的（Семёнов，Килуновская，2016. С. 33，35）。

从巴泽雷克文化完整墓葬的情况来看，首先，“盗掘”并不是强制的规范性行为，因为并不是每个墓葬都会“被盗”。其次，在发掘完整贵族墓葬时所发现的遗物并不包含大量财富，这也不支持“盗掘”是为了获利的说法。当然，巴泽雷克文化中最大的“皇家”大墓除外，它们无一例外都遭到了严重的盗掘，我们不知道有哪些遗物最初埋在“皇家”大墓中。

考虑到发掘墓葬中死者尸体被破坏的事实，可以推测这里的“盗掘”具有亵渎性质，是对被埋葬者怀有敌意的人故意实施的。另外，这种对身体的操作可以用违反尸体的完整性来解释。这种行为可能是亲属出于对死者的恐惧而实施的，例如，当家人遭遇不幸时，这些不幸在某种程度上与埋在墓室内的人有关，家人会出于恐惧而破坏死者尸体的完整性。“盗墓贼”对墓葬的建造非常了解（Грязнов，1950. С. 15），以及进入墓室的痕迹证明了“盗掘”墓葬的人员可能正是参与墓葬建造的人员，他们在墓室结构建造完成之前即已实施。

当然，我们还远未确定进入墓室的所有细节和原因，但我们确信，在塔尔都拉 -2 墓地 5 号墓葬发现的扰乱行为并非出于“务实”目的，即这不是出于对利益的渴求，而是一种仪式性的……因此，我们支持认为此类墓葬不应被称为“盗掘”，而应被称为“扰乱或扰动”（Яценко，Килуновская，2016. С. 12）。这种行为很可能是巴泽雷克文化非常复杂的葬礼规范，在某些情况下经常使用。这也可以解释为什么在阿尔泰和邻近地区的斯基泰时期墓葬扰动传统如此广泛的存在。

参 考 文 献

Вдовина Т. А. 2004. Аварийные раскопки на могильнике Нижний Айры-Таш // Древности Алтая. Горно-Алтайск, №12. С. 6-12.

Грязнов М. П. 1950. Первый пазырыкский курган. Ленинград: Изд-во Гос. Эрмитажа, 90 с.

Грязнов М. П. 1929. Пазырыкское княжеское погребение на Алтае // Природа, №11. С. 971-984.

Древние некрополи и поселения. 2016. постпогребальные ритуалы, символические захоронения и ограбления. Санкт-Петербург: ИИМК РАН; Невская книжная типография, 244 с.

Евтюхова Л. А., Киселев С. В. 1941. Отчет о работах Саяно-Алтайской археологической экспедиций // Труды ГИМ. М. С. 75-117.

Епимахов А. В., Куприянова Е.В. 2015. Всероссийский (с международным участием) круглый стол «Археология древних ограблений и символических захоронений» (Челябинск, 2015 г.) // Вестник Южно-Уральского государственного университета. Серия: Социально-гуманитарные науки. Т. 15. №3. С. 115-118.

Зайцева О. В. 2005. Погребения с нарушенной анатомической целостностью костяка: методика исследования и возможности интерпретации: автореф. дисс. ... канд. ист. наук. Новосибирск, 28 с.

Кирюшин Ю. Ф., Степанова Н. Ф., Тишкин А. А. 2003. Скифская эпоха Горного Алтая. Часть Ⅱ: Погребально-поминальные комплексы пазырыкской культуры. Барнаул: АлтГУ, 234 с.

Константинов Н. А., Соенов В. И., Трифанова С.В., Эбель А. В., Урбушев А. У. 2017. Полевые исследования в Кош-Агачском районе Республики Алтай // Полевые исследования в Прииртышье, Верхнем Приобье и на Алтае в 2016 году (археология, этнография, устная история) . Вып. 12: Материалы Ⅻ международной научно-практической конференции, Омск, 24-25 марта 2017 г. Омск: Издатель-Полиграфист, С. 37-38.

Кубарев В. Д. 1992. Курганы Сайлюгема. Новосибирск: Наука, 220 с.

Кубарев В. Д. 1987. Курганы Уландрыка. Новосибирск: Наука, 150 с.

Кубарев В. Д. 1991. Курганы Юстыда. Новосибирск: Наука, 190 с.

Кузнецов Н. А. 1998. Погребения собак на Среднем Енисее как археологический источник: автореф. дисс. ... канд. ист. наук. Новосибирск, 22 с.

Могильников В. А., Елин В. Н. 1983. Курганы Талдура // Археологические исследования в Горном Алтае в 1980—1982 годах. Горно-Алтайск: ГАНИИИЯЛ, С. 90-108.

Могильников В. А., Куйбышев А. В., Суразаков А. С. 1978. Раскопки в Кызыл-Джаре // АО 1977 года. М.: Наука, С. 261-262.

Полосьмак Н. В. 2001. Всадники Укока. Новосибирск: ИНФОЛИО-пресс. 336 с.

Радлов В. В. 1989. Из Сибири: Страницы дневника. М.: Наука, 749 с.

Руденко С. И. 1953. Культура населения Горного Алтая в скифское время. М.-Л.: АН СССР, 402 с.

Руденко С. И. 1960. Культура населения Центрального Алтая в скифское время. М.-Л.: АН СССР, 360 с.

Савинов Д. Г. 2009. Минусинская провинция Хунну. (По материалам археологических исследований 1984-1989 гг.) . СПб., 226 с.

Савинов Д. Г. 1987. О завершающем этапе культуры ранних кочевников Горного Алтая // Краткие сообщения института археологии. Вып. 154. С. 48-55.

Семёнов В. А., Килуновская М. Е. 2016. «Разрушение», «Разграбление», «Ритуал» - погребальный обряд в контексте древних культур (по археологическим памятникам Тувы) // Древние некрополи и поселения: постпогребальные ритуалы, символические захоронения и ограбления. Санкт-Петербург: ИИМК РАН; Невская книжная типография, С. 15-36.

Соенов В. И. 2017. Нарушенное воинское погребение на могильнике Верх-Уймон // Древности Сибири и Центральной Азии. Горно-Алтайск: ГАГУ, № 8 (20) . С. 117-142.

Суразаков А. С. 1989. Горный Алтай и его северные предгорья в эпоху раннего железа. Проблемы хронологии и культурного разграничения. Горно-Алтайск, 214 с.

Суразаков А. С. 1999. О традициях нарушения древних погребальных сооружений // Итоги изучения скифской эпохи Алтая и сопредельных территорий. Барнаул: АлтГУ, С. 171-173.

Суразаков А. С. 1994. Погребальный обряд пазырыкцев. //Археология Горного Алтая. Барнаул: АлтГУ, С. 71-74.

Таиров А. Д. 2014. Сожжение как результат ограбления (по материалам Южного Зауралья) // Труды Ⅳ (XX) Всероссийского археологического съезда. Казань, Т. Ⅱ . С. 241-243.

Тишкин А. А., Дашковский П.К. 2003. Социальная структура и система мировоззрении населения Алтая скифской эпохи. Барнаул: АлтГУ, 430 с.

Чугунов К. В. 2007. Могильник Догээ-Баары2 Как памятник начала уюкско-саглынской культуры Тувы (по материалам раскопок 1990-1998 гг.) // А. В.: Сборник научных трудов в честь 60-летия А. В. Виноградова. СПб.: Культ-Информ-Пресс, С. 123-144.

Яценко С. А., Килуновская М. Е. 2016. Нарушенные погребения: проблемы изучения // Древние некрополи и поселения: постпогребальные ритуалы, символические захоронения и ограбления. Санкт-Петербург: ИИМК РАН; Невская книжная типография, С. 7-14.

Disturbed Burial of Pazyryk Culture from South-Eastern Altai

N. A. Konstantinov　A. Y. Urbushev

Abstract: The article publishes the disturbed burial of the Pazyryk culture, investigated by the expedition of the GASU in 2016 at the Taldura II cemetery in the Kosh-Agach region of the Altai Republic. During the excavations of the burial mound, traces of robbery in the form of a cut through hole in a wooden cover of the burial, separation of the heads of the buried people, changes in the initial position of the deceaseds were recorded. Observations over the features of this complex and comparison with other disturbed burials made it possible to make a number of observations on the interpretation of the tradition of the violation of the burial mounds of Pazyryk culture. Most of these objects were robbed back in a short time after placing of bodies into burials. Two approaches to the interpretation of the violation of funeral complexes are considered. The first is a “pragmatic” approach, explaining the violation of graves only for the purpose of gaining money by obtaining a valuable accompanying inventory. The second approach sees a violation of burial as part of the ritual sphere of activity of the ancient man. Such an approach suggests that the “robbery” could be carried out with a view to: a) desecrating the grave, for example, by an alien population to demonstrate their rights to the territory; b) the implementation of the final rituals in the framework of the burial ritual.

Keywords: Altai; Pazyryk Culture; Scythian Time

比斯克地方志博物馆的中国钱币：研究历史、X射线荧光光谱分析和年代判定

A. A. 提什金[1]，B．B．戈尔布诺夫[2]，B．B．谢罗夫[3]著
于 梁[4]，牧金山[5]译
（1、2、4、5. 阿尔泰国立大学，巴尔瑙尔，656049；3. 巴尔瑙尔东正教神学院，巴尔瑙尔，656008）

摘要：在阿尔泰地区、鄂毕河上游南岸遗址中发掘出的中世纪早期钱币，是判断年代的重要依据。它们还反映了这一时期不同民族之间的文化交流以及军事、政治关系。本文的研究对象是收藏于比斯克地方志博物馆（阿尔泰边疆区比斯克市）的两枚开元通宝，它们出土于著名的斯罗斯特基1号(Сростки-I)墓地。本文系统梳理了这两枚钱币的研究历史，首次对其进行了详细的描述，发表了钱币的完整图像并将这两枚钱币的钱文信息与X射线荧光光谱分析检测相结合，重新判断了这两枚钱币的年代。阿尔泰地区还有其他类似的发现，这表明我们需要进一步研究北亚地区发掘出土的钱币材料。

关键词：阿尔泰　鄂毕河上游　斯罗斯特基1号　库尔干　钱币　中世纪早期　比斯克地方志博物馆　X射线荧光光谱分析　定年

一、引　言

在古代遗迹的发掘中，出土钱币的作用尤为重要。基于钱币的铸造年代，首先可以大体确定遗迹最早存在的时间，因为在此之前所出土的钱币并不存在。综合分析其他出土遗物的相关信息，我们可以更准确地判定墓葬或遗址的年代。外来的钱币可能表明本地人群与其他地区人群之间的军事、政治关系（战利品、贡品）或贸易往来。对于考古学研究而言，十分重要的是判断钱币背后更为复杂的历史，为此，首先我们需要详细地出版所出土的钱币信息。

钱币在阿尔泰地区和鄂毕河上游南岸的中世纪早期遗迹中都有发现，它们出土于阿

尔泰山区的突厥遗迹中[①]，在森林草原地区的奥金佐沃文化（Одинцовская культура）和斯罗斯特基文化（Сросткинская культура）中也有发现。可惜的是，大多数钱币在出版材料中一笔带过，基本没有图像信息，尽管有些材料中存在极少的图片，但质量也不尽如人意。同时，对于这些钱币几乎没有专门的研究[②]。本文的目的在于详细出版收藏于比斯克地方志博物馆[③]中的两枚中国钱币的信息，并对其进行综合分析以填补这一领域的空白。

二、研究材料与研究方法

这两枚钱币在比斯克地方志博物馆中的16号展柜中展出，它们属于斯罗斯特基文化，展品标签信息如下："武宗（Ву-Цзун）（843～847年）时期铸造的中国铜币。"从博物馆的藏品目录来看，这两枚钱币是M. Д. 科佩托夫（М. Д. Копытов）于1925年在斯罗斯特基1号（图一）墓地中发掘的。

在比斯克地方志博物馆的藏品目录［1号（1913～1939）和2号（1918～1942）］中，共收录钱币4枚，信息如下："铜质古代中国钱币"（第1册－第154号，第2册－第896号）。1939年，在С. М. 谢尔盖耶夫（С. М. Сергеев）编写的斯罗斯特基1号墓葬遗物清单中，对这些钱币的记录如下："中国唐代钱币"4枚（第849/6号）。在1947年В. Н. 丹尼尔琴科（В. Н. Данильченко）重新编写的文物清单中，这些钱币的编号为№ 2520，描述如下："中国唐代钱币"4枚。如上所述，本次展览中仅展出两枚钱币（一枚完整的和一枚残损的）。

1928年С. М. 谢尔盖耶夫在简报中首次提及М. Д. 科佩托夫发掘的钱币："在墓葬中出土了2枚中国钱币，根据鲁登科（Руденко）已发表的报告来看……这些钱币是唐代铸造的。"[④]两年后，М. П. 格里亚兹诺夫（М. П. Грязнов）在论文《阿尔泰的古代文化》中也将这些钱币归于唐代，并将钱币的年代定为7～10世纪[⑤]。С. В. 吉谢列夫

---

① Серегин Н. Н., Тишкин А. А. Тюркская культура // История Алтая. Т. I: Древнейшая эпоха, древность и средневековье. Барнаул : Изд-во Алт. ун-та ; Белгород : Константа, 2019. С. 322-332.

② Серов В. В. Находка древних китайских монет на Алтае // Седьмая Всероссийская нумизматическая конференция. Москва : [Б.и.], 1999. С. 47-48.

③ 感谢比斯克地方志博物馆对本文研究的慷慨支持。

④ Сергеев С. М. Курганные погребения близ с. Сростки Бийского округа. Краткая характеристика // Сохранение и изучение культурного наследия Алтайского края. Вып. IX. Барнаул : Изд-во Алт. ун-та, 1998. С. 187-190.

⑤ Грязнов М. П. Древние культуры Алтая // Материалы по изучению Сибири / Общество изучения Сибири. Вып. 2. Новосибирск : Сов. Сибирь, 1930. 12 с.

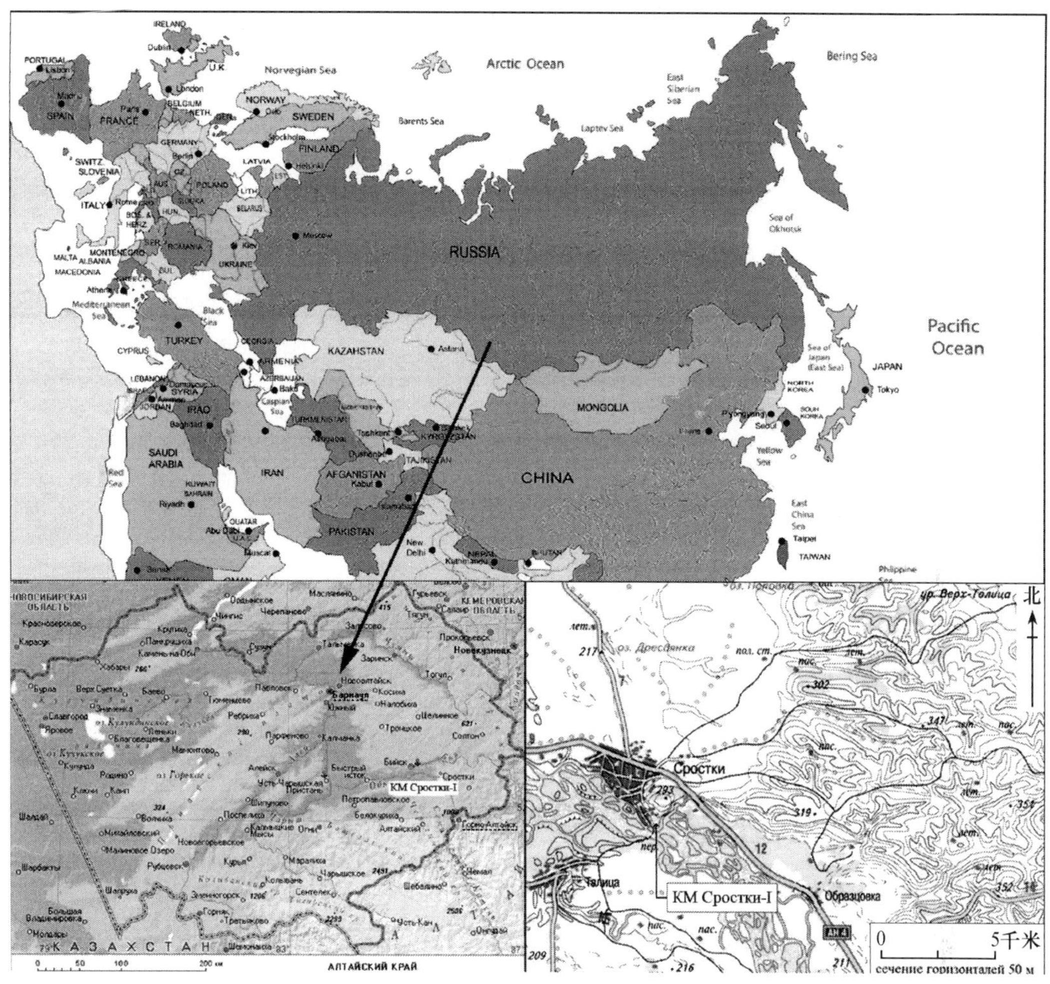

图一　斯罗斯特基 1 号墓葬的地理位置

（С. В. Киселев）参考 С. 肖杜瓦罗姆爵士[①]1842 年发表的著作（这部著作中列出了中国主要硬币类型的示意图）更为详细地确定了钱币的归属和年代，即他将钱币的年代定为唐武宗时期 841 ~ 846 年[②]。值得注意的是，在所有上述出版物中，均未提供钱币本身的线图或照片。

随后，阿尔泰国立大学的考古学者继续对斯罗斯特基 1 号墓地出土的钱币进行研究。1990 年由于展览需要，В. В. 戈尔布诺夫（В. В. Горбунов）对其中一枚完整的钱币进行了清洗。2016 年 А. А. 提什金（А. А. Тишкин）拍摄了这两枚钱币的正反两面照片，

① Chaudoir S. de. Recueil de monaies de la Chine, du Japon, de la Corée, d'Annam, et de la Java. St. Pétersbourg : F. Bellizard et Co., 1842. 215 p.

② Киселев С. В. Древняя история Южной Сибири. М. : Изд-во Академии наук СССР, 1951. 642 с.

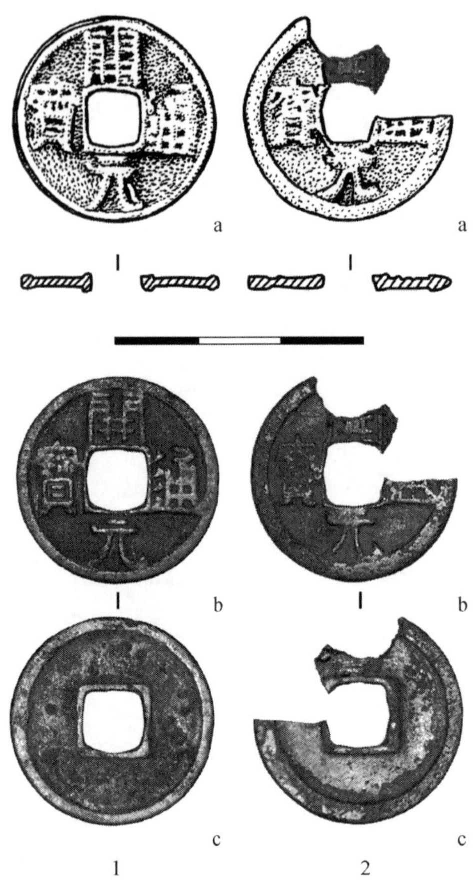

图二　比斯克地方志博物馆展出的中国钱币
1、2. 开元通宝（1 完整，2 残）
（线图由 А. Л. 昆古罗夫绘制，照片由 А. А. 提什金拍摄）

并进行了 X 射线荧光光谱分析。А. Л. 昆古罗夫（А. Л. Кунгуров）绘制了线图。这些工作是撰写专门性研究文章的前提。

两枚钱币都是浇铸而成。完整的一枚（图二，1）呈圆形，直径 23.5、厚 1 毫米。钱币的中心有一个 7 毫米 ×7 毫米的方孔。钱币正面的外郭最宽为 1.5 毫米。内郭的宽度小于 0.5 毫米。在内外郭之间书写四个汉字“开元通宝”（图二，1a、b）。“开”位于方孔上方，“元”位于方孔下方，“通”位于方孔右侧，“宝”位于方孔左侧。钱币的背面十分光滑，外郭宽达 2 毫米，内郭宽达 0.5 毫米（图二，1c）。М. В. 瓦罗比耶夫（М. В. Воробьев）根据钱文特征认为这枚钱币为唐代晚期铸造的“开元通宝”，流通时间为 806 ~ 845 年①。

我们使用便携式 X 射线荧光光谱仪“INNOV-X SYSTEMS”ALPHA SERIES™（型号 Alpha-2000，美国制造）对钱币进行检测。该设备带有测试台和微型计算机，所以检测直接在比斯克地方志博物馆中进行，由 А. А. 提什金操作。通过对 X 射线荧光光谱数据的分析（主要金属成分的数量和比例以及其他微量成分）进一步验证钱币的铸造时间。

首先，检测了完整钱币的正反两面，它们都覆盖着铜绿和氧化物（图二，1）。检测数据如下：① Cu（铜）47.52%、Sn（锡）30.82%、Pb（铅）20.49%、Fe（铁）0.74%，Zn（锌）0.32%、Ni（镍）0.11%；② Cu（铜）44.28%、Sn（锡）36.54%、Pb（铅）18.19%、Fe（铁）0.62%、Zn（锌）0.28%、Ni（镍）0.09%。这项检测不仅是为了确定主要的合金成分，还可以识别矿料元素以及埋藏环境对钱币的影响。为了达到这一目的，还在钱币表面选取了两个点，去除了表面的氧化物并进行了检测，结果如下：① Cu（铜）49.81%、Sn（锡）33.52%、Pb（铅）16.21%、Fe（铁）0.37%、Ni（镍）0.09%；② Cu（铜）47.85%、Sn（锡）35.46%、Pb（铅）16.05%、Fe（铁）0.36%、As（砷）

① Воробьев М. В. К вопросу определения старинных китайских монет «кайюань тунбао» // Эпиграфика Востока. Вып. XV. М. ; Л. : Изд-во Академии наук СССР, 1963. С. 123-146.

0.2%、Ni（镍）0.08%。通过分析数据可知，这枚完整的钱币为铜锡铅合金，符合中国中世纪早期青铜器的特征。少量存在的锌和砷可能为矿料中的杂质。钱币表面氧化物中明显增加的铁元素可能是埋藏环境对钱币造成的影响。

另一枚残损的钱币（图二，2）整体呈圆形，中间有一个方孔。钱币直径为 24.5 毫米，方孔尺寸为 7 毫米 ×7 毫米，钱币厚 1 毫米。钱币正面的外郭宽 2 毫米，内郭小于 0.5 毫米。“开元通宝”四个汉字在钱币的正面：“开”位于方孔上方，“元”位于方孔下方，“通”位于方孔右侧，“宝”位于方孔左侧（图二，2a、b）。“开”“通”两字因钱币破损仅存一半，“元”“宝”两字则磨损严重，字迹细节难以辨认。钱币的反面光滑，外郭宽达 2 毫米，内郭宽达 1 毫米（图二，2c）。考虑到这枚钱币的直径较大，或许反映出它的铸造时间较早，早于完整的那枚。

以同样的方式和设备对这枚钱币进行了 X 射线荧光光谱分析。首先，在不去除铜绿等氧化物的情况下检测钱币的正反两面。检测结果如下：① Cu（铜）50.93%、Pb（铅）21.57%、Sn（锡）20.62%、As（砷）2.75%、Fe（铁）3.9%、Zn（锌）0.23%；② Cu（铜）44.51%、Pb（铅）26.66%、Sn（锡）21.84%、Fe（铁）3.78%、As（砷）2.76%、Zn（锌）0.39%、Ni（镍）0.06%。随后选取一点去除钱币表面的氧化物，得出以下数据：Cu（铜）66.92%、Sn（锡）14.69%、Pb（铅）13.33%、Fe（铁）2.73%、As（砷）2.15%、Zn（锌）0.18%。结果表明，这枚钱币同样为铜锡铅合金，但在其他元素的比值上与前一枚略有不同。我们认为砷、锌为矿料中的杂质，可能包括镍。铁的比例显著提高，可能表明它被特别添加到合金之中，也有可能在原始矿料中铁元素的含量较高。

三、讨　　论

M. Д. 科佩托夫发现的钱币并不是斯罗斯特基 1 号墓地中唯一出土的钱币材料。1930 年 C. M. 谢尔盖耶夫继续发掘这一墓地，在 2 号墓中也出土了一枚“开元通宝”，C. M. 谢尔盖耶夫给出的年代范围很广，为 7 ~ 10 世纪①。A. A. 加夫里洛夫（A. A. Гаврилова）发表了这枚钱币的材料②，他参考了 A. A. 贝科夫（A. A. Быкова）的一份科普出版物，认为这枚钱币的铸造时间为 760 ~ 780 年。C. B. 吉谢列夫③认为这枚钱币与 M. Д. 科佩托夫发现的钱币没有区别，因而它的铸造年代可能为 841 ~ 846 年。可惜的

① Савинов Д. Г. Сросткинский могильник (раскопки М.Н. Комаровой в 1925 г. и С.М. Сергеева в 1930 г.) // Древности Алтая (Известия лаборатории археологии №3) . Горно-Алтайск : ГАГУ, 1998. С. 175-190.

② Гаврилова А. А. Могильник Кудыргэ как источник по истории алтайских племен. М. ; Л.: Наука, 1965. 146 с.

③ Киселев С. В. Древняя история Южной Сибири. М. : Изд-во Академии наук СССР, 1951. 642 с.

是，在这些出版物之中，这枚钱币的线图极其简略，我们无法进一步地验证钱币的属性（图三，1、2）。

在发掘斯罗斯特基文化的其他墓地时也出土了“开元通宝”（图三，3～8）：吉列洛9号墓地（Гилево-IX）发掘出一枚碎片[①]、伊尼亚1号墓地（Иня-1）发掘出一枚钱币[②]、库库什金－埃尔班2号墓地（Кукушкин Елбан-2）发掘出四枚钱币[③]。此外，在阿库季哈1号居址（Акутиха-1）（奥金佐沃文化）[④]和尤斯特德1号墓地（Юстыд-I）都各出土了一枚开元通宝（突厥文化）[⑤]（图三，9、10）。

总的来说，在阿尔泰与鄂毕河上游南岸地区的考古遗址中，开元通宝是最具代表性的钱币种类，当然对这类材料我们还需要做系统的研究，尤其重要的是确定钱币的发行与使用年代。当代钱币学家已经开发出了一套系统研究古代中国钱币的方法。最具代表性的是法国著名的钱币学家、汉学家F. 蒂埃里（Ф. Тьери），他在文章中将唐代钱币上的文字和碑刻上的文字结合起来，归纳出了不同类型唐代钱币的年代顺序。

在阿尔泰地区发现的开元通宝（特别是比斯克地方志博物馆中的藏品）以前被认为是唐代的最后几年铸造的，但是对比F. 蒂埃里的研究，我们认为钱币的年代必须要往前追溯：大约是7世纪后半期至8世纪初。

第一枚完整钱币（图二，1）的铸造技术水平相当高，但和典型的开元通宝（以621年铸造第一批开元通宝为参照）有几处不同。从钱文来看，典型开元通宝“开”字的顶部“一”略微倾斜，而第一枚钱币“开”字的顶部“一”是平行的。“元”的“丿”延及钱币的外郭，这点也与典型的开元通宝不同。“通”和“宝”两字与典型开元通宝上的钱文几乎没有区别。钱币上的钱文，内、外郭的宽度和厚度都较为典型。钱币几乎是完美的圆形，但其直径为25～25.6毫米，略小于典型开元通宝的直径，这证明铸造钱币的铸范为精心制作。从这枚钱币的合金成分来看，唐王朝的国家经济可能正处于转变期，具体表现为钱币的铸造使用了更为便宜的金属（锡和铅，也包括铁）代替更为昂

---

① Могильников В. А. Кочевники северо-западных предгорий Алтая в IX-XI веках. М. : Наука, 2002. 362 с.

② Горбунов В. В., Кунгуров А. Л., Тишкин А. А. Раскопки курганов на Алтае // Археологические открытия 2000 года. М. : Наука, 2001. С. 212-214.

③ Абдулганеев М. Т., Шамшин А. Б. Аварийные раскопки у с. Точильное // Охрана и использование археологических памятников Алтая. Барнаул : Изд-во Алт. ун-та, 1990. С. 99-104.

④ Казаков А. А. Одинцовская культура Барнаульско-Бийского Приобья. Барнаул: Изд-во Барнаульского юридического ин-та МВД России, 2014. 152 с.

⑤ Кубарев Г. В. Культура древних тюрок Алтая (по материалам погребальных памятников) . Новосибирск : Изд-во Ин-та археологии и этнографии СО РАН, 2005. 400 с.

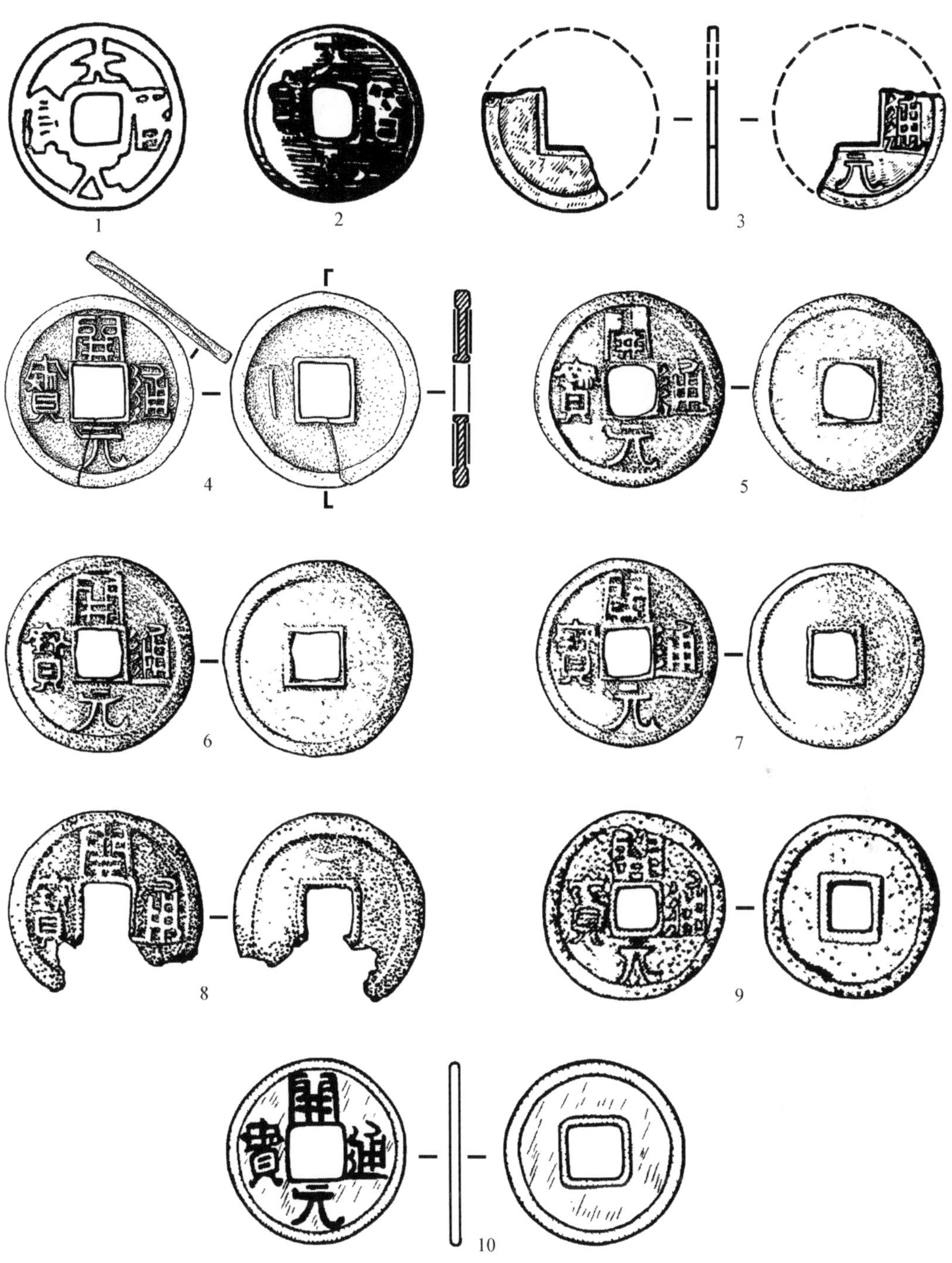

图三　阿尔泰地区、鄂毕河上游南岸中世纪遗址中发掘的中国开元通宝

1、2. 斯特罗斯基 1 号墓地 M2　3. 吉列洛 9 号墓地 M6　4. 伊尼亚 1 号墓地 M27　5 ~ 8. 库库什金－埃尔班 2 号墓地 M3　9. 阿库季哈 1 号居址 F2　10. 尤斯特德 1 号墓地 M8

贵的铜。总而言之，根据这枚钱币的整体特征，我们推定其铸造年代为 660 ~ 710 年①。

由于第二枚开元通宝（图三，2）较为残损，所以很难对其进行准确判断。根据残存的钱文信息，以及 X 射线荧光光谱分析数据，我们认为它与第一枚开元通宝的铸造年代大致相同。但钱文较为粗糙，或许表明第二枚残币的铸造年代稍晚于第一枚完整的钱币，但也有可能是这枚残币铸造于受中央政府控制薄弱、位置偏远甚至是私人经营的作坊。

四、结　　语

应该指出的是，在阿尔泰山区和森林草原地区出土的开元通宝，很可能和军事活动相关。因为在阿尔泰地区发现的开元通宝数量较少，所以该地区出现的钱币应该和经济贸易无关。而且，许多钱币有破损或裂缝（图二、图三），可能表明它们长时期用于其他目的。本文使用传统研究和科技检测相结合的方法重新审视阿尔泰地区出土的中国开元通宝，为进一步研究北亚地区出土的钱币材料奠定了基础。

附记：本文原文发表于俄罗斯考古期刊《考古学研究的理论与实践》2020 年 4 期，189 ~ 196 页。

本文研究得到了俄罗斯科学基金会（РНФ）“古代阿尔泰及邻近地区游牧社会经济模式的形成和演进”项目（编号 16-18-10033）的支持。

Chinese Coins from the Biysk Museum of Local Lore: History of Study, X-ray Fluorescence Analysis and Dating

A. A. Tishkin　B. B. Gorbunov　B. B. Serov

Abstract: Coins discovered in the Altai and the South of the Upper Ob region during archaeological excavations of Early Medieval monuments are important chronological indicators. They also reflect the results of ethno-cultural and military-political interaction between different groups of the population during this period. The article provides a detailed analysis of two Chinese coins stored in the Biysk Museum of local lore (Altai territory) and

① Thierry F. Typologie et chronologie des kai yuan tong bao des Tang // Revue numismatique. 1991. T. 33. P. 209-249.

originating from the well-known burial mound Srostki-I. In addition to the history of their study, detailed descriptions and comprehensive illustrations are presented for the first time. Based on the current data on Chinese coins and the results of x-ray fluorescence testing, new grounds for dating the considered products are given. This information is supplemented by a summary of other similar finds from the monuments of the territory under consideration. This information indicates the need for further study of numismatic materials that are known in certain regions of North Asia.

Keywords: Altai; Upper Ob region; Srostki-I; kurgan; Coins; Earlier middle Ages; Biysk Museum of local lore; X-ray fluorescence analysis; Dating

逋盂铭文释疑

韩　雪

（中国国家博物馆，北京，100006）

摘要： 文章对逋盂器铭中的疑难字词重作解读，揭示了逋奉周懿王祖母“天君”之命，前往郊遂挑选内廷官人的相关事迹，内容关涉西周地理及后宫制度等问题。

关键词： 逋盂　金文　潦既宫　端华

西安博物院所藏逋[①]盂1967年出土于陕西沣西公社新旺村窖藏（今西安市长安区马王街办）。该器侈口，深腹，高圈足。颈有双附耳，耳的顶端高出口沿，颈间另有一对浮雕兽首。腹部主体纹饰为波曲纹，颈和圈足上方分饰窃曲纹和夔龙纹（图一），时代为西周中期[②]。此器器形和主体纹饰特征与1973年陕西扶风刘家村东北出土的铜盂极为近似，后者年代为西周中期后段[③]。此外，逋盂器铭中的“天君”与约处懿王时期的公姞、尹姞二器中的天君应系一人，身份为在位周王的祖母，即穆王之配[④]。准此，将逋盂归入懿王世较为合宜。

研究者曾对器铭有过很好的解释，但仍有部分语词尚存争议，下文将试为论之，以就正于方家。为方便讨论，现将铭文释写如下（图二）：

唯正月初吉，君在潦（涝）既宫，命逋使于述（遂）土、陲，諆（其）各（格）以司：寮女、寮奚，端、华。天君使逋使湏（沫），逋敢对扬用作文祖己公尊盂，其永宝用。　　　　逋盂《集成》[⑤]10321

---

① 该字从走、甫，为行文方便，文中统一将其写定为逋。

② 陕西省博物馆：《陕西长安沣西出土的逋盂》，《考古》1977年1期。

③ 张天恩主编：《陕西金文集成（5）宝鸡卷》，三秦出版社，2016年，234页。

④ 韩雪：《尹姞器及相关问题研究》，《殷都学刊》2021年2期。

⑤ 中国社会科学院考古研究所：《殷周金文集成》（修订增补本），中华书局，2007年。文中简称《集成》。

图一　逋盂器影
（《陕西金文集成》[①]1261号）

图二　逋盂铭文
（《集成》10321）

一、君在潦既宫

铭文先言“君”，后言“天君”，知“君”为“天君”之省，皆指穆王正配，懿王的祖母[②]。黄盛璋先生在《逋盂新考》一文中，读“既”为“即”，即宫意为就宫。金文“即”字常见，一般写作“”，有“即位中庭”“即事”“即王”等例，指就位、就事、就王，为近就之义。文献中的“即”字用法与出土彝铭相同，如《尚书·立政》：“克即宅。”孙星衍《尚书今古文注疏》引《诗传》云：“即者，就也。”《资治通鉴·汉纪二》：“于是项王乃即汉王。”胡三省《注》：“即，就也，从也。”从金文辞例所见，“即”从未写成“既”，或用作“既”。“既”字，金文常见“既生霸”“既命汝”，字写作，右侧呈人食后回头状，有完成的含义，与“即”绝不混淆。《说文·皀部》段玉裁

---

① 张天恩主编：《陕西金文集成（11）西安卷》，三秦出版社，2016年，196页。

② 关于天君身份，或谓时王王后，或谓太后，结合金文女性称谓规律分析，天君当为时王祖母，即太王太后。详参韩雪：《尹姞器及相关问题研究》，《殷都学刊》2021年2期。另据汉代女子婚配年龄介于13～19岁，结合目前所见穆、共标准器最晚年代推考（分别为三十四年鲜簋、十五年趞曹鼎），懿王时穆王后的年龄在62～68岁或68岁以上，这的确是有可能的。

《注》："（既），假借字也，引申之义为尽也、已也。"《方言》卷六："既，定也。"本铭中的"既"，也应解释为既成、完成，如此则"潦既宫"当指位于潦地的既成之宫。

"潦"，地名。《说文》以"潦"字的本义为雨水大貌。《左传·襄公十年》云："水潦将降，惧不能归。"《诗·召南·采蘋》："于以采藻？于彼行潦。"毛《传》："行潦，流潦也。"雨水流行所渟蓄汙下之处，谓之潦[①]。按照常理，太王太后年事已高，其宫室应该不会选择在低洼下湿之处，"潦"或许有其他解释。"潦"又与"涝"相通，文献中有涝水，在丰镐一带。《文选·司马相如上林赋》："酆镐潦潏。"李善《注》："潦，即涝水也。"钱穆《史记地名考》："涝，潦。今鄠县西南，至长安县界入潏水。"[②]《水经·渭水注》："（渭水）又东过槐里县南，又东，涝水从南来注之。"知涝水为丰镐附近的水系之一，位于槐里之南。

涝水出于涝谷，见于《水经·渭水注》：

> 甘水又东得涝水口。水出南山涝谷，北迳汉宜春观东，又北迳鄠县故城西。涝水际城北出，合美陂水。水出宜春观北。东北流注涝水。涝水北注甘水而乱流入于渭。即上林故地也[③]。

杨守敬以涝水出于牛首山谷，其云：

> 《说文》，涝水出鄠县，而《汉志》鄠县有潏水，无涝水。王念孙谓潏水即涝水之误，是也。详见后。《山海经》，牛首之山，涝水出焉。此云出涝谷，盖牛首山谷也。《元和志》谓牛首山在鄠县西南二十三里，南接终南。今沿谷两岸，东属鄠，西属周至。

据杨氏之说，户县西南的牛首山为涝谷所在，涝水自此流出，后经槐里县东南而注入渭水。今陕西户县有涝峪镇，其地位于秦岭北坡，其地因涝河而得名，西与周至县相邻，自然景色绝佳[④]，与文献所载涝谷、涝水的地理相合，此地或即西周的"潦（涝）"地。

此外，周懿王时的都邑槐里或可为考古工作所证实。陕西西咸新区沣西新城东马坊村发现一处始建于战国中期沿用至汉代的城址，面积约57万平方米，出土"废丘

---

① （清）王先谦撰，吴格点校：《诗三家义集疏》上，中华书局，2011年。

② 钱穆：《史记地名考》下，九州出版社，2011年，847、848页。

③ （清）杨守敬、熊会贞疏：《水经注疏》中，江苏古籍出版社，1989年，1559、1560页。

④ 董文旭、韩贵锋：《西安市涝峪旅游资源分析与评价》，《西安联合大学学报（自然科学版）》2000年4期。

公”陶文[①]。发掘者依据城址规模、高等级建筑和出土文字指出，东马坊遗址应为秦汉时期的废丘城，这为落实周懿王所迁的都邑槐里提供了重要的考古线索[②]。从东马坊村遗址与涝峪镇一北一南的相对位置来看，符合都邑附近建有离宫“涝之宫”，与文献记载吻合。

二、命逋使于述（遂）土、陲

逋盂中的“逋”又见于小臣逋鼎，学者以二器器主系一人[③]，可从。鼎铭云：

小臣逋即事于西，休仲赐逋鼎，扬仲皇，作宝。　《集成》2581

逋鼎器形与师奎父鼎类似，口沿下方有一道弦纹，腹部下垂，腿部微内撇，器形简单朴素，不见其他纹饰，学者认为属共王世[④]，可商。逋盂之“逋”，鼎铭谓之“小臣逋”，二者时代应有先后。昭王时的贵族“静”（静鼎，《新收》[⑤]1795），在穆王时期即事而被称作“小臣静”（静簋，《新收》1960），根据小臣静的前后称谓变化，可推考逋鼎的年代应略晚于逋盂，若盂为懿王器，则逋鼎或应归入孝王世。

值得注意的是，鼎铭言小臣逋休“仲”之赐，并称扬其休。结合以下事例分析，这位赏赐者“仲”的身份很有可能是周王。“仲”在公姞器中被称作“子仲”，与“天君”同见：

唯十又二月既生霸，子仲渔［大］池。天君蔑公姞历，使赐公姞鱼三百。

公姞鬲《集成》753

子仲[⑥]行渔之事，可与下器对读，如遹簋“王在莽京，呼渔于大池”（《集成》4207），井鼎“王渔于[illegible]池”（《集成》2720），老簋“王在莽京，渔于大滹”（《新收》1875），这几例铭文皆为周王行渔。经比观，我们推测“仲”或“子仲”身份应与周天

---

① 陆航：《考古发现秦汉都城“废丘”》，《中国社会科学报》2019年2月27日第2版。

② 今本《竹书纪年》：“（懿王）十五年，王自宗周迁于槐里。”《世本》则记懿王迁都犬丘，西周的槐里与犬丘为一地，在秦时改称为废丘。若此，则废丘公陶文是东马坊村遗址作为周懿王都邑所在的有力支撑。

③ 马承源：《商周青铜器铭文选（三）》，文物出版社，1988年。

④ 马承源：《商周青铜器铭文选（三）》，文物出版社，1988年。

⑤ 钟柏生、陈昭容、黄铭崇等：《新收殷周青铜器铭文暨器影汇编》，艺文印书馆，2006年。为行文方便，文中简称为《新收》。

⑥ 公姞、天君为懿王时期的人物，“子仲”之称乃相对于天君而言，应为天君的子辈，与共王同辈。

子相当[①]，或指孝王辟方。

述、遂相通，学者将其解释为“遂土”，指郊外[②]，可从。发掘者将“命逋使于遂土□、諆”读为一句，将□、諆理解为王畿之内的两个都邑之名[③]；或以“諆”地为周王藉田之地名，即“王大耤（藉）农于諆田”之諆地（令鼎，《集成》2803）[④]；也有学者将此句读为“命逋使于遂土，□諆各以右”[⑤]。笔者认为，“諆”为“其”之假借，当从后文而读，“命逋使于述（遂）土、□”为一句，与小臣守簋“王使小臣守事（使）于夷”句同。“使”作为动词，意为出使；□字与遂土意义相近，指出使的目的地。

□字的隶定和考释仍存诸多分歧。其中，《集成》将□隶定为“□”，马承源则释字为“隮”，以为人名。分析□字的右侧字形，与叕的写法不同，也与“粦明”之“粦”字殊异，金文“粦”字写作“□”（尹姞器）、“□”（新出虎簋盖），与本铭之“□”字差别明显，故□也非隮字。分析□字的字头，或可隶定为“垂”字。商代卜辞有“垂”地，字写作“□”，字头弯折做下垂状，应为古“𠂹”字。《说文·𠂹部》：“草木华叶𠂹，象形。”

段玉裁《注》：“引申为凡下𠂹之称。……象形，象其茎枝华叶也。”

《玉篇》谓：“𠂹为古文垂字。草木华叶垂也，象手下垂。”

西周金文有垂地或垂国。王作垂姬鼎云：王作□（垂）姬宝尊鼎。□作□，即“垂”字。□字写法与甲骨文□字的字头如出一辙，亦与本铭□字右侧所从字形一致。此外，彝铭另见边陲之“陲”。西周早期克罍铭记“克□匽”，克盉言“克□匽”，两字均从宀、垂声，唯克罍之□多一“止”符，表意。西周中期引簋亦有陲字，写作□，学者认为指齐国边陲[⑥]。本铭中的□字从“自”、垂声，垂下有一符号似为“口”，讹为实笔，字当隶为“边陲”之“陲”[⑦]。垂、陲为同源字，有边远、疆陲之义。《尚书·顾命》云：“立于

---

① 笔者以为，从“子仲”到“仲”的称谓变化或出于以下原因：天君之子为共王及共王弟辟方，若共王排行为伯，辟方或排行为仲。懿王时期，器铭从天君的角度称呼辟方为“子仲”；懿王死后，辟方继位为孝王，他作为故王之叔父，不循父死子继之传统，故而时人以其排行“仲”称之。李学勤先生曾提出，从孝王死后诸侯复立懿王太子燮为夷王等迹象来看，其间似发生过王位之争，虽无确凿证据，也以孝王继位稍嫌违背周人传统。若此说无误，则孝王继位后被周人以“仲”来称呼也是可以理解的。详参氏著《西周史与西周文明》，上海科学技术文献出版社，2007年，68页。

② 陕西省博物馆：《陕西长安沣西出土的逋盂》，《考古》1977年1期。

③ 陕西省博物馆：《陕西长安沣西出土的逋盂》，《考古》1977年1期。

④ 张政烺著，朱凤瀚等整理：《张政烺批注〈两周金文辞大系考释〉》，中华书局，2011年，84页。

⑤ 马承源：《商周青铜器铭文选（三）》，文物出版社，1988年，129页。

⑥ 刘海宇、武健：《“引簋”释文及相关问题初探》，《海岱考古（第四辑）》，科学出版社，2001年。

⑦ 韩雪：《卜辞征人方地理举例》，《殷都学刊》2019年2期。

西垂。”孔颖达《疏》:“垂，是远外之名。”段注《说文解字》:“(垂)，本谓边远，引申之，凡边皆曰垂。”

遂土，义为远郊之地。《尚书·费誓》云：“鲁人三郊三遂。”蔡沉《书集传》:“国外曰郊，郊外曰遂。”又《礼记·王制》:“不变，移之郊，如初礼。不变，移之遂，如初礼。”郑玄《注》:“远郊之外曰遂。”《周礼·地官·遂人》:“五鄙为县，五县为遂。”郑玄《注》:“邻、里、酂、鄙、县、遂，犹郊内比、闾、族、党、州、乡也。”

铭文将遂土、陲并称，意谓逋奉太王太后之命，前往郊遂之地。所为具体事务，可结合下文考察。

三、諆各(格)[illegible](以)司，寮女、寮奚

此句晦涩难懂，多有歧说，在此试作论述。諆，应读为“其”，指示代词。西周早期叔趯父卣云“余唯用諆(其)䤈汝”(《集成》5428)，“諆”读作“其”，代指卣。本铭中的“諆(其)”，应代指逋。

各，金文一般读为“格”，训为来。《尔雅·释言》:“格，来也。”《诗·小雅·楚茨》:“神保是格。”毛《传》:“格，来。”本铭中“格”意为“归来”。前句记述逋出使郊遂，后言其“格以司”，“格”作归来解，文义可通。

“以司”，学者或读为“姒后”，即周王之后[1]，然西周金文尚无“王后”之称，也无“女姓+后”称述王后之例，说不可据。[illegible]，其字同于金文中“姒”字的右半部，当隶定为“以”，此处应训为“与”，如《诗·邶风·击鼓》:“不我以归，忧心有忡。”郑玄《笺》:“以，犹与也。与我南行，不我与归期。”王先谦《诗三家义集疏》“不我以归”犹言“不以我归”。《仪礼·乡射礼》:“主人以宾揖，先入……各以其耦进，反于射位。”郑玄《注》:“以，犹与也。”贾公彦《疏》:“云‘以，犹与’者，案《左氏传》云‘蔡人以吴子与楚人战于柏举’，彼‘以’者，能东西之曰‘以’，以谓驱使前人之称，此言嫌有驱使之称，故以为与，谓主人与宾，是以为平敌之义，故须训之。”以上所举，为文献训“以”为“与”之例。司，即有司。“格以司”，意即逋与有司一起归来。

铭文中的有司应指寮女、寮奚之司。寮，官也，通作“僚”。载籍有“同僚”“百僚”，金文则有太史寮、卿士寮，皆用作名词，本铭中“寮”作为动词使用，含有司掌之义。学者认为，寮女、寮奚分别为女性自由人及王室的女奴[2]，为周王内宫的宫人，惜叙述简略，此略作申说。《周礼·天官·叙官》中，从酒人、浆人、凌人，直至盐人、幂人，“女”“奚”俱见者有七职。其文云:

---

① 陕西省博物馆:《陕西长安沣西出土的逋盂》,《考古》1977年1期。

② 陕西省博物馆:《陕西长安沣西出土的逋盂》,《考古》1977年1期。李学勤认为寮女、寮奚指在官府的自由妇女和女奴，详参氏著《论卿事寮、太史寮》,《松辽学刊》1989年3期。

酒人，奄十人，女酒三十人，奚三百人……幂人，奄一人，女幂十人，奚二十人。

郑《注》以女酒为女奴晓酒者，而奚为“古者从坐男女，没入县官为奴，其少才知，以为奚，今之侍史、官婢”。贾公彦《疏》：“奴者，男女同名，以其晓解作酒，有才智，则曰女酒。其少有才智给使者，则曰奚。”贾氏认为：女奴中有才智者称“女”，少有才智者称“奚”。孙氏按：“奚即嫨之借字。”余意奚、嫨可通，从女旁之嫨指的是少有才智、以供给事的女子，与有才智之“女奴”[1]有别。《说文·女部》：“嫨，女隶也。”隶为从事劳辱之事者，非奴也[2]。准此，铭文中的“女”，应指有才智的女子，如《周礼》中的“女酒”“女浆”“女幂”等，人数从十到三十人不等；而“奚”为从事劳辱之事的女隶，二十人到三百人不等。另外，从数量上也可以看出女、奚之间存有等级差异：“女”的等级较高，具备一定的知识，人数较少；“奚”的等级较低，只能从事一般劳动，数量也更多。女、奚或为上下级关系，共掌后宫饮食粢盛等事。准此可知，逋奉命前往郊遂，然后与司掌“女”“奚”的僚友一起返回。

四、□（端）、华

既然女、奚数量众多，那么将“□、华”解释为人名的观点便靠不住了。学者或将□隶定为“微”字，读为“美”，形容所选宫人美丽[3]，其说大致可从。□字从辵、从□，与微伯瘐匕之“□”（敳）所从字旁相同，□可隶定为“敳”。《说文》云：“（敳）妙也。从人从攴，岂省声。”徐铉谓：“岂字从敳省，敳不应从岂省。盖传写之误，疑从耑省。耑，物初生之题，尚敳也。”徐说是也。

□字当从耑，耑又可读为“端”。《说文·立部》云：“端，直也。”即端直、端正之意。《汉书·贾谊传》有“端士”，谓正直之士，《礼记·玉藻》言“目容端”，意谓目不斜视。《列女传·节义·楚成郑瞀》所云“妾闻妇人以端正和颜为容”，是此铭以“端”字形容宫人容止端正而不倾侧之例证。

---

① 西周金文记有后宫女史庚嬴，其为先王遗妃，并非如汉儒所理解的“女奴晓书者”。详参韩雪：《西周女史彤管制度探微》，《中国文化》2019年50期。基于此，《周礼》中的女性身份、地位，需结合出土文献进行考察，才可能得出更为有信的结论。逋盂“寮女”之“女”，应指文献中的“女某”（某为具体执事，如酒、幂），作为执掌宫中某项具体事务的女性，势必具有一定的才智才能胜任。

② 冯时：《周代的臣鬲与陪台——兼论穆王修刑与以刑辅德》，《考古学报》2019年4期。

③ 陕西省博物馆：《陕西长安沣西出土的逋盂》，《考古》1977年1期。

华，又可训为“白”。《文选·潘岳〈杨荆州诔〉》：“玄首未华。”李周翰《注》：“华，白也。”华首，即白首。《文选·谢灵运〈晚出西射堂诗〉》：“抚镜华缁鬓。”张铣《注》：“华，白也。”此外，华又有“美”“丽”之义。谢庄《宋孝武宣贵妃诔》言：“展如之华。”吕延济《注》：“华，美也。”谢混《游西池》：“水木湛清华。”李周翰《注》：“华，丽也。”可明，“端华”可解释为端丽，是谓仪容端庄美丽。可见，逋与司掌女、奚的僚友前往郊遂，目的在于遴选宫人，铭文专门描绘了女子姿容，可与后世挑选宫女的记载联系比观。

不可否认的是，古代后宫的遴选极重视德行和生育，这与容貌、肤色仍属重要且基础的采选标准并不冲突。《风俗通·佚文·阴教》云：

> 六宫采女凡数千人。案采者，择也，天子以岁八月，遣中大夫与掖庭丞相工，率于洛阳乡中阅视童女，年十三以上，二十以下，长壮皎洁有法相者，因载入后宫，故谓之采女也。

又《后汉书·皇后纪》：

> 汉法常因八月算人，遣中大夫与掖庭丞及相工，于洛阳乡中阅视良家童女，年十三以上，二十已下，姿色端丽，合法相者，载还后宫，择视可否，乃用登御。

《艺文类聚·储宫部》记晋武帝为太子娶妃：

> 上欲娶卫瓘女，杨后欲娶贾充女。上曰：“卫公女有五可，贾公女有五不可，卫家种贤而多子，端正而长白，贾家种妒而少子，丑而短黑。”

以上记载显示，无论是普通宫人的挑选，还是太子纳妃，“端正长白”乃为首选，这与金文所记王室挑选的宫人姿容“端、华”若合符节。

汉室择选宫人的地点在郊外乡遂，选择对象为身高与肤色俱佳、容貌姣好的良家女，采选标准与西周时期几乎没有什么不同。准此，逋盂所记乃为西周王室遴选宫人之事[①]。在此事件中，逋为主事者，他的僚友则应包括相工之属。

---

① 学者指出，盂铭记录了遴选宫人或侍女之事。吴镇烽认为是周王后妃派人遴选宫人、宫婢，详参氏著《金文人名汇编》(修订本)，中华书局，2006年，42页；朱凤瀚认为是王后选侍女，详见朱凤瀚：《论卜辞与商金文中的“后”》，《古文字研究(第19辑)》，中华书局，1992年，432页。

五、结　　论

本文对逋盂铭文中的关键字词重做讨论，铭文大意梳理如下：懿王祖母在涝地的离宫，命逋前往郊遂主持宫人采选之事，逋完成使命作器纪念。该铭反映的史实不仅关涉周代的女性称谓，还兼及西周地理与后宫采选制度，为深入研讨西周历史提供了有益的线索。

附记：本文系中国博士后科学基金第69批面上资助项目的阶段性成果，项目名称为“西周金文中的后宫女性研究”，项目编号（2021M693012）。

Explanation of Bu Yu Inscriptions

Han Xue

Abstract: The article reveals that the Bu was ordered by the grandmother of King Yi, to go to the suburbs to select the palace maid of the inner court via reinterpretation of the difficult words in the inscription of Bu Yu（逋盂）vessel. The discussion also refers to the geography and the harem system of Western Zhou.

Keywords: Bu Yu; Bronze Inscriptions; Liaoji Palace; Duanhua

洛阳时代的北魏宗室身份转换与境遇

——以《元子正墓志》为中心的研究

王　萌[1]　孟凡慧[2]

（1. 内蒙古大学历史与旅游文化学院，呼和浩特，010070；2. 内蒙古呼和浩特市第二中学历史教研组，呼和浩特，010070）

摘要：《元子正墓志》高调彰显墓主人家族世系、文化修养、仪表气度、交游群体、仕宦经历，鲜明地反映出北族成员高度认同中原文化，以及由北族贵族到士人的身份转换。志文隐晦地透露出部分宗室仕宦与北魏洛阳时代末期时局之关联。本文根据《元子正墓志》与史籍，结合北魏洛阳时代背景，从文化认同、身份转换与国家政局变迁视角，深入发掘元子正墓志所蕴含的丰富历史信息。

关键词：北魏　元子正墓志　身份转换　仕宦

《元子正墓志》，1931年出土于洛阳城西东徒沟村大平家内；志石边长79.8厘米，全文28行，满行29字，正书；志石现收藏于开封博物馆（图一）[①]。《洛阳出土北魏墓志选编》[②]《汉魏六朝碑刻校注》[③]《全北魏东魏西魏文补遗》[④]《洛阳出土少数民族墓志汇编》[⑤]《南北朝墓志集成》[⑥]《汉魏南北朝墓志汇编》[⑦] 收录该墓志志文，《千唐志斋藏志》[⑧]《汉魏南北朝墓志集释》[⑨]

---

① 洛阳市文物管理局：《洛阳出土少数民族墓志汇编》，河南美术出版社，2011年，100页。

② 洛阳市文物局：《洛阳出土北魏墓志选编》，科学出版社，2001年，139页。

③ 毛远明校注：《汉魏六朝碑刻校注》（第六册），线装书局，2009年，226页。

④ 韩理洲等辑校编年：《全北魏东魏西魏文补遗》，三秦出版社，2010年，283、284页。

⑤ 洛阳市文物管理局：《洛阳出土少数民族墓志汇编》，河南美术出版社，2011年，99、100页。

⑥ 王连龙编撰：《南北朝墓志集成》，上海人民出版社，2021年，367、368页。

⑦ 赵超：《汉魏南北朝墓志汇编》，中华书局，2021年，315、316页。

⑧ 河南省文物研究所、河南省洛阳地区文管处：《千唐志斋藏志》（上册），文物出版社，1984年，3页。

⑨ 赵万里：《汉魏南北朝墓志集释》（上），《石刻史料新编（第三辑）》第三册，新文丰出版公司，1986年，图版一八九，495页。

《北京图书馆藏中国历代石刻拓本汇编》①《洛阳出土北魏墓志选编》②《汉魏六朝碑刻校注》③ 收录该墓志拓片。

元子正，史籍有载，但甚为简略，《元子正墓志》可补史籍记载甚简之缺失。墓志侧重元子正的家世背景与文化修养，透露出北魏洛阳时期，北魏宗室成员的汉化即世族化发展趋向。《元子正墓志》为探究北魏洛阳时代后期汉化流风与动荡时局相交织背景下的宗室发展轨迹，提供了生动而翔实的个案资料。为研读之便利，以《汉魏南北朝墓志汇编》所录志文为准，将志文抄录如下：

魏故始平王墓志铭

王讳子正，字休度，河南洛阳人。显祖献文皇帝之孙，文穆皇帝之少子，今上之母弟。乘龙御天之业，膺符握历之基，既昭著于域中，故可得而略也。王资岳灵而降生，应天鉴以挺质。金玉光明之姿，自怀抱而有异。兰蕙芬芳之美，始言笑而表奇。器宇渊凝，风神颖发，齐万顷而为深，望千里以比峻。至于孝友谦恭之行，辩察仁爱之心，乃与性俱生，非因饰慕。自始服青衿，爰启缃帙。好问不休，思经无怠。遂能搜今阅古，博览群书。穷玄尽微，义该众妙。谅以迈迹中山，超踪北海者矣。加以雅好文章，尤爱宾客。属辞摛藻，怡情无惓。礼贤接士，终宴忘疲。致雏马之徒，怀东阁而并至。徐陈之党，慕西园以来游。于是声高海内，誉驰天下。当年绝侣，望古希俦。初，高祖亲御銮舆，威临荆楚，陟方不及，昇湖永逝。文穆皇帝体同姬旦，属负扆之尊。任隆霍光，当受遗之重。洪勋格于天地，大德光于日月。熙平年中，朝廷追怀茂绩，言念酬庸，故并建三子，咸启千室，乃封霸城县开国公。贽玉王庭，酎金清庙。风仪晻映，珪组锵祥。固以领袖生民，非徒冠冕列辟。除散骑侍郎，不拜，寻改中书。青囊是职，紫泥斯奉。丝纶载叙，涣汗增辉。又转太常少卿。七祀无爽，六宗咸秩。蒸尝既允，鬼神斯著。及时历中否，启圣膺期，虽业匪权舆，而事均经始。念百揆之未叙，嗟五品之不训。自非妙简良才，深求懿哲，将何以安扰邦国，总持纲纪。唯王德允汝谐，器膺佥属，乃除侍中、骠骑大将军、司徒公。领尚书令，封始平郡王。方谓永作栋梁，长为舟楫，而遭随有命，倚伏无常，遽等山颓，奄同川逝。春秋廿有一，以建义元年岁在戊申四月戊子朔十三日庚子薨于河阴。友于之感，悲缠一人。歼良之痛，哀流四海。乃赠相国、录尚书事，加黄

① 北京图书馆金石组：《北京图书馆藏中国历代石刻拓本汇编》（第五册），中州古籍出版社，1989年，108页。

② 洛阳市文物局：《洛阳出土北魏墓志选编》，科学出版社，2001年，378页。

③ 毛远明校注：《汉魏六朝碑刻校注》（第六册），线装书局，2009年，225页。

图一 《元子正墓志》拓片①

屋、左纛、虎贲、班剑一百人。谥曰文贞，礼也。粤其年八月丙戌朔廿四日己酉葬于山陵。乃作铭曰：

派流大汉，分光辰极。诞此哲人，育兹明德。言为世范，行成民则。才备四科，情袪三惑。观书问道，究指寻源。登朝愕愕，处己温温。腾声凤沼，驰誉棘门。皎如琨玉，湛若衢樽。天数中圮，肇圣膺祥。颓基已构，宝命再昌。磐石既树，鸣玉有锵。允敷邦教，实总朝纲。于周比郑，在汉犹梁。仁寿每爽，与善虚陈。摧芳始夏，灭采当春。小年莫返，大夜无晨。嗟乎此地，蕴我名臣。

① 河南省文物研究所、河南省洛阳地区文管处编：《千唐志斋藏志》（上册），文物出版社，1984年，3页。

一、元子正家世背景

《元子正墓志》云元子正“显祖献文皇帝之孙”。“显祖献文皇帝”为北魏第六代皇帝拓跋弘。《魏书》卷五《文成帝纪》所载“世祖经略四方，内颇虚耗。既而国釁时艰，朝野楚楚。高宗与时消息，静以镇之，养威布德，怀缉中外”与《魏书》卷六《献文帝纪》所载“聪睿夙成，兼资能断，其显祖之谓乎？故能更清漠野，大启南服”揭示出，献文帝在北魏国力恢复、边疆向外开拓中发挥着重要作用。

《元子正墓志》云元子正“文穆皇帝之少子”。文穆皇帝，为元勰，献文帝拓跋弘子、孝文帝元宏弟。元勰第三子元子攸继位后追尊其为文穆皇帝。《魏书》卷一〇《孝庄帝纪》载“（永安二年二月）尊皇考为文穆皇帝，庙号肃祖，皇妣为广穆皇后”与《魏书》卷二一下《献文六王下·彭城王勰传》载“勰既有大功于国，无罪见害，百姓冤之……及庄帝即位，追号文穆皇帝，妃李氏为文穆皇后，迁神主于太庙，庙称肃祖”，根据史籍，孝文帝时，元勰参与重要军政事务，可谓宗室重臣；宣武帝时，元勰作为宰辅，在征讨江南、制定律令、决策中央军政要务、稳定洛阳中央局势中发挥重要作用，功不可没，后被高肇构陷。高肇阴谋被揭露后，“世宗为举哀于东堂，给东园第一秘器、朝服一袭、赙钱八十万、布二千匹、蜡五百斤，大鸿胪护丧事”“追崇假黄钺、使持节、都督中外诸军事，司徒公、侍中、太师、王如故。给銮辂九旒、虎贲班剑百人、前后部羽葆鼓吹、辒辌车”[①]，元勰卒后获得之殊荣非众人所能企及。元勰在孝文帝与宣武帝朝仕资，延续其家族于众多北魏宗室诸支系中的地位。

《元子正墓志》云元子正“今上之母弟”，“今上”，为北魏第十代皇帝孝庄帝元子攸。武泰元年（528），河阴之变的次日，元子攸被尔朱荣拥立即位。

根据《魏书》与相关墓志，将元子正所属元勰家族世系整理如下：

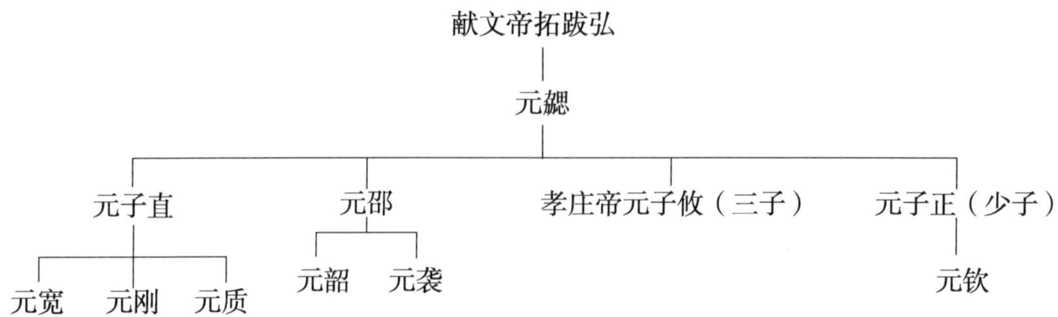

需要注意的是，天潢贵胄仅仅是元子正家世背景的表层因素，孝文帝所实行的新宗室政策与改定北族姓族政策所造就的宗室群体顶层、北族顶级贵族与新晋世族等多重身

① （北齐）魏收：《魏书》卷21下《献文六王下·彭城王勰传》，中华书局，1974年，583页。

份是元子正家世背景的核心内涵。

首先，以孝文帝实行新宗室政策而言。《魏书》卷七下《孝文帝纪下》所载“（太和十六年正月）乙丑，制诸远属非太祖子孙及异姓为王，皆降为公，公为侯，侯为伯，子男仍旧，皆除将军之号”揭示出：北魏建立者道武帝拓跋珪子嗣为宗室血缘近亲，享有更多的参与国家军政权力分配的特权，成为统治集团的真正核心层势力；北魏建立之前的拓跋首领子嗣为宗室血缘远亲，其在国家的军政权力分配中的权益受到限制，成为统治集团的次核心层势力。进而可见，孝文帝实行新宗室政策后，元子正成为宗室顶层、北族顶级贵族。

其次，以孝文帝改定姓族、引入中原门阀制度而言。《魏书》卷一一三《官氏志》所载：“太和十九年，诏曰：‘代人诸胄，先无姓族，虽功贤之胤，混然未分。故官达者位极公卿，其功衰之亲，仍居猥任。比欲制定姓族，事多未就，且宜甄擢，随时渐铨。其穆、陆、贺、刘、楼、于、嵇、尉八姓，皆太祖已降，勋著当世，位尽王公，灼然可知者，且下司州、吏部，勿充猥官，一同四姓。自此以外，应班士流者，寻续别敕。原出朔土，旧为部落大人，而自皇始已来，有三世官在给事已上……，及品登王公而中间不降官绪，亦为姓。诸部落大人之后，而皇始已来官不及前列，而有三世为中散、监已上，外为太守、子都，品登子男者为族。若本非大人，而皇始已来，三世有令已上，外为副将、子都、太守，品登侯已上者，亦为族……令司空公穆亮、领军将军元俨、中护军广阳王嘉、尚书陆琇等详定北人姓，务令平均。随所了者，三月一列簿账，送门下以闻。’于是升降区别矣。”鲜明反映出：①孝文帝将北族上层与中原世族按照一体化的评价标准，将上述两族群置于先祖仕宦资历所积累的家世门第考量标准中，按照家世门第之高低来决定北族家族身份与地位之升降。②孝文帝引入中原门阀制度，实际上是对中原门阀制度予以认同，尊重并保障依托门阀制度而存在的汉族世族既得利益，孝文帝此举目的在于获得汉族世族对北族上层世族化与融入中原衣冠目标的认同。史籍与众多北魏洛阳时代墓志关于汉族世族积极与北魏皇室等北族上层联姻，明确反映出孝文帝推动北族世族化目的最终实现。

根据《魏书》卷一一三《官氏志》后职员令，元勰历官，多在四品以上。综合考量孝文帝改定胡族姓族之标准以及学界认为的魏晋南北朝时期家族父亲以上三代先祖历官五品以上便可荣登士流之观点，元子正所属家族成为新晋北族世族，同时凭借天潢贵胄的出身，成为北族世族之首；更为重要的是，借助提升自身文化修养，成为与北方汉族高门相比肩、驾驭胡汉高门的顶级衣冠。

二、元子正认同中原文化、提升文化修养——身份转换的根基所在

正如陈寅恪先生所言“所谓士族者，起初并不专用其先代之高官厚禄为其唯一之

表征，而实以家学及礼法等标异于其他诸姓”[①]，透露出文化素养是将某一家族造就为世族、使该家族脱颖而出的核心因素。众多宗室深知，如果在文化气质上与中原主流形态显得格格不入，那么自己所翘首以盼的世族身份必然无法获得汉族世族的认可；如果积极认同与学习中原文化，那么自己在汉族士人眼中的形象一定会发生有利于自己的变化，自己最终会成为驾驭胡汉世族的顶级衣冠。

1. 文化素养的提升

志文云“自始服青衿，爰启绨帙。好问不休，思经无怠。遂能搜今阅古，博览群书。穷玄尽微，义该众妙。谅以迈迹中山，超踪北海者矣。加以雅好文章，尤爱宾客。属辞摛藻，怡情无倦。礼贤接士，终宴忘疲。致雏马之徒，怀东阁而并至。徐陈之党，慕西园以来游。于是声高海内，誉驰天下。当年绝侣，望古希俦”与颂辞云“观书问道，究指寻源”反映出：首先，元子正文化素养的提升、气质的文雅化，家族风气的熏陶是不可忽视的。《魏书》卷二一下《献文六王下·彭城王勰传》所载“敏而耽学，不舍昼夜，博综经史，雅好属文”“勰敦尚文史，物务之暇，披览不辍。撰自古帝王贤达至于魏世子孙，三十卷，名曰《要略》……爱敬儒彦，倾心礼待”反映出元勰开启了潜心向学的家风，虽然元勰未对元子正躬亲抚育，但其开启的潜心向学家风必然会影响元子正的成长。元子正博览群书、探究要义、善于著述、才思敏捷，透露出其汉化程度之高。元子正因文雅化气韵、精通典籍而吸引了众多志同道合之士，形成以其为中心的学术社交群体，而集合于元子正身边的文人学士，更多的是汉族士人，进而可谓，元子正最终融入士流。

2. 伦理操守的提升

志文“孝友谦恭之行，辩察仁爱之心，乃与性俱生，非因饰慕”与颂辞“言为世范，行成民则”显示出元子正因“孝友”“谦恭”“仁爱”即在敦睦家族、维护伦辈尊卑、待人接物等方面的优良表现，使自己声名鹊起、备受时人瞩目，足以垂范后世，堪称道德楷模。

魏晋南北朝时期，史籍与墓志对士人伦理操守多有溢美之词，这与当时评价士人以及中原社会评价家族声望、地位之标准息息相关。正如史籍所言“家门孝友，可为士族之法”[②]明确反映出伦理操守标识家风、影响家族地位。对于长久定居中原、熟悉中原世族社会运行的北族上层来说，其自然更熟悉儒家伦常对提升自己以及所属家族声望带来的立竿见影的影响。所以，北族上层自觉地以儒家伦常来约束自己的言行举止。

① 陈寅恪：《唐代政治史述论稿》，《陈寅恪集》，生活·读书·新知三联书店，2009年，259页。

② （宋）王谠撰，周勋初校证：《唐语林》，中华书局，1987年，20页。

三、元子正世族化的仕宦发展——从在家宗室到初居宰辅

1. 元子正入仕的背景

《元子正墓志》所云“熙平年中，朝廷追怀茂绩，言念酬庸，故并建三子，咸启千室，乃封霸城县开国公”包含以下信息：首先，孝明帝集团为奖赏元勰对宣武帝的辅弼之功，对元勰部分子嗣封授高等级爵位，根据《魏书》卷二一下《献文六王下·彭城王勰传》，孝明帝继位之前，洛阳中央集团让元劭袭封彭城王爵位；孝明帝继位后，元子直被封授真定县开国公，元子正被封授霸城县开国公。可见元勰功勋，荫及其子嗣。其次，“咸启千室”深层含义，指孝明帝为改变宣武帝信任与重用宗室血缘远亲、防范与疏远宗室血缘近亲所造成的“宗室大臣，相见疏薄”[①]而对宗室血缘近亲与远亲不再刻意区分、均给予重用。如《魏书》卷九《孝明帝纪》所载“（熙平二年）八月戊戌，宴太祖以来宗室年十五以上于显阳殿，申家人之礼……诏曰：‘皇魏开基……德盛百祀，虽帝胤蕃衍，亲贤并茂，而犹沉屈素履，巾褐衡门，非所谓广命戚族，翼屏王室者也。今可依世近远，叙之列位。’庚子，诏咸阳、京兆二王子女，还附属籍”与《魏书》卷一五《昭成子孙·常山王遵传附元晖传》所载“后诏晖与任城王澄、京兆王愉、东平王匡共决门下大事”便鲜明反映出孝明帝集团重新调整宗室政策以整合统治集团力量。可以说，元子正仕途正是在此有利背景下展开的。

2. 元子正的起家入仕

《元子正墓志》所云“除散骑侍郎，不拜，寻改中书。青囊是职，紫泥斯奉。丝纶载叙，涣汗增辉”。魏晋南北朝时期，世族子弟进入仕途、首次被授予职官，称为起家、解褐、释褐。志文虽未称起家，但中书侍郎实为元子正的起家官。由此可以看出世族化的北魏宗室成员仕宦发展动向。

首先，元子正起家入仕年龄。据《元子正墓志》，元子正生于宣武帝永平元年（508），可见元子正以不足二十之龄便起家入仕。北魏洛阳时代，宗室成员不到二十岁便起家入仕正在形成趋势。如《元寿安墓志》云元寿安“年十七，以宗室起家，除散骑侍郎，在通直”[②]，《元顺墓志》云元顺“年十七，起家为给事中”[③]，《元馗（元孝道）墓志》云元馗（元孝道）“年在稚弱，高齿莫先。司空杨公雅称其才，征为参军事。年尚童幼，如仪神远畅，凡厥府僚，莫不叹伏”[④]，《元道明墓志》云元道明“年十七，拜太尉

① （北齐）魏收：《魏书》卷 72《阳尼传附阳固传》，中华书局，1974 年，1604 年。

② 洛阳市文物管理局：《洛阳出土少数民族墓志汇编》，河南美术出版社，2011 年，71 页。

③ 洛阳市文物管理局：《洛阳出土少数民族墓志汇编》，河南美术出版社，2011 年，85 页。

④ 洛阳市文物管理局：《洛阳出土少数民族墓志汇编》，河南美术出版社，2011 年，122 页。

府咸阳王参军事"[①]。门阀制度渐趋巩固的两晋南北朝时期，"士庶之际，实自天隔"[②]揭示出世族与庶族天壤之别的权益之一就是起家年龄，史料所载"甲族以二十登仕，后门以过立试吏"[③]便反映出世族子弟早于庶族子弟十年入仕。世族子弟经过十年时间，凭借家族门第以及门阀制度保障，足以逐步进入权力顶峰，仕宦之显赫程度非庶族所能企及。

其次，以起家官品级与执掌而言。根据《魏书》卷一一三《官氏志》后职员令，中书侍郎为从四品，执掌草拟诏令、奏纳、出令，多以门第背景深厚、谙熟典章的文人学士为之。根据史籍与墓志，元子正所任中书侍郎在众多起家官中，属于高品级起家官。北魏时期的中书侍郎，活跃于权力核心层，既掌握一定实权，又存在一定职闲官清的倾向，正如学者所论"六朝把符合士族心态旨趣，兼具文翰、近密、尊贵、舒适特性的职务统称清官"[④]。所以，元子正起家任职与汉族世族子弟对清望官同样持有趋之若鹜之心态。《通典》卷一六《选举四·杂议论上》所载："孝文帝制，出身之人，本以门品高下有恒，若准资荫，自公卿令仆之子，甲乙丙丁之族，上则散骑秘著，下逮御史长兼，皆条例昭然。"反映出孝文帝引入门阀制度后，雄踞胡汉世族之首的北魏宗室成员，凭借天潢贵胄的出身、世族化的家族门第，得以在国家权力初次分配中占尽先机。

3. 元子正的仕途迁转

《元子正墓志》云元子正起家后的第一次迁转，"转太常少卿。七祀无爽，六宗咸秩。蒸尝既允，鬼神斯著"。根据《魏书》卷一一三《官氏志》后职员令，太常少卿为四品，执掌祭祀礼仪事务，而志文所云元子正任太常少卿时在协调祭祀事务时的优良表现，透露出元子正文化素养深厚、谙熟典章制度。

元子正第二次迁转，《元子正墓志》云："时历中否，启圣膺期，虽业匪权舆，而事均经始。念百揆之未叙，嗟五品之不训。自非妙简良才，深求懿哲，将何以安抚邦国，总持纲纪。唯王德允汝谐，器膺佥属，乃除侍中、骠骑大将军、司徒公，领尚书令，封始平郡王。"揭示出元子正仕途逐步趋于显赫。根据《魏书》卷一一三《官氏志》后职员令，侍中为三品，执掌机要事务，辅佐皇帝处理政务，为皇帝身边重要侍从人员；骠骑大将军为二品，位居诸将军号前列，主要作为中央与地方军政官员的加官；司徒为一品，参议朝政，无实际执掌；尚书令为二品，为尚书省长官录尚书的副职，处理尚书省政务，兼有监察朝中官员之职责。可见元子正在第二次迁转中，进入中央权力核心。

元子正借助世族身份以及个人才学素养，在以门第与贤才为标准的北魏洛阳时代选官中脱颖而出，以高门子弟翘首以盼的高品级职官起家，经过两次迁转，问鼎一品高

---

① 洛阳市文物管理局：《洛阳出土少数民族墓志汇编》，河南美术出版社，2011年，105页。

② （梁）沈约：《宋书》卷42《王弘传》，中华书局，1973年，1318页。

③ （唐）姚思廉：《梁书》卷1《武帝纪上》，中华书局，1973年，23页。

④ 刘军：《新出北魏元祉墓志再探讨》，《洛阳考古》2018年3期，61页。

官，其晋升之速度、越级之幅度已显然非众人所能企及。

四、《元子正墓志》所见北魏洛阳时代后期尔朱荣之乱

北魏孝明帝武泰元年（528）二月，北秀容实力派人物尔朱荣在北方地区发动叛魏战争，攻陷洛阳，结束了北魏洛阳时代经济文化繁荣发展的历史。尔朱荣之乱，表面上看，是胡太后干政、佞幸当权、孝明帝亡故之因成谜，引发尔朱荣举兵南下；实际上是宣武帝至孝明帝后期，统治集团频繁内争所导致的中央实力受损、对地方控制力削弱，给尔朱荣窥探与控制中央授予时机。武泰元年二月，尔朱荣质疑孝明帝之死、反对胡太后拥立幼主，"抗表请入奔赴，勒兵而南"；"夏四月戊戌，尔朱荣济河"[①]；"荣抗表之始，遣从子天光、亲信奚毅及仓头王相入洛，与从弟世隆密议废立"[②]，反映出尔朱荣自起兵时，就已有拥立新君的意图。《魏书》卷七四《尔朱荣传》所载："（尔朱）天光乃见庄帝，具论荣心，帝许之……师次河内，重遣王相密来奉迎，帝与兄彭城王劭、弟始平王子正于高渚潜渡以赴之""（武泰元年四月）十一日，荣奉帝为主，诏以荣为使持节、侍中、都督中外诸军事、大将军、开府、兼尚书令、领军将军、领左右，太原王，食邑二万户。十二日，百官皆朝于行宫。十三日，荣惑武卫将军费穆之说，乃引迎驾百官于行宫西北，云欲祭天。朝士既集，列骑围绕，责天下丧乱，明帝卒崩之由，云皆缘此等贪虐，不相匡弼所致。因纵兵乱害，王公卿士皆敛手就戮，死者千三百余人，皇弟、皇兄并亦见害，灵太后、少主其日暴崩。"[③]可以看出尔朱荣通过河阴之变，首先，拥立能被玩弄于自己股掌之中的新君；其次，大肆屠戮宗室以及其他胡汉官员，削弱北魏中央，进而清除自己掌控中央的障碍。

以《元子正墓志》所云"方谓永作栋梁，长为舟楫，而遭随有命，倚伏无常，遽等山颓，奄同川逝。春秋廿有一，以建义元年岁在戊申四月戊子朔十三日庚子薨于河阴"而言，首先，元子正日趋显赫的仕途因河阴之变而终止，如果没有河阴之变，元子正极有可能执掌北魏军政核心，成为宗室重臣。其次，以元子正为代表的北魏宗室新生代，曾被洛阳统治集团重点历练、培养；北魏宗室新生代大量卒于河阴之变，导致河阴之变后的北魏一蹶不振。最后，众多北魏宗室殒命于河阴之变，使北魏洛阳时代汉化改革事业遭到重大挫折。

志文对元子正亡故与河阴之变的关系以及尔朱荣在河阴之变中所扮演的角色，只字不提。其中原因，是由于河阴之变后，尔朱荣全面执掌北魏洛阳中央、权势日盛。所以，志文撰写者不得不有所顾忌。刊刻于河阴之变后的众多北魏宗室墓志，对墓志主

① （北齐）魏收：《魏书》卷9《孝明帝纪》，中华书局，1974年，249页。

② （北齐）魏收：《魏书》卷74《尔朱荣传》，中华书局，1974年，1647页。

③ （北齐）魏收：《魏书》卷74《尔朱荣传》，中华书局，1974年，1647、1648页。

人亡故与河阴之变幕后指使者尔朱荣之关联极力曲笔。如《元悌墓志》云“春秋廿有三，以武泰元年四月十三日薨于河梁之西”[①]，《元邵墓志》云“武泰元年太岁戊申四月戊子朔十三日庚子暴薨于河阴之野”[②]，《元顺墓志》云“建义元年四月十三日奉迎鸾跸于河梁。于时五牛之旆在郊，三属之甲未卷，而墟民落编，多因兵机而暴掠。公马首还，届于陵户村，忽逢盗贼，规夺衣马，遂以刃害公，春秋卌有二，乃薨于凶手”[③]，《元均之墓志》云“春秋三十有八，武泰元年四月戊子朔十三日薨于洛阳”[④]，《元彝墓志》云“武泰元年四月十三日奉迎銮跸于河渚，忽逢乱兵暴起，玉石同焚，年廿三而薨逝”[⑤]，《元瞻墓志》云“春秋五十一，以建义元年四月十三日薨于位”[⑥]，《元谭墓志》云“春秋卌有一，建义元年岁次戊申四月十三日龙飞之会，横离大祸”[⑦]，《元悛墓志》云“建义元年四月十三日卒于河梁之南”[⑧]，《元愔墓志》云“建义元年四月十三日卒于河梁之南”[⑨]，《元谳墓志》云“春秋卌，以建义元年岁次戊申四月十三日龙飞之会，横祸奄及”[⑩]，《元端墓志》云“春秋三十六，大魏武泰元年四月戊子朔十三日戊子卒于邙山”[⑪]，《元略墓志》云“春秋卌有三，以大魏建义元年岁次戊申四月丙辰朔十三日戊辰薨于洛阳之北邙”[⑫]，《元昉墓志》云“春秋十有九，建义元年四月十三日薨于洛阳”[⑬]，《元毓墓志》云“春秋廿，建义元年四月十三日薨于洛阳”[⑭]，《元周安墓志》云“建义元年，主上圣德应符，中兴启运，奉迎河阴，遇此乱兵，枉离祸酷”[⑮]，《元钦墓志》云“春秋五十九，以建义元年四月十三日遇害于北芒之阴”[⑯]，《元道隆墓志》云“奉迎乘舆，道

① 赵超：《汉魏南北朝墓志汇编》，中华书局，2021年，284页。

② 赵超：《汉魏南北朝墓志汇编》，中华书局，2021年，286页。

③ 赵超：《汉魏南北朝墓志汇编》，中华书局，2021年，289页。

④ 赵超：《汉魏南北朝墓志汇编》，中华书局，2021年，290页。

⑤ 赵超：《汉魏南北朝墓志汇编》，中华书局，2021年，291页。

⑥ 赵超：《汉魏南北朝墓志汇编》，中华书局，2021年，294页。

⑦ 赵超：《汉魏南北朝墓志汇编》，中华书局，2021年，295页。

⑧ 赵超：《汉魏南北朝墓志汇编》，中华书局，2021年，297页。

⑨ 赵超：《汉魏南北朝墓志汇编》，中华书局，2021年，298页。

⑩ 洛阳市文物管理局：《洛阳出土少数民族墓志汇编》，河南美术出版社，2011年，92、93页。

⑪ 赵超：《汉魏南北朝墓志汇编》，中华书局，2021年，301页。

⑫ 赵超：《汉魏南北朝墓志汇编》，中华书局，2021年，305页。

⑬ 赵超：《汉魏南北朝墓志汇编》，中华书局，2021年，312页。

⑭ 赵超：《汉魏南北朝墓志汇编》，中华书局，2021年，313页。

⑮ 赵超：《汉魏南北朝墓志汇编》，中华书局，2021年，318页。

⑯ 赵超：《汉魏南北朝墓志汇编》，中华书局，2021年，322页。

遇乱兵。春秋卅，以建义元年四月十三日，座于北邙行次”①。以上反映出，在众人对尔朱荣心有余悸的背景下，表面上看，尔朱荣似乎撇清了与河阴战乱的关联。

尔朱荣主持对殒命于河阴之变者进行赠官。《魏书》卷七四《尔朱荣传》所载：“于时或云荣欲迁都晋阳，或云欲肆兵大掠，迭相惊恐，人情骇震，京邑士子不一存，率皆逃窜，无敢出者。直卫空虚，官守废旷。荣闻之，上书曰：‘臣世荷蕃寄，征讨累年，奉忠王室，志存效死。直以太后淫乱，孝明暴崩，遂率义兵，扶立社稷。陛下登祚之始，人情未安，大兵交际，难可齐一，诸王朝贵横死者众，臣今粉躯不足塞往责以谢亡者。然追荣褒德，谓之不朽，乞降天慈，微申私责。无上王请追尊帝号，诸王、刺史乞赠三司，其位班三品请赠令仆，五品之官各赠方伯，六品已下及白民赠以镇郡……’……自兹已后，赠终叨滥，庸人贱品，动至大官，为识者所不贵……荣启帝遣使循城劳问，于是人情遂安，朝士逃亡者亦稍来归阙。”反映出尔朱荣通过赠官，在一定程度上实现了收拢人心、稳定形势的效果。

《元子正墓志》云：“赠相国、录尚书事，加黄屋、左纛、虎贲、班剑一百人。谥曰文贞，礼也。”《魏书》卷一一三《官氏志》虽未载相国、录尚书事品级，但结合蒙难于河阴之变者多获赠高品级赠官以及孝庄帝对遇难宗室多给予高品级赠官，相国、录尚书事当在一品之列。孝庄帝还给予已故元子正“加黄屋、左纛、虎贲、班剑一百人”这一特殊礼遇，究其原因，除元子正生前历官显赫、死于王事，还与元子正与自己为同父同母兄弟有关。

五、元子正墓志等级

《元子正墓志》，志石边长 79.8 厘米②。元子正生前仕宦颇为显赫，所任最终职官多在一品、二品之列，赠官亦在一品之列。赵超先生在《试谈北魏墓志的等级制度》中认为北魏洛阳时代，官员生前任官在一品、二品以及生前任官三品以下，但赠官在一品至二品，“墓志外形尺寸可能小于边长 0.6 米，在 0.55 米左右”③；官员生前任官三品以下，但赠官在三品，此类型墓志“大多数的外形尺寸在 0.6 米以下，以 0.55 米居多，也有一部分在 0.45 米至 0.50 米之间”④；官员生前任官四品以下、赠官在四品以下，此类型墓志“外形尺寸多在边长 0.5 米以下”⑤。由此可见，元子正墓志形制超越于北魏洛阳时代墓志等级常制，此与元子正生前仕宦显赫、死于王事、与孝庄帝为同父同母兄弟有关。

① 洛阳市文物管理局：《洛阳出土少数民族墓志汇编》，河南美术出版社，2011 年，103 页。

② 洛阳市文物管理局：《洛阳出土少数民族墓志汇编》，河南美术出版社，2011 年，100 页。

③ 赵超：《试谈北魏墓志的等级制度》，《中原文物》2002 年第 1 期，59 页。

④ 赵超：《试谈北魏墓志的等级制度》，《中原文物》2002 年第 1 期，59 页。

⑤ 赵超：《试谈北魏墓志的等级制度》，《中原文物》2002 年第 1 期，62 页。

六、元子正葬地

《元子正墓志》云："（建义元年）八月丙戌朔廿四日己酉葬于山陵。"《元子正墓志》，1931年出土于洛阳城西东徒沟村大平冢内[①]。北魏孝庄帝静陵位于洛阳市西北邙山乡上砦村南[②]，而上砦村在东徒沟村以西不远之地。元子正葬地紧邻孝庄帝静陵区。

《魏书》卷二〇《文成五王·广川王略传附元谐传》所载北魏孝文帝规定"迁洛之人，自兹厥后，悉可归骸邙岭，皆不得就茔恒代"决定了迁洛北族及其后裔葬地多位于邙山地区。"铁谢—上河图—三十里铺—平乐镇"一线以西为北魏洛阳时代"北邙山陵墓区"、以东为"乾脯山、首阳山墓区"[③]。北邙山墓区，为北魏洛阳时代多数帝陵所在；目前所发现183方北魏宗室墓志，有173方出土于北邙山陵区[④]，可见当地是北魏洛阳时代核心墓区。元子正葬地就位于北邙山陵墓区（图二）。

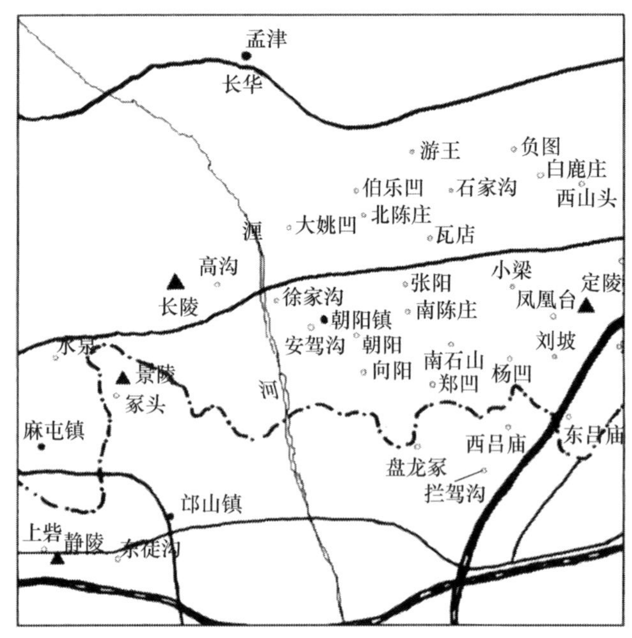

图二　元子正葬地与孝庄帝静陵相对位置图[⑤]

根据《魏书》卷一〇《孝庄帝纪》，建明元年（530）十二月，孝庄帝卒于晋阳；时隔两年，即孝武帝太昌元年（532）十一月，孝庄帝葬于静陵。两年间，北魏先后有三

① 洛阳市文物管理局：《洛阳出土少数民族墓志汇编》，河南美术出版社，2011年，100页。

② 刘连香：《民族史视野下的北魏墓志研究》，文物出版社，2017年，134页。

③ 刘连香：《民族史视野下的北魏墓志研究》，文物出版社，2017年，141页。

④ 刘连香：《民族史视野下的北魏墓志研究》，文物出版社，2017年，142页。

⑤ 转引自刘连香：《民族史视野下的北魏墓志研究》，文物出版社，2017年，图一一长陵与景陵位置示意图，131页。

个皇帝登基，政局异常动荡。至孝武帝继位初，北魏已完成了邙山地区茔域规划，其中孝文帝长陵茔域之广非其他诸帝陵所能比拟，况且孝文帝长陵与宣武帝景陵区域以及周边地区还分布众多宗室、勋臣八姓与汉族高门成员墓，使北邙山墓区西部、中部、北部与东部冢墓分布密集。所以，在时局动荡、国力削弱、北邙山墓区茔域用地极为紧张的背景下，北魏洛阳中央集团没有精力与条件去营建在规模与选址上可与孝文帝长陵相比拟的皇陵。北魏洛阳中央集团考虑到北邙山墓区西南部区域尚有富余之地可用于营建皇陵，所以，最终将孝庄帝静陵营建在当地，进而形成孝庄帝静陵与元子正陵墓相毗邻的情况。

七、结　　语

第一，元子正墓志的发现与公布，补充了史籍关于元子正记载甚简的缺失。

第二，志文记载元子正文化素养与伦理操守的提升、世族化的起家入仕与迁转，透露出汉化流风甚嚣尘上背景下，中原文化对北魏宗室精神世界与仕宦发展的影响。志文隐晦地记载元子正殒命于河阴之变，反映出河阴之变后尔朱荣执掌北魏洛阳中央军政大权、威权日盛背景下，当时朝廷史官、私人著史者在从事历史书写时，慑于尔朱荣权势，不得不小心谨慎的心态。

第三，北魏宗室的显赫出身、与孝庄帝为同父同母兄弟的特殊关系、生前历任显官，使元子正卒后获赠高品级赠官、享受高等级规格墓志的殊荣。

Identity Conversion and Circumstances of Northern Wei's Royal Clans in the Luoyang Age—Central Research on Epitaph of YuanZizheng

Wang Meng　Meng Fanhui

Abstract: "Epitaph of YuanZizheng" flaunts the grave host's family tree, cultural attainments, spirit, circle of friends, and official career, reflecting the Northern nations members' approval of the Central Plains' culture and identity's change from northern nation's nobles to scholars. The Epitaph reveals the relationship between some royal clans' official careers and changing political situation in the later period of Northern Wei's Luoyang age. According to the Epitaph of YuanZizheng, historical records and the background of the Luoyang era of Northern Wei, this article gives insight into the historical information of the Epitaph of YuanZizheng from the perspectives of cultural identification, Identity Conversion and changes of national political situation.

Keywords: Northern Wei; Epitaph of Yuan Zizheng; Identity conversion; Official career

石刻记录的中古华夷史相

——《北国石刻与华夷史迹》读后

魏军刚[1]　韩树伟[2]

（1. 青海师范大学历史学院，西宁，810016；2. 敦煌研究院，兰州，730030）

摘要：杨富学先生所著《北国石刻与华夷史迹》利用石刻文献讨论北朝、唐代和辽元时期北方民族历史文化与宗教信仰问题，对于丰富唐代历史文化与北方民族史内容，深化唐代西域、敦煌史和中西关系史研究，探讨北朝、辽朝、元代民众的佛教信仰形态，考证元代蒙古人及在陕西凤翔的活动情况均有重要的推进作用，不仅解决了一些学界争议性的问题，补充纠正传世文献的不足，还填补了某些研究的空白。该书出版，为读者展示了一幅石刻所记录的中国中古时期北方民族历史与文化宗教的多维复杂历史面相，虽然在选用石刻图版和录文方面尚有改进之处，但体现了作者近年来在民族史、宗教史、西域史、敦煌学及中西关系史诸领域最新研究成果，也反映了作者积极拓展史料利用范围和学术研究轨迹的新变化。

关键词：杨富学　《北国石刻与华夷史迹》　石刻文献　华夷互动

2020年1月，敦煌研究院杨富学先生所著《北国石刻与华夷史迹》由光明日报出版社出版，为“博士生导师学术文库”系列成果之一。该书收录了作者独著或与其他学者合撰的17篇论文，主要利用石刻文献讨论北朝、唐代和辽元时期北方民族历史文化与宗教信仰问题。由于书中选刊的论文有15篇是撰写于2012～2020年，仅2篇在2003年发表。因此，该书的出版可视作近年来作者在民族史、宗教史、敦煌学乃至中西关系史诸研究领域最新成果的体现，也反映了作者积极拓展史料利用范围和学术研究轨迹的新变化。兹就该书的内容、学术价值和存在问题等三方面介评如下，以此求教于作者，并祈请方家学者批评指正。

一

该书共14章，由17篇论文构成，凡30万字。作者在收录这些论文时作了相应的修订、调整与合并。兹依章节排序略述如下。

第一章《蒙古国新出土仆固墓志研究》① 考证了唐代仆固部居地、世系及墓志所涉唐朝初年与突厥、靺鞨、吐蕃的战争史实。第二章《长安出土〈统毗伽可贺敦延陁墓志〉考释》② 研究了唐初突厥贵族李思摩之妻延陁氏族属、家世、生平事迹及其历史地位。第三章《洛阳新见唐葛逻禄〈炽俟思敬墓志〉研究》③ 分析了唐朝前期葛逻禄炽俟思敬的族属、先世、内迁及任职等问题。第四章《洛阳新获墓志考见安西大都护郭虔瓘家世与西域行迹》④ 分析了唐代郭虔瓘家世、唐朝经略西域、唐朝与吐蕃和中亚的关系。第五章《大唐西市博物馆藏〈回鹘米副使墓志〉考释》⑤ 考证墓主回鹘化粟特人摩尼教大师的身份，分析了回鹘摩尼教传统、回鹘与粟特及唐朝的关系。第六章《宁夏青铜峡出土〈浑公夫人墓志铭〉新探》⑥ 研究了浑公夫人居地位置、浑公身份及铁勒浑部与契苾部两族的活动范围和关系。第七章《洛阳出土的几通唐代安定胡氏墓志》⑦ 考证了北魏至唐代安定胡氏家族的世系。第八章《新见唐瓜州刺史魏远望墓志考屑》⑧ 讨论唐代魏远望家族世系、任官，唐朝经略东北、西北及瓜沙二州地位问题。第九章《党项拓跋驮布墓志及相关问题再研究》⑨ 分析了党项拓跋氏族源、唐初迁徙路线及内附后唐朝所赐封号等问题。第十章《甘肃省博物馆收藏的一件未刊北朝残塔》⑩ 依据造

---

① 该章由《蒙古国新出土仆固墓志研究》(《文物》2014年5期）和《唐代仆固部世系考——以蒙古国新出仆固氏墓志铭为中心》(《西域研究》2012年1期）两篇论文构成。

② 原文发表在《青海民族研究》2017年1期（与胡蓉合撰)。

③ 此章原题《洛阳新见唐葛逻禄〈炽俟思敬墓志〉研究》，发表在《文献》2019年2期（与王庆昱合撰)，收入本书时题目和内容有改动。

④ 该章由《洛阳新见墓志所谓郭虔瓘“破拔汗那十六城”考实》(与冯小琴合撰，《宁夏社会科学》2019年3期）和《洛阳新获墓志考见安西大都护郭虔瓘家世与西域行迹》(与王庆昱合撰，《西域研究》2020年1期）两篇论文构成，收录该书时增加志文内容并作修订。

⑤ 此章原题《大唐西市博物馆藏〈回鹘米副使墓志〉考释》，发表在《民族研究》2015年2期，收入本书时题目有改动。

⑥ 原文发表在《宁夏社会科学》2017年3期（与路虹合撰)。

⑦ 原文发表在《文献》2003年3期（与杜斗城合撰)。

⑧ 原文发表在《敦煌研究》2018年5期（与王庆昱合撰)。

⑨ 原文发表在《西夏研究》2019年2期（与王庆昱合撰)。

⑩ 原文发表在《敦煌研究》2014年4期（与俄玉楠合撰)。

像形制和风格，推断甘肃省博物馆藏一件未刊残塔的时代和地域来源，认为其出现在北朝时期天水地区。第十一章《甘肃省博物馆藏秦安西魏石塔诠索》① 分析了甘肃省博物馆藏秦安县出土西魏石塔造像上萨埵舍身和佛涅槃图像所反映的地域造像特质和风格样式创新问题。第十二章《辽代经幢及相关问题初探》② 在编制辽代经幢总目的基础上，探讨了辽代经幢的形制、特点、种类、经文、题记及功用等问题。第十三章《凤翔屈家山蒙古纪事砖与屈术墓碑考释》③ 讨论陕西省凤翔县屈家山（紫荆山）出土蒙古纪事砖与屈术墓碑涉及的蒙古征伐凤翔、凤翔乌鲁斯形成、窝阔台与塔塔统阿及耶律楚才家族关系、屈氏家族族源和世系等问题。第十四章《居庸关过街塔云台回鹘文石刻所见 uday 考》④ 从语言学和历史学角度考证回鹘文 uday 一词指代文殊菩萨道场五台山。

综上所述，第一、二、三、五、六、九章，主要论述唐代北方地区回鹘、仆固、浑部、葛逻禄、薛延陀、党项等族源族属、部落居地、家族世系、迁徙任官及与唐朝和其他诸族互动问题，丰富了唐代历史文化与北方民族史的内容。第四、七、八章，分析了墓志反映的唐朝经略西域、唐蕃关系、唐朝与中亚交往问题，深化了唐代西域、敦煌史和中西关系史的细节研究。第十、十一、十二、十四章，探讨甘肃博物馆藏北朝石塔、辽代经幢、居庸关过街塔云台回鹘文石刻所涉相关问题，生动地再现了北朝、辽朝、元代民众佛教信仰形态。第十三章，考证了元代蒙古人及其在陕西凤翔的活动情况。

二

在该书中，作者利用我国北方地区（兼及蒙古国境内）发现的各种墓志、石塔、经幢、墓碑等石刻资料，研究了唐代历史文化与北方民族史、探讨了唐代西域敦煌史及中西关系、分析了北朝和辽元时期佛教信仰、考证了元代蒙古人在凤翔的活动等问题。书中所涉墓志、石塔、砖铭等，大多是首次研究刊布，具有重要的史料价值，作者对已刊布石刻的研究，经过细致考证也大都提出了不同于他人的见解。

---

① 此章原题《秦安西魏石塔诠索》，发表在《新疆师范大学学报》2014 年 1 期（与俄玉楠合撰），收入本书时题目和内容有改动。

② 原文发表在吕建福主编《密教研究》第 4 辑《密教文物整理与研究》，中国社会科学出版社，2015 年，149 ~ 179 页（与朱满良合撰）。

③ 此章由《凤翔屈家山蒙古纪事砖及相关问题》（与张海娟合撰，《青海民族研究》2014 年 4 期）和《陕西凤翔紫荆村屈氏蒙古遗民考原》（与张海娟合撰，《青海民族研究》2017 年 3 期）两篇论文构成，收录本书时内容有改动。

④ 此章原题《居庸关回鹘文功德记 uday 考》，发表在《民族语文》2003 年 2 期。

例如，作者根据蒙古国中央省扎木日苏木（Zaamar Sum）土拉河北岸的和日木·登吉古城发现《唐仆固乙突墓志》的出土地信息，确定了唐代仆固部活动的中心区域；利用墓志结合其他史料，考订出唐代仆固部都督世系。根据《郭虔瓘墓志》还原固延载元年（694）唐朝与吐蕃、西突厥之战，久视元年（700）唐朝与拔汗那之战的若干历史细节。根据《浑公夫人墓志》考证了唐代契苾家族世系、浑公夫人卒地“皋兰州”地望及其死后归葬娘家契苾家族祖茔问题。根据《魏远望墓志》分析了唐代巨鹿魏氏与东北边防之关联，判断唐代瓜州政治地位高于沙州。根据陕西省凤翔县屈家山出土1231年《蒙古纪事砖》考证蒙古三征凤翔的统帅及次序、出征时间、军队构成，分析凤翔乌鲁斯形成、窝阔台与塔塔统阿及耶律楚才家族关系。根据《屈术墓碑》研究认为凤翔屈氏为木华黎苗裔，以及高祖哈失及屈氏家族蒙古遗俗等。以上研究，有助于补充传世文献的不足和纠正记载谬误，解决学界围绕相关问题的争议，提出不同见解，甚至填补了若干研究的空白。

纵观该书，还有如下特点。

第一，研究时代跨度大。作者研究虽以唐代为主，但上溯北朝，下延辽、蒙元时期。第二，涉及主题广泛。作者关注和研究涵盖唐史、民族史、家族史、西域史、敦煌学史、中外关系史、宗教史等领域的诸多问题。第三，重视与学者合作。本书收录的17篇文章，有13篇属合撰文章，除杜斗城先生外，俄玉楠、张海娟、胡蓉、路虹、王庆昱、朱满良等6位都属于青年学者，体现了作者提携后学的学术胸襟。第四，征引资料丰富，尤其对外文文献和出土文献的利用。该书末列参考文献，研究论著包括专著、论文、图录、文集、资料汇编共371种。其中，外文文献88种（10种为译著），所占比例23.71%，近四分之一。作者在研究中旁征博引出土文献，除熟悉的敦煌吐鲁番文书外，还使用各种石刻文献，除在本书使用的17种（不计辽代经幢）外，另旁引了71种，有四倍之多。

三

在该书中，虽然作者有首次刊布墓志和补充重要史料之功，又经细致严密考证提出很多新见解，部分解决了学界争议问题或是填补了研究的空白。但仍存在一些问题，兹就书中石刻图版和录文存在的失误列举如下，以求教于作者。

（一）图版不清和缺失

在该书排版过程中，最明显的是对墓志碑刻原石或拓片图版的处理不当问题。图小、墨印导致图版模糊不清，读者难以与录文相互参读，从而降低了史料性和使用性价值。另外，第七、九章缺了唐代安定胡氏家族4方墓志和党项拓跋驮布墓志的图版，也是失误之处。

（二）录文格式不统一

该书 p.3～4《仆固氏墓志》，除题名之外总用一段，中间用“亅”符号分行，又在年号纪年后加“( )”注明公元纪年；p.21《延陀氏墓志》无分行符号，年号纪年后没有注明公元纪年，并略去铭文部分；p.38～39《葛逻禄炽俟思敬墓志》同《延陀氏墓志》，但保留铭文并书者部分；p.54～56《郭虔瓘墓志》按行录文，前标数字序号，年号纪年后没有注明公元纪年；p.78～79《回鹘米副使墓志》同《郭虔瓘墓志》，并对其中别字作注；p.91～92《浑公夫人墓志铭》同《葛逻禄炽俟思敬墓志》；p.111～112《魏远望墓志》同《葛逻禄炽俟思敬墓志》；p.202～203、212《凤翔屈家山蒙古纪事砖》按行录文，前标数字序号，年号纪年后加“( )”注明公元纪年；p.235《居庸关过街塔云台回鹘文石刻》按行录文，前标数字序号。由此可见该书对每篇志文的处理并不一致，发表于不同期刊的文章，受各自体例要求而使墓志录文格式不尽相同，可以理解，但当结集成书出版时应考虑格式的统一性问题。

另外，第七、九章缺了唐代安定胡氏家族 4 方墓志和党项拓跋驮布墓志的全文，只是在具体叙述考证中节录其中一部分论文，似乎也欠妥，是否也应该考虑补全志文内容。

（三）志文繁简字混用

该书所录石刻文献使用通行的简体字，但有些墓志中掺杂有繁体字，出现繁简字混用的情况。例如，《仆固氏墓志》p.2 第 3 行“磾”（dī）、第 4 行“賝賚”（chēn lài），p.3 第 8 行“勑”、第 10 行“碖”（lún）、第 11 行“颾颲”（sè rì）、第 13 行“葉”；《葛逻禄炽俟思敬墓志》p.38 第 4 行“勳”，p.39 第 6 行“躅”（zhú）、第 8 行“轜”（ér）；《郭虔瓘墓志》p.54 第 13 行“儁”（jùn）、第 21 行“紃”（xún）、第 22 行“鵷”（yuān）、第 25 行“饘”（zhān）、第 31 行“韗”（hún），等等。

四

总而言之，杨富学先生所著《北国时刻与华夷史迹》，为我们展示了一幅石刻所记录的中国中古时期北方民族历史与文化宗教的多维复杂历史面相。作者通过刊布考证一批新发现石刻资料和对旧史料的创新性再研究，不同程度地推进了民族史、宗教史、敦煌学及中西关系史诸领域的研究，不仅解决了一些学界争议性的话题，补充传世文献的不足和纠正谬误，甚至还填补了某些研究的空白。尽管该书在选用石刻图版和录文书写方面还存在有待改进之处，但就作者的研究方法、考证结论以及刊布的史料而言，均值得我们重视。

附记：基金项目：国家社科基金项目“佉卢文文献所见汉晋鄯善国史研究”（21XZS016）的阶段性成果。国家社科基金青年项目“敦煌文本所见东西方文学交流研究”（19CZW310）阶段性成果。

The History of Medieval China and Ethnic Minorities Recorded in Stone Carvings——After reading “Northern Stone Carvings and Historical Relics of Central Plains and Border areas”

Wei Jungang Han Shuwei

Abstract: Yang Fuxue’s book, Stone Carvings in the North and the Historical Traces of Huayi uses stone carving literature to discuss theNorth dynasty, Tang, Liao and Yuan Dynasty’s northern national historical and cultural and religious beliefs, enriching the content of history and culture in Tang Dynasty and the Northern ethnic history and deepen the research on the North, Center and the Yuan Dynasty people’s belief in Buddhism, The textual research on the Mongolions in Yuan Dynasties and Fengxiang of Shaanxi has played an important role in promoting the study. It not only addresses some controversial topics in the scholarly community, adds to or corrects the deficiencies and fallacies in the transmitted literature, but also fills in some of the research gaps. This book presents a multidimensional and complex historical picture of the history and culture of the peoples and religions of northern China in the Middle Ages as recorded in stone carvings. Although there is room for improvement in the choice of stone carvings and the recorded texts, it reflects the latest research findings of the author in recent years in the fields of ethnic history, religious history, the history of the West, Dunhuang studies and the history of Sino-Western relations, as well as the new changes in the scope of the author's active use of historical materials and the trajectory of his academic research.

Keywords: Yang Fuxue; *Northern Stone Carvings and Historical Relics*; Stone Carving Documents; Interaction between Central Plains and Border areas

征稿启事

《北方民族考古》是由中国人民大学北方民族考古研究所、中国人民大学考古文博系主办的学术刊物。为及时反映最新考古学研究成果及田野考古新材料，本刊从2018年起每年出版2辑，分别在每年6月和11月，由科学出版社编辑出版。现征稿件为2023年出版的第15、16辑。

本刊设置栏目包括：①考古新发现；②研究与探索；③考古新视野；④文博与科技；⑤北域撷英；⑥译介与书评等。稿件内容以北方民族考古学研究为主，同时欢迎其他方面的优秀成果投稿。

本刊实行匿名审稿，刊用意见将在收稿3个月内通知作者。

本刊不收取任何版面费用，一经刊用，即奉样刊2本。

电子邮件投稿地址：ruckaogu@qq.com

编辑部地址：北京市海淀区中关村大街59号中国人民大学北方民族考古研究所（人文楼301室），邮编：100872

《北方民族考古》编辑部

2022年12月

图版一

1. 炉（ABH318：01）外壁

2. 瓷板（或床）（ABH315：01）顶面

3. 碗（ABH374：01）

4. 碗（ABH374：01）外底

5. 碗（ABH374：01）器里

6. 碗（ABH324：01）外底

金中都东开阳坊遗址出土高丽青瓷

图版二

1. 碗（ABH324：01 ）器里

2. 盘（ABH206：01）

3. 盘（ABH206 ： 01）外底

4. 盘（ABH206：01）内底

5. 盘（C2T1105③：01）内底

6. 盘（C2T1105③：01）外底

金中都东开阳坊遗址出土高丽青瓷

图版三

1. 器盖（C2T1005 ③：01）正视

2. 器盖（C2T1005 ③：01）侧视

3. 筒形盏（C1H81：01）外壁

4. 器足（ABT2730 ③：01）

5. 扁壶（ABH1：01）外壁

6. 碗（ABT2719 ③：01）内壁

金中都东开阳坊遗址出土高丽青瓷

图版四

1. M1 出土小口鼓腹罐

2. M2 出土大口短颈陶罐

3. M2 出土青铜器

4. M2 出土斜口骨管

5. M2 出土包金带具

6. M3 出土嘎拉哈

蒙古国石特尔墓地出土器物